1 MONTH OF FREE READING

at
www.ForgottenBooks.com

By purchasing this book you are eligible for one month membership to ForgottenBooks.com, giving you unlimited access to our entire collection of over 1,000,000 titles via our web site and mobile apps.

To claim your free month visit:
www.forgottenbooks.com/free659690

ISBN 978-0-656-84351-0
PIBN 10659690

LES

GRANDS ÉCRIVAINS

DE LA FRANCE

LES
GRANDS ÉCRIVAINS
DE LA FRANCE

CHARTRES, — IMPRIMERIE DURAND

Rue Fulbert, 9.

CORRESPONDANCE

DE

IV

(1689-1691)

CORRESPONDANCE

DE

NOUVELLE ÉDITION

AUGMENTÉE DE LETTRES INÉDITES

ET PUBLIÉE

AVEC DES NOTES ET DES APPENDICES

SOUS LE PATRONAGE DE L'ACADÉMIE FRANÇAISE

PAR

Ch. URBAIN et E LEVESQUE

———

TOME QUATRIÈME

(1689-1691)

———

PARIS

LIBRAIRIE HACHETTE ET Cⁱᵉ

79, BOULEVARD SAINT-GERMAIN, 79

—

1911

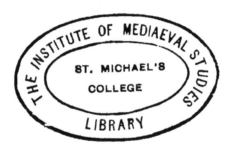

CORRESPONDANCE

DE

BOSSUET

---

487. — MILORD PERTH A BOSSUET.

Du château de Stirling[1], 21 janvier 1689.

J'ai mandé à M. l'abbé Renaudot que, quoique peut-être ce point d'honneur et cette fidélité inviolable et non interrompue de ma maison m'ont[2] mis ici, à cause que je demeure fidèle au roi mon maître si cruellement outragé, je vous ai

Lettre 487. — Lors de la révolution d'Angleterre causée, au mois de novembre 1688, par l'invasion du prince d'Orange, le roi Jacques, avec sa femme et son fils, chercha un refuge en France. Milord Perth vit sa maison pillée et fut enfermé le 25 décembre au château de Stirling, où il resta jusqu'au mois de juillet 1691. Il obtint alors, à cause du mauvais état de sa santé, de vivre dans la ville et le parc de Dalkeith, à condition de n'en pas sortir et en donnant caution. Mais il jouit peu de temps de cet adoucissement, et il fut de nouveau enfermé au château de Stirling. Après neuf mois de cette seconde réclusion, le Conseil privé, par un acte du 28 juin 1693, ordonna sa mise en liberté, sous la promesse faite par plusieurs seigneurs que le comte quitterait le royaume et n'y rentrerait jamais sans la permission du roi ou de son Conseil. Milord Perth partit le 26 septembre 1693.

1. Stirling, chef-lieu du comté du même nom, en Écosse, sur le Forth.

2. Autrefois *quoique* gouvernait souvent l'indicatif, comme, en latin, *etsi* et *quanquam*. Au XVIIe siècle, il n'était plus guère construit qu'avec le subjonctif. Pourtant d'Ablancourt écrit : « Quoique, à dire le vrai, je ne suis guère en état de le faire. »

cependant cette obligation, que, par la grâce, la miséricorde et la bonté de Dieu envers moi, vous avez été l'instrument par lequel ce que je souffre est en quelque manière sanctifié et non seulement m'est devenu supportable, mais doux et agréable. Ce n'est pas seulement pour le roi mon maître, mais pour mon Dieu, que je suis présentement dans la souffrance ; et, comme il y a de la noblesse et de la grandeur à souhaiter de souffrir seulement pour l'amour de son souverain, que ne doit-on pas être prêt à souffrir, lorsque avec cela on souffre pour la religion catholique et par principe de conscience ? Pour moi, je suis un des plus faibles hommes qu'il y ait, et je n'ai rien de bon, capable de me soutenir. Cependant je rends grâces à Dieu pour la miséricorde qu'il me fait, car elle est plus qu'abondante ; de sorte que j'ai eu même quelques scrupules d'avoir été si peu sensible à ce qui m'est arrivé[3]. Vous en saurez le détail, s'il vaut la peine de fatiguer votre patience, par mon frère et par le principal du Collège écossais[4].

On ne peut que fort incertainement juger quel tour prendront les affaires de ce royaume déchiré. Mais je suis bien fâché que vous ayez un nouvel argument, si important, pour confirmer votre doctrine dans la seconde édition de votre *Histoire des Variations des protestants*, tel qu'est celui que ces royaumes[5] vous fournissent. Mais si cela peut gagner une seule âme à Dieu, toutes les pertes temporelles qui peuvent arriver à qui que ce soit seront bien employées.

Je ne doute pas que vous ne voyiez souvent le roi mon très cher maître. Il n'y a point d'hommes dont l'éloquence et la piété puissent plus efficacement donner quelque consolation à Sa Majesté, qui néanmoins, comme je crois, par son tempérament naturel, en a aussi peu de besoin que personne qui serait en pareil état. Mais ce qu'il souffre est fort grand.

---

3. Cependant le duc de Perth sollicita et obtint, au mois d'avril 1689, de pouvoir être servi dans sa prison par quelques-uns de ses domestiques (*La Gazette* de France, 1689, p. 187 et 213).

4. Melfort (t. III, p. 192) et Louis Innese (t. III, p. 332).

5. Ceux d'Angleterre et d'Écosse.

Je vous supplie, pour l'amour de Jésus, d'employer vos sages
exhortations à le soutenir dans son affliction, et de lui accorder surtout vos saintes prières, afin que Notre-Seigneur le
rétablisse dans ses royaumes, et ses sujets dans leur bon
sens ; car il règne de toutes parts une espèce de folie générale.

Je suis fort étroitement gardé, de sorte que cette lettre est
écrite et sera envoyée à la dérobée. Mais, comme apparemment
je n'aurai jamais l'occasion ni le moyen de vous écrire encore, je vous ai écrit celle-ci pour vous demander votre
bénédiction et vos prières. J'espère que Notre-Seigneur, qui
vous a fait servir d'un si bon instrument pour me rendre de
la véritable religion, et qui m'a mis, quoique très indigne, en
état de souffrir pour elle, vous exaucera, en m'accordant la
bénédiction d'une heureuse mort et d'une éternité de bénédiction et de joie.

Je vous écrivis au commencement de ces troubles, pour
vous remercier de votre excellent livre [6]. Il est heureusement
échappé des mains de la canaille, lorsqu'on pilla ma maison ;
mais ils brûlèrent un crucifix, le portrait du Roi, le vôtre [7]
et le mien, dans un même feu, à la Croix du marché
d'Édimbourg. Vous voyez qu'ils m'ont mis en trop bonne
compagnie.

J'ai une très humble prière à vous faire, qui est que, si c'est
la volonté de Dieu que je meure en ce temps-ci, comme il
paraît fort probable, et que ma femme continue dans la résolution qu'elle a de passer en France [8], vous vouliez bien, par
votre autorité et par vos avis, avancer ses pieux desseins, et

6. L'*Histoire des Variations* (Paris, 1688, 2 vol. in-4).

7. Probablement le beau portrait gravé par Nanteuil (Voir notre
t. III, p. 26, note 1).

8. La comtesse de Perth, Marie Gordon, resta auprès de son mari
de 1689 à 1693. Elle l'accompagna à son départ d'Angleterre et dans
tous ses voyages jusqu'à Rome. Ce n'est qu'en 1696 qu'elle arriva avec
lui à Saint-Germain-en-Laye, où elle fut dame d'honneur de la reine
d'Angleterre. Ce que nous disons ici servira à rectifier et à compléter
Francisque Michel, *Les Écossais en France*, Londres, 1862, in-8, t. II,
p. 381 et suiv.

que vous vouliez bien tenir lieu de père à mon fils et être ami de mon frère. C'est une trop grande présomption de vous faire des demandes si hardies, mais les circonstances de l'état où je suis feront que vous me pardonnerez volontiers. Ayez aussi la bonté de me donner votre bénédiction, que je vous demande en me prosternant.

Tous les ecclésiastiques sont maintenant si maltraités, qu'ils n'osent paraître ; et ainsi j'ai encore moins d'espérance d'en pouvoir voir aucun : de sorte que, me trouvant privé de tout le secours que je pourrais espérer en ce monde, les prières des personnes comme vous, Monseigneur, me sont encore plus nécessaires. J'espère que Notre-Seigneur, qui sait avec quelle sincérité j'estime les Ordres [9] qu'il a établis dans sa sainte Église et les bénédictions qu'elle répand, suppléera à ce qui me manque, puisque ce n'est pas par ma faute, mais par la nécessité, et qu'il me fera une plus grande part de ses consolations immédiates.

Je suis, Monseigneur, votre très humble et très respectueux fils et serviteur

PERTH.

---

488. — LE P. L. DAURÈS A BOSSUET.

[Vers le 5 février 1689.]

Monseigneur, ceux qui ne savent pas les obligations que je

---

9. Non pas les Ordres religieux, mais les degrés de la hiérarchie établie dans l'Église catholique.

Lettre 488. — Dédicace de l'ouvrage intitulé : *l'Église protestante détruite par elle-même, ou les Calvinistes ramenés par leurs seuls principes à la véritable foi,* Paris, 1689, in-12, achevé d'imprimer le 8 février 1689. La dédicace est précédée de l'adresse ordinaire : A Monseigneur l'Évêque de Meaux, conseiller du Roy... L'auteur était le P. Louis Daurès, alors sous-prieur du couvent des dominicains réformés du faubourg Saint-Honoré, à Paris. Né à Milhau, de parents protestants, il étudiait à Montpellier pour devenir ministre, lorsqu'il

vous ai s'étonneront peut-être de la liberté que je prends de vous dédier cet ouvrage. Car à quel dessein vous offrir un livre de controverse, à vous, Monseigneur, qui en avez traité tous les points avec tant de solidité, qui en avez découvert les obscurités avec tant d'évidence et débrouillé les articles les plus difficiles, d'une manière qui vous attire l'admiration et l'estime de tous ceux qui ont quelque amour pour la vérité ?.

Est-ce pour faire un présent à Votre Grandeur des décisions qu'elle a données au public ? Pour lui rapporter les mêmes lumières qu'elle a répandues, comme les fleuves rapportent à la mer les eaux qu'ils en ont tirées ? Ou enfin pour lui faire encore une fois jeter les yeux sur les armes avec lesquelles elle a si souvent triomphé de l'erreur ? De quelque côté qu'on le prenne, il ne paraît en ce dessein qu'une espèce de témérité, car vos ouvrages, Monseigneur, ne parlent-ils pas plus haut que la voix de tous les auteurs ? Les monstres que vous avez domptés, les brebis égarées que vous avez ramenées, la Cour, le royaume, l'Europe et l'empressement de tant de peuples à demander de vos livres et à les faire traduire chacun en leur langue, ne publient-ils pas votre gloire avec plus d'éclat et plus de force que tout ce que je pourrais dire sur ce sujet ?

Mais si de l'ouvrage l'on passe à l'auteur, la liberté qu'il prend aura peut-être encore plus de peine à trouver de l'indulgence parmi les lecteurs ; en effet, un solitaire, un inconnu, sans politesse, sans élévation, peut-il oser dédier un livre à un prélat si poli dans son langage, si délicat dans ses expressions, si fort dans ses raisonnements, si élevé dans ses pensées et si grand dans sa conduite, qu'il a mérité d'être choisi par le plus éclairé de tous les rois pour l'éducation d'un prince héritier de ses vertus comme de son sceptre, et qui, dans ses premiers exploits, vient de s'attirer l'admiration de l'Europe et le cœur de toute la France ? Ne semble-t-il pas que c'est porter en cette matière la hardiesse au-delà des bornes ?

se convertit au catholicisme et entra chez les Dominicains. Il vivait encore en 1720, au couvent réformé de Paris (Quétif et Échard, *Scriptores Ordinis Prædicatorum*, t. II, p. 807).

Mais cependant, Monseigneur, à considérer ce que je dois à Votre Grandeur, et que c'est à ses lumières[1] que je suis redevable après Dieu d'avoir été détrompé des préjugés de l'éducation et de la naissance, je n'ai pu m'empêcher de lui en rapporter tout l'honneur. Il est vrai, Monseigneur, qu'en vous offrant ce livre, je ne vous offre, comme j'ai déjà dit, que ce qui est à vous ; mais c'est aussi tout ce qui en fait le mérite et tout ce qui doit lui donner quelque entrée dans le monde, et c'est parce que l'on entend partout publier vos louanges, et que tout le monde en parle, que je ne puis les taire en particulier. C'est donc en partie pour marquer à Votre Grandeur ma reconnaissance, et en partie pour donner quelque autorité à ce petit ouvrage que j'ose le lui présenter. Mais pendant que l'éclat de son nom en effacera l'obscurité, en relèvera la bassesse et le rendra digne de l'approbation de ceux qui à son exemple travaillent à fortifier dans la foi les âmes que l'Esprit de Dieu vient de réunir [2], recevez-le, Monseigneur, comme un témoignage public de ma gratitude et du profond respect avec lequel je suis, Monseigneur, de Votre Grandeur, le très humble, très obéissant et très obligé serviteur.

F. Daurès, religieux des FF. Prêcheurs.

---

489. — L'Abbé Renaudot a Bossuet.

[Vers le 19 février.]

Je vous envoie, Monseigneur, une lettre de Milord chancelier d'Écosse, que je reçus il y a quatre jours, et que j'ai mise en français[1]. Il est de la dernière conséquence que ni l'original ni la copie ne sortent pas de vos mains ; car une

---

1. C'est la preuve que L. Daurès avait été converti par la lecture des ouvrages de Bossuet.

2. Allusion à la révocation de l'édit de Nantes.

Lettre 489. — 1. Il s'agit de la lettre n° 487 (page 1) qui, datée du 21 janvier, arriva à Paris vers le milieu de février.

semblable lettre suffirait, dans des temps difficiles, pour lui faire son procès. Je ne vous l'ai pas envoyée à Meaux, sachant que vous deviez arriver bientôt[2]. Je remets le reste de ma commission à la première visite que j'aurai l'honneur de vous rendre.

Je vous supplie, Monseigneur, d'être toujours persuadé de mon très profond respect.

----

490. — A Milord Perth.

A Meaux, 14 mars 1689.

Milord,

Si je me suis toujours senti très honoré, et si mon cœur s'est attendri toutes les fois que j'ai reçu les aimables et pieuses lettres d'un comte de Perth[1] et d'un grand chancelier d'Écosse converti à la foi, jugez combien j'ai été touché en recevant celle d'un prisonnier de Jésus-Christ ! C'est le plus glorieux caractère que puisse porter un chrétien ; c'est un caractère qui le met au rang des Apôtres, puisqu'un saint Paul a pris si souvent cette qualité[2], et qu'il

----

2. Le 26 janvier 1689, Bossuet assistait, à Saint-Cyr, à la première représentation d'*Esther*. Il devait être retourné à Meaux avant que la lettre de Milord de Perth, partie d'Écosse le 21 janvier, fût arrivée à Paris. Le 19 février, Bossuet était de nouveau à Saint-Cyr (Mme de Sévigné, Grands écrivains, t. VIII, p. 478 et 492). Il devait avoir traversé Paris le 18.

Lettre 490. — Réponse à la lettre du 21 janvier. Le texte a été revu par nous sur une belle copie du temps (Bibl. Nationale, f. fr. 17822, f° 91).

1. Milord Perth fut créé duc, selon les uns en 1696, selon d'autres en 1701.

2. Ego Paulus vinctus Christi Jesu (Ephes., III, 1 ; cf. Philem., I, 9).

n'y a rien au-dessus que la gloire si désirable de
mourir pour son Sauveur. Je loue Dieu, Milord, de
tout mon cœur, de vous voir dans cet esprit ; j'en
ressens l'épanchement et la plénitude dans toutes les
paroles de votre lettre. Tout y respire l'amour de
Jésus-Christ, mais de Jésus-Christ dans son Église
et dans le lien de l'unité. Qu'on est heureux de
souffrir pour cette cause ! Car pour ceux qui souffrent
dans le schisme, ils n'auront jamais qu'un zèle amer ;
et toutes vos lettres, principalement la dernière, ne
sont que charité, douceur et paix.

Je ne suis guère moins touché de votre inviolable
attachement pour le roi votre cher maître. L'hérésie
se montre ce qu'elle est[3], en soufflant de tous côtés
la rébellion et la perfidie[4]. Pour vous, mon cher
frère (car je veux, en oubliant toutes les qualités[5]
qui vous rendent illustre dans le siècle, ne vous
parler plus que comme à un chrétien) conservez ce
tendre amour et cette inaltérable fidélité pour votre
prince : ne cessez d'en donner l'exemple au milieu
d'une nation infidèle ; et qu'enfin, à la vie et à la
mort, le nom du roi votre maître soit dans votre
bouche avec celui de Jésus-Christ et de l'Église catholique, comme choses inséparables. Dieu est en
ces trois noms ; et je sais que votre roi vous serait
cher, quand vous ne regarderiez autre chose en sa
personne sacrée que l'ordre de Dieu qui l'a établi,

3. Deforis : pour ce qu'elle est.
4. Bossuet a souvent développé cette idée, par exemple dans l'oraison funèbre de la reine d'Angleterre et dans les *Avertissements aux
protestants*.
5. Deforis : ces qualités.

et l'image de sa puissance sur la terre, et quand il ne serait pas, comme il est, un vrai défenseur de la foi[6] à meilleur titre que ses derniers prédécesseurs.

Qui suis-je pour consoler un si grand roi, comme vous le souhaitez? J'ai eu l'honneur de lui rendre souvent mes très humbles respects pendant qu'il a été ici[7], et d'être très bien reçu de Sa Majesté. Mais j'ai bientôt reconnu que ce pieux prince n'avait pas besoin de mes faibles consolations. Il a au dedans un consolateur invisible qui l'élève au-dessus du monde. Trois royaumes qu'il a perdus ne sont estimés de lui que comme l'illustre matière du sacrifice qu'il offre à Dieu ; et, s'il songe, comme il doit, à se rétablir dans le trône de ses ancêtres, c'est moins pour sa propre gloire que pour retirer ses malheureux peuples de l'oppression où ils se jettent à l'aveugle. Au reste, s'il a été si honteusement abandonné et trahi par ses infidèles sujets, il a trouvé tous les Français prêts à répandre leur sang pour ses intérêts et pour ceux de son héritier, et le roi notre maître qui lui-même nous inspire[8] à tous ces sentiments. Dieu fera un coup de sa main quand il lui plaira : il sait élever et abaisser, pousser jus-

6. Le titre de *Défenseur de la foi* avait été conféré par Léon X au roi Henri VIII et à ses successeurs, en récompense du livre *Assertio septem sacramentorum* (Londres, 1521, in-4) composé par ce prince contre un pamphlet de Luther, *De la captivité de Babylone.*

7. Non pas à Meaux, mais en France, où Louis XIV lui avait donné l'hospitalité à Saint-Germain-en-Laye. Jacques II était parti de cette ville le 28 février, pour s'embarquer à Brest à destination de l'Irlande.

8. Le ms. fr. : notre maître nous inspire.

qu'au tombeau et en retirer[9], et dissiper en un moment la gloire et le vain triomphe de l'impie. Mais,
quoi qu'il ait résolu du roi votre maître, nous res-
pecterons toujours plus [10] en sa personne la gloire
d'un roi confesseur que la puissance d'un roi triomphant.

Je ne sais comment j'oublie, en vous écrivant,
que vous êtes dans la captivité et dans la souffrance.
Dieu sait combien j'ai été sensible au récit que l'on
m'a fait de vos maux. Mais à présent, il semble que
je les oublie, tant est vive la joie que je ressens pour
le courage que Dieu vous inspire, et pour l'abon-
dance des consolations dont il vous remplit. J'y
prends part de tout mon cœur ; je me glorifie avec
vous dans vos opprobres [11], et je n'ai pu lire sans
verser des larmes de joie ce que vous me marquez
dans votre lettre, que vos persécuteurs ont brûlé
mon portrait, que votre seule charité vous faisait
garder [12], avec celui du roi votre maître, et le vôtre,
et tous les trois avec le crucifix. Que plût à Dieu
qu'au lieu de mon portrait, j'eusse pu être en personne auprès de vous pour vous encourager dans
vos souffrances [13], pour prendre part à la gloire de
votre confession, et, après avoir prêché à vos com-
patriotes la vérité de la foi, la confirmer avec vous,
si Dieu m'en jugeait digne, par tout mon sang !

Vous avez pu connaître par toutes mes lettres le

9. Deducit ad inferos et reducit (I Reg., II, 6 ; cf. Sap., xvi, 13).
10. Le ms. fr. : nous respectons plus.
11. Allusion à II Cor. xii, 9.
12. Le ms. fr. : vous a fait garder.
13. Le ms. fr. : pour vous animer dans les souffrances.

tendre amour que je ressens pour l'Angleterre et pour l'Écosse, à cause de tant de saints qui ont fleuri dans ces royaumes, et de la foi qui y a produit de si beaux fruits. Cent et cent fois j'ai désiré d'avoir l'occasion de travailler à la réunion de cette grande île, pour laquelle mes vœux ne cesseront jamais de monter au ciel. Mon désir ne se ralentit pas, et mes espérances ne sont point anéanties. J'ose même me confier en Notre-Seigneur que l'excès de l'égarement deviendra un moyen pour en sortir[14].

Cependant vivez en paix, serviteur de Dieu et saint confesseur de la foi. Semblables à ceux de saint Paul, vos liens vous rendent célèbre dans toutes les Églises[15] et cher à tous les enfants de Dieu. On prie pour vous partout où il y a de vrais fidèles. Dieu vous délivrera quand il lui plaira ; et son ange est peut-être déjà parti pour cela[16]. Mais, quoi qu'il arrive, vous êtes à Dieu, et vous serez la bonne odeur de Jésus-Christ et à la vie et à la mort[17]. Mme votre femme, que vous daignez me recommander, me sera chère comme ma sœur ; M. votre fils sera le mien dans les entrailles de Jésus-Christ[18] ; M. votre frère, dont j'ai ici connu le mérite, me tiendra lieu d'un frère et d'un ami cordial ; les intérêts de votre famille me seront plus chers que les miens propres. Et pour vous, avec qui Dieu m'a

14. Ms. fr. : pour en revenir.
15. Souvenir de II Cor., viii, 18.
16. Ms. fr. : son ange est déjà parti.
17. Expression de saint Paul (II Cor., ii, 15).
18. Philip., i, 8.

uni par de si tendres liens, vous vivrez éternellement dans mon cœur : je vous offrirai à Dieu nuit et jour, et surtout lorsque j'offrirai la sainte Victime qui a ôté les péchés du monde. Combattez comme un bon soldat de Jésus-Christ[19] ; mortifiez, à la faveur de vos souffrances, tout ce qui reste en vous de terrestre ; que votre conversation soit dans les cieux[20]. Si vous êtes privé du secours des prêtres, vous avez avec vous le Souverain pontife, l'Évêque de nos âmes, l'Apôtre et le Pontife de notre confession, qui est Jésus[21] : vous recevrez par vos vœux tous les sacrements[22], et je vous donne en son nom la bénédiction que vous demandez. Souvenez-vous de moi dans vos prières ; j'espère que Dieu vous rendra aux nôtres, et vous tirera de la main[23] des méchants.

Je suis en son saint amour, Milord, votre très humble et très obéissant serviteur.

J. Bénigne, é. de Meaux.

19. Cf. Labora sicut bonus miles Christi Jesu (II Tim., II, 3).

20. Cf. Nostra autem conversatio in cælis est (Philipp., III, 20).

21. Cf. Conversi estis nunc ad pastorem et episcopum animarum vestrarum (I Petr., II, 25). Considerate apostolum et pontificem confessionis nostræ Jesum (Hebr., III, 1).

22. Le vœu ou le désir de recevoir un sacrement peut, en cas de nécessité, avoir l'efficacité du sacrement lui-même.

23. Ms. fr. : des mains. Cf. Eripe me de manu inimicorum meorum (Psal. xxx, 16).

491. — A l'Abbé de Rancé.

A Meaux, 15 mars 1689.

Je me rends, Monsieur, à vos remarques, quoique je sois encore un peu en doute si l'ancien Office romain n'était pas semblable à celui de saint Benoît, quant au fond, plutôt qu'au romain d'aujourd'hui[1]; mais je m'en rapporte à vous.

M. de Reims me mande qu'il trouve la préface très bien. Je lui ai envoyé aujourd'hui l'approbation qu'il a souhaité que je fisse[2]. Elle est simple ; mais le livre en porte avec soi une bien plus authentique dans les saintes maximes qu'il contient et dans le nom de son auteur. Au reste, ceux qui auront le livre comme il était avant les cartons, verront bien que ce sont des choses de rien[3], et que la doctrine nous en a paru irréprochable dans son fonds. Je loue Dieu que cet ouvrage aille enfin paraître, et suis très fâché du retardement. Tout le fruit que j'en espère, c'est, s'il plaît à Dieu, qu'on

Lettre 491. — Revue sur la copie authentique de la Bibl. Nationale, f. fr. 15180, p. 25.

1. L'office romain primitif se composait de psaumes, d'antiennes, de répons et de prières ; et, en cela, l'office bénédictin lui était semblable : saint Benoît n'avait pas innové, et avait pris ce qui existait depuis le ve siècle. Mais sa règle admet en plus des hymnes et des leçons ou lectures, qui n'entrèrent que plus tard dans l'office romain : les lectures, au viie siècle ; les hymnes, au ixe (Mgr Duchesne, *Origines du culte chrétien*, 3e édition, Paris, 1903, in-8, p. 452 ; Dom S. Baümer, *Histoire du Bréviaire*, trad. de Dom R. Biron, Paris, 1905, 2 vol. in-8, t. I, p. 296 et suiv. ; t. II, p. 34 et suiv.). .

2. Du livre de Rancé intitulé : *Explication de la règle de saint Benoît*. On trouvera cette approbation en appendice, p. 523.

3. Pour lesquelles les cartons ont été faits.

profitera davantage de ce qu'on aura attendu et désiré plus longtemps.

A vous, Monsieur, sans réserve.

J. Bénigne, é. de Meaux.

---

492. — A Pierre Taisand.

[vers le 20 mars 1689.]

Le Discours de l'Éternité[1] est plein, Monsieur, de bons sentiments. Je vous loue beaucoup de traiter de pareilles matières avec les servantes de Jésus-Christ. Les chrétiens ne devraient rien tant avoir entre eux que de pareils entretiens, et, en nommant seulement l'éternité, ils devraient, comme vous le dites très bien, être prêts à oublier tout le reste. Je ne trouve rien à reprendre dans votre discours[2] ; je

Lettre 492. — Publiée pour la première fois, dans le *Correspondant* du 10 janvier 1869, par l'helléniste Emm. Miller (Cf. la *Revue Bossuet* du 25 avril 1903, p. 85). La date est fournie par une lettre d'Antoine Bossuet sur le même sujet.

1. Ce Discours sur l'Éternité avait été écrit sous forme de lettre, à la demande d'une belle-sœur de Taisand, carmélite à Beaune. Cette religieuse était fille de Françoise Bourguignon et de Jacques Dubois, greffier en chef aux Requêtes du Palais, à Dijon. Elle devint supérieure de son couvent. On conserve à la Bibliothèque municipale de Dijon des extraits de poètes latins anciens et modernes, traduits ou paraphrasés en français par Taisand pour sa belle-sœur la carmélite (Voir Ch. Urbain, *Un cousin de Bossuet,* Paris, 1906, in-8).

2. Le Discours fut publié sous le titre de *Lettre sur l'éternité à une religieuse,* Dijon, Secard, 1690, in-12. Avant de le livrer à l'impression, l'auteur l'avait soumis, par une lettre du 12 août 1688 (publiée par Ch. Urbain, *op. cit.,* p. 32), à l'appréciation de Mlle de Scudéry,

vous en remercie et suis, Monsieur, de tout cœur, votre très humble serviteur.

J. Bénigne, é. de Meaux.

---

493. — A Mme DE BERINGHEN.

A Meaux, 28 mars 1689.

Vous pouvez, ma Fille, quand il vous plaira, faire le voyage que vous croyez nécessaire.

J'aurai soin de vous envoyer l'*Apocalypse* quand elle sera en état[1], et de vous tenir bien avertie quand la Règle de saint Benoît[2] paraîtra. Tenez-vous-en là, et, pour le P. Le Mège[3], qu'il demeure banni de

sans l'aveu de qui il ne voulait pas même en donner des copies. Voici la lettre par laquelle Antoine Bossuet remercia son parent de l'envoi du Discours sur l'Éternité : « J'ai reçu avec bien du plaisir les marques que vous me donnez de votre souvenir et de votre amitié en m'envoyant la lettre qu'une bonne religieuse vous a engagé à lui écrire sur l'Éternité. J'ai souvent ouï dire que saint Augustin et les autres grands hommes qui en ont parlé avaient avoué, comme vous le faites, Monsieur, que l'esprit humain n'y pouvait atteindre ; pour moi, qui me contente de la croire, j'ai beaucoup trouvé à profiter dans votre lettre solide et pleine d'une érudition fort polie. Mon frère pourra s'en expliquer davantage ; il en sera sans doute très satisfait.... Bossuet. A Soissons, ce 20 mars 1689. »

Lettre 493. — L. a. s. des initiales. Collection H. de Rothschild. Publiée pour la première fois, mais avec la date du 26 mars et d'après une copie inexacte, par le P. Sommervogel, dans les *Études* du mois de septembre 1875, p. 449.

1. *L'Apocalypse avec une explication.* L'impression en fut achevée le 7 mai 1689.

2. *La Règle de saint Benoît, traduite et expliquée selon son véritable esprit par l'auteur des Devoirs de la vie monastique* (Rancé). Paris, 1689, 2 vol. in-4.

3. Sur le P. Mège (que Bossuet appelle ici seulement *Le Mège*), voir t. III, p. 426 et 445.

tous les lieux où la vraie régularité et la piété sont connues.

J. B., é. de Meaux.

Suscription: A Madame l'abbesse de Faremoutiers, à Coulommiers.

---

494. — A Mme DE TANQUEUX.

A Germigny, 5 mai 1689.

J'ai revu les règlements[1] ; il n'y aura qu'à les faire mettre au net, prendre garde à l'orthographe, et en faire deux copies, dont l'une demeurera dans les archives de l'évêché. Ma Sœur Cornuau[2] vous témoignera combien j'en suis satisfait, et le soin avec lequel j'ai tout examiné. Je vous envoie aussi mon Ordonnance[3], dont il faudra donner copie à M. le Curé[4], aussi bien que des précédentes, tant

---

Lettre 494. — 1. Les règlements destinés à la Communauté des Filles charitables de La Ferté-sous-Jouarre. Deforis avait promis de les publier ; mais il est mort sans pouvoir tenir sa promesse, et on ne sait ce que ces règlements sont devenus (Cf. *Revue Bossuet,* juin 1905, p. 30 et suiv.).

2. Il sera parlé de Mme Cornuau, plus loin, p. 34.

3. Sans doute une ordonnance de visite.

4. Ce curé était, depuis le mois d'août(?) 1680, Guillaume Le Taillandier, bachelier en théologie. Il avait été précepteur des enfants du Procureur général au Grand Conseil (L. Fr. Hennequin, seigneur de Chermont). Il resta à la tête de la paroisse de La Ferté-sous-Jouarre jusqu'en 1702 ; il devint alors chanoine de Meaux. Il mourut d'apoplexie dans cette dernière ville le 7 juillet 1707, à l'âge de soixante-trois ans (Ledieu, *Journal,* t. IV, p. 119 ; cf. t. III, p. 197 et 198 ; L. Bobard, *Étude sur les églises de La Ferté-sous-Jouarre,* Meaux, 1895, in-8; p. 78 et 79 ; *Revue Bossuet,* 25 avril 1904, p. 119 ; Registres de l'état civil, à La Ferté).

de celles de feu Monseigneur[5] d'heureuse mémoire que de la mienne.

Vous, Madame, et toutes les Sœurs verront par là combien je désire les favoriser et assurer, afin qu'elles puissent tranquillement vaquer avec vous et sous votre conduite au grand ouvrage de leur perfection et de la parfaite glorification de Dieu en elles ; en sorte qu'elles soient partout la bonne odeur de Jésus-Christ à la vie et à la mort[6]. *Amen, amen.* Je vous prie de les assurer de mon affection, et de me croire, Madame, avec une estime particulière[7], etc.

---

495. — A P. Daniel Huet.

A Paris, 18 mai 1689.

Je ne puis partir, Monseigneur, sans vous faire

5. Dominique de Ligny, prédécesseur immédiat de Bossuet sur le siège de Meaux.

6. Cette expression de saint Paul a été lue plus haut, p. 11.

7. Rappelons que deux jours après, Bossuet, se trouvant à Claye, fondait dans cette ville une « communauté de Filles charitables pour l'instruction des jeunes filles et pour le soulagement des malades ». On devait y administrer « les remèdes pour toutes sortes de maladies, gratuitement pour les pauvres » ; et on devait aussi y recevoir « des pensionnaires pour leur apprendre les ouvrages convenables » (Toussaints Duplessis, t. II, p. 418).

Lettre 495. — L. a. s. Bibl. Laurenziana. Publiée pour la première fois par M. Verlaque et par M. Guillaume en 1877 (Cf. notre t. I, p. 208). La date doit être fautive, car le 18 mai, Bossuet était à Juilly, où il prêcha à la messe (*Revue Bossuet*, octobre 1901, p. 238). Le 13, il avait prêché aux Grandes Carmélites de Paris la vêture de Mlle du Péray et il avait assisté à la mort Mme de Durasfort, décédée le matin du même jour à Versailles (Dangeau). Ce doit être le 17, avant son départ de Paris pour Juilly, qu'il écrivit cette lettre.

mes remerciements sur le présent[1] que je reçus hier de votre part, ni aussi sans vous dire un mot sur la lettre dont il vous a plu de l'accompagner. Vous dites[2] que la doctrine que vous attaquez a eu le bonheur de me plaire : ce sont vos termes ; et vous dites aussi dans la préface[3], qui est tout ce que j'ai eu le loisir de lire de votre livre, que vous ne prenez la peine de combattre cette doctrine que parce qu'elle est contraire à la religion. Je veux croire, pour ma satisfaction, que vous n'avez pas songé à lier ces choses ensemble. Mais la foi, dans un chrétien et encore dans un évêque qui la prêche depuis tant d'années sans en être repris, est un dépôt si précieux et si délicat, qu'on ne doit pas aisément se laisser attaquer par cet endroit-là en quelque manière que ce soit, surtout par un confrère qu'on aime et qu'on estime autant que vous[4].

1. C'était la *Censura philosophiæ cartesianæ*, ouvrage de Huet, achevé d'imprimer le 5 mai 1689.

2. Dans la lettre d'envoi, car il n'est fait aucune allusion à Bossuet dans l'ouvrage. La préface est une lettre adressée à Montausier.

3. Nous avons déjà, dans notre t. I, p. 227 et 228, parlé des rapports de Bossuet avec le cartésianisme. De ce que nous avons dit alors on peut rapprocher le trait suivant, emprunté à une lettre du P. Alleaume au grand Condé (20 février 1685) ... : « ... M. de Meaux l'est venu voir aujourd'hui (*le jeune duc de Bourbon*) et a assisté à une partie de l'étude qu'il a faite avec M. de La Bruyère, qui lui expliquait Descartes. On dit que le prélat en est sorti fort content et ne manquera pas d'en rendre compte à Votre Altesse Sérénissime » (Dans les Œuvres de La Bruyère, édit. Servois, Grands écrivains, t. I, p. LXIX.)

4. Huet a raconté lui-même cet incident : « Jam diu vero erat, cum se Cartesianis partibus addixerat Benignus Bossuetus, tum Condomensis, et deinde Meldensis episcopus. Studium certe ille suum palam dissimulabat satis caute : at privatim aliquando super nonnullis dogmatis hujus capitibus, amicæ quidem, at acres tamen habitæ fue-

Je vous dirai donc franchement ce que je pense
sur la doctrine de Descartes ou des Cartésiens. Elle
a des choses que j'improuve fort, parce qu'en effet
je les crois contraires à la religion, et je souhaite
que ce soit celles-là que vous ayez combattues. Vous
me déchargerez de la peine de le faire comme je fais
en toute occasion et je serai ravi d'avoir un ouvrage
de votre façon où je puisse renvoyer les contredi-
sants. Descartes a dit d'autres choses que je crois
utiles contre les athées et les libertins ; et pour celles-là. comme je les ai trouvées dans Platon et, ce que
j'estime beaucoup plus, dans saint Augustin, dans
saint Anselme, quelques-unes même dans saint
Thomas et dans les autres auteurs orthodoxes, aussi
bien ou mieux expliquées que dans Descartes, je ne
crois pas qu'elles soient devenues mauvaises depuis
que ce philosophe s'en est servi ; au contraire, je les
soutiens de tout mon cœur et je ne crois pas qu'on

rant inter nos concertationes. Ad eum nihilominus officiose misi libel-
lum meum adversus Cartesii figmenta procusum ; adjunctis etiam
literis, pro veteri nostra et frequenti consuetudine, in quibus scriptum
erat, dubitare me acceptumne ei foret hujusmodi munusculum, pro-
batis ei et placitis sententiis tam adversarium ; at officii tamen mei,
pristinæque nostræ amicitiæ rationem mihi ante omnia habendam
duxisse ; ac porro sperare me in hac opinionum diversitate nullam
intercessuram animorum disjunctionem. Respondit ille, aliquantulum,
ut videbatur, subiratus, vix posse se ferre æquo animo, scripsisse me
probari sibi Cartesianam doctrinam, quam officere fidei in scriptione
mea ipse prædicaverim. At ego contra subjeci statim per aliam epi-
stolam, perspectum habere me quam recti essent et integri ipsius de
fide sensus, quos et scriptis et dictis tot jam ante annos declarasset ;
neque plus voluisse me aut potuisse detrahere ex eis, cum Cartesio
favere eos dixi, quam detrahitur ex integritate fidei sancti Doctoris
Thomæ Aquinatis, cum Aristotelis, vel ex illa vetustiorum Patrum
Ecclesiæ, cum Platonis dicuntur sequaces fuisse » (*Commentarius*,
p. 388 et 389).

les puisse combattre sans quelque péril. Pour les autres opinions de cet auteur, qui sont tout à fait indifférentes, comme celles de la physique particulière
et les autres de cette nature, je m'en amuse, je
m'en divertis dans la conversation ; mais, à ne vous
rien dissimuler, je croirais un peu au-dessous du
caractère d'évêque, de prendre parti sérieusement
sur de telles choses.

Voilà, Monseigneur, en peu de mots, ce que je
crois sur Descartes. Je vous le dis sans avoir rien
sur le cœur qui diminue la cordialité et le respect
avec lequel je suis, Monseigneur, votre très humble
et très obéissant serviteur.

J. Bénigne, é. de Meaux.

_____

496. — A P. Daniel Huet.

A Germigny, 27 mai 1689.

Recevez, Monseigneur, avec votre bonté ordinaire,
cette explication de l'Apocalypse[1]. Le seul titre de
cet ouvrage m'a fait trembler, quand j'ai commencé
à y mettre la main. Vous verrez dans la préface les
raisons qui m'y ont engagé[2] ; vous y verrez aussi

Lettre 496. — L. a. s. Bibl. Laurenziana. Publiée pour la première
fois par M. Guillaume et par M. Verlaque en 1877.

1. L'Apocalypse avec une explication. Paris, 1689, in-8. Cet ouvrage
fut présenté au Roi par Montausier, de la part de Bossuet, le 31 mai
1689 (Bibl. Nat., f. fr. 15189, f. 32).

2. « Notre siècle est plein de lumières ; les histoires sont déterrées
plus que jamais ; les sources de la vérité sont découvertes ; le
seul ouvrage de Lactance : _Des morts des persécuteurs,_ que

une partie de celles qui ne m'ont pas permis de m'en tenir aux interprétations de Grotius, quoiqu'on ne puisse pas estimer ce grand auteur plus que je fais[3]. Jugez ; mais que ce soit toujours en ami, à votre ordinaire, puisque je suis sans réserve, avec le respect particulier que vous savez, Monseigneur, votre très humble et très obéissant serviteur.

J. Bénigne, é. de Meaux.

---

497. — A Mme DE BERINGHEN.

A Paris, 8 juin 1689.

Je viens, Madame, de recevoir votre billet du 5. Je consens que le P. Ministre de la Trinité, soit que

l'Église vient de recouvrer, nous apprend plus sur les caractères de ces princes que n'avaient fait jusqu'ici toutes les histoires. Ce besoin pressant de l'Église et des âmes que l'on séduit par de trompeuses interprétations de l'Apocalypse demande qu'on s'applique à la mieux entendre. Dans ce besoin et avec de tels secours, on doit espérer quelque chose : c'est en un mot le motif de cet ouvrage. » « Il faut venger les outrages de la chaire de saint Pierre, dont on veut faire le siège du royaume antichrétien, mais les venger d'une manière digne de Dieu, en répandant des lumières capables de convertir ses ennemis, ou de les confondre » (Cf. Préface, xxvi, Édit. Lachat, t. II, p. 334, 336).

3. Grotius, « d'un savoir connu, d'un jugement exquis et d'une bonne foi digne de louange », « aurait eu un meilleur succès sans une erreur de chronologie où il est tombé. Au lieu de prendre de saint Irénée, auteur presque contemporain de saint Jean, et des autres anciens auteurs la vraie date de l'Apocalypse, que tous les savants anciens et modernes ont suivie, il leur a préféré saint Épiphane, quoiqu'il soit seul de son sentiment et qu'il ne l'appuie d'aucune preuve » (Ibid.).

Lettre 497. — L. a. s. Archives de Saint-Sulpice. Publiée dans l'édition de Versailles, t. XLIII, p. 14.

ce soit celui de Meaux, soit que ce soit celui de Coupvray[1], confesse chez vous. En de semblables occasions, quand je ne suis pas dans le diocèse, il pourrait arriver du retardement à la réponse. Ainsi il faut, s'il vous plaît, que nous convenions d'une adresse, si vous n'aimez mieux vous adresser au P. Visiteur[2], à qui je donne en ce cas tout mon pouvoir.

J. BÉNIGNE, é. de Meaux.

Suscription : A Madame, Madame l'Abbesse de Faremoutiers, à Faremoutiers[3].

---

498. — A P. DANIEL HUET.

A Meaux, 11 juin 1689.

On est si agréablement apaisé par vos honnêtetés, Monseigneur, qu'on ne peut être fâché de s'être plaint[1]. Au surplus, j'ai vu tout le livre. Je ne sais

---

1. Bossuet écrit : *Coupevrai.* — Chaque maison de Trinitaires avait à sa tête un *ministre* aidé d'un vicaire. Nous ne savons qui était le ministre de Meaux en 1689; celui de Coupvray (près d'Esbly, et canton de Lagny) était le P. Paulin Bertrand (Archives de Seine-et-Marne, H 112).

2. Le Visiteur de Faremoutiers était le P. Eschassereau, de qui il a été parlé au t. III, p. 93.

3. Bossuet avait écrit d'abord à *Coulommiers* et a remplacé ce mot par *Faremoutiers.*

Lettre 498. — L. a. s. Bibl. Laurenziana. Publiée d'abord par M. Guillaume et par M. Verlaque en 1877. — Cette lettre a été écrite après celle que l'évêque de Soissons avait envoyée à Bossuet en réponse à celle du 18 mai 1690.

1. On voit que Bossuet se déclare satisfait des explications de Huet. Dès le 1er juin, Montausier avait écrit à l'évêque de Soissons : « Vous

pas si les Cartésiens auront envie de vous répondre ; mais, s'ils le font en latin, ils n'approcheront jamais de la pureté et de la netteté de votre style, et, en quelque langue qu'ils le fassent, ils demeureront beaucoup au-dessous de votre genre d'écrire, n'y ayant rien de plus délicieusement écrit, ni d'une manière plus concise, plus philosophique, et plus vive néanmoins que votre livre[2]. Je ne sais, Monseigueur, si vous avez reçu à présent l'*Explication de l'Apocalypse* et un autre petit ouvrage que j'ai envoyé chez vous[3]. Portez-vous bien et croyez qu'on ne peut pas être plus sincèrement ni avec plus de respect que je suis, Monseigneur, votre très humble et très obéissant serviteur.

J. BÉNIGNE, é. de Meaux.

n'avez pas dû, je crois,... prendre sérieusement ce que vous a écrit M. de Meaux, lorsque vous lui avez envoyé le même livre (*contre la philosophie de Descartes*), en l'accompagnant de la lettre que vous me dites. Comme vous vous êtes depuis expliqué par la réponse que vous lui avez faite, de votre pensée, et que vous lui avez donné le sens véritable qui le doit contenter, voilà la chose bien réparée » (Bibl. Nat., f. fr. 15189, f° 32).

2. Parmi les réfutations de l'opuscule de Huet, on cite : Petermann, *Philosophiæ cartesianæ adversus Censuram Huetii vindicatio*, Leipsig, 1690, in-4 ; Joh. Eberh. Schwelingii *Exercitationes cathedrariæ in Huetii Censuram philosophiæ cartesianæ*, Brême, 1690, in-8 ; Joh. Schotani *Exetasis censuræ huetianæ*, Franeker, 1691, in-8 ; Régis, *Réponse au livre qui a pour titre : Censura philosophiæ cartesianæ*. Paris, 1691, in-12 ; Volder, *Thèses contre la Censure de Huet*, Amsterdam, 1695, in-8. On remarque aussi quelques traits dirigés contre Huet dans Lelevel, *La vraie et la fausse métaphysique*, Rotterdam, 1694, in-12 (Cf. Fr. Bouillier, *Histoire de la philosophie cartésienne*, Paris et Lyon, 1854, 2 vol. in-8, t. I, p. 518, 515 et 591).

3. Avec l'*Apocalypse*, achevée d'imprimer le 7 mai 1689, Bossuet envoya sans doute l'*Explication de quelques difficultés sur les prières de la messe*, qui est du 11 mai de la même année.

499. — A Mme DE BERINGHEN.

A Meaux, 24 juin 1689.

Je ne pouvais pas trouver, Madame, une occasion plus favorable pour faire réponse à votre lettre, que celle du P. Gardeau, curé de Saint-Étienne-du-Mont à Paris[1]. Vous connaissez son mérite, et, comme il est aussi bien persuadé du vôtre, votre entrevue ne peut être que très agréable. Il n'y a nulle difficulté de faire entrer M. l'évêque d'Ély[2] :

Lettre 499. — 1. Julien Gardeau, né le 21 octobre 1633, sur la paroisse Saint-Michel-La-Palud, à Angers, entra dans la congrégation de Sainte-Geneviève. Lorsque les génovéfains, après les lazaristes, furent, en 1661, chargés de diriger le séminaire de Meaux, le P. Gardeau fut mis à la tête de cette maison. Il y resta jusqu'en 1675 ; il fut ensuite nommé curé de Saint-Étienne-du-Mont, à Paris. Il mourut le 12 septembre 1694, à soixante et un ans, et fut inhumé dans le chœur de son église, au pied du maître autel (Cf. *Necrologium canonicorum regularium*, Bibl. Sainte-Geneviève, ms. 133, f. 10, v°). « Il eut part à la contestation qui s'éleva entre les curés de Paris et le chantre de la Métropole au sujet des écoles de charité. Gardeau passe pour l'auteur du second des trois factums imprimés dans cette affaire (en 1678), où il cherche à prouver que ce sont les curés, et non les chapitres, qui sont les vrais successeurs des soixante-douze disciples et que les curés composaient l'ancien *Presbyterium*. C'est par reconnaissance et par estime pour le P. Gardeau, que les marguilliers de Saint-Étienne-du-Mont firent faire la belle chaire à prêcher, qui leur coûta, dit-on, douze mille livres. A la mort de Gardeau, les chanoines de Sainte-Geneviève voulurent défendre sa cotte-morte contre les marguilliers de la paroisse, en faveur de qui le Dr Jean Gerbais écrivit trois lettres auxquelles répondirent les génovéfains Chastonnet et Du Vaux... » (Note de Mercier de Saint-Léger sur un exemplaire, appartenant à Saint-Sulpice, de la *Bibliothèque* du P. Lelong, t. V, p. 530). Cf. Faudet et Mas-Latrie, *Histoire de Saint-Étienne-du-Mont*, Paris, 1840, in-18; O. Estournet, *L'Hôpital Jean Rose et le Séminaire de Meaux*, Lagny, 1905, in-8.

2. Ély, sur l'Ouse, ville du comté de Cambridge, avec un évêché

c'est un homme dont je connais le rare mérite, et nous ne pouvons lui marquer assez de considération dans le diocèse. Je vous prie que le P. Gardeau lui tienne compagnie ; je voudrais bien pouvoir moi-même vous aider à faire les honneurs. J'espère vous voir lundi sans manquer, et il y a même beaucoup d'apparence que j'irai dîner à Faremoutiers.

Il ne faut pas oublier la permission de confesser que demande cette dame anglaise[3] pour ce Père anglais, autant de fois et autant de temps qu'elle le souhaitera. Pour Mme de Jouarre, je n'ai point d'autre raison que celle ou de m'acquitter du devoir de ma conscience, ou de connaître avec certitude que je suis déchargé[4]; cela se passera avec toutes sortes d'honnêtetés de ma part.

suffragant de Cantorbéry. Depuis le mois d'août 1864, le titulaire de cet évêché était François Turner (1638-1700), qui occupait précédemment le siège de Rochester. Il fut dépossédé le 1er février 1690, à cause de son attachement à Jacques II. Cependant il s'était joint aux évêques anglicans qui firent à ce prince des remontrances au sujet de sa déclaration en faveur de la liberté de conscience. Voir Lee, *Dictionary of national Biography* ; Fr. Godwin, *De præsulibus Ecclesiæ anglicanæ*, édit. Richardson, Cambridge, 1745, in-fol.

3. Bossuet veut probablement parler de Sœur Marguerite Anderton, jeune Anglaise, qui, sous le nom de Sainte-Cécile, avait fait profession à Faremoutiers, le 30 septembre 1657, à l'âge de dix-huit ans, devint sous-prieure et dépositaire, et mourut le 28 juin 1699 (Bibl. Nationale, f. fr. 11569). Une pierre tombale visible dans l'église de Faremoutiers rappelle le souvenir de cette religieuse. Le prieuré de La Celle-en-Brie, voisin de Faremoutiers, était dépendant de Saint-Edmond de Paris et desservi par des bénédictins anglais. Ce Père anglais, dont parle Bossuet, était probablement l'un d'eux, et peut-être Richard Reere, docteur d'Oxford, qui avait fait profession à Douai sous le nom de Fr. Wilfrid (Cf. *Revue Bossuet*, avril 1904, p. 122).

4. Allusion aux tentatives de Bossuet pour la réforme et contre l'exemption de l'abbaye de Jouarre ; il en sera plus amplement parlé plus tard.

500. — A Mᵐᵉ DE TANQUEUX

A Germigny, 7 août 168.

Je crois, Madame, être obligé de vous dire que je ne pourrai aller à La Ferté-sous-Jouarre que vers la fin d'août[1]. En attendant, je vous prie de dire à nos Sœurs qu'elles prient Dieu pour l'heureux succès de la visite[2], qui doit être un fondement du bonheur de la maison, par les principes de bonne conduite que je tâcherai d'y affermir.

Entre nous et dans le dernier secret, il est nécessaire d'insinuer à nos Sœurs qu'elles ne doivent point aller à Reuil[3], ni recevoir dans la maison d'autres religieux que le P. Prieur[4]. Ce n'est rien qui regarde les Filles, mais une précaution générale très nécessaire pour les raisons que je vous dirai.

Lettre 500 — 1. Cette année, Bossuet prêcha le 20 août, fête de saint Bernard, dans l'abbaye de Pont-aux-Dames, et le 28 août, fête de saint Augustin, chez les Chanoinesses de Notre-Dame, à Meaux (Ledieu, t. I, p. 22; Lebarq, Histoire critique de la prédication de Bossuet, Paris, 1888, in-8, p. 313).

2. Comme on le verra p. 32, cette visite ne fut pas faite avant les premiers jours d'octobre.

3. Bossuet écrit : Reul. — Reuil, village voisin de La Ferté-sous-Jouarre; il s'y trouvait un prieuré conventuel de l'Ordre de Cluny.

4. Le prieur commendataire était alors l'abbé Edmond Colbert, connu sous le nom d'abbé de Maulevrier. C'est probable que ce n'est pas de lui que parle Bossuet, mais du prieur claustral, qui, en 1685, était le P. Odon Bernard (Registres de la commune de Reuil). N.J. Perrier, diocèse d'Autun. Il avait fait profession à Cluny le 19 décembre 1664, et mourut au monastère de Saint-Nicolas d'Acy, le 20 mai 1725.

Je pars demain* pour Soissons, et espère être samedi à Meaux.

Je suis, Madame, de tout mon cœur, et avec l'estime que vous savez, etc.

---

501. — A LA MARQUISE DE LAVAL.

A Germigny, 24 août 1689.

Hier[1], Madame, je ne fus occupé que du bonheur de l'Église et de l'État. Aujourd'hui, que j'ai eu le loisir de réfléchir avec plus d'attention sur votre joie, elle m'en a donné une très sensible. M. votre père[2], un ami de si grand mérite et si cordial, m'est

1. C'est-à-dire le lundi 9 août. Bossuet se rendait chez son frère, qui était intendant à Soissons.

Lettre 501. — L. a. s. D'après une ancienne copie, faite en 1701 sur l'original et conforme au texte donné d'après l'autographe par le Card. de Bausset dans l'*Histoire de Fénelon* (édit. de 1850, t. I, p. 150). Publiée pour la première fois, avec des inexactitudes, par le chevalier de Ramsay, dans son *Histoire de la vie de Fénelon*, Amsterdam, 1723, in-12, p. 21. — Marie-Thérèse-Françoise de Salignac de La Mothe-Fénelon, née en 1652, était la fille du marquis Antoine de Fénelon et de Catherine de Montberon. Elle était donc cousine germaine du futur archevêque de Cambrai. Elle épousa, en 1680, Pierre de Montmorency-Laval, qui mourut en 1687. Le 20 février 1694, elle se maria avec son cousin germain Joseph-François de Salignac, comte de Fénelon, un des frères de l'abbé de Fénelon. Elle mourut en 1721.

1. C'est le 16 août que Fénelon fut nommé précepteur du duc de Bourgogne; la nouvelle en parvint à Bossuet le 18.

2. Le marquis Antoine de Fénelon, oncle de l'abbé de Fénelon, qu'il avait fait venir à Paris et placé au séminaire Saint-Sulpice. Il était lié avec M. Olier et avec M. Tronson. Il fit partie de la Compagnie du Saint-Sacrement et eut une grande influence sur la restauration des idées chrétiennes à la Cour et chez les gentilshommes de son temps. Il mourut le 3 octobre 1683, rue du Petit-Bourbon, pa-

5oo. — A Mme DE TANQUEUX.

A Germigny, 7 août 1689.

Je crois, Madame, être obligé de vous dire que je
ne pourrai aller à La Ferté-sous-Jouarre que vers la
fin d'août[1]. En attendant, je vous prie de dire à nos
Sœurs qu'elles prient Dieu pour l'heureux succès
de la visite[2], qui doit être un fondement du bonheur de la maison, par les principes de bonne conduite que je tâcherai d'y affermir.

Entre nous et dans le dernier secret, il est nécessaire d'insinuer à nos Sœurs qu'elles ne doivent
point aller à Reuil[3], ni recevoir dans la maison
d'autres religieux que le P. Prieur[4]. Ce n'est
rien qui regarde les Filles, mais une précaution générale très nécessaire pour les raisons que je vous
dirai.

Lettre 500. — 1. Cette année, Bossuet prêcha le 20 août, fête
de saint Bernard, dans l'abbaye du Pont-aux-Dames, et le 28 août,
fête de saint Augustin, chez les Chanoinesses de Notre-Dame, à
Meaux (Ledieu, t. I, p. 55 ; Lebarq, *Histoire critique de la prédication de Bossuet,* Paris, 1888, in-8, p. 313).

2. Comme on le verra, p. 32, cette visite ne fut pas faite avant
les premiers jours d'octobre.

3. Bossuet écrit : *Rueil.* — Reuil, village voisin de La Ferté-sous-
Jouarre ; il s'y trouvait un prieuré conventuel de l'Ordre de Cluny.

4. Le prieur commendataire était alors l'abbé Edmond Colbert,
connu sous le nom d'abbé de Maulevrier. Il est probable que ce n'est
pas de lui que parle Bossuet, mais du prieur claustral, qui, en 1687,
était le P. Odon Bernard (Registres de la commune de Reuil). Né à
Perrecy, diocèse d'Autun, il avait fait profession à Cluny le 19 décembre 1664, et mourut au monastère de Saint-Nicolas d'Acy, le 10
mai 1715.

Je pars demain[5] pour Soissons, et espère être samedi à Meaux.

Je suis, Madame, de tout mon cœur, et avec l'estime que vous savez, etc.

---

501. — A la Marquise de Laval.

A Germigny, 19 août 1689.

Hier[1], Madame, je ne fus occupé que du bonheur de l'Église et de l'État. Aujourd'hui, que j'ai eu le loisir de réfléchir avec plus d'attention sur votre joie, elle m'en a donné une très sensible. M. votre père[2], un ami de si grand mérite et si cordial, m'est

5. C'est-à-dire le lundi 8 août. Bossuet se rendait chez son frère, qui était intendant à Soissons.

Lettre 501. — L. a. s. D'après une ancienne copie, faite en 1701 sur l'original et conforme au texte donné d'après l'autographe par le Card. de Bausset dans l'*Histoire de Fénelon* (édit. de 1850, t. I, p. 151). Publiée pour la première fois, avec des inexactitudes, par le chevalier de Ramsay, dans son *Histoire de la vie de Fénelon*, Amsterdam, 1725, in-12, p. 10. — Marie-Thérèse-Françoise de Salignac de La Mothe-Fénelon, née en 1650, était la fille du marquis Antoine de Fénelon et de Catherine de Montberon. Elle était donc cousine germaine du futur archevêque de Cambrai. Elle épousa, en 1681, Pierre de Montmorency-Laval, qui mourut en 1687. Le 20 février 1694, elle se maria avec son cousin germain Joseph-François de Salignac, comte de Fénelon, un des frères de l'abbé de Fénelon. Elle mourut en 1726.

1. C'est le 16 août, que Fénelon fut nommé précepteur du duc de Bourgogne ; la nouvelle en parvint à Bossuet le 18.

2. Le marquis Antoine de Fénelon, oncle de l'abbé de Fénelon, qu'il avait fait venir à Paris et placé au séminaire Saint-Sulpice. Il était lié avec M. Olier et avec M. Tronson. Il fit partie de la Compagnie du Saint-Sacrement et eut une grande influence sur la restauration des idées chrétiennes à la Cour et chez les gentilshommes de son temps. Il mourut le 8 octobre 1683, rue du Petit-Bourbon, pa-

revenu dans l'esprit. Je me suis représenté comme il serait à cette occasion, et à un si grand éclat d'un mérite qui se cachait avec tant de soin. Enfin, Madame, nous ne perdrons pas M. l'abbé de Fénelon : vous pourrez en jouir, et moi, quoique provincial, j'échapperai[3] quelquefois pour l'aller embrasser[4].

Recevez, je vous en conjure, les témoignages de ma joie et les assurances du respect avec lequel je suis, Madame, votre très humble et très obéissant serviteur.

J. Bénigne, é. de Meaux.

---

502. — A Mme DE TANQUEUX.

A Germigny, 25 août 1689.

Je vous renvoie, Madame, les règlements et les constitutions approuvées de moi ; il en faudra faire faire une copie qui demeure dans les archives de l'Évêché[1].

Pour l'avis que je vous ai donné[2], vous ne devez pas croire que ce soit l'effet d'aucune plainte qu'on m'ait faite[3] de la maison, mais une précaution causée par des connaissances que vous et vos Filles pouviez n'avoir pas.

roisse de Saint-Sulpice, et fut enterré le 9 dans la chapelle basse du Séminaire.

3. Bausset : Je m'échapperai.

4. Cette phrase manque dans Ramsay.

Lettre 502. — L. a. s. Collection de M. Richard. La suscription est de la main d'un secrétaire.

1. Cf. p. 29 (Voir *Revue Bossuet*, 1905, p. 30).

2. Relativement aux religieux de Reuil (Cf. la lettre 500, p. 26).

3. Bossuet écrit : qu'on m'ait fait.

La visite sera remise au mois de septembre : je la veux faire avec loisir et attention.

Je prie Dieu qu'il envoie son ange à la garde de M. votre fils[4], et qu'il écoute vos prières.

Je suis, Madame, de tout mon cœur, votre très humble serviteur.

J. Bénigne, é. de Meaux.

Suscription : A Madame de Tanqueux, à La Ferté-sous-Jouarre.

---

503. — A Mme DE TANQUEUX.

A Germigny, 30 août 1689.

J'ai reçu, Madame, avec ma Sœur Cornuau[1], les Règles avec les Constitutions.

Les petites diversités qui étaient entre la copie et l'original corrigé de ma main sont venues, principalement sur les Règles, de ce qu'on avait pris un livre pour un autre. J'ai réformé toutes choses sui-

4. Pierre-François Courtin de Tanqueux, unique enfant vivant de Mme de Tanqueux, était né le 2 décembre 1666. Il servit d'abord dans les mousquetaires, puis dans les gardes françaises. Il épousa, au mois de février 1692, Anne-Marguerite Le Féron, fille d'Antoine Le Féron, lieutenant criminel au Châtelet. S'étant ruiné, il passa en Espagne pour échapper à ses créanciers ; il y prit du service et s'éleva au grade de brigadier. Il fut tué, le 20 juin 1719, au combat de Feran-Cavallo, en Sicile. Au moment où cette lettre fut écrite, le fils de Mme de Tanqueux faisait campagne en Catalogne.

Lettre 503. — Sur cette lettre, voir l'article de M. le chanoine J. Thomas, dans la *Revue Bossuet* du 25 juin 1905.

1. Les mots *avec ma Sœur Cornuau*, manquent dans les copies de la collection Saint-Seine. Peut-être faut-il lire : « J'ai *revu* avec ma Sœur Cornuau, les règles etc. »

vant que je l'avais agréé d'abord. L'article du curé
est absolument nécessaire, et j'y ai mis les tempéraments qu'il faut. Au surplus, je ne veux pas lui donner plus d'autorité que ne portent mes règlements,
ni qu'il se mêle plus avant des affaires de la maison
sans mon ordre exprès.

J'ai trouvé, en relisant les Constitutions, qu'on
aurait pu éviter un si grand détail : il y a beaucoup
de choses qu'il semble mieux de laisser à l'usage
que de les écrire ; et quand on écrit tant, cela est
cause qu'on ne relit point, ou qu'on relit précipitamment et par manière d'acquit. C'est pourquoi je
croirais, en écrivant moins, qu'on donnerait lieu à
plus penser ; je m'en remets néanmoins à vous, car
il n'y a là rien de mauvais. Que si vous jugez à propos de décharger quelque chose de l'écrit, il ne faudra que marquer les endroits qui seraient les moins
nécessaires et les plus aisés à suppléer par la pratique ; encore un coup, je remets le tout à votre
prudence. J'espère que ma visite donnera la dernière forme à la maison, du moins pour le fond.

Je suis, Madame, de tout mon cœur, etc.

J. Bénigne, é. de Meaux.

---

504. — A Mᵐᵉ de Tanqueux.

A Meaux, 31 août 1689.

Je fus, Madame, hier fort alarmé d'avoir vu dans

Lettre 504. — L. a. s. Collection de M. Richard.

une lettre d'un de mes amis que M. votre fils a été blessé[1] ; mes lettres d'aujourd'hui m'ont rassuré, en le mettant au rang de ceux qui sont blessés légèrement. Je le souhaite, et je vous prie de m'en faire écrire des nouvelles Je prierai cependant Notre-Seigneur qu'il vous le conserve et qu'il vous fasse la grâce de porter[2] ce malheur en chrétienne : c'est tout dire, et vous savez bien que toutes les vertus sont renfermées dans ce nom. Souvenez-vous de la sainte Vierge et de toutes ses dispositions, lorsqu'elle vit les blessures de ce cher et de ce divin Fils unique, qui était en même temps le Fils de Dieu comme le sien. Je vous mets de tout mon cœur entre ses mains maternelles, et je la prie de vous obtenir une imitation de sa résignation. Croyez, Madame, que personne ne prend plus de part que moi à vos peines. Ma Sœur Cornuau vous rendra compte de son voyage de Germigny[3].

Je suis de tout mon cœur votre très humble serviteur.

J. Bénigne, é. de Meaux.

1. Les documents que nous avons pu consulter sont muets sur cette blessure de Pierre-François de Tanqueux, et mentionnent seulement celle qu'il reçut le 3 août 1692, à Steinkerque.

2. *Porter,* supporter.

Nous nous aidions l'un l'autre à porter nos malheurs.

(Racine, *Britannicus,* I, III.)

3. Cette dernière phrase manque dans les éditions.

5o5. — A Mme DE TANQUEUX.

A Meaux, dimanche 25 septembre 1689.

J'entre, Madame, dans toutes les peines que vous me marquez dans votre lettre ; et, dans ce sentiment, je redoublerai les prières que je vous ai promises pour M. votre fils, afin que Dieu lui apprenne à faire sa volonté, et qu'il ait le même cœur pour son service que pour celui de son Prince.

Je serai, s'il plaît à Dieu, à La Ferté dans la semaine prochaine, pour y faire la visite de la maison.

Mme Begat[1] m'a dit que vous vouliez bien l'y recevoir avec deux cents livres de pension et assurance de mille livres après la mort[2]. Elle voulait sur cela que je lui donnasse un billet pour être reçue. Mais je n'ai rien voulu faire que je susse de vous-même vos intentions[3].

Je suis de tout mon cœur, Madame, votre très humble serviteur.

J. Bénigne, é. de Meaux.

Suscription : A Madame de Tanqueux, à La Ferté-sous-Jouarre.

Lettre 505. — L. a. s. Collection de M. Richard.

1. On pourrait croire que c'était la femme de quelque descendant du magistrat et jurisconsulte bourguignon Jean Begat (1523-1572), si tous les fils de ce savant homme n'étaient morts sans postérité (Cf. Niceron, t. VI, p. 178). Serait-ce la veuve de Jean Begat, bourgeois de Paris, qu'on rencontre quelques années plus tôt comme homme d'affaires de Jean Lefebvre, conseiller du Roi au présidial de Melun? (Bibl. Nationale, Pièces originales).

2. Des femmes du monde étaient admises à titre de dames pensionnaires dans la communauté des Filles charitables. Tel fut le cas de Mlle Madeleine de Luzancy, qui mourut dans cette maison en 1736.

3. Cet alinéa a été omis par Deforis et par ses successeurs.

506. — Louvois a Bossuet.

A Fontainebleau, le 12 octobre 1689.

Monsieur, j'ai reçu, avec les deux lettres que vous avez pris la peine de m'écrire, le 4ᵉ de ce mois, le placet du sieur Papin, ministre[1]. Comme il a été à Blois, et que cette ville est

Lettre 506. — Inédite. Archives du Ministère de la Guerre, t. 858, p. 295, minute. C'est une réponse à une lettre perdue de Bossuet touchant une requête du ministre Papin.

1. Isaac Papin était né à Blois le 27 mars 1657, d'Isaac Papin, receveur des Domaines. Par son père, il était cousin germain du célèbre physicien Denis Papin, et, par sa mère, Madeleine Pajon, neveu de Claude Pajon, ministre d'Orléans, fameux pour les démêlés doctrinaux qu'il eut avec ses coreligionnaires. Il étudia la théologie ; mais, ayant refusé de souscrire la condamnation du *pajonisme,* il ne put exercer le ministère dans une église calviniste. Il se retira en Angleterre, où il fut ordonné prêtre dans l'Église anglicane par l'évêque d'Ély, en 1686. Il passa ensuite en Hollande, puis en Allemagne, où la largeur de ses vues lui attira l'hostilité de Jurieu. A Hambourg, il rencontra Anne Viart, originaire de Châlons-sur-Marne et réfugiée à la suite de la révocation de l'édit de Nantes ; il l'épousa, après lui avoir fait partager la conviction où il était parvenu, de la faute commise par les réformés en se séparant de l'Église romaine. Cependant, de Dantzig, où il prêcha dans les premiers mois de 1689, Papin s'était mis en rapport avec Bossuet ; malheureusement on n'a conservé aucune des lettres écrites au cours de cette négociation par le prélat. Le néophyte parvint, en passant par l'Angleterre, à rentrer en France, où il fut suivi par sa femme, et, le 15 janvier 1690, les deux époux firent leur abjuration entre les mains de Bossuet dans l'église des Pères de l'Oratoire. Ils se retirèrent à Blois, où ils vécurent sur la paroisse Sainte-Soleine, s'occupant de bonnes œuvres. Isaac Papin recevait du Clergé une pension de quatre cents livres. Il mourut à Paris, le 19 juin 1709. Il a écrit plusieurs traités sur les matières de controverse : les principaux, entre autres, la *Tolérance des protestants,* ont été réunis avec une notice biographique sous le titre de *Recueil des ouvrages composés par feu M. Papin en faveur de la religion,* Paris, 1723, 3 vol. in-12 (Voir Bossuet, note à la suite du *Sixième Avertissement* ; Haag, *La France protestante* ; E. Jovy, *Études et recherches,* p. 215 ; Archives Nationales, G⁸ 740 et 763 ; Bibl. Nationale, fr. 23500, fᵒ 37, 56-61).

du département de M. de Seignelay[2], je vous le renvoie, afin que vous vous adressiez, s'il vous plaît, à lui, pour apprendre la volonté du Roi sur ce qu'il contient[3]. Je suis...

---

507. — A Mᵐᵉ CORNUAU.

A Germigny, 15 octobre 1689.

J'aurai soin, ma Fille, de vous envoyer le livre

2. On avait d'abord écrit : M. de Châteauneuf.

3. Ledieu (tome I, p. 199) nous apprend que Bossuet obtint pour Papin et sa femme des passeports leur permettant de rentrer en France. En débarquant à Calais, Papin, n'étant pas muni de sauf-conduit, fut arrêté par ordre du gouvernement, qui croyait tenir un ministre revenu pour encourager à la résistance ses coreligionnaires et ne fut détrompé qu'au bout de quelque temps par une lettre venue de la Cour, probablement sur l'intervention de Bossuet (*Vie de M. Papin,* en tête du *Recueil,* t. I, p. xci). L'année suivante, Papin et sa femme adressèrent au Roi un placet en vue d'obtenir la restitution de leurs biens confisqués ; leur demande fut agréée. « ... Le Roi étant en son Conseil, en conséquence de la permission accordée aux suppliants de revenir dans le royaume, a ordonné et ordonne qu'ils seront remis en possession et jouissance de tous leurs biens et effets qui leur appartenaient au jour de leur sortie, et qu'ils jouiront des mêmes grâces, privilèges et exemptions que S. M. a accordés aux ministres de ladite religion restés dans le royaume et qui ont fait abjuration de la R. P. R., nonobstant toutes oppositions, desquelles, s'il en intervient, S. M. s'est réservé la connaissance et l'interdit à tous ses autres juges » (A Versailles, 18 mai 1690, Archives Nationales, E 1856.)

Lettre 507. — C'est la première des fameuses lettres à la Sœur Cornuau. Dans les éditions, elle porte la date du 2 juin 1687. Mais Ledieu note qu'elle fut écrite le 15 octobre 1689, « aussitôt après la confession », par laquelle Mme Cornuau avait terminé une retraite. A l'Appendice, nous expliquons pour quel motif nous nous écartons souvent de nos devanciers pour la date et pour l'ordre de ces lettres. Le texte en est très difficile à établir, et exige des notes qui n'intéresseraient pas tous les lecteurs ; nous croyons devoir les mettre à part et en caractères différents. Pour la désignation des manuscrits auxquels nous avons eu recours, on voudra bien se reporter à l'Appendice II.

Marie Dumoustier, née à Paris vers 1653, était fille de N. Dumous-

que vous me demandez par l'adresse^a que vous me marquez ; je souhaite que vous y trouviez votre nourriture. Marchez en humilité et en confiance. Employez, quinze jours durant, un des quarts d'heure

a. 1746 : *par la commodité.*

tier et de N. Le Redde, de la paroisse Saint-Gervais. En 1667, ou au plus tard en janvier 1668, elle épousa Philippe Émery Cornuau, huissier aux requêtes de l'Hôtel. Celui-ci, bientôt après, succéda à son père dans les fonctions d'intendant du comte de Belloy, seigneur de Montaiguillon et de Villenauxe, et dans la charge de lieutenant au bailliage de cette dernière localité (aujourd'hui dans l'arrondissement de Provins).

Du vivant de son mari, Mme, ou plutôt, comme on disait alors, Mlle Cornuau s'adonnait aux bonnes œuvres ; elle fut même supérieure ou présidente de la confrérie de la charité établie à Villenauxe. Lorsque Philippe Cornuau mourut (probablement en 1681), laissant un fils encore en bas âge, sa veuve se retira à La Ferté-sous-Jouarre, où elle devait avoir des parents, car on voit mentionnés dans les registres de l'état civil à la fois des Le Redde et des Dumoustier. Elle y était déjà installée dans la communauté de Mme de Tanqueux, lorsque Bossuet, dans l'été de 1681, vint visiter cette ville avant même d'avoir pris possession de son siège.

C'est à l'année 1685 que remontent, à proprement parler, ses rapports avec l'évêque de Meaux. « Elle entretint, nous dit Ledieu, une correspondance particulière avec ce prélat pour dresser les règles et constitutions de cette nouvelle maison (*des Filles de Mme de Tanqueux*). Pendant les séjours de Germigny, on l'y faisait venir de La Ferté, et M. de Meaux me l'adressait pour arrêter avec elle le règlement, dont ensuite je faisais rapport au prélat, qui décidait. Cette veuve, qui a de l'esprit, et qui est assez hardie et entreprenante, à l'occasion des séjours qu'elle faisait à Germigny, s'insinua dans l'esprit du prélat, s'en fit écouter sur les besoins de sa conscience, et en obtint enfin la permission de lui faire une confession générale. Elle la commença en 1686, à Germigny, et elle la continua, dit-elle, en différentes occasions jusqu'en 1689. Et alors commença le commerce des lettres de cette personne dévote, qui ne cessait de consulter ce prélat sur tout ce qui lui plaisait, avec une liberté qu'il ne donna jamais à aucune autre » (Ms. de Saint-Seine ; cf. l'Appendice II).

Après avoir consenti à se charger de la conscience de la veuve Cornuau, Bossuet résista longtemps au désir qu'elle avait de quitter les Filles charitables pour embrasser la vie religieuse. Il finit pourtant par y consentir ; alors elle suivit au prieuré de Torcy Mme de

de votre oraison sur ces paroles de David : *Deus meus, misericordia mea* (Ps. LVIII, 18) : « Mon Dieu, ma miséricorde » ; à quoi il ajoute : *Misericordia mea et refugium meum* (Ps. CXLIII, 2) : « Mon Dieu, ma miséricorde et mon refuge. » Ma vue est que vous fassiez attention sur ce que[b] Dieu n'est pas

---

b. Éditions · *attention que.*

Luynes et Mme d'Albert, dont elle avait gagné l'amitié dans les re- traites qu'elle avait faites dans l'abbaye de Jouarre. Elle entra à Torcy le 22 décembre 1696, y prit l'habit le 16 mai 1697, et y prononça ses vœux le 22 mai de l'année suivante, à quarante-huit ans. C'est Bossuet qui, avec le nom de Sœur Bénigne, lui donna le voile et fit le sermon de sa profession (Lebarq, Œ*uvres oratoires*, t. VI, p. 483).

La Sœur Cornuau mourut à Torcy le 27 août 1708. Le registre des professions de Torcy (Archives Nationales LL 1640) contient un éloge de la pieuse veuve, dû sans doute à Mme de Luynes : « Elle avait de pro- fession religieuse dix ans et trois mois ; elle l'aurait été (*sic*) bien des années auparavant, si la situation de ses affaires temporelles et la Providence avaient secondé ses désirs. Mais elle vivait dans le monde dans toutes les pratiques de la religion qu'elle pouvait observer, fai- sant de plus de fort grandes austérités. Feu Mgr l'Évêque de Meaux, sous la conduite duquel elle était, la consacra à Dieu dans ce monas- tère, lui donnant le voile sacré de sa main. Elle ne perdit point la joie extrême qu'elle eut de sa profession. Elle aimait son état avec passion (s'il est permis de parler de la sorte). Elle en remplis- sait les obligations avec goût. Attachée aux observances régu- lières, elle les suivait malgré des infirmités fort pénibles. Elle était fort attirée à l'oraison. Pleine d'une ardeur toujours nouvelle pour la sainte communion, on était obligé de la lui accorder très fré- quemment. Elle aimait beaucoup la solitude, s'y appliquant à la lec- ture. Fort charitable pour les malades, malade elle-même, elle leur a donné des soins infatigables. Enfin Dieu l'a conduite à une sainte mort, comme par la main, par une retraite et une revue qu'il lui donna mouvement de faire peu avant sa dernière maladie. Elle y en- visagea la mort sans effroi, disant avec simplicité qu'elle la souhaitait même, parce qu'elle craignait de ne s'y pas trouver si bien disposée une autre fois » (Archives Nationales, LL 1640, f⁰ 148 v⁰).

De son côté, dans son *Journal* (t. IV, p. 190), Ledieu accompagne des réflexions suivantes la mention du décès de la Sœur Cornuau : « Cette femme mérite d'être regrettée. Elle a laissé une infinité

seulement miséricordieux, mais qu'il est tout[e] miséricorde, et même miséricorde par rapport à nous.
Ma miséricorde, mon refuge : ce qui fait qu'on
s'abandonne à lui sans réserve, et qu'on ne veut
s'appuyer que sur lui comme le Dieu de miséricorde,
ni chercher ailleurs son refuge.

Cette quinzaine achevée, pareille pratique sur ces
paroles du cantique[1] de la sainte Vierge : *Respexit
humilitatem ancillæ suæ*[2] : « Il a regardé la bassesse
de sa servante », par pure miséricorde. Mais une
miséricorde infinie, qui avec cela est toute-puissante,
que ne peut-elle ? C'est pourquoi elle ajoute : *Fecit
mihi magna qui potens est*[3] : « Celui qui est puissant, » « le seul puissant », *solus potens,* comme dit
l'Apôtre[4], car nul autre n'est puissant que Dieu ;
tout le reste n'est qu'impuissance. Tout est impossible à la créature, tout est possible à Dieu. Celui

c. 1746, A, So, N, M, Ne : *toute.*

de paperasses sur le sujet de feu M. Bossuet, évêque de Meaux, autrefois son directeur, qu'elle a depuis écrites par l'ordre et le conseil
de M. le cardinal de Noailles, archevêque de Paris, qui lui servait
aussi présentement de directeur. Par ce moyen, elle s'était même in-
sinuée dans les bonnes grâces de Mme de Maintenon, à qui elle avait
envoyé ses écrits et dont elle a reçu des lettres que j'ai vues, et encore
mieux une pension du Roi. Nous verrons ce que tout cela deviendra
entre les mains de M. l'abbé Bossuet, à qui ce chemin couvert n'était
point inutile, tant auprès du cardinal qu'auprès de la dame, car cette
religieuse était très hardie, très insinuante et très flatteuse, et ne se
rebutait jamais » (Voir les registres de l'état civil à Villenauxe et à La
Ferté-sous-Jouarre ; Archives Nationales, V¹ 142, V⁴ 1500, f⁰ 187,
v⁰ ; E. Jovy, *Etudes et recherches,* Vitry-le-François, 1903, in-8⁰, p.
279 et suiv.).

　　1. Le *Magnificat,* Luc., 1, 46-55.
　　2. Luc., 1, 48.
　　3. Luc., 1, 49.
　　4. I Timoth., vi, 15.

donc qui est puissant a fait en moi selon sa puissance, et y a fait par conséquent de grandes choses. Il n'y a de grand que ce qu'il fait. Ce que Dieu a fait de grand en la sainte Vierge, c'est d'avoir fait Jésus-Christ en elle, et de l'avoir faite ensemble[5] la plus grande et la plus humble de toutes les créatures.

Ces deux considérations sont très bien liées ensemble ; car tout cela est un ouvrage de toute-puissance, et un ouvrage de miséricorde. Il n'y a donc qu'à s'abandonner à Dieu, afin qu'il fasse en nous selon sa puissance et selon sa miséricorde, et ensuite lui être fidèle ; mais c'est encore lui qui le donne[6], et en cela consiste sa grande puissance et sa grande miséricorde.

Je ne veux point que vous vous inquiétiez si[7] vous passez le quart d'heure entier sur ces deux versets ; il me suffit que vous le souhaitiez et que vous le commenciez, laissant à Dieu le surplus.

Le sujet de votre retraite pourra être, ma Fille, de considérer la beauté des œuvres de Dieu dans les sept jours de la création, et dans le cantique *Benedicite*[8], et dans le psaume CXLVIII, *Laudate Dominum de cælis.*

Considérez ce que Dieu a fait pour l'homme, et qu'il a fait l'homme un abrégé de son grand ouvrage, et désirez de le louer dans toutes les créatures et par toutes les créatures, en faisant bon usage d'elles toutes, et les sanctifiant par cet usage, afin que Dieu y soit

5. *Ensemble*, à la fois, en même temps.
6. *Qui le donne*, d'être fidèle.
7. *Que vous vous inquiétiez si*, que vous cherchiez avec inquiétude si.
8. C'est le cantique des trois jeunes Hébreux dans la fournaise, Daniel., III, 57-88.

glorifié : bon usage de la lumière ; bon usage de la
pluie et du beau temps ; bon usage de la sérénité et
des tempêtes ; bon usage du feu et de la glace ; de
tout ce qui est, et, à plus forte raison, bon usage de
soi-même, de ses yeux, de sa langue, de sa bouche,
de ses mains, de ses pieds, de tout son corps ; et, à
plus forte raison, bon usage de son âme, de son
intelligence, où est la véritable lumière, de sa volonté, où doit être le feu immortel, pur et céleste
de l'amour de Dieu. Jamais s'impatienter, quelque
mal qui nous arrive par la créature, quelle qu'elle
soit, ni par le froid, ni par le chaud, ni par aucune
autre chose, parce que ce serait s'impatienter contre
Dieu même, dont chaque créature fait la volonté.
Comme dit David : *Le feu, la grêle, la neige, la
glace, le souffle des vents et des tempêtes, tout cela
accomplit sa parole*[9]. Accomplissons-la donc aussi,
et soyons-lui fidèles, étant injuste que notre liberté
ne nous serve qu'à nous affranchir de ses lois, elle
qui nous est donnée et qui a été faite, non pour se
retirer de cet ordre, mais pour s'y ranger[d] et s'y soumettre volontairement.

Voir tout cela en Jésus-Christ, dont la nourriture a
été en tout et partout de faire la volonté de son Père[10].

Je ne parle pas du détail, que le Saint-Esprit vous
fera trouver. Jésus soit avec vous, ma Fille ; je vous
bénis en son saint nom[e].

d. A, V, Nc, T et 2ᵉ édit. : *rengager*. — e. Toute cette lettre se lit dans les
extraits de Ledieu, à l'exception de la première et de la dernière phrase, et
aussi du quatrième alinéa.

9. Ps. cxlviii, 8.
10. Joan., iv, 34.

5o8. — A Mme DE BERINGHEN.

A Germigny, 17 octobre 1689.

Je me proposais, Madame, d'avoir bientôt l'honneur et la joie de vous voir. Cela se différant un peu par les affaires qui arrivent[1], j'envoie savoir des nouvelles de votre santé.

J'avais à vous parler de ma sœur Bérin, que les Ursulines n'avaient pu garder[2]. Je l'avais bien prévu, et je ne trouve rien de meilleur que de la renvoyer reprendre son école, si cela vous plaît, et si vous voulez bien lui continuer les mêmes grâces, comme je ferai de mon côté. J'aurai beaucoup de joie d'apprendre votre parfaite disposition, et j'en attends, Madame, la nouvelle avec impatience.

J. BÉNIGNE, é. de Meaux.

Oserais-je vous prier de vouloir bien faire tenir cette lettre à Coulommiers[3]?

Sœur Bénigne[4] m'écrit de sa solitude qu'elle y est accablée de maux et de travail, en sorte qu'elle ne peut vous écrire comme elle le souhaiterait, et elle espère qu'un mot de ma part en son nom vous

Lettre 508. — L. a. s., British Museum, fonds Egerton, 33, f° 6. Publiée pour la première fois, mais imparfaitement, dans l'édition Guillaume, Paris 1877, in-4, t. IX, p. 376.

1. Parmi ces affaires, il faut placer au premier rang le différend avec l'abbesse de Jouarre.

2. La Sœur Bérin avait quitté les Filles charitables pour entrer chez les Ursulines.

3. Sans doute aux Religieuses de la Congrégation Notre-Dame.

4. Sœur Cornuau, qui était alors chez les Filles charitables de La Ferté-sous-Jouarre.

obligera à lui pardonner. Elle demande la même grâce à Mme votre sœur, que je salue de tout mon cœur.

———————

509. — A Mme CORNUAU.

A Versailles (?), 18 octobre 1689.

Votre lettre, ma Fille, m'a été rendue en présence de M. N***. Je lui ai dit que c'était quelque chose de votre intérieur que vous aviez oublié et qui vous faisait quelque peine, sans rien ajouter[a] davantage.

La disposition dont vous me parlez n'ayant été suivie d'aucun acte, vous n'en devez pas être en peine, ni vous en confesser.

La communion spirituelle consiste principalement dans le désir de communier effectivement, qui doit être perpétuel dans le chrétien. Mais il faut aussi prendre garde que l'application actuelle et expresse à ce saint mystère ne soit un obstacle à d'autres occupations[b] également nécessaires ; surtout il ne faut point forcer son esprit.

On[1] a raison de souhaiter que vous vous couchiez à l'heure marquée ; ainsi vous devez abréger votre

———————

a. Nd : *Il n'a rien ajouté* — b. *Occupations,* leçon des meilleurs manuscrits ; ailleurs : *applications.*

Lettre 509. — Cette lettre est la dix-septième dans la seconde édition, dans Deforis et autres éditeurs. Elle est la vingtième dans la première édition, comme dans les bons manuscrits. Mme Cornuau l'a datée du 3 décembre 1689 ; mais Ledieu assure qu'elle est du 18 octobre de la même année.

1. *On,* les membres de la Communauté de La Ferté-sous-Jouarre.

lecture, en rompant le chapitre ou le psaume[c].
L'obéissance vaut mieux que le sacrifice[2].

Le Psautier qu'on attribue à saint Bonaventure[3],
n'est pas approuvé par les gens savants, ni tenu être
de ce saint; ainsi vous ne devez plus le dire.
Vous pouvez mettre à la place quelque autre dévotion à la sainte Vierge, sans néanmoins vous trop
charger d'observances et de pratiques, ce qui empêche la liberté de l'esprit.

La pénitence dont vous me parlez n'a rien que
de bon.

J'aurai soin de vous faire donner l'*Apocalypse*[4].

Je remets à votre discrétion de différer[d] votre retraite.

En considérant les sujets de la[e] maison[5], il m'est
venu dans l'esprit de vous charger de la grande
classe et d'une intendance sur les autres durant
quelque temps, pour les mettre en train. En cela,
vous rendriez à la maison le plus grand service qui

---

c. L'édit. 1746 ajoute : *dès que l'heure est venue.* — d. Nd et So : *remettre.* —
e. Les meilleurs mss. donnent : *la maison*, et non *votre maison*

2. I Reg., xv, 22.
3. C'est le Psautier de Marie (*Psalterium majus B. Mariæ Vir-
ginis*) composé de 150 psaumes, dont chacun commence par les mots
du psaume correspondant de David et dont le reste est une louange à
la Vierge, développée en cinq versets Il n'est pas généralement
reconnu comme authentique. Les derniers éditeurs des œuvres de
saint Bonaventure (Quaracchi, 1882-1902, 10 vol. in-fol.) l'ont rejeté
et le regardent comme une composition d'époque plus récente (t. X,
p 24). Néanmoins il a été souvent réimprimé sur la traduction du
P. J. de Gallifet, S. J., Paris, 1720, in-12.
4. *L'Apocalypse avec une explication*, ouvrage de Bossuet, paru au
mois de mai précédent.
5. La Communauté de Sainte-Anne, de La Ferté, où l'on s'occupait de l'instruction des jeunes filles.

soit possible. J'ai trouvé depuis Mme de Tanqueux dans ce sentiment. Elle doit vous en parler,
sans vous contraindre. Néanmoins, ma Fille, je crois
que vous ferez bien de l'accepter. Je vous en déchargerai, s'il le faut[f].

Vous n'avez point à souhaiter de vous réunir autrement[g] avec la personne que vous savez. Vivez
dans la charité, dans l'obéissance, dans la confiance
nécessaire. Tout le reste, qui fait les liaisons particulières, a plus de mal que de bien ; et il n'y a qu'à
le laisser perdre[h], en rendant grâces à Dieu quand
cela arrive.

Je le prie, ma Fille, qu'il soit avec vous.

---

510. — A Mme CORNUAU.

A Meaux (?), 28 octobre 1689.

Le zèle que j'ai pour le rétablissement de la
grande classe[a] m'a fait naître, ma Fille, la pensée
de vous la commettre. J'ai même compris que vos
répugnances venaient principalement de ce que
vous craigniez de n'avoir pas la liberté de la[b] mettre[c]

---

f. Cet alinéa, à partir des mots : *Il m'est venu*, est transcrit dans les extraits
de Ledieu. — *g. autrement*, leçon des meilleurs manuscrits ; Deforis : *autrement que vous l'avez fait.* — *h.* So : Car il y a plus de mal que de bien dans
ce qui forme ordinairement les liaisons particulières ; ainsi, il n'y a qu'à le
laisser perdre.

a. Na : *des grandes classes.* — *b.* Ledieu et les autres mss. : *les.* Distraction
de Bossuet, à moins qu'il ne faille lire plus haut : *des grandes classes.* —
c. Na, Nb : *remettre.*

Lettre 510. — Cette lettre, la dix-huitième de Deforis, la vingt-
unième de la première édition et des principaux manuscrits, porte la
date du 28 décembre 1689 ; mais nous savons par Ledieu qu'elle est
en réalité du 28 octobre.

sur le pied qu'il faut ; si bien que, vous la donnant, j'ai cru cette peine levée : au reste, après trois mois, j'examinerai vos raisons[d].

Je ne puis vous envoyer le livre[1] que de Paris ; marquez-moi[e] une voie particulière, si vous en avez[2].

Vous pouvez faire la retraite ; le plus tôt sera le meilleur. Songez dans votre retraite que tout votre état doit être d'une profonde humilité. Je vous recommanderai à Dieu de tout mon cœur. Détachez-vous de la créature ; fermez votre cœur de ce côté-là ; dilatez-le en liberté du côté de Dieu ; vivez dans l'obéissance ; n'écoutez aucune inquiétude sur votre état : je veillerai à tout. Ne soyez point en peine de vos lettres, ni du secret : tout ce que vous m'écrivez en sera un de confession.

Dieu soit avec vous, ma Fille.

---

511. — Fr. Hébert de Rocmont a Bossuet.

[1689]

Monseigneur,

Je fais, en vous dédiant la vie d'un saint évêque originaire

---

d. Ce premier alinéa est transcrit dans les extraits de Ledieu. — e. So : Si vous avez quelques voies particulières, marquez-le moi. T : *Marquez-moi une voie particulière...* Na. : *marquez une voie particulière..*

1. Le livre, sans doute l'*Apocalypse*, dont il a été parlé dans la lettre du 18 octobre.

Lettre 511. — Dédicace de l'ouvrage intitulé *la Vie ou l'Éloge de saint Faron, évêque et comte de Meaux, tirée des autheurs anciens et modernes qui en ont parlé, avec des réflexions morales,* par M. Hébert de Rocmont, 1689. Cet ouvrage, resté manuscrit, fut donné par l'auteur à l'abbaye bénédictine de Saint-Faron, de Meaux, en 1697 ; il

de votre pays[1], dont vous remplissez si dignement le siège, ce
que j'ai fait en le composant ; et comme, dans le respect que
ses actions m'inspirent, je n'ai pas tant entrepris ce travail

se trouve actuellement dans la bibliothèque municipale de cette ville,
ms. 95. — François Hébert de Rocmont était fils de Denis Hébert,
lieutenant particulier à Meaux, et de Marguerite Musnier. Nous ne
savons presque rien de lui ; il était prêtre, mais ne semble avoir
occupé aucun poste ni avoir été titulaire d'aucun bénéfice. Il assista
dans l'église Notre-Dame-de-Chaage aux funérailles de sa mère,
morte le 26 août 1698 à quatre-vingt-trois ans. La même année, il fit
d'importantes libéralités à l'hôtel-Dieu et à l'hôpital général de Meaux,
et demanda que Bossuet installât deux Sœurs grises dans ce dernier
établissement (Archives de Seine-et-Marne, B 32 et 37). Il était cousin
germain de Jean-Baptiste Muly, conseiller au présidial, et de Faron
Crétois, élu en l'élection de Meaux. Il a publié : *La Gloire de Louis
le Grand dans les Missions étrangères*, s. l. n. d., in-12.

　　1. Saint Faron était, en effet, originaire de la Bourgogne, comme
Bossuet. Il avait vécu à la cour de Théodebert II, roi d'Austrasie, de
Thierry, frère et successeur de ce prince, et enfin de Clotaire II. Du
consentement de sa femme Blidechilde, qui elle-même embrassa la vie
religieuse, Faron entra dans l'état ecclésiastique, et, à la mort de l'évêque de Meaux, Gondoald, il fut choisi pour lui succéder, vers l'an
626. Il prit part au concile de Sens tenu en 630 et mourut le 28 octobre 672, en odeur de sainteté et âgé de près de quatre-vingts ans.
Sa fête se célèbre chaque année le 29 octobre. Saint Faron était frère
de sainte Fare, fondatrice et première abbesse de Faremoutiers ; lui-
même fonda dans sa ville épiscopale l'abbaye qui porta son nom.
Saint Faron est l'objet d'une de ces vieilles cantilènes qui préludèrent
à nos chansons de geste :

> De Chlotario est canere rege Francorum
> Qui ivit pugnare in gentem Saxonum.
> Quam graviter provenisset missis Saxonum,
> Si non fuisset inclytus Faro de gente Burgundionum !...

(Voir Mabillon, *Acta sanctorum Ordinis sancti Benedicti*, Paris, 1669,
in-fol, t. II, p. 606 seq. ; Le Cointe, *Annales Eccles. Franc.*, Paris,
1665-1689, in-fol., t. II, p. 677 ; Toussaints Duplessis, *Histoire de
l'Église de Meaux*, t. I, p. 31 et suiv. ; les Bollandistes, *Acta sanctorum*, t. XII d'octobre, p. 593 et suiv. ; *Analecta Bollandiana*, t. XV,
p. 358 ; L. Gautier, *les Épopées françaises*, 2e édition, Paris, 1878,
in-8, t. I, p. 39 et suiv. ; G. Körting, *das Farolied*, dans *Zeitschrift
für Franzos. Sprache und Literatur* (1895), t. VII, p. 235-264 ; G.
Græber, *der Inhalt des Faroliedes*, dans *Racc. studii critici* d'Aless.
d'Ancona (1901), p. 583-601 ; *Légendes épiques*, t. II).

pour lui donner de la gloire que pour en obtenir des grâces, je vous le consacre bien moins pour vous rendre de l'honneur que pour m'en procurer à moi-même.

J'avoue cependant que ce n'est pas avec une entière assurance que je m'approche de Votre Grandeur ; je crains qu'il n'y ait trop de présomption dans ma déférence et trop de témérité dans mon zèle. Il est vrai que j'admire depuis longtemps dans un silence forcé les talents extraordinaires qui sont en vous. Mais j'ai toujours cru, Monseigneur, que les hommages médiocres offensaient les grandes vertus au lieu de les honorer. En effet, des qualités comme les vôtres, si rares, si distinguées, ne souffrent guères des devoirs communs, et les titres pompeux que vous portez ne veulent que des respects signalés et des soumissions éclatantes.

Ce n'est pas, Monseigneur, que l'ouvrage dont je vous fais présent ne soit assez illustre par son sujet et assez riche par sa matière. Mais je laisse à part ce qui ne vient pas de moi, je n'y parle que de ce que j'ai mis. Quelques traits de beauté dont je me sois efforcé de l'embellir, je ne flatte point mes espérances d'une illusion assez douce pour en faire un présent digne de Votre Grandeur. Je sais bien qu'il ne sera pas dans vos mains ce qu'il était dans les miennes, et qu'en approchant de cet éclat qui vous environne, ses plus riches brillants deviendront des lumières faibles et des clartés languissantes.

Je me fais justice, Monseigneur, en parlant de la sorte, puisque, pour estimer beaucoup le présent que je vous fais et les devoirs que je vous rends, il faudrait ne connaître plus ce mérite parfait qui les attire, et ne laisser voir que la moindre partie de vous-même, pour mettre quelque rapport entre vous et mes respects. Il faudrait avoir oublié cette dignité sublime de l'épiscopat que vous animez d'un zèle si ardent, que vous soutenez avec une foi si vive et que vous exercez avec une charité si tendre et si paternelle ; il faudrait n'admirer plus cette vaste capacité de génie qui sonde et qui développe d'une manière si agréable et si naturelle les plus profonds mystères de notre religion ; il faudrait n'avoir pas entendu cette éloquence victorieuse qui obtient tout ce qu'elle demande, qui emporte tout ce qu'elle dispute et qui défait tout ce qu'elle attaque, qui ne laisse point au mensonge de couleurs qui vous abusent, ni au vice de charmes qui vous séduisent; cette éloquence toute-puissante, de qui les beaux mouvements et les premières chaleurs ont fait des conquêtes jusques dans la Cour et qui s'est essayée avec succès sur le cœur des souverains auparavant que de triompher de ceux de leurs sujets; qui a mérité que l'Église de France se soit expliquée par votre bouche et par vos écrits sur les affaires les plus importantes, comme celle d'Afrique emprunta autrefois la langue et la plume de l'incomparable Augustin, pour entretenir l'union de son chef avec ses membres. Il faudrait enfin ne lire plus vos savants livres de controverse, où tout brille, tout plaît, tout persuade et tout instruit, qui animent en même temps les hérétiques et désespèrent leurs souhaits, qui leur laissent l'admiration en partage et qui leur rend l'imitation impossible.

Car il semble, Monseigneur, que la Providence divine vous ait fait naître dans le siècle où nous vivons, comme elle suscitera Élie dans les derniers temps[2], pour restituer à l'Église les tribus de Jacob qu'un malheureux schisme en a divisées, et qui réconciliera non seulement le cœur des frères avec celui des enfants, mais encore le cœur de la créature avec celui de son Créateur, comme parle l'Écriture; *qui scriptus es in judiciis temporum lenire iracundiam Domini, conciliare cor fratris ad filium et restituere tribus Jacob*[3].

Mais, Monseigneur, ce n'est pas mon dessein de faire ici l'éloge de ce rare mérite qui vous attire tous les jours de plus en plus l'estime de Louis le Grand, dont les actions héroïques remplissent toute la terre d'une juste admiration. C'est à ce Prince si éclairé et si judicieux que nous sommes obligés du choix qu'il a fait de Votre Grandeur pour élever l'appui de sa couronne, l'héritier de son royaume et l'espérance de son peuple. C'est par cet endroit, comme par beaucoup d'autres, qu'il a

2. Eccli., xlviii, 3-10.
3. *Ibid.*, 10.

fait voir qu'il se connaissait parfaitement en mérite, en piété et en vertu, aussi bien qu'en valeur, en victoires et en conquêtes. C'est par les ordres et sous les auspices de ce monarque triomphant que vous avez cultivé cette plante précieuse, digne rejeton des rois, ses prédécesseurs, qui a déjà porté un si beau fruit, dont l'heureuse naissance a réjoui toute l'Europe et éclairé une partie de l'Univers. C'est enfin par vos soins et par vos veilles que vous l'avez fait croître au point de gloire où il se trouve à présent, de sorte que toutes les nations du monde qui loueront et qui admireront Monseigneur le Dauphin feront en même temps votre éloge, à l'exemple des oracles sacrés qui mêlent souvent les louanges du roi Joas avec celles du pontife Joiada, qui eut l'honneur d'élever ce jeune prince et d'imprimer dans son âme encore tendre les sentiments élevés qui distinguent les âmes royales d'avec les âmes du commun.

C'est vous, Monseigneur, qui, comme ce grand prêtre, avez eu la gloire de régler les premiers mouvements de piété dans l'âme de Monseigneur le Dauphin, dont toute la France vous aura d'éternelles obligations. Car combien de fois lui avez-vous inspiré de l'affection pour son peuple, comme faisait le fameux Arsène [4] au jeune Arcade, fils de l'empereur Théodose ! Combien de fois avez-vous prié Dieu, qui tient entre ses mains les cœurs des souverains [5], d'en faire un prince selon le sien ! et combien de fois lui avez-vous fait cette prière du Prophète dans la ferveur de votre zèle : *Deus judicium tuum regi da et justitiam tuam filio regis* [6] : « Donnez, Seigneur, votre jugement au Roi et votre justice au fils du Roi ! » Je laisse ces maximes de religion si pures et si solides que vous lui avez insinuées et que vous continuez de lui don-

---

4. Saint Arsène était diacre lorsque Théodore le donna pour gouverneur à ses deux fils ; mais, rebuté de l'indocilité d'Arcadius, il quitta la cour et alla vivre en anachorète dans la Thébaïde. Il mourut à quatre-vingt-quinze ans, après en avoir passé cinquante dans la solitude. Il est inscrit dans le martyrologe romain, au 19 juillet.

5. Prov., xxi, 1.

6. Ps. lxxi, 2.

ner par ce docte précis et par ce curieux abrégé de l'histoire universelle que vous composez [7]. Je finis sans doute où vous ne finirez pas, et je rentre dans un religieux silence pour vous marquer la vénération profonde et la soumission parfaite avec laquelle je suis, Monseigneur, votre très humble et très obéissant serviteur.

HÉBERT DE ROCMONT, prêtre de votre diocèse.

Suscription : A Monseigneur Jacques Bénigne Bossuet, évêque de Meaux, conseiller du Roi en ses conseils, ci-devant précepteur de Mgr le Dauphin, et aumônier de Madame la Dauphine.

---

512. — A LA SŒUR ANDRÉ.

A Meaux, 3 novembre 1689.

Quand la paix sera dans la maison, Dieu y sera, et c'est de quoi je le prie. On voit par expérience que la grâce de la visite épiscopale [1] est grande ; mais il y faut être fidèle, autrement elle se perd ; et il faut joindre le soin du pasteur avec l'obéissance et la docilité du troupeau : c'est ce que j'espère. Tenez-y la main, ma Fille ; et, pour vous, allez toujours dans votre voie. J'approuve votre conduite avec ma Sœur Cornuau. Je prie Notre-Seigneur qu'il bénisse ma

---

7. Veut-on parler d'une continuation du *Discours sur l'Histoire universelle*, publié en 1681, et qui s'arrête à Charlemagne ?

Lettre 512. — L. a. s. Collection de M. Richard, doyen du Chapitre de Rennes. Deforis (t. XII, p. 588) a imprimé ce billet avec quelques autres, sous le titre d'*Extraits des lettres à la Sœur André, de la Communauté des Filles charitables de La Ferté-sous-Jouarre.* — Sœur André (de qui il a été parlé plus haut, p. 287), était alors supérieure de la maison fondée par Mme de Tauqueux.

1. Cette visite avait été faite au commencement d'octobre, comme on le peut conclure de la lettre du 25 septembre.

Sœur Cheverry[2] : la simplicité et la vérité doivent être son partage.

Notre-Seigneur soit avec vous.

J. Bénigne, é. de Meaux.

Suscription : A ma Sœur, la Sœur André, à la maison des Filles charitables, à La Ferté-sous-Jouarre[3].

---

513. — A l'Abbé de Rancé.

A Paris, 2 de l'an 1690.

J'espère, Monsieur, que cette année ne se passera pas comme l'autre, sans que j'aie la consolation de vous voir. Je jouis, en attendant, de votre présence, en quelque façon, par vos lettres : et je profite d'ailleurs de la communication de vos prières, dont vous avez la bonté de m'assurer.

2. Bossuet écrit *Cheverri*, et les éditeurs donnent : *Chevry*. Sœur Jeanne de Cheverry avait été l'une des ouvrières de la première heure. Elle mourut à La Ferté le 15 décembre 1750, âgée de quatre-vingt-trois ans et après soixante-trois ans de profession. Elle fut à plusieurs reprises supérieure et assistante de sa Communauté. En 1719, elle avait été marraine d'une cloche bénite dans la chapelle de sa maison (Registres de La Ferté-sous-Jouarre). Elle appartenait à une famille solidement établie à Jouarre et à La Ferté, où ses membres remplirent longtemps les fonctions de procureur fiscal et de procureur au bailliage. Nicolas de Cheverry, petit-neveu de Sœur de Cheverry, fut maire perpétuel de sa ville natale.

3. Le 10 du même mois, Renée-Madeleine de Gaureaux du Mont, belle-sœur de Bossuet, morte à quarante-cinq ans, avait été enterrée à Saint-Sulpice (Bibl. Nationale, Rochebilière, n. a. fr. 3615, n° 1099).

Lettre 513. — Revue sur une copie officielle, à la Bibliothèque Nationale, f. fr. 15180, p. 26.

Il est vrai que l'égarement du ministre Jurieu va jusqu'au prodige. J'ai cru que Dieu ne le permettait pas en vain, et qu'il voulait qu'on le relevât. Il fera dans son temps tout ce qu'il voudra de ce qu'il inspire. On vous envoie le troisième *Avertissement*[1] ; le quatrième est retardé par la poursuite d'un procès que j'ai entrepris, ou plutôt que j'ai à soutenir au Parlement pour ôter, si je puis, de la maison de Dieu le scandale de l'exemption de Jouarre[2], qui m'a toujours paru un monstre.

Je ne vous parlerais point du Commentaire latin de la Règle de saint Benoît[3], des Bénédictins, n'était qu'en me disant qu'ils vous l'avaient envoyée, ils m'ont dit en même temps qu'on y attaquait le P. Mége, et qu'on y défendait vos saintes maximes et vos saintes pratiques[4]. Je n'en sais encore rien : car

1. Ce *Troisième avertissement aux protestants* fut achevé d'imprimer le 5 décembre 1689.

2. Il sera souvent parlé, dans la suite, de ce procès soutenu contre l'abbesse de Jouarre.

3. C'est l'ouvrage de D. Martène, achevé d'imprimer le 31 décembre 1689, et intitulé : *Commentarius in regulam S. P. Benedicti litteralis, moralis, historicus,* Paris, Muguet, 1690, in-4.

4. Deforis remarque que ce commentaire de D. Martène n'est pas fort opposé à celui de D. Mège (Cf. H. Didio, *La querelle de Mabillon et de l'abbé de Rancé.* Lille et Colmar, 1892, in-8, p. 147-158). Le Commentaire de D. Martène ne souleva aucune protestation du côté de la Trappe. Rancé, à qui il avait été envoyé par l'auteur, se borna à en accuser réception le 8 janvier 1690, avant de l'avoir lu (Bibl. Nationale, f. fr. 25538, f° 91). « Je reçois le présent que vous avez la bonté de me faire, avec toute la reconnaissance que je dois. Je ne doute point que l'ouvrage ne soit digne de vous, et que ceux qui le liront n'y trouvent ce qui y doit être : je veux dire l'édification et l'instruction tout ensemble. Votre humilité peut vous fermer les yeux et vous empêcher de voir ce que vous êtes, mais elle ne fera pas le même effet sur les autres ; et quoi que vous en puissiez penser, on vous rendra la justice que vous méritez. Je vous avoue que ce me sera

je ne l'ai pas vu, et je crains de n'avoir pas sitôt le
temps de le voir. C'est un gros ouvrage, qui sans doute
sera fort savant. Je souhaite que la piété l'ait inspiré, et je le veux croire ; car l'auteur paraît fort
humble et fort mortifié[5].

Je suis, Monsieur, à vous sans réserve.

J. Bénigne, é. de Meaux.

---

514. — A la Sœur André.

A Paris, 17 janvier 1690.

Ce que vous me mandez de la Communauté et
de quelques Sœurs en particulier me réjouit. Il sera
utile à la maison que je l'aie bien connue, s'il plaît
à Dieu.

une consolation d'y reconnaître l'esprit de notre bienheureux Père, et
il ne se peut que ce que vous en aurez écrit ne trouve beaucoup de
créance pour le confirmer et même pour le rétablir dans les lieux où
l'on en a perdu toute idée et toute connaissance. Je vous suis tout
à fait obligé de la grâce que vous m'avez faite de vous souvenir de
moi. Je vous supplie d'y joindre le secours de vos prières et de croire
que c'est avec une estime et une sincérité parfaite que je suis... »

5. Dom Edmond Martène, né à Saint-Jean-de-Losne, le 22 décembre
1654, mort à Paris, le 20 juin 1739, fut l'un des religieux les plus
austères et les plus savants de la Congrégation de Saint-Maur. Il
recueillit un grand nombre de documents utilisés dans la *Gallia christiana*. On lui doit, entre autres ouvrages, la *Vie de D. Claude Martin*,
Tours, 1697, in-8 ; *De antiquis Ecclesiæ ritibus*, Rouen 1700-1702,
3 vol. in-4 ; *Voyage littéraire de deux bénédictins*, Paris, 1717, 2 vol.
in-4 ; *Veterum scriptorum et monumentorum historicorum, dogmaticorum
et moralium amplissima collectio*, Paris, 1724-1733, 9 vol. in-fol. (Voir
le *Mercure* du mois d'août 1739 ; D. Tassin, *Histoire littéraire de la
Congrégation de Saint-Maur*, Bruxelles, 1770, in-4, p. 542).

Lettre 514. — L. a. signée des initiales, avec suscription de la
main de Ledieu. Collection de M. Richard. Publiée par Deforis sous
le titre d'*Extraits*, etc.

Je n'ai rien à vous répondre présentement sur les messes [1]. Je ne partirai pas de cette ville sans avoir vu ce qu'il y aura à faire pour la supériorité [2]. Je salue nos chères Sœurs.

Il faut tâcher, dans les distractions, qu'il n'y en ait point dans le cœur ; et que l'amour, qui se sert de tout et même de ses faiblesses, demeure sans interruption.

J. B., é. de Meaux.

Suscription : A ma Sœur, ma Sœur André, supérieure des Filles charitables, à La Ferté-sous-Jouarre.

---

515. — A LA SŒUR ANDRÉ.

A Paris, 26 janvier 1690.

Madame votre mère m'a écrit souvent qu'elle souhaitait de me parler de son affaire [1]. Je n'ai vu nulle utilité dans cette entrevue, parce qu'elle m'a toujours paru fort entêtée de sa prétention. Quand

1. Sans doute les messes que les Sœurs désiraient qu'on dît dans leur chapelle, pour n'être pas obligées d'aller si fréquemment à l'église paroissiale.

2. Bossuet se préoccupait de trouver une supérieure pour les Filles charitables, d'autant plus que la Sœur André désirait ne pas rester à la tête de la Communauté (Cf. la lettre du 27 mai 1692).

Lettre 515. — L. a. s. Collection de M. Richard. Nous donnons cette lettre en son intégrité. Deforis l'avait rangée sous le titre d'*Extraits* et, sans avertir, y avait joint sous la même date le fragment : « Je ne vous dis rien sur le désir du saint Sacrement », qu'on peut lire p. 164, et même un passage d'une lettre à Mme Cornuau concernant la Sœur André. Les autres éditeurs ont reproduit purement et simplement le texte de Deforis.

1. Nous n'avons pu découvrir de quelle affaire il s'agit ici.

je verrai ouverture à quelque bien, je ne la négligerai pas, surtout après ce que vous me marquez du péril de son salut, qui en effet est fort grand, lorsqu'on s'emporte, comme elle fait, à dire des choses aigres contre le prochain, et que, sans servir aux affaires, elles ne font que lui nuire [2]. Je profiterai des choses que vous me faites connaître, pour en traiter où il faudra et en chercher les remèdes.

Il faut tâcher de se faire quelques heures libres et seules, où l'on puisse converser avec Dieu ; mais c'est ordinairement une tentation que de vouloir pousser à bout la solitude[3], puisqu'il y a si peu d'âmes qui puissent porter[4] cet état.

J'ai peine à rien décider sur les austérités[5], et je m'en rapporte volontiers à un confesseur discret[6], qui voit le fond et la suite : ainsi je n'accorde rien là-dessus.

Je prie Dieu, ma Fille, qu'il soit avec vous.

J. Bénigne, é. de Meaux.

Suscription : A ma Sœur, la Sœur André, à La Ferté-sous-Jouarre[7].

---

2. Deforis : et qui sans servir aux affaires ne font que lui nuire.

3. C'est-à-dire vivre absolument solitaire.

4. *Porter*, supporter.

5. Sans doute, la Sœur André avait demandé à Bossuet l'autorisation de pratiquer des austérités plus grandes que ne comportait sa santé.

6. *Discret*, non pas gardant les secrets qui lui sont confiés dans la confession, mais judicieux, modéré. « Jeune homme fort discret et qui fut vieil de bonne heure » (Malherbe, Grands écrivains, t. II, p. 596).

7. Le 8 février de cette année, Bossuet était encore à Paris, où il donnait les cendres à la Dauphine.

516. — Jean Pontas a Bossuet.

[Fin de février 1690.]

Monseigneur,

Le plaisir que je prends à lire vos excellents ouvrages est toujours accompagné d'une crainte secrète, que le bon usage que vous faites de tout votre temps ne nous reproche l'abus que nous faisons du nôtre[1]. Oui, Monseigneur, je crains que

Lettre 516. — Dédicace de l'ouvrage intitulé : *Exhortations aux malades en leur administrant le saint Viatique, tirées de l'Écriture et des Pères,* Paris, Veuve Claude Hérissant, 1690, in-12. L'achevé d'imprimer étant du 2 mars 1690, la dédicace doit être antérieure de quelques jours. — Jean Pontas, prieur de Saint-Sauveur de Panreux (au village appelé actuellement Paureux, com. de Méron, en Maine-et-Loire), né à Saint-Hilaire-du-Harcouët, dans le diocèse d'Avranches, le 31 décembre 1638, commença ses études chez les Jésuites de Rennes et vint les terminer au collège de Navarre, après quoi, il prit le doctorat en droit canon dans l'Université de Paris (1666). L'évêque de Toul, André du Saussay lui conféra en 1663 tous les ordres en dix jours. D'abord vicaire à Sainte-Geneviève-des-Ardents, J. Pontas se signala par son zèle à visiter et à administrer les malades ; plus tard, il fut nommé sous-pénitencier du diocèse de Paris et se retira dans une maison voisine et dépendante des Petits-Augustins du faubourg Saint-Germain. Il fut inhumé dans l'église de ces religieux le 28 avril 1728 ; il était mort persévérant dans son appel de la Bulle *Unigenitus.* Il était sans doute parent de Pierre Pontas, aussi prêtre du diocèse d'Avranches, qui figure en qualité de confesseur des religieuses de Faremoutiers, de 1686 à 1691, et qui même fut pourvu le 16 novembre 1687 d'une des prébendes de leur monastère. Outre ses *Exhortations,* Jean Pontas a publié *Sacra Scriptura ubique sibi constans,* Paris, 1698, in-4 ; *Examen général de conscience,* Paris, 1728, in-12. Mais il est connu surtout comme auteur d'un *Dictionnaire des cas de conscience,* Paris, 1715, 2 vol. in-fol., et qui depuis a eu de très nombreuses éditions. Benoît XIV l'a appelé « præclarus theologus » (Voir *Mémoires de Trévoux,* mai 1716 ; *Nécrologe des plus célèbres défenseurs de la vérité au xviii⁰ siècle,* t. I, p. 116 ; Hurter, *Nomenclator litterarius.* 3⁰ édit., t. IV, col. 1312 ; Piganiol de La Force, *Description de Paris.* 1742, 8 vol. in-12, t. VII, p. 250 ; de Guilhermy, t. V, p. 145 et 146 ; Célestin Port, *Dictionn. hist. et géogr.* de Maine-et-Loire, Paris, 1878, in-8, t. III, p. 45).

1. Dans une seconde édition du même ouvrage, publiée sous un titre un peu différent : *Exhortations aux malades en leur administrant*

votre infatigable application au travail ne condamne un jour
notre oisiveté ; je crains que vos veilles, si utilement employées au salut de tant de personnes, ne servent qu'à nous
rendre plus coupables devant Dieu, si nous n'essayons, chacun
selon nos forces, de suivre un si saint exemple. Un grand prélat, après s'être pleinement acquitté des fonctions de son sacré ministère, sans penser à son repos, ménage ce qui lui
reste de temps pour l'instruction des siècles à venir ; et à peine
songeons-nous, quelque loisir que nous en ayons, à nous instruire des choses que nous ne saurions ignorer sans crime.
C'est donc votre zèle, c'est votre charité immense qui embrasse
tous les temps, qui m'a inspiré le désir de m'épargner ce reproche. Il ne m'appartient point d'annoncer aux princes et
aux rois la parole du Seigneur, d'affermir ou de ramener
dans ses voies les peuples entiers qui s'en sont malheureusement écartés : vous nous deviez, Monseigneur, de si grandes
merveilles. Dieu, qui mesure nos devoirs et nos obligations
sur les grâces et sur les talents qu'il nous donne, veut que je
me renferme dans des bornes infiniment plus étroites, que je
me contente de glaner dans un champ où Votre Grandeur a
fait une moisson si riche et si abondante ; il veut enfin que,
sans m'éloigner de l'emploi [2] auquel sa providence m'a appelé, j'y trouve de quoi m'occuper.

J'ai cherché dans l'Écriture sainte et dans les Pères ce qui
me pouvait aider à consoler les malades, en les préparant à
recevoir dignement le saint Viatique. On parle aux autres,
on écrit pour eux avec beaucoup de soin ; au lieu qu'on se
fait une coutume et une habitude de parler aux malades sans
préparation. Cependant, Monseigneur, vous le savez, leurs
derniers moments sont précieux, et ils doivent être ménagés
d'autant plus adroitement qu'ils décident de leur bonheur

le saint Viatique et l'Extrême onction, tirées des évangiles des dimanches
et des saints Pères de l'Église, Paris, 1691, 2 vol. in-12, la première
phrase de la dédicace a été ainsi modifiée : « Vos excellents ouvrages me font appréhender que le bon usage que vous faites de tout
votre temps ne nous reproche l'abus que nous faisons du nôtre. »

2. Celui de vicaire à Sainte-Geneviève-des-Ardents.

ou de leur malheur éternel. L'extrême envie que j'ai eue de me mettre à couvert des reproches que vos travaux, que vos veilles continuelles font à tous ceux qui refusent ou qui négligent de s'employer autant qu'ils le peuvent au salut de leurs frères, m'a fait entreprendre cet ouvrage ; je vous l'offre donc, Monseigneur, comme à celui qui en est le premier auteur. Peu de personnes ont travaillé sur cette matière ; si le public s'aperçoit que le dessein vous en ait été agréable, une main plus habile et plus heureuse achèvera ce que la mienne n'a pu qu'ébaucher. C'est la seule fin que je me suis proposée ; j'espère que Votre Grandeur ne la désapprouvera point.

Je suis avec un très profond respect, Monseigneur, votre très humble et très obéissant serviteur.

Pontas, prêtre.

---

517. — A Mme DE LA CROIX.

A Jouarre, samedi matin, 4 mars 1690.

Je veux bien vous l'avouer, Madame (car je ne

Lettre 517. — Il existe dans la collection Saint-Seine deux copies de cette lettre présentant quelques variantes avec l'édition de Deforis (Article de M. le Chanoine Thomas dans la *Revue Bossuet*, Suppl. I, du 25 juin 1905). La lettre, qui, dans les éditions, est sans indication de lieu, fut écrite à Jouarre même, où Bossuet s'était rendu pour triompher de la résistance des religieuses du parti de l'abbesse, qui, en vertu de l'exemption qu'elle prétendait, refusait de reconnaître la juridiction de l'évêque de Meaux et entendait rester immédiatement soumise au Saint-Siège (Sur cette affaire, on peut consulter Bausset, *Hist. de Bossuet*, t. II, liv. vii, n° 22 ; M. Réaume, *Histoire de J.-B. Bossuet*, t. II, p. 379 et suiv. ; H. Tiercelin, *le Monastère de Jouarre*, Paris, 1861, in-8 ; les différentes pièces publiées dans les éditions de Bossuet, par exemple dans Lachat, t. V, p. 495-595 ; les factums composés pour Bossuet et pour Mme de Jouarre, dont on trouvera l'indication dans l'Appendice). — Mme Catherine de La Croix, dite de Sainte-Françoise, avait fait profession en 1639 et elle était grande

puis me résoudre à vous appeler ma Fille[1], jusqu'à ce que vous le méritiez par votre soumission, ou du moins par votre confiance), je ne comprends rien à votre conduite. Me trompiez-vous, ou vouliez-vous m'amuser de belles paroles, quand en effet vous m'en donniez de si agréables? A Dieu ne plaise! Qu'est-ce donc qui vous a changée si soudainement? Est-ce crainte, légèreté, complaisance? Tout cela est bien peu digne d'une religieuse de votre mérite et de votre âge.

Qu'attendez-vous, et quelle fin auront ces dissen-

prieure depuis le 2 avril 1680. Elle vivait encore, mais était gravement malade, au mois d'avril 1696, lorsque Bossuet passa par Jouarre pour se rendre à Rebais (*Revue Bossuet*, octobre 1902, p. 239). Elle devait être proche parente, et peut-être sœur, de Pierre de La Croix, docteur de Paris, chanoine de Meaux depuis le 9 décembre 1651, doyen du Chapitre, le 6 octobre 1666, vicaire capitulaire *sede vacante* au décès de M. de Ligny, et, à ce titre, haranguant Bossuet à son entrée dans sa ville épiscopale, mort le 30 juin 1695. S'il en était ainsi, elle était parente de son abbesse, car la mère de Pierre de La Croix était une Séguier, et les Séguier tenaient aux Luynes aux Chevreuse, aux Sully, etc. (*Le Mercure galant* de mars 1682, p. 17).

1. Mme de La Croix gouvernait le monastère en l'absence de l'Abbesse; d'après une note de Ledieu, elle avait « manqué de parole à l'évêque en refusant de lui amener toutes les religieuses à l'obéissance » (*Revue Bossuet*, 25 juin 1905, p. 17). « M. l'évêque de Meaux s'étant transporté dans ce monastère pour y faire sa visite, la Prieure lui promit, l'Abbesse étant absente, qu'à la réserve de sept ou huit emportées, toutes lui rendraient obéissance, mais que, pour se disculper envers Mme son Abbesse, il fallait qu'il obtînt un arrêt par imploration du bras séculier, où il y eût un commissaire nommé par le Parlement pour faire ouvrir les portes en cas de refus; ajoutant encore que, comme elle ne désirait cela que pour la forme, on ouvrirait au premier coup de marteau. Le Parlement donna un arrêt, par lequel le premier juge royal fut commis pour prêter main forte à l'Église... Il est vrai que la Prieure ne tint pas parole et qu'on fatigua l'évêque autant qu'on put en verbalisant et en résistant » (Bossuet, *Mémoire sur l'exemption de Jouarre*, à l'appendice V, p. 488).

sions? Espérez-vous qu'on vous donne un supérieur, que Mme votre Abbesse[2] ne demande pas, et ne peut ni n'ose demander? Mais que ne vient-elle donc gouverner son monastère, plutôt que de vous laisser dévorer les unes les autres? Si elle était ici, tout serait en paix, car il faudrait bien qu'elle obéît elle-même, et qu'elle fît obéir les autres. Quel parti est celui-là, de n'oser venir et de soulever de loin tout un monastère[3]?

Mais quel parti est-ce à vous, Madame, d'être l'instrument dont on se sert pour tenir dans l'oppression plus de la moitié de la communauté, en sorte qu'elle ne peut traiter avec moi qu'avec le secours de la justice séculière[4]? Vous jugez bien que cela ne peut pas durer, et que je ne délaisserai pas celles qui me reconnaissent et qui obéissent aux conciles en m'obéissant.

Vous attirez des affaires à Mme votre Abbesse, dont elle ne sortira jamais; car vous voyez bien jusqu'où elle peut être poussée sur son absence sans ma permission. Ses flatteurs, qui la perdent, ne la tireront pas d'un si mauvais pas. Il faudra donc, et bientôt, qu'elle révoque les ordres secrets qu'elle envoie ici pour tout troubler, puisqu'on ne garde

---

2. Henriette de Lorraine, fille de Claude de Lorraine, duc de Chevreuse, et de Marie de Rohan, était née en 1631; elle avait pris l'habit à Montmartre, puis elle avait succédé en 1652 à sa défunte sœur Anne-Marie, comme abbesse du Pont-aux-Dames; depuis l'année 1655, elle était à la tête du monastère de Jouarre.

3. Parmi les religieuses, les unes avaient pris parti pour Bossuet, les autres pour l'Abbesse.

4. Bossuet, avec l'appui du lieutenant général de Meaux, avait pénétré dans le couvent dont on lui fermait les portes.

plus avec moi aucune mesure, et qu'on pousse la violence jusqu'à vous empêcher vous-même de me tenir des paroles si précises. Vous concevez aisément ce que je dois faire contre elle. Vous déplorez avec moi son aveuglement, et vous coopérez aux mauvais desseins que lui donne un conseil[5] autant aveugle que violent et intéressé. Je suis obligé de vous avertir que c'est agir contre votre conscience.

Je vous garderai le secret sur ce que vous m'avez dit de particulier, et même je suis tout prêt à vous recevoir encore, si vous revenez à vos premiers sentiments. C'est pousser la complaisance trop loin, que de se laisser priver des sacrements. Pousserez-vous cela jusqu'à Pâques? Car, pour moi, je ne puis vous donner ni permettre qu'on vous donne un sacrement que vous n'êtes pas en état de recevoir. Vous en avez assez fait pour conserver, si vous croyez qu'il le faille, un droit ruineux, ou plutôt un droit ruiné et nul de son origine[6].

5. Louis de La Vallée. Voir plus loin, p. 77 et 157.

6. Dans son ordonnance de visite, du 6 mars 1690, Bossuet s'exprime ainsi sur le compte de la Prieure : « Bien que la M. de La Croix, première prieure, soit des plus coupables envers nous et envers l'obéissance, puisque, dûment avertie de nos intentions par Mre Hugues Jannon, prêtre, que nous avons envoyé avant la visite, et par nous-même dès le moment de notre arrivée, elle nous a néanmoins obligé depuis d'implorer jusqu'à deux fois le bras séculier pour nous faire ouvrir le monastère, sans vouloir se présenter devant nous, nonobstant tous les commandements que nous lui en faisions, par tous les moyens possibles, ni permettre à celles qui lui adhéraient de s'y présenter, pendant qu'à l'exemple du bon Pasteur, nous les cherchions de tous côtés avec un esprit de douceur et de charité ; nous ordonnons néanmoins qu'on lui rende l'obéissance requise tant que nous trouverons à propos de la tolérer dans sa charge, non toutefois dans les choses qui seraient contraires aux ordres par nous donnés verbalement ou par écrit. »

Quoi qu'il en soit, le Pape ne viendra pas vous gouverner. Ayant à vous remettre en d'autres mains pour la décharge de sa conscience et pour votre propre salut, pouvait-il rien faire de mieux que de vous remettre à celui que Jésus-Christ avait chargé de vous ? et le pouvait-il faire d'une manière plus avantageuse que dans un concile œcuménique ? Seriez-vous bien mieux gouvernée par quelque religieux de Cluny, ou quelque autre prêtre séculier ou régulier, qui vous verrait en passant deux ou trois fois en plusieurs années, ou par un évêque qui ne vous verrait jamais, et qui, accablé du fardeau qu'il a déjà sur les épaules, se chargerait encore de celui d'autrui ? Ne verrez-vous jamais que l'Église ne peut plus souffrir de telles conduites, et qu'il en faut revenir à ce que Jésus-Christ a fait ?

Revenez, ma Fille, revenez à celui qui vous tend les bras. Donnez la paix à vos Sœurs, qui vous aiment. Donnez-la à vous-même[7], et ne vous privez[8] pas de Jésus-Christ pour l'amour des créatures.

Votre très affectionné serviteur,

J. Bénigne, é. de Meaux.

---

518. — A Mme Renard.

6 mars 1690.

Je me souviens bien, ma Fille, de cette religieuse

---

7. La M. de La Croix, avec six de ses Sœurs, fit sa soumission à Bossuet, le vendredi saint, 24 mars ; les autres opposantes en firent autant le samedi de Quasimodo, 1er avril.

8. *Privez*, leçon du ms. de Saint-Seine ; Deforis : *jouez*.

Lettre 518. — Il y a de cette lettre deux copies dans la collection

de Tours, qui se prive des sacrements depuis si
longtemps. Je ne vous puis rien dire de précis sur
ce qu'il y aurait à faire[1] ; tout ce que je puis, c'est
de parler des choses dont je suis chargé, et j'évite
d'entrer dans les autres. Je dirai bien seulement que
la privation du droit de suffrage[2] et les autres peines de cette nature, apparemment feront peu d'effet
sur un esprit de ce caractère. Elle sait les peines
portées par les décrets de l'Église[3], qui sont bien
plus redoutables.

Je croirais en général qu'il faut la traiter comme
une malade, et songer à guérir son esprit blessé
avec douceur, avec patience, en lui expliquant les
miséricordes de Dieu, et en lui montrant les passages des saints, où ils ont combattu si vivement ceux
qui se retirent du saint Sacrement par des vues de
perfection qui leur en font perdre la grâce. Je ne
sais rien davantage.

Si on est porté à me consulter, à cause que j'ai

Saint-Seine (Voir le chanoine J. Thomas, dans la *Revue Bossuet,* 25 juin
1905). Mme Renard, en religion Sœur Saint-Placide, avait été à
Jouarre une des premières à se soumettre à l'autorité de Bossuet. On
perd sa trace à partir de 1705 (Ledieu, t. III, p. 296).

1. Les deux copies mentionnées plus haut donnent : *ce qu'il y avait
à faire* ; mais cette leçon paraît moins satisfaisante que celle de
Deforis.

2. Dans les élections à l'intérieur du monastère.

3. En 1215, le concile de Latran porta ce décret : Omnis utriusque
sexus fidelis, postquam ad annos discretionis pervenerit, omnia sua
peccata saltem semel in anno fideliter confiteatur,... suscipiens re-
verenter ad minus in Pascha Eucharistiæ sacramentum, nisi forte de
proprii sacerdotis consilio ob aliquam rationabilem causam ad tempus
ab ejusmodi perceptione duxerit abstinendum. Alioquin et vivens ab
ingressu ecclesiæ arceatur, et moriens christiana careat sepul-
tura. »

eu longtemps entre les mains une personne qui a été dans le même état, on doit songer en même temps que je ne l'en ai pas tirée. Elle se confessa et communia en mourant sans aucune peine ; elle n'avait jamais été opiniâtre, et ce caractère que vous me marquez dans cette religieuse est celui qui me paraît le plus fâcheux. Mais cela même est quelquefois une maladie ; et ces sortes d'aheurtements [4] qui viennent d'une certaine faiblesse d'esprit, demandent la même douceur et la même patience que les autres peines. Ordinairement elles ne veulent pas être attaquées directement ; souvent même il ne faut pas faire semblant qu'on les attaque, ni qu'on en soit si fort étonné ; car cela rebute un pauvre esprit : je dis pauvre en cela, encore que je voie bien que celle-ci est forte d'ailleurs. Je prie Dieu qu'il l'éclaire, et qu'il éclaire ceux qui sont chargés de sa conduite.

J. Bénigne, év. de Meaux.

Suscription : A Madame, Madame Renard de Saint-Placide, religieuse de Jouarre, à Jouarre.

---

519. — A Mme d'Albert.

A Meaux, 10 mars 1690.

Je me souviendrai toujours, ma Fille, que vous

4. *Aheurtement.* « Ce mot vieillit et se dit des personnes. Il n'est usité que dans le style bas, dans le comique, le mordant ou le satirique. Il signifie opiniâtreté, attachement ferme que l'on a pour quelque chose » (Richelet). *S'aheurter* était déjà noté comme archaïque par Ant. Oudin, *Recherches italiennes et françaises*, Paris, 1643, in-4. « Ils ne sont pas bien aises, s'ils ne sont toujours aheurtés contre quelque difficulté » (Malherbe, Grands écrivains, t. II, p. 373).

Lettre 519. — L. a. s. Sorbonne, Bibliothèque Victor Cousin. — C'est la première en date de deux cent quatre-vingts lettres environ qui

êtes la première qui avez reçu de moi la parole de

nous restent de celles que Bossuet écrivit à Mme d'Albert, et qui, dans les éditions, forment une classe à part parmi les *Lettres de piété et de direction* (Cf. Appendice III). Il est vrai que M. A. Gasté (*Bossuet, Lettres et pièces inédites,* etc., Caen, 1893, in-8), a donné pour adresse à Mme d'Albert par l'évêque de Meaux, le 1er mai 1685, un fragment de lettre. Mais l'examen de l'original, qui est la propriété de M. Saffroy, libraire au Pré-Saint-Gervais, nous permet d'assurer que ce morceau n'est pas de Bossuet et que la destinataire, qui y est appelée *Mademoiselle,* ne saurait être une religieuse comme Mme d'Albert.

Henriette-Thérèse d'Albert, née le 13 septembre 1647, était fille de Louis-Charles d'Albert, duc de Luynes, et de sa première femme Louise-Marie Séguier, marquise d'O, cousine du chancelier. La duchesse de Luynes, qui avait eu pour directeur M. Singlin, mourut à 27 ans, le 13 septembre 1651, laissant la réputation d'une piété vive et éclairée. Sa vie, écrite par l'abbé Jean-Jacques Boileau, a été publiée par M. Ph Tamizey de Larroque (*Vie inédite de la duchesse de Luynes,* Paris, 1880, in-8). Quant au duc de Luynes, fils du fameux connétable de ce nom, il est célèbre par son attachement aux idées cartésiennes et aux solitaires de Port-Royal (Voir plus loin la lettre du 5 oct. 1690). Dès l'âge de deux ans, Henriette-Thérèse d'Albert fut placée dans le monastère de Port-Royal avec une sœur aînée, Marie-Louise (connue dans la Correspondance de Bossuet sous le nom de Mme de Luynes). Elles firent leur éducation à Port-Royal sous la direction de la Mère Angélique. Elles formèrent le projet de s'y consacrer à la vie religieuse, et déjà elles étaient postulantes lorsqu'au mois de mai 1661, un ordre de la Cour enleva à ce monastère ses postulantes et ses pensionnaires. C'est à Jouarre, où leur tante Henriette de Lorraine était abbesse, qu'elles prirent l'habit en 1664. Le Boux, évêque de Dax, prêcha, le 7 mai, la vêture de l'aînée, et Bossuet, le lendemain, celle de la cadette (Lebarq, *Hist. de la prédication de Bossuet,* p. 208). « Elles ont toutes deux fait profession dans cette abbaye ; l'aînée, sous le nom de Marie de Saint-Bernard, la cadette sous le nom d'Henriette-Angélique. L'aînée a été première prieure et chantre dans cette maison en différents temps ; et la cadette, maîtresse des novices. Elles ont fait beaucoup de bien dans la maison, tant pour le spirituel que pour le temporel, ayant donné chacune dix mille livres de dot et une pension de mille livres chacune par an, outre les ornements d'église dont elles ont fait présent à leur prise d'habit et à leur profession » (Extrait des manuscrits de Jouarre, collection E. Levesque). Elles avaient souscrit le formulaire, mais, quelques années après, le 16 novembre 1670, elles rétractèrent la signature qu'elles avaient donnée, dirent-elles, « en partie par faiblesse, et en partie par obéissance » (*Divers actes,*

vie[1], qui est le germe immortel de la renaissance des chrétiens. Cette liaison ne finit jamais, et ce caractère paternel ne s'efface point. Dieu prévoyait ce qui devait arriver, quand je vous consacrais par ma parole, qui était la sienne, et il en jetait dès lors les fondements.

Pour le bref[2], loin qu'il doive venir à Pâques, on m'a averti de bonne part qu'on n'avait même encore osé le demander, ni envoyer la supplique. Ceux qui mandent qu'il viendra si tôt savent bien que non; et mon plus grand déplaisir, c'est que Dieu soit offensé par tant de mensonges. Celles qui appelleront à M. de Paris[3] feront par là un acte authentique pour me reconnaître; puisque, s'il est le métropolitain, je suis l'évêque, et le premier pas qu'il faut faire pour pouvoir être secourue par mon supérieur, c'est de me rendre obéissance. Au surplus, M. de Paris est trop entendu pour outrepas-

---

lettres et relations des religieuses de Port-Royal. Bibl. Nationale, Ld³ 84, à la fin de la cinquième pièce). Malgré la paix de l'Église, le souvenir du séjour qu'elles avaient fait à Port-Royal, nuisit à leur avancement. Cependant Mme de Luynes fut mise en 1696 à la tête du prieuré de Torcy, à six lieues de Paris. Mme d'Albert l'y suivit; c'est là qu'elle mourut subitement, le 2 février 1699, à cinquante-deux ans et quatre mois.

1. Allusion au sermon prononcé par Bossuet à la profession de Mme d'Albert. Voir la lettre du 8 mars 1691.

2. On disait que Mme de Jouarre avait sollicité en cour de Rome un bref maintenant l'exemption de son monastère contre l'arrêt du Parlement de Paris, du 26 janvier 1690, qui n'en avait pas tenu compte.

3. Le pape Innocent XI avait commis, par un bref du 7 février 1680, l'archevêque de Paris à l'effet de faire par lui-même ou par des délégués de son choix la visite du monastère de Jouarre, avec pleins pouvoirs pour en opérer la réforme. Ce bref avait reçu du Conseil du Roi une lettre d'attache, mais, comme l'archevêque n'avait fait aucune démarche pour user de l'autorité à lui déléguée, et qu'Innocent XI était mort dans l'intervalle, il était désormais sans valeur.

ser son pouvoir ; et il sait que j'en sais les bornes,
qui, en cette occasion, sont bien resserrées ; car il
ne peut exempter personne de me rendre une entière et perpétuelle obéissance. J'aurai soin de parler aux P. P. Soanin et Duboc[4]. Pour ce qui regarde Mme votre Abbesse, je ferai tout pas à pas et
avec circonspection, mais, s'il plaît à Dieu, avec
efficace. J'ai peine à croire qu'elle se commette[5] à
me désobéir, ni aussi qu'elle se résolve si tard à
m'obéir franchement. Quoi qu'il en soit, assurez-
[vous] que je penserai à tout, s'il plaît à Dieu, [et]
que Dieu sera avec moi.

4. Ces noms propres ont été raturés ; on peut lire encore Soanin
(pour *Soanen*) et Duboc (peut-être pour *du Bosc*). Cette phrase a été
omise par les éditeurs. Il s'agit sans doute de sermons promis ou à demander pour Jouarre. — Jean Soanen, né le 6 janvier 1647 à Riom, de
Mathieu Soanen, procureur au présidial de cette ville, était par sa
mère neveu du savant jésuite Jacques Sirmond. Entré à l'Oratoire de
Paris le 15 novembre 1661, il fut, après ses études, occupé à l'enseignement, puis à la prédication. Ses sermons furent goûtés, même à la Cour.
Député du Roi à l'assemblée de sa Congrégation (1690), il fit de l'opposition à son Général, le P. de Sainte-Marthe, suspect de Jansénisme.
Nommé en 1695 évêque de Senez, il s'acquitta avec zèle de ses fonctions
et fut un prélat très austère. Sa résistance à la Bulle *Unigenitus* le fit
interdire, le 20 septembre 1727, par le Concile d'Embrun, présidé par
son métropolitain, M. de Tencin. Il fut ensuite relégué par le Roi à
l'abbaye de La Chaise-Dieu, en Auvergne. C'est là qu'il mourut, le
25 décembre 1740, à quatre-vingt-quatorze ans. Le fait de sa rétractation *in extremis* a été contesté à la fois par les Jésuites et par les
Jansénistes. On a imprimé ses *Sermons sur différents sujets*, Paris,
1761, 2 vol. in-12, et la *Vie et les lettres de M. Soanen*, Cologne, 1750,
2 vol. in-4 (Voir les *Nouvelles ecclésiastiques*, 1741, p. 5, 18 et 64 ;
1742, p. 63 ; le *Supplément aux Nouvelles ecclésiastiques*, 20 février et
20 mars 1741, p. 29 et 48 ; A. Hurel, les *Orateurs sacrés à la cour de
Louis XIV*, Paris, 1872, in-8, t. II, p. 137-142 ; Élie Jaloustre, *Un
Janséniste en exil, Jean Soanen*, Clermont-Ferrand, 1902, in-8 ; Maurice
Masson, *Mme de Tencin*, Paris, 1909, in-18). — Nous ne savons qui ni
de quel Ordre était le P. Duboc ou du Bosc.

5. Les éditeurs : détermine.

Je vous prie de dire à toutes les Sœurs que vous me nommez, que je reçois avec joie les témoignages de leurs bons sentiments par votre entremise, et en particulier à Mme de Saint-Michel[6] ; que, si elle m'a été une fidèle et courageuse conductrice, j'espère la guider à mon tour où je sais qu'elle veut aller de tout son cœur. Pour Mme de Saint-Placide[7], je ne la veux pas délivrer de la crainte où elle est entrée pour moi, parce qu'elle m'attirera ses prières. J'ai toutes mes filles présentes, et je les salue nommément.

J. Bénigne, é. de Meaux.

520. — A Mme D'ALBERT.

A Versailles, 15 mars 1690.

J'ai reçu, ma Fille, votre lettre du 11 mars, qui m'instruit de beaucoup de choses[1]. Il n'y a qu'à avoir la foi, et l'œuvre de Dieu s'accomplira. Songez bien, et faites songer à toutes nos chères Sœurs à cette parole de saint Jean : *Ipse enim sciebat quid esset facturus*[2].

6. Mme de Rodon, en religion, de Saint-Michel. Un manuscrit de l'Arsenal (5835), ayant appartenu à la Sœur de Rodon de Saint-Michel, contient l'opuscule de Bossuet *De la vie cachée en Dieu*. Des paroles du prélat, on peut conclure qu'elle l'avait guidé dans le monastère, après qu'il s'en fut fait ouvrir les portes par force et que les autres religieuses, suivant l'ordre qui leur avait été donné par la Prieure, s'étaient réfugiées dans leurs cellules. Cependant le procès-verbal de visite ne mentionne en cette circonstance que la Sœur Marie Gobelin des Archanges (Voir Lachat, t. V, p. 582).

7. Mme Renard, à qui est adressée la lettre précédente.

Lettre 520. — L. a. s. Collection H. de Rothschild.

1. Touchant l'état d'esprit des religieuses de Jouarre.

2. Joan., VI, 6. Deforis a mis dans le texte la traduction : « Pour lui, il savait ce qu'il devait faire. » Mais Mme d'Albert, qui avait

Tout se fera ; je n'omettrai rien, s'il plaît à
Dieu ; et j'essuierai encore, s'il le faut, le procès du
Conseil[3], qui n'ira pas moins vite que celui du Parlement, et où j'aurai l'avantage qu'il faudra, en attendant, m'obéir. J'ai trouvé nécessaire de rappeler
Mme votre Abbesse, à moins d'obtenir[4] un congé
de moi, selon le concile de Trente. Vous pouvez assurer ces Dames qu'elles ne seront jamais commises
ni nommées. Pour vous, ne craignez pas, je vous
prie, ce qu'on me peut dire de cette part-là : outre
que je n'y ai nulle foi et que je crois plutôt tout le
contraire, je suis d'ailleurs si prévenu en votre faveur, que vous pouvez sans hésiter marcher avec
moi avec une pleine confiance. Je n'ai pu voir encore
M. de Chevreuse, qui alla à Paris en même temps
que j'arrivai ici[5].

Je salue de tout mon cœur Mme votre sœur et

appris le latin, n'avait pas besoin que Bossuet lui traduisît les textes
de la Bible.

3. L'abbesse voulait intenter à l'évêque un procès au Conseil du
Roi, de manière à arrêter l'effet du jugement rendu par le Parlement
en faveur de Bossuet le 26 janvier 1690.

4. Deforis: à moins qu'elle ne se mît en devoir d'obtenir. — L'Abbesse était absente de son monastère ; Bossuet voulait l'obliger à y rentrer,
ou du moins à lui demander la permission de prolonger son absence.
C'est seulement au mois de janvier suivant, qu'après avoir vu rejetée
la requête en cassation par elle présentée au Conseil et n'obtenant
rien du côté de Rome, l'Abbesse décida de se soumettre et sollicita
de l'évêque l'autorisation de rester à Paris pour soigner sa santé. Cette
autorisation lui fut accordée pour trois mois, au bout desquels elle n'en
continua pas moins à demeurer à Paris.

5. Cette phrase a été omise par Deforis. — Charles-Honoré d'Albert,
duc de Chevreuse, né le 7 octobre 1646, mort le 5 novembre 1712,
était frère de Mme d'Albert. Il avait eu pour précepteur l'illustre Lan-
celot, et la *Logique de Port-Royal* avait été faite pour lui. Il épousa
une fille de Colbert, et fut l'un des amis les plus fidèles de Fénelon.

toute la troupe élue[6], dont les noms et les vertus me sont très présentes. Laissez discourir les autres : leur temps viendra[7] ; et, pourvu qu'on ne manque pas de foi à la Providence, on verra la gloire de Dieu.

J. Bénigne, é. de Meaux.

521. — A P. Daniel Huet.

A Versailles, [16] mars 1690.

Je vous envoie, Monseigneur, un petit présent pour un grand : un *Quatrième avertissement aux protestants,* pour la nouvelle édition de votre *Démonstration évangélique*[1]. J'ai lu votre docte et excellente préface avec un singulier plaisir ; mais je voudrais bien connaître qui sont les gens que vous attaquez[2]. Je me suis très bien souvenu de vous avoir

6. La troupe élue, les religieuses qui reconnaissaient l'autorité de l'évêque.

7. On a vu plus haut que les dernières opposantes firent leur soumission le 1er avril, veille du dimanche de Quasimodo.

Lettre 521. — L. a. s. Bibl. Laurenziana. Publiée d'abord par M. Trochon et par M. Verlaque, en 1877. L'autographe donne la date du 6 mars ; mais, ce jour-là, Bossuet était le matin à Jouarre, et le soir à Meaux : il n'était donc pas à Versailles. De plus, l'achevé du *Quatrième Avertissement* est du 12 mars 1690 : la lettre est donc postérieure, et sans doute du 16, époque à laquelle Bossuet se trouvait à Versailles. Par distraction, il n'aura pas marqué le premier chiffre de la date. — Vers ce temps, Bossuet fut appelé à Versailles par la maladie de la Dauphine, dont il était le premier aumônier. Le 23 mars, sur la demande de cette princesse, il lui donna le Viatique ; il lui administra l'extrême-onction dans la nuit du 19 au 20 avril ; le 26 avril, il porta au Val-de-Grâce le cœur de la défunte, aux funérailles de qui il officia à Saint-Denis, le 1er mai. Les annalistes Dangeau et Sourches ont mentionné les beaux discours qu'il prononça en ces circonstances.

1. Il y eut cette année une troisième édition de la *Demonstratio,* Paris, in-fol.

2. Dans sa préface, Huet parle de deux adversaires dont il fait le

rendu une lettre latine d'un savant homme de Suède[3], que M. le marquis de Feuquières[4], alors ambassadeur en cette cour, m'adressait pour vous faire voir. Elle était pleine de grands éloges de votre *Démonstration,* et cet ambassadeur me marquait dans ma lettre que je crois vous avoir laissée, le grand désir qu'on avait en ce pays-là, que vous voulussiez écrire sur les matières de controverse. Vous m'avez fait beaucoup de plaisir de me donner le caractère de MM. Basnage[5]. Je n'ai pu encore recouvrer le livre[6] qu'on oppose à mon *Histoire des Variations,* et on m'avertit seulement qu'il paraît en Hollande. Je suis, Monseigneur, avec le respect que vous savez, votre très humble et très obéissant serviteur.

J. BÉNIGNE, é. de Meaux.

portrait sans dire leur nom. Le premier est nommé dans son *Commentarius,* p. 281 : c'est le P. Frassen, excité par Louis Ferrand ; le second paraît être Jean Le Clerc.

3. Samuel Puffendorf, alors secrétaire de la reine de Suède, Ulrique Éléonore (Voir Huet, *Commentarius,* p. 284). Sa lettre se trouve dans le recueil de l'abbé de Tilladet (*Dissertations sur différents sujets composées par M. l'abbé Huet et par quelques autres savants,* La Haye, 1720, 2 vol. in-12, t. II, p. 186 et suiv.) et dans l'édition de 1722 de la *Demonstratio.*

4. Sur M. de Feuquières, voir t. I, p. 308.

5. Jacques Basnage de Beauval (1653-1723), l'un des plus savants hommes du protestantisme français. Il avait épousé une petite-fille du fameux Pierre du Moulin. Il s'était réfugié en Hollande. On s'accorde à louer sa modération, sa candeur et sa franchise non moins que son érudition. La longue liste de ses ouvrages se trouve dans les *Mémoires* de Niceron, t. IV et X, et dans les frères Haag. Son frère Henri (1656-1710), qui vivait aussi en Hollande, rédigeait l'*Histoire des ouvrages des savants* (de 1687 à 1709, 24 vol. in-12).

6. Cet ouvrage est l'*Histoire de la religion des Églises réformées,* Rotterdam, 1690, 2 vol. in-8. Bossuet y répondit par la *Défense de l'Histoire des Variations contre la réponse de M. Basnage, ministre de Rotterdam,* Paris, 1691, in-12. A ce propos, une protestante réfugiée en

522. — A Mme Dumans.

A Versailles, 10 avril 1690.

Votre lettre du 20 mars, ma Fille, méritait une

Hollande, Mme de Tilly écrivait à Huet : « Nous avons à Rotterdam le
livre de M. de Meaux contre M. Basnage. Je ne l'ai point vu ; mais
l'on m'a dit qu'il s'emporte fort et qu'il l'outrage beaucoup : il n'est
pas si sage que vous ni si près du royaume des cieux. M. Basnage m'a
dit qu'il fait grand état de votre livre de l'accord de la raison et de
la foi » (Ch. Henry, *Un érudit homme du monde*, etc., Paris, 1879,
in-8, p. 35).

Lettre 522. — L. a. s. Collection H. de Rothschild. — Mme Dumans,
dite de l'Assomption, dont le nom reviendra souvent dans la Correspondance de Bossuet, était l'une des religieuses de Jouarre les plus
attachées au prélat : celui-ci la trouvait pourtant trop « raisonnante ».
Elle était fille de François Dumans, banquier à Paris, et de Marie Pelletier ou Le Pelletier, fille de Jacques Le Pelletier, seigneur de Goix,
lieutenant de Crécy, et de Catherine Coussinet. Outre une sœur religieuse, Mme Dumans avait un frère, officier d'infanterie, et un autre
frère, Joseph Dumans, qui était entré, à l'âge de vingt-six ou vingt-
sept ans, chez les capucins et qui fut successivement gardien ou supérieur de plusieurs maisons (Bibl. Nationale, Cabinet d'Hozier). Elle
devait être parente de M. Pelletier, avocat du Roi à Meaux, dont
Ledieu parle au 26 décembre 1710. Mme Dumans fut, en 1703, l'objet d'une tentative d'empoisonnement de la part de deux religieuses de
Jouarre. Elle mourut le 2 septembre 1708, après deux ou trois ans
de langueur. « Elle avait été longtemps sous la direction de feu
M. Bossuet, évêque de Meaux. J'en ai des lettres dont j'ai parlé dans
ces Mémoires. C'était un très bon esprit et une fille très vertueuse,
qui est extrêmement regrettée dans son monastère ; car, outre ses
vertus, elle avait un mérite distingué, une connaissance parfaite de la
musique, une habileté extrême à jouer de l'orgue avec accompa-
gnement et composition sur le champ, et toute sorte d'industrie. J'ai
de ses ouvrages de miniatures qui sont incomparables pour le dessin,
pour la hardiesse du trait et pour la perfection. Je la regrette infiniment ; elle était fort de mes amies » (Ledieu, t. IV, p. 191 ; cf.
t. II, p. 454 ; t. III, p. 295 et 296).

Lorsque l'autographe des lettres adressées par Bossuet à Mme Dumans nous fera défaut, nous aurons recours à un précieux manuscrit
de M. l'abbé Bresson, chanoine de Langres, où ont été copiées un
certain nombre de ces lettres, à la suite des lettres à Mme d'Albert.

plus prompte réponse. Le temps a manqué, et tout ce que j'ai pu faire a été d'écrire ponctuellement ce qu'il était nécessaire qu'on sût. Tout est en même état et on n'a de l'autre côté[1], que de vains propos. Ce qui serait à désirer, c'est que j'eusse la liberté de vous aller voir. J'en userai au premier moment, et en attendant je serai attentif à tout, à vous particulièrement à qui je suis très acquis.

J. Bénigne, é. de Meaux.

Suscription : à Madame, Madame Dumans, religieuse à Jouarre.

---

523. — Au P. de Montfaucon.

A Versailles, 10 avril 1690.

J'ai reçu et lu avec plaisir, mon Révérend Père, votre *Judith*[1], et je suis ravi de voir que de si habiles gens travaillent à rendre la lecture de l'Écriture facile, en prenant soin d'aplanir les difficultés qui

---

1. De l'Abbesse de Jouarre.

Lettre 523. — Bernard de Montfaucon, célèbre érudit, né le 17 janvier 1655, au château de Soulage, en Languedoc. Après avoir été militaire, il entra en 1675 chez les bénédictins, qui l'envoyèrent à Sorèze, où il se perfectionna dans la connaissance du grec. Venu à Paris, en 1687, il se lia d'amitié avec du Cange et Bigot. Plus tard, il fit un long séjour en Italie avec le plus grand profit pour les études historiques et patristiques. Il a publié des éditions de saint Athanase, de saint Chrysostome et d'Origène, et de plus *Diarium italicum*, Paris, 1702, in-4 ; *Palæographia græca*, Paris, 1708, in-fol. ; l'*Antiquité expliquée et représentée en figures*, Paris, 1719-1724, 15 vol. in-fol. ; les *Monuments de la monarchie française*, Paris 1729-1733, 5 vol. in-fol., etc. (Voir D. Tassin, *Histoire littéraire de la congrégation de Saint-Maur*, p. 591-616).

1. *La Vérité de l'histoire de Judith*, Paris, 1690, in-12, achevée d'imprimer le 25 février 1690.

s'y rencontrent[2]. Je sais les autres doctes travaux qui vous occupent ; et tout cela m'engage de plus en plus à vous assurer de l'estime très particulière que j'ai pour vous.

---

524. — A J. DE SANTEUL.

A Versailles, 15 avril 1690.

Voilà, Monsieur, ce que c'est de s'humilier[1] ! L'ombre d'une faute contre la religion vous a fait peur ; vous vous êtes abaissé, et la religion elle-même vous a inspiré les plus beaux vers, les plus élé-

---

2. Les protestants, à la suite de Luther, voyaient dans le livre de Judith une fiction ou une parabole symbolisant le triomphe d'Israël sur tous ses ennemis. Montfaucon s'efforce d'établir, à l'aide des auteurs anciens, le caractère historique de cet ouvrage. Cependant plusieurs catholiques ont vu dans le livre de Judith, une allégorie ou prophétie allégorique, ce que les Juifs auraient appelé un *midrasch* prophétique.

Lettre 524. — Publiée pour la première fois dans le *Santeuilliana ou les bons mots de M. de Santeuil*, La Haye, 1708, in-8, p. 58.

1. Dans une poésie latine imprimée en tête de l'ouvrage posthume de Jean de La Quintinye, *Instructions pour les jardins*, Paris, 1690, 2 vol. in-4, Santeul avait parlé de Pomone. Cette divinité mythologique déplut à Bossuet, qui s'en plaignit au poète. « Il me fit, dit Santeul, querelle d'Allemand, et je lui fis amende honorable. » En effet, ce fut à cette occasion qu'il écrivit : *Ad Meldensium episcopum Jac. Benignum Bossuet, quod Pomonæ, cum de re hortensi poetice scriberet, vocem usurpasset, se excusat accusatus*, in-4 (Bibl. Nat., Yc 1715). Cette poésie a été ajoutée à l'édition des *Hymni sacri et novi* de Santeul, Paris, 1689, in-12, avec ces lignes qui manquent à l'édition in-4 : « Me pœniteat errasse in uno vocabulo latino, si displicuisse videar in me insurgenti episcopo, etiam absolventibus Musis ». « Il y a dans cette pièce, écrivait l'auteur lui-même, un grand sérieux et un grand plaisant. » En tête, on voyait, dans une vignette gravée par Trouvain, Bossuet en habits pontificaux s'avancer devant les portes de sa cathédrale, les bras tendus vers Santeul agenouillé dans la posture des pénitents.

gants, les plus sublimes que vous ayez jamais faits[2].
Voilà ce que c'est, encore un coup, de s'humilier.

J'attends l'hymne de saint Bruno[3] ; et j'espère
qu'elle sera digne d'être approuvée par le Pape et
d'être chantée dans ces déserts, dont il est écrit
qu'ils se sont réjouis de la gloire de Dieu[4]. Mais
comment est-ce que le Pape vous a commandé cette
hymne[5]? Je vous en prie, dites-nous-en la mémo-
rable histoire.

2. « On appelle ce poème-ci : l'*Amende honorable* devant les
portes de l'église de Meaux, qui a fait rire toute la Cour... Ce sont
les plus beaux vers qu'on ait encore vus de ma façon » (Lettre de
Santeul, dans la *Revue Bossuet* du 25 juillet 1903, p. 187).

Fleury jugeait excessifs les scrupules qu'avaient fait naître dans
l'âme de Santeul les reproches de Bossuet. En effet, il écrivit au
poète : « Equidem non video cur te pudeat operis elegantissimi quod in
Quintiniani nostri memoriam scripsisti. Id summa voluptate non modo
legi, sed mecum detuli apud serenissimum Principem, ubi clarissimo
Fenelonio legendum tradidi, tum cubiculi primicerio Morello viro
litterato et eleganti. Utrique summe placuit. Omnes fassi sumus nihil
a te latinius, nihil suavius prodiisse, nihil quod virgilianam amœni-
tatem magis spiraret. Cæterum si non sacrum hoc poema, at nec profa-
num dici potest. Nihil hic nisi naturæ simplex ac læta descriptio, nihil
quod bonos mores non juvet potius quam offendat. Nympharum vero
et Dearum nomina nil moror cum et impuri amores et impia figmenta
procul absunt, neque vero te Rapino graviorem aut religiosiorem
præstare necesse est. Vale et ut facis et meremur nos ama. Versaliis,
17 Febr. 1690 (J. B. Santolii *Operum omnium editio tertia*, Paris,
1729, in-12, t. II, p. 218).

Fénelon était dans les mêmes sentiments que Fleury, comme on le
voit par une lettre qu'il envoya à Santeul, le 18 avril 1690 (*op. cit.*,
p. 209).

3. Saint Bruno, fondateur de l'Ordre des Chartreux, mort le 6
octobre 1101.

4. Is., xxxv, 1-2.

5. Les Chartreux avaient demandé à Santeul une hymne en l'honneur de leur bienheureux Père ; c'était sur l'ordre du Pape Alexandre
VIII. désireux de perpétuer le souvenir de son élection au souverain
pontificat, qui s'était faite le jour de la fête de saint Bruno, 6 octobre
1689 (Lettre de Santeul citée plus haut, note 2).

Aussitôt que M. Peletier sera de retour ici, je parlerai avec plaisir de vos pensions[6].

J'ai vu, Monsieur, un petit poème[7] sur votre *Pomone*. Il commence ainsi, c'est la Religion qui parle :

> En iterum Pomona meas male verberat aures.
>   Santolide, cessit quo tibi cura mei ?
> Ten' mea templa canent fallacia sacra canentem ?

Je ne me souviens pas du pentamètre ; mais il était violent, et finissait en répétant :

>   Ten' mea templa canent ?
> Opprobrium vatum, ten' mea templa canent ?

Le poète reprenait ainsi :

> Ergone cælestes haustus duxisse juvabit,
>   Ut sonet infandos vox mihi nota deos ?

Recherchant la cause de l'erreur, il remarque que ce poète évite encore les noms d'apôtres et de martyrs[8], comme tous les autres qu'il ne trouve pas dans Virgile et dans Horace ; et il conclut que celui qui craint d'employer les mots consacrés par la piété

---

6. Claude Le Peletier, contrôleur des finances, de qui il a été parlé dans notre tome I, p. 399 (Cf. Desdevises du Dézert, *Claude Le Pelletier, ministre d'État,* Caen, 1877, in-8 ; H. Chérot, *Bourdaloue, sa correspondance, ses correspondants,* Paris, 1899, in-8). Outre huit cents livres qu'il touchait annuellement sur le trésor royal, Santeul recevait une pension de cent livres de la Ville de Paris, etc. (Bibl. Nat., fr. 24081, p. 267). C'est sans doute de la pension à toucher sur le trésor que Bossuet veut ici parler. Claude Le Peletier en demanda le payement à Pontchartrain, mais l'abbé Bignon avait déjà pris les devants et le poète eut ainsi satisfaction (Lettre de Cl. Le Peletier, du 25 avril [1690], publiée par Ch. Urbain, *Supplément au Santoliana,* Paris, 1901, in-8, p. 19).

7. On ignore le nom de l'auteur de cette satire, dont Bossuet empêcha l'impression.

8. Ce reproche adressé à Santeul n'était pas fondé.

chrétienne, mérite d'avoir par la bouche les fables
et les faux dieux.

> Martyrii pudet infantum, vox barbara Petrus,
>   Aut Lucas, refugit nomen apostolicum,
> Sanctorumque choris pulsus *confessor* abibit,
>   Non Maro, non Flaccus talia quippe ferant ;
> Credo equidem et Jesum plus horreat atque Mariam,
>   Et quod Cælitibus Christiadisque pium est.
>   .   .   .   .   .   .   Cui sacra vocabula sordent,
>   Huic placeant veteres, numina falsa, Joci.
> Ille Jovem Veneremque et divum crimina narret,
>   Jam repetant vatem sacra nefanda suum.

J'ai empêché la publication du poème ; il est vigoureux : l'auteur l'aurait pu rendre parfait en prenant la peine de le châtier, mais il n'y travaillera
plus.

Adieu, mon cher Santeul, je m'en vais préparer
les voies à notre illustre Boileau.

                              J. Bénigne, é. de Meaux.

---

525. — A Mme d'Albert.

A Paris, 2 mai 1690.

Je vois, par une apostille de Mme votre sœur[1] à
votre lettre du 28, que vous n'avez pu la fermer à
cause d'un mal à la main. J'en suis en peine, et je
vous prie de me mander ce que c'est.

Lettre 525. — L. a. s. La première partie de cette lettre est conservée autographe dans la collection de M. H. de Rothschild ; la fin,
au château de Merlemont (Oise).

1. Mme de Luynes. Voir p. 64.

Je vous dirai, ma Fille, en attendant, que vous faites bien de m'avertir de tout, jusqu'aux moindres choses qui peuvent me faire connaître l'état de la maison. Au surplus, pour ne point perdre le temps de mon côté dans [des] redites, tenez pour tout assuré que tout ce qu'on dit de moi est faux et sans fondement, sans qu'il soit nécessaire que je vous en écrive rien en particulier. Ce qui sera véritable, je vous le dirai, afin que vous en instruisiez celles que vous trouverez à propos.

J'ai fait tirer Henriette[2] du lieu où elle était.

Les mouvements que se donne Mme de Jouarre sont inouïs. Je pousserai cette affaire jusqu'où elle [doit] aller, et n'oublierai rien pour défaire la maison d'un prêtre infâme, qui en a causé tout le malheur[3]. Si le P. André[4] a vu Mme l'Abbesse, il doit dire de bonne foi que je n'ai point fait dépendre de là sa mission : mais j'ai consenti seulement que,

2. Il nous a été impossible de découvrir quelle personne est ici désignée. Elle doit être la même que celle qui présentera une requête contre La Vallée (Cf. p. 187).

3. Louis de La Vallée. Bossuet le fit décréter de prise de, corps. « M. l'évêque de Meaux, qui a voulu ménager ce monastère (de Jouarre) autant qu'il a pu, y a su les horribles scandales causés au dedans et en dehors du monastère par les prêtres qui y logent ; jusque-là qu'on a décrété depuis huit jours de prise de corps dans la justice séculière contre celui qui portait la qualité de vicaire général et d'official de l'abbesse, dont aussi elle suit aveuglément les conseils. C'est ce même prêtre qui est cause d'une si étrange dissipation des biens de cette abbaye, que le prélat a cru ne pouvoir y apporter le remède, et la désolation y est si grande qu'on croit même que le Roi sera obligé d'y mettre la main (Bossuet, *Mémoire sur l'exemption de Jouarre.* Cf. l'appendice V, p. 488).

4. Dans le *Journal* de Raveneau, en 1687, le P. André, minime de Fublaines, prêche la fête du Saint-Sacrement à Saint-Jean-les-deux-Jumeaux.

pour le bien de la paix, il s'assurât, s'il pouvait et
s'il le jugeait à propos, d'un consentement de ce
côté-là. Quoique ce Père m'ait invité à voir Mme
de Jouarre comme de la part de cette abbesse, je
n'ai rien voulu répondre, et suis très résolu de ne la
pas voir jusqu'à ce qu'elle ait éloigné son mauvais
conseil. J'ai quelque soupçon qu'on verra bientôt sa
requête en cassation : j'en suis bien aise ; car plus tôt
elle paraîtra, plus tôt je mettrai fin à cette requête.

J'approuve fort les raisons que vous[5] avez eues
d'écrire en divers endroits, et je vois bien qu'il ne
vous restait aucun moyen de le faire que par
M. Phelipeaux[6]. Vous ne devez point douter que je
n'autorise hautement ce qui aura été fait par cette

5. Ici se terminent les quatre premières pages de l'autographe
conservées chez M. H. de Rothschild. La suite de la lettre fait partie de
la collection d'autographes de M. le comte de Merlemont (E. Griselle,
Bossuet, abbé de Saint-Lucien. Paris, 1903, in-8, p. 11, note 2).

6. En quittant Jouarre, Bossuet y avait laissé l'abbé Phelipeaux
pour achever la soumission du monastère. Jean Phelipeaux, né à
Beaufort, diocèse d'Angers, le 3 septembre 1653, avait été reçu
docteur de Paris, le 27 octobre 1686, après avoir obtenu le septième
rang à sa licence. Bossuet, pour l'avoir entendu argumenter, conçut
une telle idée de son mérite, qu'il le choisit bientôt après pour répé-
titeur de son neveu ; il le nomma trésorier de la cathédrale de Meaux,
puis vicaire général et official. Phelipeaux accompagna l'abbé Bossuet
à Rome et prit une part très active à la querelle du quiétisme. Il fut
peu goûté de M. de Bissy et mourut le 3 juillet 1708, dans sa cin-
quante-cinquième année. Il a laissé en manuscrit des *Discours en
forme de méditations sur le sermon de N.-S. sur la Montagne,* publiés
à Paris, en 1730, in-12, une Chronique des évêques de Meaux, en
latin, qui n'a pas été imprimée, mais a servi à Toussaints Duplessis,
et une *Relation de l'origine, des progrès et de la condamnation du quiétisme,* qui fut imprimée en 1732 (Ledieu, t. II-IV, passim ; D. Toussaints Duplessis, *Histoire de l'Église de Meaux,* préface ; Célestin
Port, *Dictionnaire historique... de Maine-et-Loire,* Angers, 1878, in-8,
t. III, p. 84).

voie. Au reste, la paix est un bien que Dieu veut qu'on désire. Il y a celle du dedans, que lui seul peut donner et que nulle créature ne nous peut ravir ; celle du dehors est un moyen pour conserver celle-là, mais Dieu ne la donne pas toujours. Il a sa méthode pour guérir les plaies de notre âme : il ne se sert pas toujours des remèdes qu'il a en main ; il veut exercer la foi, et éprouver notre confiance. Il faut attendre ses moments, et se souvenir de ce mot de saint Paul : *Ayant la paix avec tous, autant qu'il est en vous*[7] ; et de celui de David : « J'étais en paix avec ceux qui haïssaient la paix », *Cum his qui oderunt pacem eram pacificus*[8]. Voilà, ma Fille, votre pratique et celle de nos chères Sœurs : le reste se dira en présence, et avant la Pentecôte, s'il plaît à Dieu.

J. Bénigne, é. de Meaux.

A Madame, Madame d'Albert, à Meaux[9].

---

526. — A Mme DE BERINGHEN.

A Germigny, 18 mai 1690.

Il y a trop longtemps que je suis en ce pays[1], Madame, sans y avoir de vos nouvelles. J'envoie en apprendre et vous dire des miennes.

Hier, j'eus le bonheur d'avoir ici Monseigneur :

7. Rom., xii, 18.
8. Ps. cxix, 7.
9. C'est peut-être par distraction, que Bossuet a écrit : *Meaux* ; car on ne voit pas pourquoi Mme d'Albert se serait trouvée en cette ville.
Lettre 526. — 1. Il n'était rentré dans son diocèse qu'après les funérailles de la Dauphine (Voir p. 69). Le 2 mai, il était encore à Paris, comme on peut le voir par la lettre précédente.

il y arriva à cinq heures, et il voulut bien partir de Versailles de fort bonne heure pour me donner plus de temps. Il est parti ce matin à sept heures, et me voilà bien honoré[2].

Vous aurez su la mort de M. Pastel[3] : c'est un redoublement de soin pour moi. Quoique j'aie mis M. Phelipeaux[4] à sa place, et qu'il soit très capable de cet emploi, il faut quelque temps pour acquérir la croyance[5] et l'expérience nécessaires à un si grand emploi.

M. le curé de Douy[6] m'a dit qu'on vous avait envoyé son mémoire. Voyez, s'il vous plaît, Madame, ce que vous avez à dire.

Je salue de tout mon cœur Mme d'Armainvilliers. J'espère vous voir bientôt, et je ne veux pas que Jouarre ait à reprocher à mes anciennes Filles[7]

2. Le Dauphin partit le 18 mai de Germigny pour se rendre à Landau, où était l'armée (*Gazette*, du 20 mai 1690).

3. Charles Pastel, de qui il a été parlé, t. II, p. 334. Il était mort le 15 mai (Bibl. Nationale, lat. 16573). On voit aux Archives du département de Seine-et-Marne (B 386) une demande en levée des scellés apposés après son décès. Cette demande fut présentée au bailli du Chapitre par le frère du défunt, François Pastel, procureur en la sénéchaussée d'Auvergne et siège présidial de Riom, par Anne, Jeanne et Marie Pastel, etc.

4. Jean Phelipeaux, dont il a été parlé à la lettre précédente.

5. *Croyance*, crédit, confiance des administrés.

6. Bossuet : *Doui*. — Douy-La-Ramée (auj. canton de Lizy-sur-Ourcq) était alors du doyenné de Nanteuil-le-Haudouin. Le curé, depuis 1682, était Jacques Ricquier, qui mourut dans cette paroisse, le 3 décembre 1710. On ignore le sujet de son différend avec Mme de Faremoutiers ; ce différend n'avait pas encore pris fin en 1698.

7. Les religieuses de Faremoutiers avaient précédé celles de Jouarre dans leur soumission à l'évêque de Meaux. La transaction signée de Bossuet et de l'abbesse est du 21 février 1682 (Voir T. Duplessis, *Histoire de l'Église de Meaux*, t. II, p. 412).

qu'elles m'obligent à le négliger. Mais aussi comment négliger Faremoutiers ? Mon cœur y sera toujours.

***

527. — Ad Clerum Meldensem.

Jacobus Benignus Bossuet, Episcopus Meldensis, Venerabilibus atque amplissimis viris ac dilectissimis Fratribus Decano et Canonicis sanctæ Meldensis Ecclesiæ, Ecclesiarum pastoribus, Religiosis cœtibus, universoque Clero Meldensi Salutem in Domino.

Afferimus ad vos, dilectissimi Fratres, nostras in Psalmorum librum pii vestri studii adjutrices notas; ut qui tanto decore tantaque diligentia Deo psallitis, data explanatione, *psallere sapienter*[1], erudite scilicet atque intelligenter magis magisque ediscatis. Pertinet ad commendationem exigui[2] licet operis, quod in eo accurando adjutores nacti sumus viros egregios, hebraice, græce, latine doctissimos, quorum pars ad meliorem præcessere vitam, pars adhuc superstites, summa cum pietatis ac doctrinæ opinione, etiam in episcopali sede aliisque amplissimis muneribus collocati degunt. Nam dum in aula versamur, alii aliis de causis; ego, quod notum est,

***

Lettre 527. — Cette lettre fut placée par Bossuet en tête de son commentaire des Psaumes publié sous ce titre : *Liber Psalmorum, additis Canticis, cum notis*, Lyon, 1691, in-8.

1. Ps. xlvi, 8.

2. L'ouvrage contient, dans l'édition princeps, xciv-512 pages.

Ludovici Delphini augustissimi ac fortissimi prin-
cipis adolescentiæ ac spei a Magno Rege admotus,
omnes quidem paribus florentes studiis, integra
amicitiæ gratia ac fide ; communibus curis cœpimus
evolvere Scripturas, blanda inter et aspera, quæ
multa in eam vitam incidunt, solatio et consilio ;
quotidianæ vero nostræ consuetudini ac familiari-
bus colloquiis summo oblectamento atque emolumento futuras[3]. Itaque iis exponendis multa per-
legimus, pauca selegimus. Hinc psalmi nostri
prodeunt, imo vero vestri, quando et ego vester :
*omnia enim vestra sunt, sive Paulus, sive Apollo, sive
Cephas... ; omnia enim vestra sunt, vos autem Christi,
Christus autem Dei*[4]. Quare, dilectissimi, benevolis
animis vestra hæc accipite : hæc, inquam, non ab-
strusa et recondita, hoc est plerumque vana ; sed
apta atque accommodata ad simplicem literalemque
intelligentiam, atque omnino utiliora quam orna-
tiora aut ambitiosiora, æqui bonique consulite. Nos
enim pro eo famulatu quem in Ecclesia gerimus,
non modo validioribus inter vos, verum etiam in-
firmioribus servire oportebat. Sit ista testificatio
publica quanti ego vos faciam, quanti pietatem in-
dustriamque vestram ac labores vestros nostris so-
ciatos. Sic denique intelligent quam suaviter in

3. Souvenir charmant des séances du *Petit concile* (Cf. t. II, p. 102
et 103). Les membres principaux de ces réunions étaient les orien-
talistes Nicolas Thoynard, Caton de Court, Renaudot, puis Fleury,
Huet, Pellisson, Fléchier, etc. Ceux qui, dans l'intervalle, avaient été
élevés à l'épiscopat étaient Pierre de La Broue, nommé évêque de
Mirepoix en 1680, Feydeau de Brou, évêque d'Amiens en 1687. La
mort avait enlevé Cordemoy, et l'abbé de Saint-Luc.

4. I Cor., iii, 22 et 23.

domo Domini versemur unanimes. Sequentur autem postea, nusquam interruptis operis, nostra in Prophetas ac totum Testamentum Vetus : per hæc, si vita, si mens bona adfuerit, Deo auctore ac duce, deveniemus ad Novum. Certe in his consenescere, his immori summa votorum est : id pium, id beatum ; fateri enim libet, id omni ambitu expetendum ducimus ; id vestris quoque precibus impetrandum, si qua est nostri caritas, et speramus et poscimus. Valete. Datum Meldis iv nonas[5] Junii, anno M.DC.XC.

---

528. — A Mme D'ALBERT.

A Paris, 8 juin[1] 1690.

J'ai reçu votre lettre du 6. Je n'ai pas encore bien résolu ce qu'on pourra faire signer[2], et en quelle forme ; je voudrais bien pouvoir y être moi-même. Rien ne presse pour cela, et tout se fera dans le temps. Le procès-verbal est bien[3] : ce qui est bon

---

5. L'édition princeps porte : vi nonas, faute d'impression, car les nones tombant le 5 du mois de juin, le quatrième jour avant les nones était le 2 du mois, et il ne pouvait y avoir ce mois-là de sixième jour avant les nones.

Rappelons que, quelques jours auparavant (le 28 mai), Bossuet avait béni Françoise de Malon de Bercy, nouvelle abbesse de Notre-Dame de Meaux (*Gallia christiana*, t. VIII, col. 1724).

Lettre 528. — 1. Le 5 juin, Bossuet officia à Saint-Denis au service de la Dauphine.

2. Sans doute il s'agissait de faire signer quelques pièces aux religieuses de Jouarre.

3. Peut-être le procès-verbal de la première visite (Voir Lachat, t. V, p. 575-595).

pour un reni[4], n'est pas toujours bon dans un acte juridique ; la fin nous justifiera envers les plus opposés.

Je vous relève, ma Fille, de toutes les défenses de Mme de Jouarre[5] qui vont à vous empêcher de parler des sujets que vous me marquez, puisque, dans l'état où sont les choses, il n'est pas possible de s'en taire.

Il faut garder inviolablement le secret où la personne qui le confie est intéressée en sa personne, si ce n'est qu'un bien sans comparaison plus grand oblige à le révéler aux supérieurs, en prenant les précautions nécessaires pour la personne qui y a intérêt ; à plus forte raison, peut-on découvrir les autres secrets.

J'ai vu en passant à Chelles, Mme de Richelieu[6] : elle a de l'esprit ; mais j'ai peine à croire que l'on confie l'abbaye de Jouarre à une si jeune religieuse.

Il est certain que Mme de Jouarre a fait proposer à Mme de Chelles[7] une permutation. Je veillerai à

4. *Reni*, action de renier. Ce mot manque aux dictionnaires.

5. La situation de Mme d'Albert vis-à-vis de l'Abbesse devait être particulièrement délicate, Mme de Lorraine étant sa tante.

6. Marie-Françoise Vignerot, fille de Jean-Baptiste Amador Vignerot, marquis de Richelieu, et de Jeanne-Baptiste de Beauvais, née le 27 décembre 1655, d'abord religieuse à Chelles, puis, en 1693, prieure des Bénédictines de Mont-Denis à Crécy-en-Brie, enfin, en 1709, prieure de Noéfort, du même Ordre, à Meaux, où elle mourut en 1724. Comme on le voit, le bruit courut qu'elle serait mise à la tête de l'abbaye de Jouarre.

7. Chelles, autrefois dans le diocèse de Paris, aujourd'hui dans celui de Meaux (canton de Lagny, Seine-et-Marne), possédait une abbaye de bénédictines fondée par sainte Clotilde et rebâtie par sainte Bathilde. L'abbesse était Guyonne Marguerite, fille de François de Cossé, duc de Brissac, grand panetier de France, et de Guyonne

tout autant qu'il sera possible, et n'oublierai rien, s'il plaît à Dieu.

Je suis fâché de votre mal aux yeux. Vivez en paix avec Dieu et, autant que vous le pourrez avec les hommes. A vous, ma Fille, comme vous savez.

---

529. — A Mme DUMANS.

A Paris, 29 juin [1690].

Je connais la disposition de nos Sœurs encore désobéissantes. Je les ai toutes vues, à la réserve d'une ; et je vous assure, ma Fille, qu'elles ne me

Ruellan. Elle avait pris le voile à Chelles, âgée de quinze ans, le 11 juillet 1651. Nommée en 1661 coadjutrice avec future succession de Louise de Gondi, prieure de Poissy, elle ne put obtenir ses bulles, par suite de l'opposition des religieuses, dont cette nomination violait les droits ; elle fut néanmoins maintenue par le Grand conseil. Elle se démit en 1668, en faveur de Charlotte d'Albert de Chaulnes, puis fut nommée abbesse de Chelles en 1671 ; après avoir administré pendant huit ou neuf ans cette maison, elle la céda (mai 1680) à la sœur de Mme de Fontanges, Catherine de Scorailles de Roussille. Celle-ci étant morte le 6 avril 1688, Marguerite de Cossé, à la demande des religieuses, redevint abbesse de Chelles le 10 septembre 1688, et resta en charge jusqu'à sa mort arrivée le 13 juillet 1707 (Voir Gallia christiana, t. VII, col. 572 ; Torchet, Histoire de l'abbaye royale de Chelles, Paris, 1889, 2 vol. in-8 ; le P. Chapotin, la Guerre de la succession de Poissy, Paris, 1892, in-8).

Lettre 529. — Dans les éditions, cette lettre est placée parmi celles de l'année 1693. C'est bien à tort, car elle est évidemment du temps où l'abbesse de Jouarre, malgré l'arrêt du 26 janvier 1690, faisait encore difficulté de se soumettre à l'évêque ; or, en 1693, l'abbesse de Jouarre était Mme de Soubise, qui n'a intenté aucun procès au prélat. Il faut donc reporter plus haut la présente lettre et, à notre avis, à l'année 1690, car ni en 1691, ni en 1692, Bossuet ne s'est trouvé à Paris le 29 juin ; d'ailleurs, l'affaire du Conseil dont parle ce prélat, et qui devait être prochainement rapportée, le fut, comme on va le voir, le 26 juillet 1690.

tromperont pas, s'il plaît à Dieu. Laissons rapporter
l'affaire du Conseil [1]. Si Mme votre Abbesse est refu-
sée de sa requête, tout est fini, et elle demeurera
sans aucune ressource ; ou elle sera reçue, et cela
n'aboutira qu'à m'assigner, l'arrêt du Parlement
restant toujours dans sa force. Lequel des deux qui
arrive [2], je vous assure, ma Fille, et vous pouvez en
assurer nos chères Filles, que vous me verrez bientôt, s'il plaît à Dieu, et que je viendrai à des remèdes plus forts, sans tous les ménagements que j'ai
eus jusqu'ici. Au surplus, vous pouvez tenir pour
certain tout ce que j'ai mandé par mes précédentes,
et encore, que tous les gens de bon sens ne veulent pas qu'il y ait le moindre sujet de douter que
la requête de Mme de Jouarre ne soit rejetée.

Je prie, ma Fille, Notre-Seigneur qu'il soit avec
vous.

---

530. — Louvois a Bossuet.

A Versailles, le 4 juillet 1690.

Monsieur, j'ai reçu votre lettre du 17 de ce mois passé.

1. Condamnée par le Parlement le 26 janvier 1690, Mme de Jouarre
s'était adressée à Rome, mais avait vu sa supplique rejetée. Elle en
avait alors appelé en cassation au Conseil du Roi, où, sur le rapport
de Courtin, elle fut, de l'avis presque unanime de ses juges, déboutée
de sa requête, à Versailles, le 26 juillet 1690. Voir sur cet incident :
*Mémoire sur les moyens de cassation de Mme l'Abbesse de Jouarre. S. l.
n. d.*, in-4, et *Réponse au huitième et dernier moyen de cassation employé par Mme l'Abbesse de Jouarre contre l'arrêt contradictoire du Parlement... S. l. n. d.*, in-4 (Bibl. Nationale Fm 16276). Ces deux factums n'ont pas été recueillis dans les Œuvres de Bossuet.

2. Quelle que soit celle de ces deux choses qui arrive.

Lettre 530. — Inédite. Archives du Ministère de la Guerre,
t. 922, p. 114. Minute.

Comme le Roi a été informé que le régiment d'infanterie
de Bourbon[1] est en fort mauvais état, Sa Majesté n'a pas
voulu lui faire la même grâce qu'au régiment de Grancey[2],
sur les appointements[3] des officiers pendant le quartier d'hiver, ni sur la gratification que vous demandez en leur faveur.
Je suis...

———

531. — Au Maréchal de Luxembourg.

Paris, 7 juillet 1690.

L'action est si complète[1], Monsieur, qu'elle porte
sa louange avec elle, et que les paroles ne peuvent
que la diminuer. D'ailleurs ceux qui prennent à tâche de la louer sont gens qui ne souffrent point de
compagnons[2], et quand ils parlent, il n'y a qu'à ap-
plaudir et à se taire. Ainsi, Monsieur, tout ce qu'on

1. Le régiment de Bourbon, qui avait pris part au siège de Bonn,
venait d'être envoyé (26 avril) à l'armée de Piémont commandée par
Catinat. Son colonel était le marquis de Vieuxpont, qui fut tué devant
Saluces le 17 août suivant.

2. Le régiment de Grancey avait été également détaché de
l'armée d'Allemagne pour aller rejoindre Catinat.

3. *Sur*, au sujet des appointements.

Lettre 531. — Publiée par P. L. d'Aquin de Château-Lyon dans
l'*Almanach littéraire ou Étrennes d'Apollon*, Paris, 1786, in-12, p. 90.
C'est de là qu'elle a été tirée, ainsi que la lettre du 17 juin 1676, par
Auguis, auteur des *Révélations indiscrètes du XVIIIᵉ siècle*, Paris, 1814,
in-18, p. 367.

1. La victoire remportée à Fleurus, par Luxembourg, le 1ᵉʳ juillet
1690, sur les Impériaux commandés par Waldeck. Sur ce fait d'armes
et ses conséquences, lire M. Pierre de Ségur, *le Tapissier de Notre-
Dame*, Paris, s. d. [1904], chap. VII, et C. Rousset, *Histoire de Louvois*, t. IV (1863), p. 402 et suiv.

2. Bossuet entend les plus illustres hommes de guerre, et en particulier le Roi, qui soutenait le maréchal contre les envieux de sa
gloire.

peut dire, c'est qu'on est ravi que ce soit vous qui ayez fait un si beau coup, dont les suites ne peuvent pas manquer d'être très grandes et très heureuses, et qu'on ne voudrait pas, pour tout l'or des Indes, n'avoir pas été admis cet hiver à la chambre de vérité[3].

Continuez vos bontés à l'homme du monde qui est avec le plus de cordialité et de respect, etc.

J. Bénigne, é. de Meaux.

---

532. — Aux Filles charitables de La Ferté-sous-Jouarre.

A Paris, 16 juillet 1690.

J'ai reçu, mes Filles, la lettre que vous m'avez écrite, pour me prier de vous donner comme supérieure ma Sœur Desnoyers[1], que les Sœurs de l'Union[2] nous ont donnée. Je consens à vos désirs ;

3. La chambre de Mme de Maintenon, où Louis XIV venait chaque jour après le souper et où il travaillait avec ses ministres.

Lettre 532. — 1. Sœur Marguerite-Agnès Desnoyers avait été prêtée pour quelques mois, le 10 juillet, à la prière de Mme de Tanqueux, pour travailler aux règlements de la communauté de La Ferté (Registres de l'Union chrétienne, Archives Nationales, LL 1667). On a très peu de renseignements sur cette religieuse. Le 26 octobre 1690, elle était rentrée dans son couvent en qualité de maîtresse des pensionnaires. La dernière fois qu'il est parlé d'elle, c'est le 21 juin 1707.

2. L'Union chrétienne, congrégation de femmes fondée vers 1647, sous l'inspiration de Mme de Pollalion, par Anne de Croze et par Antoine Le Vachet, prêtre de la communauté de Saint-Sulpice, son directeur. Elle avait pour but principalement la conversion des protestantes et l'instruction des enfants du peuple. La maison-mère, établie d'abord à Charonne, fut en 1683 transférée dans l'Hôtel de

et, sans conséquence pour les autres élections, où j'observerai les formes prescrites par vos règlements, je vous ordonne de lui obéir comme à votre supérieure. Je n'entends pas qu'elle change rien aux règlements et constitutions que j'ai approuvés, comme aussi n'en a-t-elle pas le dessein : s'il y a quelque chose à faire de conséquence, elle m'en rendra compte.

J'espère vous voir dans le mois prochain. Les affaires de Jouarre[3] m'arrêtent encore ici pour quelques jours ; j'aurai une singulière consolation de trouver l'ordre et l'obéissance, qui est la source de l'union, bien établie.

Je prie, mes Filles, Notre-Seigneur qu'il soit avec vous.

---

533. — A J. DE SANTEUL.

[22 juillet 1690.]

J'ai reçu les trois exemplaires de vos merveilleux

Saint-Chaumont, rue Saint-Denis, à Paris (Voir Collin, *Vie de Mme de Pollalion*, Paris, 1744, in-8 ; Richard, *Vie de Messire J.-A. Le Vachet*, Paris, 1692, in-12 ; J. Grandet, *Les saints prêtres français du XVIIe siècle*, Angers et Paris, 1897, in-8, t. II, p. 372-376 ; le P. Hélyot, *Dictionnaire des Ordres religieux*, édit. Migne, Paris, 1859, t. IV, col. 1487-1517).

3. Condamnée par la sentence du 26 janvier 1690, l'abbesse de Jouarre en avait appelé par une requête du mois de mai suivant. Sans doute Bossuet était alors occupé avec son avocat à la rédaction des deux Mémoires en réponse aux moyens de cassation employés par l'Abbesse (Voir p. 93 et l'Appendice V, p. 492). L'appel en cassation fut rejeté le 26 juillet.

Lettre 533. — Publiée pour la première fois dans le *Santeuilliana,*

ïambes[1], deux avant-hier, dont il y en a un pour
mon neveu, et un aujourd'hui : je n'en saurais trop
avoir. Au reste, mes déplorables sollicitations[2] me
privèrent hier du sermon et de la joie de vous voir.
Je n'osai entrer à Saint-Victor[3] après avoir manqué ce beau discours[4] ; et j'en allai apprendre les

La Haye, 1708, in-8, p. 35. La date n'est pas indiquée; mais la
lettre, ayant été écrite le lendemain de la fête de saint Victor, est
certainement du 22 juillet, et de la même année que la pièce de
vers à laquelle il y est fait allusion, c'est-à-dire de 1690.

1. C'est la pièce intitulée *Ad Meldensium episcopum Jac. Benignum
Bossuetum nunquam ad fabulas quas ejuraverat rediturum se sanctiori sa-
cramento obligat Poeta christianus.* S. l. n. d. (Bibl. Nationale, Yc 1716),
in-4, avec la même vignette qui ornait déjà l'*Amende honorable.*

Voici quel jugement l'abbé Fleury portait sur cette nouvelle pièce:
Duplici me beneficio uno carmine affecisti, cum mihi primum exem-
plum a typis raptum, necdum correctum misisti, mox alterum jam
perfectum et emendatum. De quo si gratias agere distuli, non omisi
tamen legere et doctis oculis exhibere. Vellem affuisses cum illud
Pontifici nostro, Meldensi dico, primum ostendi : vidisses ut miratus
est, ut delectatus tabella fronti apposita solemnique illa pompa, qua
profanas Musas *iterum* abjurasti. Deinde lectis versibus, serio gratu-
latus est ; nec pænituit te asperius provocasse, cum tam elegans opus-
culum elicuerit. Sed hæc ipse melius. Ego jam dixi, dico iterum non
mihi visam commeruisse Pomonam, ut aut ille tam severe insurgeret,
aut tu tam demisse satisfaceres. Gaudeo tamen te potius in hanc partem peccare et tam sollicitum esse, ne aut tanti viri judicium aut religionis majestatem non satis observare videaris. Vale et nos ama. Versaliis, Id. April. 1690.

2. Bossuet, en procès avec l'Abbesse de Jouarre, se conformait à
l'usage de solliciter ses juges. Alceste n'en eût pas fait autant.

3. Les religieux de Saint-Victor célébraient chaque année avec
grande solennité la fête de leur patron. Bossuet lui-même avait prêché
le panégyrique du saint (Œuvres, édit. Lebarq, t. II, p. 319 et suiv.;
Sermons choisis, édit. Ch. Urbain, p. 99 et suiv.). On fixe généralement ce discours à l'année 1657. Il faut remarquer pourtant que
les orateurs qui célébraient le saint martyr sont mentionnés année par
année jusqu'en 1659 inclusivement dans l'histoire manuscrite de
Saint-Victor par le P. Jean de Toulouze (Bibl. Nationale, f. fr. 24080
et 24081); or Bossuet n'y figure pas.

4. Ce discours aurait-il été prononcé par Santeul lui-même?

merveilles au Jardin royal[5], de la bouche des plus éloquents hommes de notre siècle, qui les avaient ouïes.

Faut-il, illustre Santeul, vous inviter chez moi? Qui a plus de droit d'y entrer? qui y peut être mieux reçu que vous? Ne parlons plus de l'amende honorable[6], que pour exalter les vers qui l'ont célébrée et ceux dont elle a été suivie[7].

---

534. — Pierre Varignon a Bossuet.

[Fin de juillet 1690.]

Monseigneur,

On connaît trop l'étendue de votre esprit et de vos lumières pour s'étonner de voir votre nom à la tête d'un livre de phy-

---

5. Le Jardin royal des Plantes, au faubourg Saint-Victor, était voisin du couvent de Santeul (Le Maire, *Paris ancien et nouveau*, Paris, 1685, in-12, t. II, p. 614).

6. Voyez la lettre du 15 avril 1690. Dans les éditions, cette lettre est précédée d'une autre, aussi adressée à Santeul et hypothétiquement fixée à l'année 1690. Nous croyons devoir la remettre à l'année 1694.

7. C'est-à-dire les ïambes désignés tout à l'heure, note 1.

On peut voir à l'Appendice VI une lettre qui, tout en donnant une nouvelle preuve du soin que mettait Santeul à faire sa cour à Bossuet, montre ce prélat en relations assez intimes avec l'abbé Anselme, célèbre prédicateur du temps. Elle fut écrite à Santeul, le 12 novembre 1690, au sujet d'une pièce qui se trouve dans ses *Opera poetica*, édit. de 1694, et qui est intitulée *Divæ Hunegundis querimonia*.

Lettre 534. — Dédicace des *Nouvelles conjectures sur la pesanteur*, par M. Varignon, de l'Académie royale des sciences et professeur de mathématiques au Collège Mazarin, Paris, 1690, in-12. L'achevé d'imprimer est du 31 juillet 1690. Sur Varignon, voir notre tome III, p. 505. L'ingénieuse hypothèse de ce savant sur la pesanteur rallia peu de partisans; elle est brièvement exposée dans l'éloge de Varignon par Fontenelle et dans Niceron, t XI, p. 162.

sique [1]. Après avoir pénétré si profondément dans les choses surnaturelles et avoir étudié avec tant de succès la conduite admirable de Dieu dans le grand ouvrage de la religion, qui peut douter que vous ne preniez aussi plaisir à reconnaître la sagesse de cette même conduite dans la disposition des corps et dans tout l'univers sensible? Je ne crains pas, Monseigneur, que ceux qui ont vu dans tous ces beaux ouvrages, où la Providence vous a engagé, la vanité des choses de ce siècle si éloquemment représentée, les dogmes de la foi si bien distingués des opinions humaines et devenus si vraisemblables par leur seule exposition [2], les vertus chrétiennes rendues aimables aux hommes même les plus corrompus, l'histoire profane et sacrée mise dans un si bel ordre, l'établissement et la décadence des empires servir de preuves évidentes de la profondeur des desseins de Dieu dans l'établissement et la conservation de son Église [3], la vraie religion victorieuse des plus redoutables ennemis que l'hérésie puisse armer contre elle; et enfin ce qu'il y a de plus obscur et de plus caché dans les oracles sacrés clairement exposé et rendu sensible [4]; je ne crains pas, dis-je, Monseigneur, que ces personnes-là soient surprises de voir que ceux qui cultivent les sciences naturelles, viennent vous rendre hommage de leurs travaux et de leurs études. Elles ne sauraient ignorer que les esprits du premier ordre trouvent Dieu partout, et le trouvent partout également grand, dans les ouvrages de la nature comme dans ceux de la grâce. Ce que je pourrais craindre, Monseigneur, et ce dont on peut être surpris, c'est de ce que j'ose vous présenter si peu de chose; mais je suis rassuré par les manières obligeantes avec lesquelles vous recevez les gens de lettres, et par la bonté que vous avez de les encourager à faire leurs efforts pour la perfection des sciences, et cela me donne lieu d'espé-

1. Bossuet s'intéressait, en effet, aux expériences faites par les savants tels que Rohaut, Rœmer, Du Verney, etc. (Voir notre t. II, p. 130).
2. Allusion aux Oraisons funèbres et à l'*Exposition*.
3. Varignon songe ici au *Discours sur l'histoire universelle*.
4. Dans l'*Apocalypse avec une explication.*

rer que vous agréerez la liberté que je prends de vous donner ici des marques publiques de ma reconnaissance[5] et du profond respect avec lequel je suis, Monseigneur, votre très humble et très obéissant serviteur.

VARIGNON.

Suscription : A Messire Jacques Bénigne Bossuet, évêque de Meaux, conseiller du Roi en ses conseils.....

---

535. — A LA PRIEURE ET COMMUNAUTÉ DE JOUARRE.

A Versailles, 28 juillet 1690.

Mes Filles,

La paix de Notre-Seigneur soit avec vous.

La requête de Mme votre Abbesse, en cassation de l'arrêt du 26 janvier dernier[1], après avoir été vue durant trois ou quatre séances par MM. les

5. Bossuet avait contribué à faire donner à Varignon la chaire de mathématiques du Collège Mazarin (Tome III, p. 506).

Lettre 535. — Revue sur une ancienne copie de la collection Saint-Seine. A placer avant celle du même jour qu'on trouvera p. 97. Les autres éditeurs les ont à tort données dans l'ordre inverse. — Les religieuses qui tout d'abord s'étaient séparées de leur Abbesse pour obéir à Bossuet étaient au nombre de vingt-cinq, sur quarante-cinq environ qui composaient le monastère.

1. Mme de Jouarre en avait appelé au Conseil du Roi de l'arrêt du Parlement rendu contre elle le 26 janvier. Mais, le 26 juillet 1690, sur le rapport de M. Courtin, le Conseil séant à Versailles rejeta la requête de l'Abbesse de Jouarre presque à l'unanimité. A l'occasion de cette requête, Bossuet avait présenté un *Mémoire sur les moyens de cassation de Mme l'Abbesse de Jouarre*, et une *Réponse au huitième et dernier moyen de cassation...* s. l. n. d. (Bibl. Nationale, 4° Fm 16276). L'arrêt du 26 janvier a été publié sous ce titre : *Arrêt de la Cour de Parlement qui déclare l'Abbesse et les religieuses de l'abbaye de Jouarre... sujets à la juridiction et visite de l'Évêque de Meaux*, Paris, Veuve de Sébastien Mabre Cramoisy, 1690, in-4. Il a été reproduit dans les *Pièces et mémoire touchant l'abbaye de Jouarre pour Messire J.-B. Bossuet*, Paris, Veuve de Sébastien Mabre Cramoisy, 1690, in-4.

commissaires du Conseil, avec toutes les pièces dont elle était soutenue, a enfin été rapportée mercredi dernier en plein Conseil, où elle a été rejetée tout d'une voix, à la réserve de trois ou quatre. Vous devez juger par là combien sa cause était déplorée[2], puisque Mme votre Abbesse a été condamnée sur sa propre requête, sans que je fusse en cause, et n'a pu même obtenir de m'y mettre. Après cela, vous voyez bien, mes Filles, qu'elle n'a plus nulle ressource dans le royaume.

Rome, qu'on a tâché d'émouvoir, n'a rien voulu écouter, encore qu'on ait écrit en votre nom, quoique apparemment sans votre approbation, quatre ou cinq lettres également irrespectueuses contre moi et contre tout le clergé de France, qu'on n'a pas épargné ; mais on sait bien, en ce pays-là, que je ne fais rien que conformément aux bulles des papes et aux décrets des conciles œcuméniques[3]. Ainsi, mes Filles, sans vous laisser désormais flatter par les discours vains et mensongers dont on vous amuse depuis six mois, commencez à chercher la paix de votre maison dans l'obéissance que vous devez à Jésus-Christ et à son Église en ma personne.

Je me prépare à faire une nouvelle visite au commencement du mois prochain[4], où j'espère que,

2. *Déplorée*, désespérée, perdue sans ressources. « Maintenant que les choses du monde sont déplorées et que leur confusion n'a plus de remède » (Malherbe, *Épîtres de Sénèque*, xxiv, Grands écrivains, t. II, p. 356). « Le Frère Ange a ressuscité le Maréchal de Bellefonds ; il a rétabli sa poitrine entièrement déplorée » (Mme de Sévigné, Grands écrivains, t. VI, p. 257).

3. Le monastère de Jouarre n'était pas véritablement exempt.

4. La visite ici annoncée se fit seulement du 5 au 7 novembre sui-

toutes altercations éteintes, et avec moi et entre vous, à jamais, nous ne parlerons que des instructions et consolations spirituelles qui sont attachées aux fonctions de notre ministère apostolique. Celles de vous qui voudraient croire qu'il y ait plus de grâces dans les religieux qui vous viennent voir sans ordre, que dans notre caractère, où réside la plénitude de l'esprit de gouvernement et de conduite, ne prévaudront pas, et leur erreur, comme leur faiblesse, sera connue de tous. Vous ne verrez aucun changement dans les louables coutumes de votre maison, où je tâcherai seulement de vous confirmer, et en toutes manières de vous faire croître[5] en Jésus-Christ.

Je vous ordonne, en vertu de la sainte obéissance, de tenir prêt pour la visite tout ce que vous aurez en main chacune de vous, pour me faire connaître l'état du temporel de la maison, c'est-à-dire tant du revenu que des dettes, charges et dépenses ordinaires, afin que, réglant le tout avec une juste proportion, je travaille à ramener toutes choses à l'état des anciens jours. Que toutes celles qui ont quelques comptes à rendre les tiennent prêts, pour nous les faire voir et les rendre devant nous.

Si Mme votre Abbesse veut entrer dans un concours amiable avec moi pour votre bien et pour le sien propre, elle m'y trouvera très disposé ; et pour cela je vous permets de lui envoyer copie de cette

---

vant. Le procès-verbal en a été publié dans la *Revue Bossuet* du 25 avril 1903.

5. Souvenir de saint Paul, Ephes., iv, 15.

lettre. Car je ne m'ingérerai [6] plus à lui donner de
conseils, après le peu de succès qu'ont eu ceux que
je lui ai donnés ci-devant, quoiqu'ils fussent très salutaires et très propres à lui faire éviter les inconvénients où elle est tombée.

Je vous défends d'avoir égard à tous les changements qu'on pourrait faire dans les offices [7], et en
général dans la maison, jusqu'à mon arrivée.

Je souhaite de tout mon cœur que ni Mme l'Abbesse ni aucune de vous ne m'obligent jamais à
leur faire sentir la puissance qui est en nous ; car
les effets en sont terribles, et en ce monde et en
l'autre [8].

Soyez fidèles à mes ordres, sans écouter rien au
contraire [9], parce que rien ne vaut contre celui à qui
le Saint-Esprit a donné sur vous la première et principale autorité [10] : je veux dire, en un mot, et pour
éviter toute équivoque aussi bien que pour ne vous

---

6. *S'ingérer*, se mêler de. Ce verbe se construit avec *de* plutôt
qu'avec *à*. « Un jeune homme ne doit pas s'ingérer de parler (Racine,
Grands écrivains, t. VI, p. 75). « Ceux qui s'ingèrent de le suivre »
(La Bruyère, *Des ouvrages de l'esprit*, Grands écrivains, t. I, p. 149).
« De simples laïques qui, sans ordre et sans mission, se sont ingérés de
prêcher (Bossuet, *Hist. des Variations*, XI, § 124) « Nul ne se doit
ingérer de son autorité propre à gouverner l'Église » (Id., *Variations*,
XV, § 27 ; cf. 32).

7. Les *offices*, les charges ou dignités de la communauté ; les
titulaires étaient dites *officières*.

8. Allusion à l'excommunication.

9. *Au contraire*, à l'encontre, en sens contraire.

10. Dans le couvent, qui a l'autorité première et principale, l'évêque
ou l'abbesse ? L'évêque, affirme Bossuet avec le concile de Trente,
pour les monastères dans la condition de celui de Jouarre. Il n'est
pas question par là de contester l'autorité suprême du Pape, auquel on
peut toujours avoir recours, suivant les canons.

laisser aucune vaine terreur, que l'autorité de Mme l'Abbesse est nulle contre la mienne ; de quoi je suis obligé de vous avertir, afin que vous connaissiez, ce que vous n'avez jamais su, ce que c'est qu'un supérieur.

Je viendrai à vous en esprit de paix et de douceur, mais aussi de fermeté et de zèle : celles qui craindront Dieu seront avec moi.

Je suis en la charité de Notre-Seigneur, mes Filles, votre très affectueux serviteur.

J. Bénigne, é. de Meaux.

Suscription : A mes Filles, les Prieure, religieuses et communauté de Jouarre, à Jouarre [11].

---

536. — A des Religieuses de Jouarre.

A Versailles, 28 juillet 1690.

Mes chères Filles,

La paix et la charité soit avec vous.

Outre les lettres que vous avez vu que nous écrivons à la Communauté [1], nous vous faisons celle-

---

11. Le jour où fut écrite cette lettre, la fausse nouvelle de la mort du prince d'Orange ayant causé aux Parisiens une joie débordante, on défonça des muids de vin et on força les ecclésiastiques et les magistrats les plus graves à boire dans la rue avec le peuple à la santé du Roi. M. de Meaux lui-même ne put s'en défendre, quoiqu'il protestât qu'il allait dire la messe (*Mémoires* du marquis de Sourches, édit. de Cosnac et Pontac, Paris, 1884, in-8, t. III, p. 273). Mais si Bossuet se trouvait à Versailles, comme l'indique la date de cette lettre et de la suivante, cette anecdote, du moins pour ce qui le regarde, doit être controuvée.

Lettre 536. — 1. Ces paroles montrent bien que cette lettre doit

J'abandonnerai dorénavant celles qui auront)eur, si leur crainte retarde leur zèle.

Ne manquez point de respect à Mme votr Abbesse ; mais gardez-vous bien de croire qu'elle pisse rien contre mes ordres. Tâchez de ramener utes vos Sœurs par la douceur. Je pourvoirai au suplus dans la visite que j'espère faire dans les preiiers jours du mois prochain : et encore que je vuille espérer que toutes vos Sœurs suivront alor: vos bons exemples, je me souviendrai toujours que ous êtes les saintes prémices recueillies en NotreSeigneur, que je prie d'être avec vous, et suis débon cœur votre très affectionné serviteur.

J. Bénigne, é. de Meaux.

Suscription : A mes Filles, les religieuses de Jourre qui nous ont rendu la première et plus particuère obéissance.

---

537. — A Mme Cornuau.

A Meaux (?), 13 août [1690 ?

Continuez, ma Fille, à parler à ma Sœur Auré comme vous faites, et inculquez-lui bien mesré-

Lettre 537. — Cette lettre est la dix-neuvième de Ne, la vjgt-deuxième de la 1re et de la 2e édit. Mme Cornuau l'a datée de Meux, 10 mars 1690 ; mais Ledieu nous aver . . . te véritable e le 13 août, sans indication d'année. Elle ne peu . . . être postérieu à l'année 1691, puisque la Sœur André, q . . . ationnée, ait quitté la Communauté de La Ferté en 1 . . . . g du 27 ai 692) ; elle est plus probablement de 1690, c . . . t le conc-rer en la comparant avec celles que Bossuet . . . . . . ré 14 et le 29 octobre de cette année. Le de . . .

ci, pour vous témoigner la satisfaction que nous avons de votre conduite, depuis que, prévenant le reste de vos Sœurs par la promptitude de votre obéissance, vous nous avez reconnu pour le supérieur légitime que Jésus-Christ vous envoyait. Vous voyez que Dieu a béni nos soins.

Mme votre Abbesse a trouvé dans le rapporteur[2] qu'elle avait choisi pour rapporter sa requête, un avocat plutôt qu'un juge, je le dirai franchement ; elle n'a rien oublié pendant six semaines, non seulement pour instruire MM. les Commissaires et les juges, mais encore pour les irriter contre moi par tous les moyens possibles, sans oublier les faux récits qu'on lui inspirait de faire et de publier. Mais la vérité a triomphé, et, de trente-cinq à quarante juges, à peine a-t-elle eu trois ou quatre suffrages favorables : ainsi toutes les chicanes sont finies. Il ne reste plus autre chose, sinon que nous travaillions à l'avancement spirituel de la maison, tant en particulier qu'en général, et au rétablissement du temporel[3] dans sa première splendeur ; c'est à quoi vous devez maintenant concourir avec moi, en vous déclarant plus hautement que jamais pour l'obéissance.

venir à la suite de la précédente, et non avant, comme dans les autres éditions.

2. Ce rapporteur était Honoré Courtin, seigneur de Chanteraine et des Mesnuls, d'abord conseiller au Parlement de Rouen, puis maître des requêtes, intendant à Amiens, et conseiller d'État en 1669. Il mourut le 27 décembre 1703. Il était de la même famille que les Courtin de Tanqueux, dont il a été parlé (t. III, p. 31), mais d'une branche différente. Il était parent de M. de Mesme d'Avaux et avait rempli plusieurs missions diplomatiques.

3. Parmi les griefs élevés par Bossuet contre l'Abbesse, figurait le gaspillage des biens du monastère, qui était même chargé de dettes.

J'abandonnerai dorénavant celles qui auront peur, si leur crainte retarde leur zèle.

Ne manquez point de respect à Mme votre Abbesse ; mais gardez-vous bien de croire qu'elle puisse rien contre mes ordres. Tâchez de ramener toutes vos Sœurs par la douceur. Je pourvoirai au surplus dans la visite que j'espère faire dans les premiers jours du mois prochain ; et encore que je veuille espérer que toutes vos Sœurs suivront alors vos bons exemples, je me souviendrai toujours que vous êtes les saintes prémices recueillies en Notre-Seigneur, que je prie d'être avec vous, et suis de bon cœur votre très affectionné serviteur.

J. Bénigne, é. de Meaux.

Suscription : A mes Filles, les religieuses de Jouarre qui nous ont rendu la première et plus particulière obéissance.

---

537. — A Mme Cornuau.

A Meaux (?), 13 août [1690 ?]

Continuez, ma Fille, à parler à ma Sœur André comme vous faites, et inculquez-lui bien mes ré-

Lettre 537. — Cette lettre est la dix-neuvième de Ne, la vingt-deuxième de la 1re et de la 2e édit. Mme Cornuau l'a datée de Meaux, 10 mars 1690 ; mais Ledieu nous avertit que la date véritable est le 13 août, sans indication d'année. Elle ne peut pas être postérieure à l'année 1691, puisque la Sœur André, qui y est mentionnée, avait quitté la Communauté de La Ferté en 1692 (Cf. lettre du 27 mai 1692) ; elle est plus probablement de 1690, comme on peut le conjecturer en la comparant avec celles que Bossuet écrivit à la Sœur André le 14 et le 29 octobre de cette année. Le début de cette lettre se

ponses. Elle est vive et inquiète de son naturel ; il entre beaucoup de cela dans toutes ses peines, il y entre de la tentation. Il n'est pas besoin qu'elle me spécifie rien davantage ; mais dites-lui que, plus l'obscurité est grande, plus elle marche en foi et en soumission ; plus l'agitation est violente, plus elle s'abandonne à Dieu avec courage, sans rien céder à la tentation, ni se laisser détourner de la vocation à laquelle Dieu a attaché son salut.

Quand on fait ces actes d'abandon que je demande, je ne prétends pas qu'on doive sentir qu'on les fait, ni même qu'on le puisse savoir ; mais qu'on fasse ce que l'on peut dans le moment, en demandant pardon à Dieu de n'en pas faire davantage. C'est à l'espérance qu'elle doit s'abandonner plutôt qu'à la crainte, en disant et en se répétant avec David : *Parce que ses miséricordes sont éternelles*[a].

Je lui permets de faire les dispositions[b] qu'elle voudra de son bien : elle ne doit point être arrêtée par l'aigreur qu'elle craint d'avoir pour N***. La fondation d'une messe à la paroisse sera agréable à Dieu : j'y consens. Si elle a de pauvres parents, elle fera bien de leur donner ce qu'elle avisera[c] : elle ne doit pas tellement s'astreindre à la maison, qu'elle ne satisfasse à d'autres devoirs ou à d'autres vues que

---

a. Ledieu s'est arrêté ici dans sa transcription. — b. 2ᵉ édit. et V. : *la disposition.* — c. 1746 : *le plus qu'elle pourra.*

trouve non seulement dans les extraits de Ledieu, mais il est encore imprimé dans Deforis à la date du 26 janvier 1690, avec le nom de la Sœur André, au milieu de fragments de lettres écrites à cette religieuse (tome XII, p. 589). C'est ce qui nous permet de rétablir ici ce nom que Mme Cornuau avait effacé sur l'autographe.

Dieu lui donne. Si elle tient sa disposition aussi secrète qu'elle le doit, on ne la verra qu'après sa
mort : ainsi elle ne sera point inquiétée, et on devra
être édifié qu'elle ait songé à la paroisse, à laquelle
toute âme chrétienne doit être liée. Elle fera bien
de tenir toujours ses peines secrètes. Elle pourra
voir [1] que j'ai tout vu et considéré jusqu'à l'apostille,
et elle se peut mettre l'esprit en repos.

Voilà [2] de quoi la soutenir, la fortifier, la consoler,
et qui pourra aussi, ma Fille, vous être utile.

Lisez le chapitre premier de saint Jean jusqu'au
verset 15. Appuyer sur ces paroles : *Le Verbe était
Dieu* ; et sur celles-ci : *Le Verbe a été fait chair.*
Goûter la joie de renaître, non de la chair ni du
sang, mais de Dieu [3]. Se renouveler en Jésus-Christ ;
prendre des résolutions dignes des enfants d'un si
bon père.

Le chapitre II jusqu'au verset 11. Goûter l'humiliation de la sainte Vierge, qui semble à l'extérieur rebutée de son Fils, et qui en est exaucée [4] ;
bien comprendre que les rebuts de Dieu sont souvent des grâces, et de très grandes grâces, et ne
perdre jamais la confiance ; souhaiter de changer
notre eau en vin, et notre langueur pour Dieu et

1. Par cette réponse.
2. *Voilà*, ici comme assez souvent dans Bossuet (Cf. t. III, p. 282),
a le sens de *voici* et se rapporte à ce qui suit, c'est-à-dire aux lectures
indiquées de l'Évangile, qui seront communes à la Sœur André et à
la Sœur Cornuau, tandis que la décision relative au projet de donation
regardait seulement la Sœur André.
3. Joan., I, 13.
4. Allusion au miracle des noces de Cana (Joan., II, 1-11).

pour les œuvres de piété *d* en une ferveur toute céleste.

Le chapitre III depuis le verset 11 jusqu'au 22. Appuyer sur ces paroles : *La lumière est venue au monde ; et les hommes ont mieux aimé les ténèbres que la lumière, parce que leurs œuvres étaient mauvaises* [5]. Aimer à être reprise ; et tâcher de voir nos péchés dans cette éternelle lumière qui les fait voir si grands, en se soumettant aux corrections qu'elle nous fait recevoir par nos supérieurs.

Le même chapitre, depuis le verset 29 jusqu'à la fin. Appuyer sur cette parole : *Celui qui a l'Épouse est l'Époux* [6]. Songer que Jésus est le seul Époux de son Église et de toutes les âmes saintes, se réjouir à sa voix, qui retentit de tous côtés dans son Église, dans les saintes communautés par leurs règles et par les ordres des supérieurs qui font écouter Jésus-Christ, anéantissant [7] les raisonnements de notre amour-propre, avec cette fausse liberté qui fait la joie des enfants du monde. Appuyer sur cette parole : *Il faut qu'il croisse et que je diminue* [8] : comment *e* il faut décroître et s'humilier de jour en jour, afin que Jésus-Christ croisse en nous, et que le règne de sa vérité s'y augmente.

Le chapitre IV jusqu'au verset 43. Appuyer sur cette parole : *Donnez-moi à boire,* ℣ 7. Considérer la

---

d. Na : *les œuvres de Dieu.* — *e.* Leçon de Na ; ailleurs : *combien.*

5. Joan., III, 19.
6. Joan., III, 29.
7. Comprenez : Se réjouir... en anéantissant.
8. Joan., III, 30.

soif de Jésus, ce qu'il veut de nous, l'épurement qu'il demande de notre volonté propre, et l'abnégation de nous-mêmes, afin qu'il nous soit lui-même toutes choses ; songer aussi à la lassitude de Jésus*f*, ce que c'est que la fatigue de Jésus dans le chemin lorsqu'il avance avec nous, et que nous ne suivons pas assez fortement tous ses pas et tous les mouvements de sa grâce. Marcher, avancer : Jésus ne sera jamais fatigué en vous.

Appuyer sur cette parole : *Si vous saviez le don de Dieu,* ℣ 1o ; et se dire souvent à soi-même avec Jésus : O mon âme ! ô âme chrétienne, si tu savais le don de Dieu ; si tu savais ce que c'est que de l'aimer, et de le goûter jusqu'à se dégoûter de soi-même ! Se répéter souvent : *Si tu savais, si tu savais,* avec un secret gémissement qui demande à Dieu de savoir, en goûtant aussi cette eau vive qui jaillit à la vie éternelle[9], qui est en effet ce don de Dieu qu'on demandait en disant : *Si tu savais !*

Le même chapitre. Conférer les versets 9, 13 et 14 avec le chapitre VII, verset 37, et écouter ce cri de Jésus, qui s'offre de rassasier*g* tous ceux qui ont soif[10] de lui ; l'écouter sur ce qu'il dira de cette source qui s'ouvre dans notre cœur, et des fleuves qui nous arrosent les entrailles, lorsqu'il nous ôte l'esprit du

---

f. Édit. : *du Sauveur.* — *g. rassasier,* leçon des mss. Éditions . *désaltérer.*

9. Allusion. à : fons aquæ salientis in vitam æternam (Joan., IV, 14).

10. *Rassasier,* assouvir la soif aussi bien que la faim. Terra quæ non satiatur aqua (Proverb., XXX, 16). Venerunt duæ et tres civitates ad unam civitatem ut biberent aquam, et non sunt satiatæ (Amos, IV, 8).

monde, l'attachement à ses sensualités et à sa propre volonté, en nous donnant son Saint-Esprit, qui est l'esprit de sagesse et d'intelligence, l'esprit de conseil et de force, l'esprit de science et de piété, et l'esprit de la crainte du Seigneur. Voilà ces fleuves que le Saint-Esprit fait découler dans les âmes : voilà cette source qui jaillit à la vie éternelle ; qui commence sur la terre la même félicité dont on jouit dans le ciel, qui est d'aimer Dieu et de s'y unir.

Le même chapitre IV. Arrêter sur le verset 22 : *Vous adorez ce que vous ne savez pas* : comment il faut savoir ce qu'on adore, et en connaître le prix ; comment toutefois, avec cela, il faut l'ignorer et se perdre dans son incompréhensible perfection.

Le même chapitre. Appuyer sur cette parole : *En esprit et en vérité,* ℣℣ 23 et 24. En esprit, quel épurement ! quel détachement des sens et de soi-même ! En vérité, combien effectif doit être le changement de l'âme qui retourne à Dieu ! Détester la piété qui n'est qu'en paroles, venir au solide, à l'effectif[h], à la pratique.

Le même chapitre, la même lecture. Appuyer sur ces paroles : *L'heure arrive et elle est venue.* Il n'est plus temps de reculer : il faut entrer dans l'esprit de sa vocation, dans la sainte captivité d'une régularité exacte, se dire souvent à soi-même : L'heure arrive, elle est venue : c'est trop commencer ; achevons : faisons triompher l'esprit, faisons régner la vérité.

Le même chapitre. Sur ces paroles : *Dieu est es-*

h Na, Nc *à l'effective.*

prit, verset 24. Ni les sens, ni la chair, ni le sang, ni le raisonnement, ni la volonté propre n'y peuvent atteindre ; c'est un esprit au-dessus de tout cela : il faut anéantir tout cela pour s'unir à lui.

Le même chapitre, versets 25 et 26 : *Le Christ, le Messie viendra, qui nous apprendra toutes choses.* Profonde ignorance du genre humain, jusqu'à ce que Jésus-Christ l'ait enseigné. Ensuite écouter Jésus-Christ, qui dit : *Je le suis, moi qui parle à vous* [11]. Jésus vient tous les jours à nous ; Jésus nous parle tous les jours : doux entretiens, entretiens nécessaires, d'où viennent toutes nos lumières. Sans cela que sommes-nous ? ténèbres, obscurité, ignorance, dérèglement, libertinage.

La même lecture. Pour donner la mort à ce libertinage d'esprit, appuyer fortement sur cette parole : *J'ai à manger une nourriture que vous ne savez pas,* ℣ 32. Le monde ne se nourrit que de sa propre volonté ; mais pour moi, dont la nourriture est de faire la volonté de mon Père, j'ai une nourriture que tout le monde ne connaît pas. Se réjouir d'avoir tout marqué et tout réglé, afin à chaque moment de faire la volonté de Dieu ; se rassasier de cette viande.

Continuez à exhorter la Sœur André [12] à la patience, à la paix et à la soumission à la volonté de Dieu. Je le prie, ma Fille, qu'il soit avec vous, et je vous bénis en son saint nom.

---

11. *Qui parle à vous,* Cf. t. II; p. 28, note 3.
12. Mss. et éditions : la Sœur N***, comme au début de cette lettre.

538. — A Mme CORNUAU.

A Paris, 23 août 1690.

Je ne vois pas, ma Fille, qu'il y eût des choses si pressantes dans vos précédentes lettres. C'étaient des choses qu'il était bon que je susse, mais où votre parti était aisé à prendre en disant que vous vous remettiez à ce que je ferai ici, et vous expliquant au surplus le moins que vous pouviez.

J'arrive, et dès le plus tôt qu'il me sera possible, je le ferai savoir à Mme [de Tanqueux[1]], avec qui je réglerai toutes mes mesures. Ce que vous avez à faire, c'est, ma Fille, principalement à l'exciter à me donner toute connaissance de ce qui peut de loin ou de près regarder la maison.

Quant à votre dessein particulier[2], je vous assure que cela est encore un peu embrouillé, et qu'il faut voir plus clair dans une chose si haute avant que de s'y engager. Je prie Notre-Seigneur qu'il soit avec vous[3], ma Fille.

Lettre 538. — Cette lettre manque à l'édition de 1748 et aux manuscrits qui y sont apparentés Elle est la vingtième dans l'édition Lachat, mais la vingt-troisième dans l'édition de 1746 comme dans les meilleurs manuscrits. Elle porte la date du 23 août 1690, que rien ne nous oblige à modifier.

1. Ce nom a été restitué par Deforis, et est indiqué par l'initiale T***, qui se trouve dans la première édition et dans les meilleurs manuscrits.

2. D'entrer dans un Ordre religieux ; Bossuet revient sur ce projet de Mme Cornuau dans la lettre que nous allons lire à la date du 17 septembre.

3. D'ordinaire, cette formule, dans les lettres de direction, précède immédiatement la signature. Les deux phrases qui vont suivre doivent donc être considérées comme un post-scriptum.

Écrivez-moi sans hésiter, mais aussi sans inquiétude sur mes réponses : je ne vois pas qu'il se perde rien à la poste.

---

539. — A une Religieuse de la Congrégation Notre-Dame, a Coulommiers.

A Germigny, 7 septembre 1690.

Il y a longtemps, ma Fille, que je devrais avoir répondu à votre lettre du 1er juin [1]. Vous avez dû entendre [2] que j'accordais les permissions que vous me demandiez, puisque vous ne receviez point de défenses contraires ni de refus. C'est mon intention d'en user ainsi dans ces sortes de choses : il n'en serait pas de même pour de plus importantes, où il faudrait attendre un ordre exprès.

Vous êtes bien heureuse [d'avoir] été choisie de Dieu pour concourir à la conversion d'une âme : priez-le qu'un reflux de grâce vous convertisse vous-même. C'est un bonheur d'avoir à souffrir des contradictions pour de tels sujets, et c'est là le sceau de la croix qui marque l'œuvre de Dieu.

Les conseils qu'on vous a donnés sur les résolutions de votre retraite sont très saints. Faites votre exercice le plus ordinaire de ces mots sacrés du *Pater : Fiat voluntas tua* [3]. Goûtez Jésus-Christ, médi-

---

Lettre 539. — L. a. signée des initiales. Collection de M. Richard.

1. Cette date a été omise par les précédents éditeurs.
2. *Entendre*, comprendre.
3. Matt., vi, 10.

tez-en nuit et jour les actions, et les paroles et les souffrances ; tout y est esprit et vie[4]. Songez bien à ce qu'il a dit : *Venez à moi* ; et surtout à ce qui suit : *Apprenez de moi que je suis doux et humble de cœur*[5]. Pour vous fonder dans l'humilité, qui est le grand remède, non seulement contre l'enflure du cœur, mais encore contre la dissipation, pénétrez cette parole de saint Paul : *Celui qui pense qu'il est quelque chose, quoiqu'il ne soit rien, se trompe lui-même*[6].

J'ai besoin de prendre ici un peu de repos, après quoi je songerai à vous aller voir, et j'en ai grand désir.

Sur votre lettre du 8 août[7]. Je suis fâché de la peine de ma Sœur du Saint-Esprit, et je lui ai offert tout le secours qu'elle pouvait attendre de moi ; mais ni moi, ni M. le Grand vicaire[8] n'avons pu pour certaines raisons nous rendre à Coulommiers pour cela ; et je me sens encore obligé, comme je viens de vous le dire, à prendre un peu de repos.

Ma Sœur de Saint-Antoine[9] vous pourra instruire de ce qui regarde les novices et votre lettre du 3. Vous pouvez communiquer par lettres à la pension-naire[10] qui souhaite tant d'être au nombre des postulantes, et l'assurer de ma protection.

---

4. Allusion à Joan., vi, 64.
5. Matt., xi, 28 et 29.
6. Galat., vi, 3.
7. Date omise par Deforis et ses successeurs.
8. J. Phelipeaux.
9. Sœur de Saint-Antoine Subtil (Voir lettre 393, dans notre tome III, p. 278).
10. Deforis : *avec* la pensionnaire. *Communiquer à*, être ou se mettre

Je prie Notre-Seigneur qu'il soit avec vous.

J. B., é. de Meaux.

Je vous permets le jeûne des samedis jusqu'à la visite[11].

---

540. — A Mme Cornuau.

A Meaux, 17 septembre 1690.

Je suis arrivé à Meaux avant-hier au soir, et je suis encore obligé de retourner à Versailles sur la fin de la semaine : ainsi, ma Fille, il n'y a point d'apparence que je vous puisse voir sitôt.

Je prie Dieu incessamment qu'il m'inspire sur vos désirs. J'ai dit à [Mme de Tanqueux[1]] tout ce qui se pouvait dire avec prudence. Nous songeons fort

en rapport avec. « Je communiquai à Attichi, frère de la comtesse de Maure, et je le priai de se servir de moi la première fois qu'il tirerait l'épée » (Retz, *Mémoires*, Grands écrivains, t. I, p. 84).

11. Cette visite se fit du 19 au 21 octobre (*Revue Bossuet*, du 25 octobre 1901, p. 243).

Lettre 540. — Vingt et unième de Lachat, vingtième de la seconde édition, vingt-quatrième de la première édition et des meilleurs manuscrits. La date du 17 septembre 1690, assignée par Mme Cornuau, paraît être fausse, car Ledieu donne cette même date à une autre lettre. La date du 17 septembre ou environ concorde bien cependant avec les indications de voyage à Versailles et de retour dont la lettre nous parle. Serait-elle du même jour que la suivante ? Bossuet a pu recevoir les demandes de Mme Cornuau sur l'oraison après le départ de la première lettre.

1. Les manuscrits et les éditions donnent seulement les initiales M. F. Mais, en général, M y est indifféremment pour Monsieur ou Madame, et F y est souvent par erreur pour un T majuscule ; d'un autre côté, Mme Cornuau remplaçant les noms propres par des initiales, supprime la particule nobiliaire. Il faut donc rétablir ici *Mme de Tanqueux*, et non *M. de Fortia*.

à régler tout à fait la Communauté, et il semble que la divine Providence nous ouvre quelques moyens pour cela ; je pourrai vous en dire plus de nouvelles vers la fin de la semaine prochaine. Priez Dieu cependant, ma Fille, qu'il bénisse nos bonnes intentions ; abandonnez-vous à lui pour la Communauté, pour vous-même et pour tous vos désirs, que sa haute et impénétrable sagesse et sa bonté paternelle conduiront à leur point*a*, selon qu'il sait*b*.

Ces vues de religion[2] feront votre croix, votre humiliation et votre épurement*c* ; mais il faut, ma Fille, bannir l'anxiété et le trouble, qui ne conviennent*d* pas aux voies de Dieu. Ce qu'on ressent dans son cœur comme inspiré de Dieu doit être examiné par sa fin. Tout ce qui tend à nous humilier et à nous unir à Dieu, est de lui. Ce qui est douteux doit être soumis à un conseil expérimenté et fidèle.

Faire sa cour à Jésus-Christ dans le saint Sacrement, ce doit être, s'il est permis de se servir de ce terme, être*e* devant lui en silence, en respect, en soumission, prêt à partir au moindre clin d'œil, et faisant son occupation de lui plaire*f*. Jésus soit avec vous, ma Fille.

a. L'éditeur de 1748 suivi par Deforis et ses successeurs : ...*pour tous vos désirs ; sa haute et impénétrable sagesse et sa bonté paternelle conduiront toutes choses à leur point.* — b. Toute cette première partie manque à l'édition de 1748 et aux manuscrits qui y sont apparentés. — c. Les éditeurs : *votre épurement et votre martyre.* — d. Nc : *convient.* — e. Deforis : *demeurer.* — f. Les éditions et quelques manuscrits : *du soin de lui plaire.* A la suite du second éditeur, Deforis termine ainsi : *et de l'imiter en se conformant à lui dans son état de victime. Que ce divin Sauveur soit toujours avec vous, ma Fille.*

2. Ce désir d'entrer dans un Ordre religieux.

541. — A Mme Cornuau.

17 septembre 1690.

Pour commencer, ma Fille, par vos demandes sur l'oraison, il me faudrait un loisir que je n'ai pu trouver pour y répondre exactement. Il faudrait même auparavant avoir su de vous de certaines choses qui ne se peuvent guère éclaircir que par une conférence. Néanmoins, pour ne vous laisser pas tout à fait en suspens, je vous dirai qu'il me paraît dans la dévotion d'à présent un défaut sensible, c'est qu'on parle trop de son oraison et de son état : au lieu de tant demander les degrés d'oraison[a], il faudrait sans tant de réflexions faire simplement l'oraison selon que Dieu la donne, sans se tourmenter à discourir dessus.

Je ne vois rien qui m'apprenne qu'on soit toujours en même état, ni qu'on ait une manière d'oraison fixe ; le Saint-Esprit jette les âmes tantôt en bas, tantôt en haut : tantôt il semble les porter à la perfection, tantôt les réduire et comme les rappeler au commencement. Il n'y a qu'à se conformer[b] à la disposition où il nous met, et en tout suivre son attrait.

a. Ce membre de phrase manque à la transcription de Ledieu. — b. Les mss. et les éditions : *se conformer dans ces changements à la disposition.* Nous suivons Ledieu.

Lettre 541. — Cette lettre est la seconde dans les manuscrits et dans les éditions. Mme Cornuau la date du 19 septembre 1686, mais nous savons par Ledieu qu'elle fut écrite le 17 septembre 1690. Le lieu (Meaux, selon quelques copies et les éditions) manque à la date dans les meilleurs manuscrits.

Quand les considérations se présentent, il faut les prendre, pourvu qu'elles soient bonnes ; quand, sans tant de réflexions, on est pris comme soudainement d'une vérité, il y faut attacher son cœur, prendre de bonnes résolutions pour la pratique, et surtout beaucoup prier Dieu, qui nous les inspire, de nous en donner l'accomplissement.

Je trouve ordinairement beaucoup de faiblesse à tant distinguer l'essence et les attributs de Dieu. On est bien éloigné des vues simples, quand on fonde son oraison sur ces distinctions : en un mot, ma Fille, tout ce qui unit à Dieu, tout ce qui fait qu'on le goûte, qu'on se plaît en lui, qu'on se réjouit de sa gloire et de sa félicité et qu'on l'aime si purement qu'on en fait la sienne, et, que, non content des discours, ni des pensées, ni des affections, ni des résolutions, on en vient solidement à la pratique de se détacher de soi-même et des créatures, tout cela est bon, tout cela est la vraie oraison.

Il faut surtout observer de ne pas tourmenter sa tête, ni même de ne pas trop exciter son cœur, mais de prendre ce qui se présente à la vue de l'âme, et sans ces efforts violents, qui sont plus imaginaires que véritables et fonciers, se laisser doucement attirer à Dieu. S'il reste quelque goût sensible, on le peut prendre en passant et sans s'en repaître, et aussi, sans le rejeter avec tant d'effort, le laisser couler, et s'écouler soi-même en Dieu et en son éternelle vérité par le fond de l'âme, aimant Dieu et non pas le goût qu'on en a, et sa vérité, et non pas le plaisir qu'elle nous donne.

Lorsqu'on dit qu'on est sans actes, il faut bien prendre garde à ce qu'on entend par acte ; car assurément, quand on parle ainsi, le plus souvent on ne sait ce qu'on dit. Tout cela, ma Fille, doit être éclairci de vive voix, et serait trop long à écrire.

Suivez[c] sans hésiter la voie que Dieu vous ouvre : ne souhaitez pas un plus haut degré d'oraison pour être plus unie à Dieu ; mais souhaitez d'être unie de plus en plus à Dieu, et qu'il vous possède et vous occupe ; et que vous soyez autant à lui par votre consentement, que vous y êtes par le droit suprême qu'il a sur vous par la création et par la rédemption.

A l'égard des créatures, je vous donne pour règle assurée de n'avoir égard au prochain que pour éviter de l'édifier mal ; le reste, qu'il pense ou ne pense pas, vous doit être indifférent par rapport à vous, quoique vous deviez souhaiter par rapport à lui qu'il pense bien. Un des moyens dont Dieu se sert pour nous détacher de la créature, c'est de nous y faire éprouver toute autre chose que ce que nous souhaitons et voudrions y trouver, afin que, ces expériences de la créature rompant tout attachement avec elle[d], nous nous rejetions en plein abandon vers celui qui est toute bonté, toute sagesse, toute justice, toute perfection. *Amen, amen.*

En voilà assez quant à présent : voilà le plus important ; le reste ne se peut traiter que dans une conversation, sous les yeux de Dieu. J'ajouterai

---

c. Les mss. et les éditions : *trop long à écrire. Au surplus suivez.* Ledieu omet les mots : *Au surplus,* et commence ici un nouvel alinéa. — d. Leçon des mss. Na. T et V. Ailleurs : *afin que, par ces expériences de la créature, en rompant tout attachement avec elle.*

seulement qu'il y a souvent beaucoup d'illusion à multiplier les pratiques extérieures : il y faut garder de certaines bornes qu'il n'est pas aisé de donner ; et il me semble en général que vous y donnez un peu trop : c'est de quoi il faudra parler plus à fond.

Contentez-vous des communions^e que vous faites. N'ajoutez point d'austérités à celles que j'ai approuvées. Ne faites point de vœux nouveaux, que je ne les aie bien examinés. Je prie Dieu qu'il soit avec vous.

Je n'ai rien trouvé dans votre retraite que de bien ; je ferai réflexion sur la fin. Au reste, comme je vois que vous écrivez les oraisons que vous avez faites, afin que j'en juge, je l'approuve pour cette fois, mais je ne crois pas qu'il se faille occuper de son oraison jusqu'à l'écrire. Il est bon d'écrire les principales résolutions pour s'en souvenir, et les motifs principaux dont on est touché, quand on voit qu'en les relisant, le sentiment s'en renouvelle ; mais je conseille de laisser passer ce qui est passé, de peur de croire que ce qu'on a pensé mérite d'être écrit, si ce n'est pour le soumettre à la censure s'il était suspect, et, du reste, de prier beaucoup, comme le disait saint Antoine[1], sans songer qu'on prie. La simplicité de cœur, la droiture de cœur, ce qui fait l'homme simple et droit devant Dieu^f, c'est ce qu'il faut dési-

---

e. Édit. de 1748 : *Continuez les communions.* — f. Les mots : *devant Dieu* manquent à la transcription de Ledieu. Nous croyons néanmoins devoir les conserver dans le texte à cause de l'expression biblique : *rectus coram Deo.* On lit, par exemple : *Cor enim tuum non est rectum coram Deo* (Act., VIII, 21. Cf. : III Reg., XI, 38 ; XV, 5 ; XXII, 43 ; IV. Reg., XII, 2 ; XIV, 3.) D'un autre côté, Job est appelé : *vir simplex et rectus* (Job., I, 1, 8 ; II, 3).

1. Dans Cassien, *Collat.* IX, *de Oratione,* c. XXXI. [P. L, t. XLIX, col. 808.]

rer d'entendre, ma Fille, pour s'y conformer de tout son cœur. *Amen, amen.*

Je ne puis encore déterminer le temps de la visite[g] : il faut attendre que j'aie vidé beaucoup d'affaires, qui m'empêcheraient de la faire avec le repos et l'attention que je veux y apporter[2].

---

542. — A L'ABBÉ DE RANCÉ.

19 septembre 1690.

Il est vrai, Monsieur, que quelques-uns ont repris

g. Leçon des meilleurs mss. Ailleurs : *ma visite.* La « visite », c'est la visite canonique de la Communauté, et non une visite faite à une personne en particulier.

2. Trompé tout d'abord par la date de septembre 1686 indiquée par Mme Cornuau, Ledieu a fait suivre la lettre des réflexions que voici et auxquelles il n'a rien retranché après avoir connu la date véritable. « On voit ici qu'il (*Bossuet*) parle à une personne qui commence une nouvelle vie; c'est pourquoi il commence aussi par lui donner les premières règles pour faire oraison et pour se conduire dans la vie spirituelle. C'était aussi peu après une confession générale ; de là, le besoin de l'instruire sur les peines qu'elle souffrait des retours et des imaginations de son état précédent. Elle avait été mariée et très attachée d'amitié à son mari : c'était donc une jeune veuve très vive et même très passionnée, à ce qu'elle m'a dit. Elle m'a aussi avoué qu'elle se passionnait fort d'abord dans tous les exercices de la piété : c'est le défaut ordinaire des femmes. Celle-ci voulait emporter tout le passé à vive force, et effacer les anciennes passions par de nouvelles : de là, ses efforts dans l'oraison et ailleurs, que le prélat sut modérer, comme l'on voit, en la ramenant à la tranquillité de l'esprit et au doux épanchement de son cœur en Dieu. Il fallait bien lui régler jusqu'aux mouvements de son cœur, car elle avoue encore qu'elle était très tendre. Cela soit dit une fois pour mieux entendre le sujet de ces lettres, qui n'auront plus besoin, après cela, d'observations ni de commentaires. »

Lettre 542. — Cette lettre manque à la copie officielle de la Bibl. Nationale, f. fr. 15180, et à la copie du Séminaire de Meaux.

cette espèce de défense de lire l'Ancien Testament[1].
La vraie résolution de cette difficulté, c'est qu'il en
faut accorder la lecture avec discrétion et selon la
capacité des sujets. C'est ainsi que j'ai expliqué votre pensée[2] à M. Nicole, qui reprenait cette défense[3].
Il me parla aussi du *Chrétien intérieur*[4], et m'assura

1. Dans la *Carte de visite faite à l'abbaye de Notre-Dame des Clairets*, Paris, 1690, in-12, l'abbé de Rancé avait déclaré qu'à l'exception des Proverbes et des Psaumes, la lecture de l'Ancien Testament ne convient pas à des religieuses. Cette interdiction de la
plus grande partie de l'Écriture sainte fut blâmée par MM. de Port-
Royal, qui s'efforçaient au contraire de répandre la Bible en langue
vulgaire. Sur le bruit causé par cette affaire, il faut consulter les Vies
de l'abbé de Rancé, en particulier celle de l'abbé Dubois, t. II,
p. 218, et D. Serrant, L'*Abbé de Rancé et Bossuet*, p 312 et suiv.

2. Rancé a lui-même exposé sa véritable pensée dans une longue
lettre à l'abbé Nicaise, du 11 septembre 1690 (édit. Gonod, p. 184 à
188). « Je ne comprends pas qu'on puisse trouver à redire à ce que
je crois que la lecture de l'Ancien Testament ne convient pas à des
religieuses. C'est mon sentiment ; je veux bien que tout le monde le
sache... En vérité, veut-on que des créatures, obligées par leur état
à une chasteté consommée, lisent le Cantique des Cantiques, l'histoire de Suzanne ?... Je ne doute point qu'il y ait des religieuses
capables de cette lecture ; mais cela n'empêche pas que l'on ne puisse
et que l'on ne doive dire en général qu'elle ne leur convient point,
sauf à donner des permissions particulières à celles à qui elle peut
être utile... »

3. Nicole faisait circuler deux lettres anonymes du 3 et du 14 septembre 1690, dans lesquelles il s'élevait contre l'interdiction portée
par l'abbé de Rancé, et s'étonnait qu'il eût permis la lecture du
Chrétien intérieur récemment condamné à Rome, par un décret de
l'Inquisition du 29 novembre 1689.

4. *Le Chrétien intérieur* (Paris, 1661, in-12) est une compi-
lation des écrits de M. de Bernières, publiée deux ans après sa mort
par le P. Louis François d'Argentan, capucin. Il s'en vendit plus de
trente mille exemplaires. La première édition, donnée à Rouen en
1660, avait été supprimée parce qu'elle fut considérée comme une
contrefaçon de l'*Interieur chrestien*, tiré aussi des manuscrits de Bernières par Charpy de Sainte Croix. Jean Bernières de Louvigny
(1602-1659), trésorier de France à Caen (qu'il ne faut pas confondre
avec M. Ch. Maignard de Bernières, maître des requêtes et ami

qu'il avait été défendu à Rome, sans pouvoir me dire
de quelle nature était la défense, si c'était par l'Inquisition ou par l'Index ; je n'en ai rien appris depuis[5].

Il me semble que ce que vous dites[6], que « cette
diversité de faits, d'événements et d'histoires, n'a
point de rapport à la simplicité dont les religieuses
font profession », a un peu besoin d'explication. Je

de Port-Royal) tient une grande place dans la vie mystique du
XVIIe siècle et fut jusqu'à sa mort l'âme de la fameuse Compagnie
de l'Ermitage de Caen, dont les démêlés avec Dufour, abbé d'Aul-
nay, en 1660, furent retentissants. Les amis de Port-Royal lui
reprochent des extravagances, mais Huet vante son amour de Dieu et
des pauvres (Cf. Hermant, *Mémoires*. édit. Gazier, t. II et IV ; P. D.
Huet, *Origines de Caen*, Rouen, 1706, in-8, et *Commentarius*, p. 210
et 211 ; A. Rébelliau, articles sur la Compagnie du Saint-Sacrement, dans la *Revue des Deux-Mondes*, 1er juillet, 1er août, 2er septembre 1903 ; *Journal d'un Bourgeois de Caen*, édit. Mancel, 1848,
in-8, p. 66 ; *Inter assentationem et lœdoriam media veritas*, Bibl.
Nation., Ln[27] 1732, in-4).

5. *Le Chrétien intérieur* fut condamné à Rome en 1689, et les *OEu-*
vres spirituelles de M. de Bernières (Paris, 1670, 2 vol. in-8) furent
aussi proscrites le 12 décembre 1690. Nicole, dans son *Traité de l'o-*
raison, Paris, 1695, in-12, critique le *Chrétien intérieur*. Il est difficile
de n'y pas relever des traces de quiétisme ; mais M. de Bernières en
est-il seul responsable ? « Dites, écrivait Huet, que je n'ai vu aucun de
ces écrits qui n'aient été altérés et rhabillés et replâtrés ; que rien de
tout cela n'est original et que ce sont les originaux que M. de Bernières
a écrits ou fait écrire, que je voudrais voir, et qu'en un mot, ce n'est ni
le P. Louis François, ni le P. de Saint-Gilles que je cherche, mais
M. de Bernières » (A son neveu Charsigné, 19 avril 1702, édit. Gasté,
Caen, 1901, in-8, p. 163). Sur la critique de Nicole, relative au *Chré-*
tien intérieur, Rancé s'excuse ainsi : « Pour ce qui est du *Chrétien inté-*
rieur, il n'y a point eu de livre qui ait eu une approbation plus générale
jusqu'à ces derniers temps. Je n'ai point de correspondant à Rome qui
me donne avis des livres que l'on y met à l'Index ; mais si celui-là y
a été mis, je ferai savoir aux religieuses des Clairets, comme quoi elles
doivent condamner tous les livres que Rome condamne, sans les examiner et sans les lire » (Lettre citée, éd. Gonod, p. 187).

6. *Carte de Visite*, etc., p. 15.

pense que vous voulez dire qu'il faut savoir trop de choses pour bien entendre une telle diversité, afin que notre esprit n'en soit pas confondu.

La raison d'exclure les Prophètes est différente de toutes celles-là : c'est leur grande obscurité. On objectera qu'il y a de l'obscurité dans les Épîtres de saint Paul et dans beaucoup d'autres endroits du Nouveau Testament.

Après tout, je conviens qu'il ne faut pas permettre indifféremment l'Ancien Testament, mais en éprouvant les esprits. J'en use ainsi, et j'ai dit à M. Nicole que l'expérience m'avait appris que l'Ancien Testament, permis sans discrétion, faisait plus de mal que de bien aux religieuses[7].

Je prie, Monsieur, Notre-Seigneur qu'il soit avec vous, et qu'il vous conserve pour le bien de vos enfants et de l'Église.

---

543. — Louvois a Bossuet.

A Versailles, le 26 septembre 1690.

Monseigneur[1] devant arriver à Fontainebleau vers le 9 ou le 10e du mois prochain, après avoir quitté la route de la poste à Meaux ou à La Ferté-sous-Jouarre pour se rendre en

---

7. Rappelons que Bossuet a composé pour les religieuses une *Instruction sur la lecture de l'Écriture sainte* (édition Lachat, t. I, p. 3-7) ; cf. plus haut, p. .

Lettre 543. — Inédite. Archives du Ministère de la Guerre, t. 927, p. 302. — 1. Le Dauphin devait revenir de l'armée du Rhin. Sur son attitude peu brillante pendant cette campagne, on peut consulter C. Rousset, *Histoire de Louvois*, t. IV (1863), in-8, p. 391 et 434.

chaise roulante au dit Fontainebleau, M. le Premier [2] m'a mandé que vous lui avez dit que vous alliez de Meaux à Fontainebleau par un chemin fort commode pour les carrosses. Je vous supplie de vouloir bien me marquer les villages par où vous passez et en même temps les endroits où vous croyez qu'il y a quelque chose à réparer pour la plus grande commodité du passage de Monseigneur. Je profite de cette occasion pour vous assurer du respect avec lequel je suis...

---

544. — LOUVOIS A BOSSUET.

A Marly, le 29 septembre 1690.

Monsieur, j'ai reçu la lettre que vous m'avez fait l'honneur de m'écrire hier. Je ne saurais encore dire quel jour Monseigneur passera à La Ferté-sous-Jouarre, où il quittera la grand'route de la poste pour, par le chemin que vous m'avez indiqué, aller gagner Fontainebleau, c'est-à-dire par Coulommiers, Rozoy et Le Châtelet [1]. Mais, dès que je le saurai, je ne manquerai pas de vous en informer. Les gens qui sont allés reconnaître les chemins et pour les racommoder, sont partis hier matin ; aussi je ne puis leur donner ordre de prendre vos avis et vos ordres, ce que j'aurais fait avec grand plaisir si je les avais encore ici. Je suis très véritablement..... L.

J'ajoute ce mot pour vous dire que j'apprends, par une lettre que je viens de recevoir de M. le Premier, que Mgr compte que vous lui donnerez à souper à La Ferté-sous-Jouarre, où il doit coucher le 7e jour après avoir quitté l'armée. Dès

---

2. Henri de Beringhen, père de l'abbesse de Faremoutiers. Voir lettre, t. III, p. 25.

Lettre 544. — Inédite. Archives du Ministère de la Guerre, t. 927, p. 392.

1. La route de Coulommiers à Fontainebleau passe par Rozoy-en-Brie (arrondissement de Coulommiers), Mormant et Le Châtelet-en-Brie (arrondissement de Melun).

que je saurai le jour précis, je vous en informerai par un courrier exprès.

---

545. — A une Religieuse de Jouarre.

A Meaux, 30 septembre 1690.

J'ai envoyé querir mes receveurs[1], et les ai priés de traiter Jouarre le plus doucement qu'il se pourrait. Ils m'ont dit qu'ils avaient offert tous les accommodements possibles pour faciliter toutes choses et éviter les frais. Ils m'ont payé, et je ne puis les empêcher d'exercer mes droits, dont ils ont traité. Ils disent que M. Cheverry[2] leur a dit qu'on regorgeait de grain dans la maison, de sorte que ce n'était que pour faire beaucoup de bruit qu'on criait tant à cette occasion. Le fermier de Mée[3] a répondu

Lettre 545. — La destinataire de cette lettre paraît être Henriette de Lusancy, à qui fut confiée pendant dix-huit ans l'administration de tous les revenus en grains de la maison. Bossuet lui adressa plusieurs lettres, dont huit nous ont été conservées et dont la première est du 8 janvier 1692. — 1. Les *receveurs*, à qui Bossuet avait affermé les droits à percevoir par lui sur les terres de son évêché et les redevances de certains monastères. Jouarre, en particulier, devait lui payer dix-huit muids de blé en vertu d'une sentence de 1225 consacrant son exemption. L'Abbesse soutenait que, cette exemption n'étant plus reconnue, elle était déchargée de sa dette. Ce fut l'occasion d'un nouveau procès où Bossuet n'eut pas le dessus.

2. Louis de Cheverry (Les éditeurs impriment à tort *Cheverin*) était le procureur fiscal de l'abbaye. Nous le voyons figurer en cette qualité, de 1684 à 1701.

3. Toussaints Duplessis imprime *Mai*, doyenné de La Ferté-Gaucher. Le fermier qui exploitait la terre de Mée appartenant aux religieuses, et qui, pour sa part, payait d'habitude, non pas dix, mais dix-huit muids (*huit* a dû être omis dans le texte de la lettre). « Ordinamus quod dicti abbatissa et conventus decem et octo modios bladi decimalis

qu'il était prêt à payer, mais qu'il en était empêché par les religieuses : il ne s'agit que de dix [-huit] muids de très petit blé. Si Mme la Prieure proposait quelque chose pour assurer le paiement, je ferais ce que je pourrais[4]. On voit bien ma bonne volonté dans la diminution des décimes, qui était bien difficile dans ce temps ; mais je ne puis pas donner le bien d'autrui, ni faire perdre à mes receveurs ce qui leur est dû. Voilà, ma Fille, ce que je vous prie de dire à Mme la Prieure. Si je pouvais faire davantage, je le ferais pour l'amour de la Communauté, et en particulier pour l'amour de vous, qui m'en priez de si bonne grâce.

J. Bénigne, é. de Meaux.

---

546. — Louvois a Bossuet.

A Versailles, le 2 octobre 1690.

Monsieur, je viens de recevoir une lettre de M. le Premier, datée du 29 du mois passé au soir, par laquelle il me mande que, si j'ai pu faire mettre des chevaux de poste entre Ligny et Saint-Dizier, Monseigneur viendra coucher à La Ferté-sous-Jouarre, le 7e de ce mois[1], au lieu qu'il n'avait projeté de ve-

ad mensuram Meldensem,... annuatim episcopo memorato suisque successoribus in perpetuum persolvent apud Malleum (Mai), infra Purificationem beatæ Mariæ » (Ordonnance du cardinal Romain, en 1225).

4. On voit que Bossuet espérait trouver plus de facilité dans la Prieure, qui gouvernait en l'absence de l'Abbesse, que dans l'Abbesse elle-même.

Lettre 546. — Inédite. Archives du Ministère de la Guerre, t. 928, p. 35.

1. Ce projet ne fut pas exécuté. Parti du camp d'Obermüllen le

nir coucher qu'à Château-Thierry ; et comme les chevaux de
poste sont à Ligny, je vous donne avis, par ordre de mond.
Seigneur, qu'il vous demande à souper et à coucher samedi
7e de ce mois, à La Ferté-sous-Jouarre, où apparemment
Monseigneur arrivera de bonne heure, parce qu'il ne viendra
que de Vitry. Je suis très véritablement.....

---

547. — A Mme D'ALBERT.

A Germigny, 5 octobre 1690.

J'ai reçu, ma Fille, votre lettre du 3. Je ne m'é-
tonne ni ne me fâche de ce qu'on[1] fait de malhon-
nête à mon égard, et toute ma peine vient de celle
qui en retombe sur vous et mes autres fidèles Filles.
Je serai demain, s'il plaît à Dieu, à La Ferté-sous-
Jouarre pour y recevoir Monseigneur[2] samedi, et
dimanche aller coucher à Jouarre, où je commencerai par demander Mme votre sœur et vous. Je
verrai après Mme la Prieure[3], et je donnerai le
lendemain tout entier à nos autres chères Filles. Là
nous parlerons de tout plus amplement. J'enverrai
dire à Mme la Prieure de La Ferté-sous-Jouarre[4]

1er octobre, le Dauphin, après avoir couché à Nancy le 4 octobre,
arriva le 6 à Épernay, qu'il quitta le samedi 7 à deux heures du matin,
vint entendre la messe à Dormans (Marne), entre Épernay et Château-
Thierry, et arriva le jour même, vers quatre heures, à Fontainebleau
(La *Gazette*, du 7 et du 14 octobre 1690).

Lettre 547. — 1. L'Abbesse et ses partisans.

2. Voir la lettre précédente, note 1.

3. Mme de La Croix.

4. Construction amphibologique. Le sens est : J'enverrai de La
Ferté-sous-Jouarre dire à Mme la Prieure.

le jour et l'heure que j'arriverai, et mes gens iront
préparer mon logement, que je prendrai dans l'abbaye.

Je prends une part extrême à vos déplaisirs sur le
sujet de M. le duc de Luynes[5], et je vous prie de
témoigner à Mme votre sœur combien je suis sensible à votre commune douleur.

Je vous entretiendrai en particulier avec tout le
loisir que vous souhaiterez, et je n'oublierai rien
pour vous marquer mon estime et ma confiance.

548. — A Mme D'ALBERT.

A Germigny, 13 octobre 1690.

Je prie Notre-Seigneur qu'il soit votre consolation[1]. Il y a longtemps qu'il vous prépare au malheur qui vient de vous arriver. On ne laisse pas
d'être sensible au coup, et il le faut être ; car, si Jésus-Christ, notre modèle, n'avait senti celui qu'il
allait recevoir, il n'aurait pas été l'homme de dou-
leurs ; il n'aurait pas dit : *Mon père, s'il se peut,*

5. Le père de Mme d'Albert, atteint de la maladie qui devait l'emporter le 10 octobre, à soixante-neuf ans.

Lettre 548. — 1. Mme d'Albert venait de perdre le 10 octobre,
son père, Louis Charles d'Albert, connu par son attachement aux solitaires de Port-Royal. C'est à lui qu'Arnauld adressa ses deux *Lettres
à un duc et pair* (1655-1656). Il traduisît en français les *Méditations*
de Descartes (1647) et prit part à la version du Nouveau Testament
de Mons (1667) et, sous le nom de Laval, publia divers ouvrages de
piété tirés de saint Cyprien, de saint Basile, de saint Jérôme, etc.,
Paris, 1664, in-8.

détournez de moi ce calice[2]. Il faut donc sentir avec lui ; mais en même temps il faut emprunter, pour ainsi parler, sa volonté sainte, afin de dire à Dieu que la sienne s'accomplisse[3]. Je prie Notre-Seigneur qu'il soit avec vous.

---

549. — A Mme DE LUYNES.

Germigny, 13 octobre 1690.

La mort, toutes les fois qu'elle nous paraît, nous doit faire souvenir de l'ancienne malédiction de notre nature, et du juste supplice de notre péché ; mais, parmi les chrétiens et après que Jésus-Christ l'a désarmée, elle nous doit faire souvenir de sa victoire, et du royaume éternel où nous passons en sortant de cette vie. Ainsi, dans la perte de nos proches, la douleur doit être mêlée avec la consolation. *Ne vous affligez pas,* disait saint Paul, *à la manière des Gentils, qui n'ont point d'espérance[1].* Il ne défend pas de s'affliger, mais il ne veut pas que ce soit comme les Gentils. La mort parmi eux fait une éternelle et

---

2. Matth., xxvi, 39.

3. Leçon du ms Bresson ; Deforis : *soit accomplie.* Cf. Matth., xxvi, 42 : *Fiat voluntas tua.*

Lettre 549. — L. a. s. Collection de M. Richard. Publiée pour la première fois, mais avec quelques fautes de lecture, par Burigny, *Vie de Bossuet.* Paris, 1761, in-12, p. 301. Bossuet, après avoir écrit à Mme d'Albert la lettre de consolation qu'on vient de lire, ajoute celle-ci à l'adresse de sa sœur, Mme de Luynes, en religion Marie de Saint-Bernard. Voir plus haut, p. 64.

1. I Thess., iv, 13.

irrémédiable séparation : parmi nous, ce n'est qu'un voyage, et nous devons nous séparer comme des gens qui doivent bientôt se rejoindre. *Fundere ergo christiani consolabiles lacrymas, quas cito reprimat fidei gaudium*[2]. Ces larmes, en attendant, font un bon effet : elles imitent Jésus, qui pleura en la personne de Lazare la mort de tous les hommes[3] ; elles nous font sentir nos misères, elles expient nos péchés, elles nous font désirer cette céleste patrie où toute douleur est éteinte et toutes larmes essuyées. Consolez-vous, ma Fille, dans ces pensées[4] ; croyez que je prends part à votre douleur, et que je m'unis de bon cœur à vos prières.

J. Bénigne, é. de Meaux.

Suscription : A Madame de Luynes, religieuse à Jouarre.

550. — A Mme CORNUAU.

[A Germigny], 14 octobre 1692.

Vivez donc en repos, ma Fille, après m'avoir exposé vos peines secrètes : remédier à toutes en par-

---

2. S. Augustin., Serm. CLXXII, *De verb. Apost.*, n. 1 [P. L., t. XXXVIII, col. 937]. Deforis a fait précéder le texte d'une traduction qui n'est pas de Bossuet : « Que les chrétiens, dans ces occasions, répandent donc des larmes, que les consolations de la foi répriment aussitôt. »

3. Joan., XI, 35.

4. Allusion aux paroles de saint Paul : Itaque consolamini invicem in verbis istis (I Thess., IV, 17).

Lettre 550. — Cette lettre, dans tous les manuscrits et dans toutes les éditions, figure en tête des lettres à Mme Cornuau. Cette reli-

détournez de moi ce calice[2]. Il faut donc sentir avec lui ; mais en même temps il faut emprunter, pour ainsi parler, sa volonté sainte, afin de dire à Dieu que la sienne s'accomplisse[3]. Je prie Notre-Seigneur qu'il soit avec vous.

---

549. — A Mme DE LUYNES.

Germigny, 13 octobre 1690.

La mort, toutes les fois qu'elle nous paraît, nous doit faire souvenir de l'ancienne malédiction de notre nature, et du juste supplice de notre péché ; mais, parmi les chrétiens et après que Jésus-Christ l'a désarmée, elle nous doit faire souvenir de sa victoire, et du royaume éternel où nous passons en sortant de cette vie. Ainsi, dans la perte de nos proches, la douleur doit être mêlée avec la consolation. *Ne vous affligez pas*, disait saint Paul, *à la manière des Gentils, qui n'ont point d'espérance*[1]. Il ne défend pas de s'affliger, mais il ne veut pas que ce soit comme les Gentils. La mort parmi eux fait une éternelle et

---

2. Mattb., xxvi, 39.

3. Leçon du ms Bresson ; Deforis : *soit accomplie.* Cf. Matth., xxvi, 42 : *Fiat voluntas tua.*

Lettre 549. — L. a. s. Collection de M. Richard. Publiée pour la première fois, mais avec quelques fautes de lecture, par Burigny, *Vie de Bossuet.* Paris, 1761, in-12, p. 201. Bossuet, après avoir écrit à Mme d'Albert la lettre de consolation qu'on vient de lire, ajoute celle-ci à l'adresse de sa sœur, Mme de Luynes, en religion Marie de Saint-Bernard. Voir plus haut, p. 64.

1. I Thess., iv, 12.

irrémédiable séparation ; parmi nous, ce n'est qu'un voyage, et nous devons nous séparer comme des gens qui doivent bientôt se rejoindre. *Fundant ergo christiani consolabiles lacrymas, quas cito reprimat fidei gaudium*[2]. Ces larmes, en attendant, font un bon effet : elles imitent Jésus, qui pleura en la personne de Lazare la mort de tous les hommes[3] ; elles nous font sentir nos misères, elles expient nos péchés, elles nous font désirer cette céleste patrie où toute douleur est éteinte et toutes larmes essuyées. Consolez-vous, ma Fille, dans ces pensées[4] ; croyez que je prends part à votre douleur, et que je m'unis de bon cœur à vos prières.

J. Bénigne, é. de Meaux.

Suscription : A Madame de Luynes, religieuse à Jouarre.

---

550. — A Mme Cornuau.

[A Germigny], 14 octobre 1690.

Vivez donc en repos, ma Fille, après m'avoir exposé vos peines secrètes ; remédier à toutes en par-

---

2. S. Augustin., Serm. *CLXXII, De verb. Apostol.,* n. 2 [P. L., t. XXXVIII, col. 937]. Deforis a fait précéder le texte d'une traduction qui n'est pas de Bossuet : « Que les chrétiens, dans ces occasions, répandent donc des larmes, que les consolations de la foi répriment aussitôt. »

3. Joan., xi, 35.

4. Allusion aux paroles de saint Paul : Itaque consolamini invicem in verbis istis (I Thess., iv, 17).

Lettre 550. — Cette lettre, dans tous les manuscrits et dans toutes les éditions, figure en tête des lettres à Mme Cornuau. Cette reli-

ticulier, c'est une entreprise impossible. Il faut trancher toutes les peines d'esprit[a] par l'abandon envers
Dieu, et l'obéissance envers ses ministres. *Qui vous
écoute, m'écoute*[1]. Oubliez ce que vous avez une fois
détesté. Si Dieu vous tient comme un animal[b] devant
lui et devant moi, dites-lui avec David : *Je suis toujours avec vous*[2].

Vous ne vous trompez pas de croire qu'il y a
beaucoup de choses dans la Vie des saints, que l'on
y a mises avec peu de choix ; mais vous pourriez vous
tromper, et en trouver basses quelques-unes, où il
y a un trait secret de Dieu, qui les relève. On n'est
pas obligé à tout croire ; mais il est bon de passer[c]
ce qui choque, en prenant soigneusement ce qui
édifie. *Éprouvez tout,* disait saint Paul, *et retenez ce
qui est bon*[3].

Quand Dieu me donnera, ma Fille, quelque chose
sur les sujets que vous me marquez, je vous le donnerai de même, comme venant de cette source ;
en attendant, je vous assure qu'ayant soumis vos
dispositions au jugement de celui qui vous tient la
place de Dieu sur la terre, vous devez, en attendant
la résolution, approcher de lui sans hésiter, avec la

a. On lit partout : *il faut tout trancher.* Nous rectifions d'après Ledieu. —
b. Nous suivons Ledieu. Ailleurs on lit : *Oubliez ce que vous avez une fois
oublié. Soit que Dieu vous réveille et vous relève, soit qu'il vous tienne comme un
animal...* — c. *Il est bon de passer.* Leçon du ms. de la Visitation de Meaux ;
partout ailleurs on lit : *Il est bon de laisser passer.*

gieuse l'a datée de Germigny, 2 mai 1686 ; mais nous savons par
Ledieu qu'elle fut écrite en réalité le 14 octobre 1690.

1. Luc., x, 16.
2. Ut jumentum factus sum apud te, et ego semper tecum (Ps.
LXXII, 23).
3. I Thess., v, 21.

même liberté et confiance. Je le prie qu'il soit avec vous, ma Fille.

---

551. — A la Sœur André.

A Germigny, 14 octobre 1690.

Dieu soit béni à jamais, ma Fille, Dieu soit béni à jamais pour les miséricordes qu'il commence à exercer envers vous : il vous rendra tout. Ce n'est pas à nous à songer à réparer le temps perdu ; à notre égard, il est irréparable ; mais celui dont il est écrit que *où le péché a abondé la grâce a surabondé*[1], peut non seulement réparer tout le passé qu'on a perdu, mais encore le faire servir à notre perfection. Quant à nous, tout le moyen qui nous reste de profiter de nos égarements passés, c'est de nous en humilier souvent jusqu'au centre de la terre et jusqu'au néant ; mais du fond de ce néant et du fond même de ces ténèbres infernales où sont les âmes encore éloignées de Dieu, mais repentantes, il doit sortir un rayon de bonne confiance qui relève le courage et fasse marcher gaiement dans la voie de Dieu, sans se laisser accabler par ses péchés, ni engloutir par la tristesse de les avoir commis. Cette douleur doit nous piquer jusqu'au vif, et non nous abattre, mais nous faire doubler le pas vers la vertu. Vivez entièrement séquestrée du monde et des affai-

Lettre 551. — L. a. s. Collection de M. Richard.
1. Rom., v, 20.

res : vaquez à la seule affaire nécessaire[2] en simplicité et en silence.

Le vœu de ne jamais accepter la supériorité a dû
être subordonné à celui de l'obéissance, et je ne l'accepte qu'à cette condition ; mais mon esprit est de
vous tenir fort soumise, fort intérieure, fort dans le
silence, hors les emplois nécessaires. Domptez votre
volonté, rompez-la en toutes rencontres, laissez-la
rompre et fouler aux pieds[3] et mettre en pièces à
qui voudra : c'est votre ennemie, et il ne doit vous
importer par quel coup elle périsse ; c'est un serpent
tortueux qui se glisse d'un côté [pendant] qu'on le
chasse de l'autre ; c'est ce serpent dont nous devons
tous écraser la tête.

Ne vous enquérez[4] pas si vous avez offensé Dieu,
et combien, dans beaucoup d'états que vous me marquez. Jetez tout à l'aveugle dans le sein immense de
la divine bonté et dans le sang du Sauveur ; il s'y
peut noyer plus de péchés que vous n'en avez commis ni pu commettre[5]. Ne vous hâtez pas, pour
cause, de faire des confessions générales, même depuis le temps que vous savez ; je vous la ferai faire,
s'il le faut ; en attendant, vivez en repos, puisque
vous avez pourvu à ce qui était nécessaire. Dieu est
si bon, si bon encore un coup, si bon, pour la dernière fois, à ceux qui retournent à lui, qu'on n'ose
presque le leur dire, de peur, pour ainsi parler, de

2. Le salut.
3. Deforis : rompre, fouler aux pieds.
4. Deforis : informez.
5. Deforis : et pu commettre.

relâcher les sentiments de la pénitence. Il est vrai que d'autre part il est jaloux, attentif à tout, sévère observateur de nos moindres démarches. Il faut le servir en crainte et se réjouir devant lui avec tremblement, comme chantait le Psalmiste[6] ; mais si la consolation et la joie de l'esprit veut dominer, laissez-la faire. Jésus est toujours Jésus : je le prie qu'il soit avec vous.

　　　　　　　J. BÉNIGNE, é. de Meaux.

552. — A Mᵐᵉ DE TANQUEUX.

A Germigny, 14 octobre 1690.

Voilà, Madame, le règlement de visite pour votre chère maison ; vous suppléerez à ce qui y manque, par votre prudence. J'ai grande espérance que Dieu y sera servi, pourvu qu'avec l'exercice de la charité on y cultive l'esprit de silence et de recueillement.

Ma Sœur André revient bien, et j'espère que Dieu lui continuera ses regards. Ma Sœur Cornuau se réduit de plus en plus à l'obéissance. N'oubliez pas de dire à ma Sœur Mabillot[1] que je suis bien content d'elle, et que, la première fois que j'irai à La Ferté, elle sera la première que j'écouterai en plein loisir.

6. Ps. II, 11.

Lettre 552. — L. a. s. Collection de M. Richard.

1. Suzanne Mabillot ou Mabillotte (et non Mabillon, comme ont imprimé les précédents éditeurs ; elle signait : *Mabillotte*). Elle figure comme supérieure de la Communauté en 1725 ; elle mourut à La Ferté le 11 septembre 1738, âgée de soixante-seize ans, et fut enterrée le 12, au cimetière Saint-Denis (Registres de l'état civil à La Ferté-sous-Jouarre).

Faites, s'il vous plaît, entendre aux confesseurs l'endroit qui les touche. Je ne vous dis que de petits mots, parce que Dieu vous dit le reste.

Je prie Dieu qu'il vous bénisse et votre famille, qui m'est très considérable et très chère.

J. Bénigne, é. de Meaux.

---

553. — A Jean Le Scellier.

A Germigny, 27 octobre 1690.

On me prie, Monsieur, d'intercéder auprès de M. de La Reynie[1] pour les nommés d'Aulan[2] et

Lettre 553. — L. a. s. Archives du château de Merlemont (Oise). Publiée pour la première fois par M. Eug. Griselle dans Bossuet, abbé de Saint-Lucien-les-Beauvais, Paris, 1903, in-8 (extrait de la Revue Bossuet, p. 15). Jean Le Scellier, seigneur de Hey, était alors élu en l'élection de Beauvais et procureur fiscal de la justice de l'abbaye de Saint-Lucien. Il s'occupait aussi des affaires du maréchal de Boufflers, à qui il vendit, en 1690, les fiefs de Vrocourt et de L'Espinay. Il avait épousé Marie de Catheu, de qui il eut plusieurs enfants. Plus tard, il devint officier de la maison du Roi et secrétaire du Parlement de Paris. Il mourut le 20 novembre 1711 (E. Griselle, loc. cit. ; registres de l'état civil de Beauvais, paroisse de la Basse-Œuvre).

1. Le lieutenant de police. Voir t. III, p. 119.

2. Le vrai nom était Dourlans : Antoine de Dourlans, marchand de vins établi à Beauvais, vis-à-vis de la cathédrale. Il avait alors cinquante-neuf ans. Il avait pendant trente ans servi de domestique au chanoine Tiersonnier, qui avait été mêlé aux querelles excitées dans le Chapitre de Beauvais par le jansénisme. A la suite d'une dénonciation jugée calomnieuse, élevée contre plusieurs de ses confrères suspects de jansénisme, qu'il voulait faire passer pour conspirateurs et traîtres au Roi, le chanoine Raoul Foy, auteur de cette infamie, avait été poursuivi. Il avait alors mis en cause les nommés Héron et Dourlans, qui avaient, disait-il, le premier, fabriqué, et le second, copié les lettres qui devaient servir de preuve au prétendu complot. Ces deux personnages avaient été mis d'abord au donjon de Vincennes,

Héron[3] de votre ville de Beauvais, prisonniers, et on me fait entendre que le dernier est officier de notre justice et que la saisie de ses papiers empêche, non seulement qu'on ne touche à ses revenus, mais encore qu'on ne rende [la] justice à Saint-Lucien, à cause que les minutes, dont il était chargé comme greffier, sont saisies avec les autres papiers. Je vous prie de me mander ce qui en est, et si ces deux prisonniers sont dignes qu'on agisse en leur faveur. Ne dites rien, s'il vous plaît, de cette lettre, et croyez-moi tout à vous.

J. Bénigne, é. de Meaux.

Suscription : A Monsieur, Monsieur Le Scellier, conseiller du Roi dans l'élection et procureur fiscal de Saint-Lucien, à Beauvais.

---

puis, sur un ordre du 8 août 1690, contresigné Seignelay, transférés à la Bastille. Les dossiers relatifs à cette affaire se trouvent à la Bibliothèque de l'Arsenal, Bastille 10846. (Cf. Pierre Thomas du Fossé, *Mémoires,* édit. Bouquet, Rouen, 1878, in-8, t. III, p. 343 et suiv. ; Fr. Ravaisson, *Archives de la Bastille,* t. IX (1877), p. 209 et suiv. ; Fr. Funck-Brentano, *les Lettres de cachet,* Paris, 1903, in-fol., p. 102 ; Charvet, dans les *Mémoires de la Société académique de l'Oise,* t. XII, p. 208-240).

3. Nicolas Héron était fils de Jean Héron, procureur à Beauvais. Il fut lui-même procureur, puis commissaire aux saisies réelles de cette ville, receveur des censives et droits seigneuriaux de l'évêché et ci-devant greffier du Chapitre. Il avait alors trente-neuf ans. Il ne paraît pas avoir été de la même famille que Nicolas Héron, docteur de Sorbonne, ancien aumônier de la reine-mère, qui travailla à l'évangélisation des nouveaux catholiques à Lizy et à Claye, et dont les proches parents sont énumérés dans un document du 28 août 1686 (Archives Nationales, Y 596).

554. — Jean Le Scellier a Bossuet.

Des deux prisonniers de cette ville, qui sont depuis huit mois à la Bastille[1], de l'ordre de M. de La Reynie, dont Votre Grandeur me demande des nouvelles, le nommé Dourlens est celui qui mérite quelque compassion. Cet homme a toujours paru fort paisible, d'une piété pour sa condition assez distinguée, et incapable de faire la moindre action qui mérite répréhension. Il y a près de vingt ans que je le connais sur ce pied, étant mon plus proche voisin[2], et tout ce dont on l'accuse est qu'étant de sa profession écrivain pour ceux qui veulent l'employer, il a eu le malheur d'écrire pour le Sr Foy[3], chanoine de cette ville, par l'ordre duquel on prétend qu'il a copié quelques écritures latines, dont il n'a aucune connaissance, et que, parmi ces écritures, il s'y est trouvé de celles qui ont servi de fondement au grand procès que l'on fait au chanoine et qui a fait tant de bruit depuis un an, au sujet de l'emprisonnement de quatre de nos chanoines[4], du

Lettre 554. — Minute, non signée, de la réponse à la lettre du 27 octobre, conservée au château de Merlemont. Publiée par M. Griselle, op. cit., sur cette minute d'une lecture difficile, que nous avons, en la renvoyant après lui, pu déchiffrer entièrement.

1. Les deux prisonniers étaient à La Bastille seulement depuis le 8 août ; auparavant ils étaient détenus à Vincennes.

2. Donc Le Scellier habitait en face de la cathédrale de Beauvais (cf. lettre du 27 octobre, note 2).

3. Raoul Foy, fils de Raoul Foy, seigneur de La Place, conseiller au présidial, ancien maire de Beauvais, et de Suzanne Vacquerie, avait été baptisé à l'église Saint-Pierre, ou Notre-Dame de la Basse-Œuvre. Il était alors âgé de trente-sept ans et avait été ordonné prêtre le 18 décembre 1683. Son frère, François Foy, sieur de Morcourt, fut secrétaire du conseil de la Reine, puis lieutenant du maréchal de Boufflers au gouvernement de Beauvais.

4. Ces quatre chanoines étaient François Lemaire, chantre, Gilles Gérard, Jean Hocquet et Jacques de Nully. On avait aussi arrêté Charles Papin du Fresnel, ancien chanoine de Beauvais, puis doyen du Chapitre de Boulogne, Bridieu, archidiacre de Beauvais, alors

nombre desquels était M. le Chantre, tous personnes de
mérite et qui ont été mis hors de cause, leur innocence
ayant été reconnue.

Pour le nommé [Héron], c'est un autre caractère d'homme,
très différent, et quoique beau-frère de Dourlens[5], il ne lui
ressemble guère. On ne sait pas au juste les chefs des accusations. On ne le croit pourtant pas coupable du crime dont le
Sr Foy est accusé; mais, comme il était son principal agent et
que, par son conseil et le secours d'argent qu'il lui procurait et
sur lequel il profitait indûment, il entretenait les débauches
de ce chanoine de toutes les manières, on a cru avec raison qu'il
pouvait donner des lumières de la grande affaire, et c'est pour
cela que, lorsqu'il a été arrêté, on a enlevé tous ses papiers,
parmi lesquels étaient ceux du greffe de Saint-Lucien, qu'il
a exercé pendant quatre ou cinq ans, malgré l'opposition que
j'y ai formée parce que sa conduite était fort connue en cette
ville. Il était considéré comme un homme qui ne pouvait que
faire du mal dans cette fonction, que les élus lui don-
nèrent et dont ils ont aussi été les premiers punis, et tant
qu'enfin il a cédé son droit à un autre depuis deux à trois
ans. L'intérêt présent de l'abbaye est de retirer les papiers
qui sont chez M. de La Reynie, pour quoi j'avais écrit à
M. Souin[6], dès que cet Héron a été arrêté au mois de mai

exilé en Bretagne. De plus, sept ou huit autres chanoines, et en particulier Godefroi Hermant, avaient failli être aussi emprisonnés. On
les accusait d'avoir tramé un complot en vue de livrer à Guillaume
d'Orange la ville de Boulogne et de soulever les nouveaux catholiques
de Bretagne. Les inculpés, reconnus innocents, avaient été relâchés à
la fin de l'année 1689. En vain ils demandèrent au Roi la grâce de
leur calomniateur. Celui-ci fut renvoyé devant une commission spéciale siégeant à l'Arsenal et composée de MM. Bignon, président,
Rouillé, de La Reynie, de Marillac, Daguesseau et de Harlay, con-
seillers d'État, de Thuisy, Richebourg, de Creil, de Soizy, de Vertha-
mont, d'Afleige et d'Ormesson, maîtres des requêtes.

5. En réalité, Dourlans était beau-frère de la femme de N. Héron.
C'est ainsi qu'il est qualifié dans l'acte du mariage de N. Héron avec
Marie Werel, fille de Jérôme Werel, huissier et ancien marguillier
(22 mai 1674), dans les registres de la Basse-OEuvre.

6. Clément Souin, lieutenant criminel au bailliage de Roye, y de-

dernier sur le chemin de Paris, en ma présence. Aussi, Monseigneur, pour sa personne, on ne le plaint pas et il n'est pas ici dans une bonne réputation, et je ne puis pas le dissimuler. Mais, si cet homme n'a pas eu de part à la grande affaire des quatre chanoines arrêtés sur les calomnies du Sr Foy, ayant été huit mois en prison [7] et privé du bien qu'il

meurant ordinairement, figure comme fondé de pouvoir de Bossuet dans un accord conclu le 6 juin 1692 avec les moines de Saint-Lucien. Il fut agent d'affaires de Bossuet depuis le mois de décembre 1684 jusqu'au 31 mai 1700, que le prélat se défit de lui. Il mourut le 1er décembre 1701 (Ledieu, t. II, p. 39, 52, 254 ; t. III, p. 193).

7. L'instruction du procès fut longue, et c'est seulement le 3 septembre 1691 que commencèrent les débats. « ... Héron, l'un des accusés et qui paraît un fort méchant homme, étant interrogé sur plusieurs faussetés que Foy avait avouées et dont il l'avait chargé d'être le principal auteur ou le complice, déclara dans son interrogatoire que, comme ces faits ne faisaient point partie de ceux compris dans l'arrêt du Conseil en vertu duquel M. de La Reynie lui faisait son procès, il était appelant, comme de juge incompétent, de sa procédure. Cet appel, quelque téméraire qu'il fût, nous liait les mains, et il était nécessaire de le juger. La forme de le juger nous jetait dans de grands embarras. Enfin, après en avoir conféré diverses fois avec M. Bignon, président, et avec M. de La Reynie, ils demeurèrent d'accord et résolurent que je ferais signifier un acte à Héron, par lequel je lui déclarerais que je n'entendais point lui faire instruire son procès pour raison de ces faussetés, mais seulement employer ses réponses dans le procès qui lui était instruit pour raison des lettres en chiffres. Cet acte lui fut signifié lundi matin, et, à la signification, il déclara qu'il se désistait de son appel. Ce désistement nous a mis en état de continuer le procès, et, par arrêt rendu ce matin sur ma requête, cela a été ainsi ordonné, et dès aujourd'hui j'ai fait signifier cet arrêt à Héron.

Si, d'un côté, cet expédient sert à la justice en nous donnant le moyen de juger le procès, d'un autre côté, il nous fait un grand préjudice, car il nous fait perdre quant à présent un chef d'accusation dont nous avions déjà une preuve considérable et dont nous pouvions dans la suite l'avoir complète, contre Héron ; au lieu que, pour les lettres en chiffres, jusqu'à présent la preuve est très imparfaite contre Héron, et peut-être ne sera-t-elle jamais suffisante pour en faire justice... Comme je n'ai pas trouvé preuve suffisante contre Héron, je n'ai pu conclure à autre chose qu'à le réserver jusqu'après l'exécution de Foy ; et, à l'égard de Dourlans, contre lequel il n'y a aucune charge

peut avoir acquis injustement et par des voies défendues pour l'ordinaire, puisqu'il n'a pas d'autres droits à apporter que *volenti non fit injuria* (ce sont les termes dont il se sert ordinairement), sa famille, qui est nombreuse, mérite quelque compassion. Il a six enfants assez petits et ce sera toujours une grande charité d'aider leur père, lequel se réduisant à vivre au plus extrême et paraissant aimer naturellement le travail, les pourra élever selon sa condition. Il est archer et fait les affaires de plusieurs personnes en faisant les siennes.

---

555. — A Mme DE TANQUEUX.

A Germigny, 29 octobre 1690.

Ma Sœur André m'a écrit, et je vous puis dire, Madame, que loin qu'elle ait aucune peine de la saisie que nous avions résolue[1], elle me prie de vous obliger à la faire faire comme on en était convenu, et au surplus à ne lui plus parler du tout de ces affaires, qui renouvellent ses tentations et ses peines toutes les fois qu'elle est obligée à y songer. Elle me

et qui paraît très innocent, j'ai consenti son absolution... » (Lettre de Claude Robert, procureur du Roi au Châtelet, à Pontchartrain, 3 septembre 1691.) Foy, mis à la question, accusa Héron d'avoir composé avec lui les fausses lettres en chiffres qui avaient servi de base aux poursuites contre les chanoines ; mais ensuite il se rétracta. Dourlans en fut quitte pour une admonestation et une amende de dix livres ; Héron fut renvoyé devant le présidial de Beauvais, puis au Châtelet, pour s'y disculper des autres charges qui pesaient sur lui. Quant au chanoine Foy, condamné à mort, le 11 septembre, il fut pendu le lendemain en place de Grève.

Lettre 555. — L. a. s. Collection de M. Richard.

1. Sans doute une saisie sur les biens de sa mère, pour assurer le paiement de ce qu'elle devait à la Communauté.

mande cela, autant qu'il me paraît, de fort bonne foi. Je ne vous dissimulerai point qu'elle ne me paraisse peinée d'une lettre qu'elle craignait que vous ne vissiez, d'elle à sa sœur, et d'autres papiers de confiance qu'on lui envoyait ; je suis bien persuadé que vous aurez tout fait avec votre prudence ordinaire.

La grande affaire est de leur[2] trouver une supérieure : la maison n'ira qu'à demi tant que cette conduite lui manquera. Je suis bien résolu de m'appliquer à remédier à ce mal; jusqu'à ce que cela soit, il nous faudra supporter beaucoup de choses, et n'exiger pas la perfection toute entière d'une communauté qui n'est pas encore tout à fait formée. Cependant ce qui doit vous consoler, c'est, Madame, que vous trouveriez très difficilement des filles particulières[3] mieux disposées que celles-là. Ainsi il faut attendre le moment, et ne les pas tant presser sur certaines choses de la dernière régularité, qu'elles ne peuvent pas encore porter.

Je finis, Madame, en vous assurant que je suis, avec toute l'estime et la confiance possible, votre très humble serviteur.

J. Bénigne, é. de Meaux.

---

2. Bossuet pense aux Filles charitables, quoiqu'il ne les ait pas encore mentionnées.

3. *Particulières*, ici, non engagées par les vœux de religion.

556. — A LA SŒUR ANDRÉ.

A Germigny, 29 octobre 1690.

Je souhaite fort, ma Fille, qu'on ne vous parle jamais des affaires qui renouvellent vos peines, et j'écris sur cela ce que je crois nécessaire à Mme de Tanqueux[1]. Je lui parle aussi des autres parties de votre lettre, et surtout de la peine que vous avez touchant celles que vous envoyez à votre sœur. Au surplus, prenez bien garde à la fidélité que Dieu vous demande, et souvenez-vous des inconvénients où vous avez pensé tomber et où vous étiez tombée en partie ; mais Dieu vous a soutenue et rappelée sur ce penchant. Épanchez donc votre cœur en actions de grâces envers son infinie bonté, et soyez attentive à sa volonté, à l'ordre de sa providence et à votre vocation, de peur qu'il ne vous arrive quelque chose de pis[2]. Je pourvoirai toujours, autant que je pourrai, à vos peines, et je tâcherai de les prévenir.

Je prie Notre-Seigneur qu'il soit avec vous.

J. Bénigne, é. de Meaux.

Suscription : Pour ma Sœur André, chez les Filles charitables de Sainte-Anne, à La Ferté-sous-Jouarre[3].

Lettre 556. — L. a. s. Collection de M. Richard.

1. Voir la lettre précédente.
2. Cf. : Ne deterius tibi aliquid contingat (Joan., IV, 14).
3. Cette suscription est de la main de Ledieu.

557. — A Mme CORNUAU.

[A Germigny], 29 octobre 1690.

J'écris à [Mme de Tanqueux[1]] sur les peines de la Sœur [André], qui semble se décourager de nouveau[a]. Tenez-lui la main, ma Fille, le plus que vous pourrez, et prenez garde de ne point entrer dans ses peines d'une manière qui les augmente[b].

Pour les vôtres, je vous dirai franchement que je n'ai nulle vue que votre maison puisse devenir une religion[2]; et c'est à quoi je ne songe en aucune sorte. J'ai bien en vue qu'elle puisse devenir un jour quelque chose d'aussi parfait qu'une maison religieuse, et aussi agréable à Dieu. Je ne vois non plus aucune apparence que vous puissiez réussir dans ce dessein, ni que je doive par conséquent vous laisser tourmenter l'esprit à chercher des moyens de l'accomplir.

a. La 1re édition: *La sœur semble se décourager de nouveau.* — Les éditions, sauf la première, donnent: *J'écris à M*** sur les peines de la Sœur N***, qui semble se décourager de nouveau.* Nous suivons de préférence le ms. Na. — b. Ici, la première édition ajoute: *ce qui arrive quand on parle trop, ou qu'on propose d'autres remèdes que ceux qu'il faut. Dites-lui bien qu'elle n'a point d'autre ressource que dans un entier abandon à la bonté de Dieu. Pour ce qui vous regarde, je vous dirai franchement...*

Lettre 557. — Vingt-troisième de Lachat; vingt-sixième de la première édition comme de Na et de Ma. Le ms. Na donne la date: A Meaux, 12 janvier 1691; mais Ledieu corrige et écrit: 29 octobre 1690. Les deux lettres précédentes prouvent que, ce jour-là, Bossuet était à Germigny.

1. « M*** et N*** » des éditions et du ms. Na désignent « Mme de Tanqueux » et « la Sœur André », comme le prouve la lettre précédente. D'ailleurs le ms. d'Ajaccio porte: « M. T. », c'est-à-dire « Mme de Tanqueux ».

2. *Religion,* congrégation religieuse, dont les membres se lient par les trois vœux de pauvreté, d'obéissance et de chasteté.

Si Dieu le veut, il en fera naître naturellement, et je ne résisterai pas à sa volonté. S'il ne se présente rien de cette sorte, qui soit simple et naturel, je conclurai que votre désir est de ceux que Dieu envoie à certaines âmes pour les exercer, sans vouloir jamais leur en donner l'accomplissement. Je sais de très saints religieux à qui Dieu donne des désirs de cette nature ; aux uns, de se rendre parfaits solitaires dans un véritable désert ; aux autres, de prendre l'habit d'autres religions*c* plus austères ou plus intérieures que la leur. Tout cela demeure sans exécution : leur désir les exerce et les épure ; mais s'ils se tourmentaient à chercher les moyens de les accomplir, ils tomberaient dans l'agitation et l'inquiétude, qui les mènerait à la dissipation entière de leur esprit. Ainsi, ma Fille, je ne consens pas à vous permettre sur ce sujet-là aucuns mouvements.

Je songe à ce que je vous ai promis ; mais il *d* faut un peu de loisir. Je prie Notre-Seigneur qu'il soit avec vous.

---

558. — A Claude Le Peletier.

A Germigny, 29 octobre 1690.

Je ne puis assez vous remercier, Monsieur, de la

---

c. Leçon des meilleurs mss. et de la première édition, suivie par Deforis. On trouve ailleurs : *l'habit en d'autres religions.* — d. Leçon de Na, Ma, So. et A. Ailleurs : *il me faut un peu de loisir.*

Lettre 558. — L. a. s. Publiée pour la première fois dans la *Revue Bossuet* du 25 juin 1905, sur l'autographe appartenant à Mgr Blampignon. Claude Le Peletier, à qui la lettre est adressée, a déjà

bonne compagnie de M. l'Abbé[1]. Quoique je n'en aie joui que peu de temps en visite, j'en ai vu assez pour vous dire qu'il va au but des affaires, qu'il a des expédients pour les terminer, qu'il prend garde à tout et enfin qu'il a l'esprit mûr pour l'épiscopat. Vous pouvez tenir cela pour certain. Loin qu'il ait pu apprendre de moi quelque chose, j'ai beaucoup appris de lui, et je vous le demande une autre fois pour quelque plus grande course. Nous avons aujourd'hui célébré magnifiquement la saint Faron[2]. M. l'Abbé a dit la grand'messe; M. Léger[3] a prêché

été mentionné (t. I, p. 399). Après avoir été président au Parlement, il était devenu, en 1683, contrôleur général des finances, mais il avait donné sa démission en 1689; il fut nommé, en 1691, surintendant des postes, et mourut le 10 août 1711.

1. Michel Le Peletier, dit Le Peletier le Borgne, fils aîné de l'ancien contrôleur général. Né le 4 août 1660, il eut en 1678 l'abbaye de Jouy, au diocèse de Sens; il la permuta contre celle de Saint-Aubin d'Angers qui était à son frère Charles Maurice. Il obtint le premier rang à la licence de 1688 et prit le bonnet le 27 mars suivant. Sa tentative (28 janvier 1684) avait eu tout l'éclat qu'on pouvait attendre du fils d'un ministre aussi puissant. « Il y avait plus de quarante évêques seulement à l'honneur de la présidence. M. l'Archevêque n'y a point paru, parce que M. le Nonce y a assisté. M. de Meaux présidait. Cet abbé a de l'esprit et beaucoup de scolastique. Il demeure à Saint-Sulpice et il en a tout l'esprit » (Bibl. Nat., f. fr. 23510, f⁰ 286). Destiné à l'épiscopat, Michel Le Peletier eut le bon esprit de s'y préparer, en accompagnant dans leurs tournées pastorales l'archevêque de Sens et les évêques de Châlons et de Meaux. C'est au retour d'une de ces visites que Bossuet lui rend le témoignage qu'on va lire. Nommé, après la mort de H. Arnauld, à l'évêché d'Angers, le 15 août 1692, l'abbé Le Peletier fut sacré le 16 novembre, et Bossuet fut l'un des prélats assistants à cette cérémonie. Il mourut le 9 août 1706 (Cf. J. Grandet, *les Saints prêtres français*, éd. Letournaux, Angers, 1897, in-8, 1ʳᵉ série, p. 352-354).

2. Saint Faron. Voir plus haut, p. 45.

3. Il y a eu à Meaux deux chanoines de ce nom, fils de Jean Léger, notaire à Meaux et bailli de l'évêché. Ce n'est aucun d'eux que Bossuet a ici en vue, mais Denis Léger, docteur en théologie, en 1680,

et bien prêché. Je n'ai été qu'assistant à tout et prenant part à l'édification de mon peuple, qui a été grande. C'est dans la grosse paroisse de Vareddes [4], vis-à-vis Germigny, au delà de l'eau, qu'on a fait ces fonctions. Dans les autres lieux, nous avons tenu des conférences ecclésiastiques [5], où M. l'Abbé a très bien parlé. Enfin, Monsieur, on ne peut être plus satisfait que je suis, pourvu qu'on me pardonne mes fautes.

Je suis, comme vous savez, Monsieur, votre très humble et très obéissant serviteur.

J. BÉNIGNE, é. de Meaux.

---

559. — A Mme D'ALBERT.

A Meaux, 2 novembre 1690.

Il n'y a rien de changé dans ma marche, et c'est toujours samedi [1] au soir que je serai à Jouarre sans

qui avait été précepteur de Michel Le Peletier : celui-ci le choisit en 1692 pour vicaire général. Nommé, en 1701, abbé de Bellozane, au diocèse de Rouen, il devint en 1707 chanoine de la Sainte-Chapelle de Paris et mourut en 1729.

4. Vareddes est séparé de Germigny par la Marne. Les armes de Bossuet se voient encore sur les boiseries du chœur dans l'église de Vareddes. C'est dans cette église qu'est inhumé Vauquelin des Yveteaux.

5. Les registres des visites de Bossuet mentionnent, en effet, des conférences faites aux ecclésiastiques sur la lecture de l'Écriture sainte, le 23 octobre, à Rozoy-en-Brie, et, le 25, à La Ferté-Gaucher (*Revue Bossuet* du 25 octobre 1901, p. 243 et 244).

Lettre 559. — 1. Bossuet devait se rendre à Jouarre, pour y faire la visite du monastère déjà annoncée. Elle se fit les 5, 6 et 7 novembre.

y manquer, s'il plaît à Dieu. J'envoie cet exprès
pour en avertir Mme la Prieure, et pour vous le
confirmer. Je vous entretiendrai à loisir, et toutes
celles qui voudront me parler ou des affaires de la
maison, ou même de leurs peines particulières ; c'est
ce que je vous prie de dire à Mme Gobelin[2].

J'ai reçu les quatre sentences[3], qui sont toutes
placées en bon lieu, aussi bien que celles qui les ont
écrites. Vous me ferez grand plaisir de le leur dire,
et en particulier à Mme votre sœur. Samedi vous saurez des choses nouvelles ; en attendant, je vous dirai
seulement que tout ce qui vient de Paris, ce ne sont
que des réponses ambiguës et des moyens d'éluder[4].

Je prie Notre-Seigneur qu'il soit avec vous.

2. Sœur Marie Gobelin, dite des Archanges, descendait de Gilles
Gobelin, fameux teinturier établi sous François Ier au faubourg Saint-
Marcel et qui a donné son nom à la manufacture des Gobelins. Elle
était née, vers 1625, de Balthazard Gobelin, seigneur de Brinvilliers,
maître des requêtes, et de Madeleine de L'Aubépine. Elle était sœur
d'Antoine Gobelin, marquis de Brinvilliers, dont la femme rendit le
nom tristement célèbre (L'abbé Gobelin, supérieur de Saint-Cyr, était
d'une autre branche de la même famille). Elle mourut vers le 20 février
1692. Lorsque Bossuet, après s'être fait ouvrir de force les portes du
monastère, se rendit au dortoir, la Sœur des Archanges se trouva sur
son chemin, se retirant dans sa cellule selon qu'il lui avait été commandé par la Prieure. Le prélat lui intima l'ordre de le conduire
auprès des autres religieuses, et elle lui obéit (Procès-verbal du 2 mars
1690, dans Lachat, t. V, p. 582).

3. Aux grandes fêtes, les religieuses offraient à l'évêque des maximes pieuses dessinées ou brodées. Ici Bossuet fait allusion à celles qui
lui avaient été envoyées récemment, à l'occasion de la Toussaint, ou
peut-être de la Saint-Bénigne, qui tombe le 3 novembre.

4. L'Abbesse, retirée à Paris, cherchait par tous les moyens possibles à éluder l'ordre de rejoindre son monastère, que lui avait donné
Bossuet.

560. — A la Sœur Cheverry[1].

A Meaux, 4 novembre 1690.

Vous faites bien, ma Fille, de laisser passer avec indifférence les peines que vous m'avez expliquées la tentation a gagné ce qu'elle voulait quand on s'en embarrasse et qu'on se détourne de la voie où Dieu nous appelle.

Il n'y a rien de suspect dans la voie de l'oraison à laquelle vous êtes attirée, ou plutôt dans laquelle vous êtes jetée. Ce qu'il y aurait à craindre serait d'adhérer à ces vues des âmes privées de Dieu, si elles sont particulières ; car il y aurait du péril d'être jetée par là dans des jugements trompeurs et préjudiciables au prochain et à la gloire de Dieu ; mais ces vues venant comme par force et par nécessité, il n'y a qu'à les laisser passer. Il ne faut pas se laisser plonger dans les tristesses accablantes qui en résultent ; mais il y faut apporter une certaine résistance, douce pourtant, quoique forte, et toujours soumise à l'ordre de Dieu. La règle, dans ces occasions, est de résister doucement, en cette sorte, à ce qui peut jeter dans l'accablement ou dans le danger : que si on y est jeté par une force supérieure et inévitable, il n'y a qu'à se laisser aller, avec une ferme confiance que Dieu, qui y pousse d'un côté, saura soutenir de l'autre, et que tout aura sa juste mesure. Suivez

Lettre 560. — 1. Sur la Sœur de Cheverry, ou Chevry, voir la lettre du 3 novembre 1689, p. 50.

donc cette lumière intérieure qui vous guide, et priez celui qui l'envoie de vous conduire intérieurement et secrètement dans les pas les plus ténébreux.

Dieu donne souvent des désirs dont il ne veut pas donner l'accomplissement. Cette vérité est constante : il montre des voies de perfection qu'il ne veut pas toujours qu'on suive ; il a ses raisons pour cela. Les âmes sont exercées par ces vues et par ces désirs ; cependant Dieu se réserve son secret.

Il y a beaucoup d'apparence que ces désirs et ces vues d'être religieuse sont de ce genre ; j'ose presque vous en assurer : mais néanmoins, pour écouter Dieu, j'entrerai volontiers avec vous plus à fond sur cette matière. Tout ce qu'il faut éviter en cette occasion, c'est l'agitation et l'inquiétude : car partout où Dieu a un dessein, la tentation en a un autre ; et si elle ne peut jeter les âmes dans des infidélités grossières et manifestes, elle tâche de les jeter dans le trouble, afin de resserrer le cœur et d'en dissiper les désirs, qui doivent tous être réunis au seul nécessaire. Écoutez donc cette parole du Sauveur : *Marthe, Marthe, très inquiète, il n'y a qu'une seule chose qui soit nécessaire : Marie a choisi la meilleure part* [2].

Cette lettre a été écrite à Meaux ; mais vous la recevrez de Jouarre [3], où vous pouvez m'écrire dimanche, lundi, et mardi jusqu'à deux heures.

Tout à vous en Notre-Seigneur.

2. Luc., x, 41 et 42.
3. Bossuet devait arriver à Jouarre le samedi 4 novembre et y rester jusqu'au mardi suivant. Sur cette visite, on peut lire M. E. Griselle, *de Munere pastorali Bossuet*, Paris, 1901, in-8, p. 64-66, et l'Appendice V, p. 495.

561. — A la Sœur Cheverry.

A Meaux, 7 novembre 1690.

Il n'y a pas eu moyen, ma Fille, de vous parler à Jouarre[1], ni même de vous y voir dans le mauvais temps qu'il faisait ; je vous donnerai volontiers une païsible et une longue audience sur la difficulté et les désirs dont vous me parlez. Ce ne pourra être que dans l'Avent, puisque je pars samedi[2] pour aller faire un tour à Paris, s'il plaît à Dieu. Il n'y a rien qui presse sur cette affaire[3], surtout Dieu vous faisant la grâce d'attendre sans inquiétude la déclaration de sa volonté. Si vous trouvez à propos de m'écrire sur ce sujet, vous le pouvez ; mais il est bien pénible de s'expliquer par écrit suffisamment sur des choses de cette nature. Faites ce que Dieu vous inspirera : s'il vous donne le mouvement de m'écrire, j'espère qu'en même temps il me donnera la grâce de vous bien entendre. Je n'ai garde de rien dire de tout ceci.

Lettre 561. — 1. Bossuet avait dû rester à Jouarre ce jour-là jusqu'à deux heures, comme il l'a dit dans la lettre du 4 novembre.

2. Le 11 novembre. L'Avent devait commencer le 3 décembre. On voit par les lettres de Bossuet à Mme d'Albert, qu'il était encore à Paris le 30 novembre.

3. Le désir manifesté par la Sœur de Cheverry, d'entrer dans une congrégation religieuse.

562. — A Mme D'ALBERT.

A Meaux, 9 novembre 1690.

J'ai reçu votre lettre et votre billet qui y était joint, avec les deux lettres pour M. de Chevreuse[1] et pour le P. Moret[2], que j'aurai soin de rendre en main propre, du moins la première, et l'autre si je puis.

Mon Ordonnance[3], de la manière dont elle est causée[4] et prononcée, est hors d'atteinte ; mais il faudra voir ce que dira le parti quand les nouvelles de

---

Lettre 562. — L. a. s. Bibliothèque de l'Institut. Nous reproduisons le texte donné dans la *Revue Bossuet* du 25 avril 1900 par M. A. Rébelliau.

1. Charles Honoré d'Albert, duc de Chevreuse, frère de Mme d'Albert (Voir p. 68).

2. Le P. Pierre Moret, né à Saint-Étienne-en-Forez, entra à l'Oratoire de Lyon en 1651, fut ordonné prêtre en 1660. Il mourut, le 1er juin 1712, à Saint-Magloire, où il avait enseigné durant plus de trente ans avant de remplir les fonctions d'assistant. Il fut un directeur très goûté et compta parmi ses pénitentes Mme de Grignan. Il a publié *J. Morini opera posthuma*, Paris, 1703, in-4. (Voir Mme de Sévigné, Grands écrivains, t. VI, p. 37; t. VII, p. 293; t. VIII, p. 266 ; t. IX, p. 491, où le nom est écrit tantôt *Moret*. tantôt *Morel*; Edme Cloysault, *Ménologe de l'Oratoire*, ms. de l'Oratoire, p. 325, où il est appelé *Moré* suivant la prononciation ; Ingold, *Le prétendu jansénisme du P. de Sainte-Marthe*, Paris, 1882, in-8 ; Batterel, *Mémoires domestiques*, t. II, p. 469.)

3. L'ordonnance de visite du 7 novembre. On la trouvera à l'appendice V, p. 497.

4. Deforis : motivée. *Causée*, appuyée de motifs. Ce mot se trouve fréquemment au xvie siècle et se rencontre encore au xviie, tandis que *motiver* apparaît seulement dans le Dictionnaire de Trévoux, en 1732, et ne figure dans celui de l'Académie que depuis l'édition de 1740. « Je ne l'ai demandé sans cause bien causée, ni sans raison bien resonnante. » (Rabelais, liv. III, ch. vi.)

Paris seront venues : on y aura fait de grands cris.
Je m'en vais pour les entendre de près et procéder
à la vive et réelle exécution. Il n'y a qu'à ne se pas
étonner du bruit, et attendre l'événement[5] de cette
affaire, qui sera, s'il plaît à Dieu, comme celui de
toutes les autres.

Plus on a de raison et plus on avance, plus il faut
être douce et modeste, et moins il faut prendre
d'avantage. C'est ce que je vous prie de dire et d'inspirer à toutes nos chères Filles. Il faut, s'il se peut,
fermer la bouche aux contredisantes, et, en tout cas,
ne leur donner aucun prétexte. Il faut aussi rendre
de grands respects à Mme la Prieure, qui assurément
les mérite par ses bonnes intentions et par la manière dont elle a agi dans cette dernière visite ; et on
ne doit rien oublier pour profiter de ses bonnes dispositions, qui seront très utiles au bien de la maison.

M. le Grand vicaire[6] aura soin d'envoyer souvent
à Jouarre pour en recevoir et y porter les nouvelles.

Celles de ma santé sont fort bonnes. Je garde
pourtant la chambre pour empêcher le progrès d'un
petit mal de gorge, qui est venu de beaucoup parler,
et d'un peu de rhume.

Je salue toutes nos chères Sœurs et, plus que toutes les autres, Mme votre sœur, dont l'amitié et les
saintes dispositions me sont très connues. Ainsi je
n'ai pas besoin qu'on me dise rien de sa part : elle
m'a tout dit, et j'y crois.

5. *Événement,* issue.
6. Phelipeaux.

Voilà les deux livrets[7] que vous souhaitez : rece-
vez-les comme une preuve de mon estime, assurée
que je ne souhaite rien tant que de pouvoir vous en
donner de plus grandes. Je vous garderai fidèlement
le secret[8]. Faites, s'il vous plaît, mes amitiés à Mme de
Sainte-Anne[9]. N'oubliez pas nos autres chères Sœurs.
C'est avec regret que je vous quittai sans vous
avoir pu tenir ma parole. Je suis à vous de tout mon
cœur.

> J. Bénigne, é. de Meaux.

Je pars samedi[10], s'il plaît à Dieu[11].

---

563. — A Mme Cornuau.

A Meaux, 10 novembre 1690.

Il ne faut point, ma Fille, s'inquiéter pour les
lettres : je n'ai point encore remarqué qu'il s'en per-

---

7. Deforis : livres. Ces livrets sont probablement le Quatrième et
le Cinquième *Avertissement aux Protestants*, achevés d'imprimer le
11 mars et le 4 avril 1690, et qui ont 26 et 180 pages.

8. A l'égard de Mme de Jouarre.

9. Nous ne pouvons dire au juste qui était cette religieuse. On ne
voit ce nom nulle part ailleurs dans la Correspondance de Bossuet.
Peut-être veut-il parler de Sœur Anne de Menou de la Visitation, ou
de Sœur Anne de Marle, dite de Sainte-Foy. Ces deux religieuses
remplissaient l'office de portières, et tout d'abord elles avaient mon-
tré de la répugnance à remettre au prélat les clefs du monastère.
(Procès-verbal du 3 mars 1690, dans Lachat, t. V, p. 585).

10. Le 11 novembre.

11. Ce post-scriptum manque aux éditions.

Lettre 563. — Troisième lettre du recueil de Mme Cornuau, qui
l'a datée de Meaux, 2 novembre 1686. Ledieu nous apprend qu'elle
est du 10 novembre 1690.

dît aucune*a*; toutes celles dont vous me parlez m'ont été rendues avec les papiers*b*.

J'ai vu et approuvé toutes les pratiques que vous me marquez ; il n'en est pas de même des demandes, dont je veux prendre une connaissance particulière avant que de rien permettre. Il ne faut pas se laisser aller à des pratiques extraordinaires, dans lesquelles la perfection ne consiste pas ; mais faire chaque chose en union avec Dieu par Jésus-Christ.

Sur votre confession*c*, vous prierez Dieu qu'il vous pardonne ; et, afin de recevoir ses lumières, vous lirez*d* le chapitre xii de saint Jean*e*, avec un profond étonnement sur l'incrédulité du monde et sur l'inutilité de la foi dans un si grand nombre de chrétiens. Et en vous en faisant l'application, appliquez-vous aussi avec attention au règne de Jésus-Christ et à son triomphe : parfumez ses pieds et sa tête[1], et priez-le de vous faire entendre quel parfum*f* vous y devez employer. Mandez-moi à votre grand loisir ce que cette lecture aura produit. Elle fait trembler, elle console ; elle fait je ne sais quoi dans certains cœurs qui ne se peut bien exprimer, et un mélange si simple de tant de divers sentiments qu'on s'y perd.

a. Première édition : *qu'il s'en soit perdu aucune.* — b. Première édition : *vos papiers.* — c. Première édition : *Je n'entends pas bien ce que vous me dites sur votre confession. Tout ce que je puis répondre est que vous devez prier Dieu...* — d. Ledieu, qui a transcrit ce passage, ne donne pas le mot « attentivement » qui se lit partout ailleurs. — e. Dans la transcription de Ledieu, on voit, mais entre parenthèses, comme si c'était une addition explicative, les mots suivants : (*où se voit l'incrédulité des Juifs après même la résurrection de Lazare*). — f. Le singulier, donné par Ledieu, au lieu du pluriel, qu'on lit partout ailleurs, s'accorde bien mieux avec le chapitre de l'Évangile auquel renvoie Bossuet : Madeleine apporta un seul parfum.

1. Bossuet unit ensemble Matth., xxvi, 7 et Joan, xii, 3.

Je reçois les *g* deux petits vœux. Pour le dernier, je ne puis, ma Fille, aller si vite que vous souhaitez ; outre qu'il y a dans le vôtre quelque chose qu'il faut expliquer plus distinctement, pour ne point causer dans la suite, quand il le faudrait faire, des embarras infinis. Attendez donc jusqu'à mon retour, et ne faisons rien précipitamment. Les empressements intérieurs, pour violents qu'ils soient, sont sujets à cette règle de saint Paul : *Éprouvez tout* ; *retenez le bien* [2]. Pratiquez cependant toutes les choses que vous y marquez, comme si vous y étiez astreinte par vœu [h].

Vous me demandez quelques règles de perfection ; en voici deux de saint Paul : *Que chacun ne regarde pas ce qui lui convient, mais ce qui convient aux autres* [3]. Si on observe exactement ce principe de saint Paul, on ne donnera jamais rien à son humeur et à sa propre satisfaction : mais, dans tout ce qu'on dira et tout ce qu'on fera, on aura égard à ce qui peut calmer, éclairer et édifier les autres. Soutenez-vous dans cette pratique par ce mot du même saint Paul : *Jésus-Christ ne s'est pas plu à lui-même* [3] (Rom., xv, 3).

La seconde pratique du même saint Paul [i] est dans ces paroles : *Celui qui s'estime quelque chose, n'étant rien, se trompe lui-même* (Gal., vi, 3). Le fruit de ce précepte est non seulement de ne s'offenser de rien, car celui qui s'offense se croit sans doute quelque

---

g. Première édition : *vos.* — *h.* Ledieu a transcrit seulement l'avant-dernière phrase de cet alinéa. — *i.* Les éditeurs ont corrigé : *du même Apôtre.*

2. I. Thess., v, 21.
3. Philip., ii, 4.

chose ; mais encore il se considère[j] comme un pur néant, à qui ni Dieu ni la créature ne doivent rien si ce n'est de justes supplices, et se tient toujours en état de tout recevoir par une pure et gratuite libéralité[k] et par une continuelle et miséricordieuse création[l]. Essayez-vous sur ces deux pratiques qui enferment toutes les autres, et qui sont le comble de la perfection. Priez Dieu, ma Fille, qu'il me les fasse entendre et pratiquer à moi-même qui vous les propose.

N'hésitez point à m'écrire sur les affaires de la maison. Celle de M. N****[4] est accommodée : son humilité l'a fait céder à mes raisons et à mes prières. Jésus soit avec vous. Jésus vous soit Emmanuel, Dieu avec vous[m]. *Amen, amen.*

J. B., é. de Meaux.

---

564. — A Mme DE TANQUEUX.

A Meaux, 10 novembre 1690.

Comme je ne doute pas que la peine de M. de Fortia[1]

j. Le sens demande : mais encore de se considérer... C'est ainsi que Ledieu avait d'abord écrit, mais il a rétabli après coup : *mais encore il se considère...* ; ce qui prouve que Bossuet, distrait, avait bien écrit ainsi. — *k.* Nous suivons ici Ledieu. Deforis : en état de recevoir, par une pure et gratuite libéralité... Édit. 1746 : Quiconque pense ainsi de lui-même se tient toujours dans un état humble et reçoit tous les bienfaits de Dieu comme un effet de sa pure et gratuite libéralité. Na, Ma, Nd. : recevoir tout de la grâce. — *l.* Le mot *création* se lit dans Ledieu comme dans tous les mss. L'éditeur de 1746 donne « opération », qui offre un sens plus satisfaisant. — *m.* Cette phrase avait d'abord fait supposer à Ledieu que la lettre avait été écrite aux environs de la fête de Noël.

4. La lettre suivante prouve que cette initiale désigne l'abbé de Fortia.

Lettre 564. — 1. Sur ce personnage, voir t. III, p. 143. Bossuet

ne soit venue ou ne vienne jusqu'à nos Sœurs, je vous prie, Madame, de leur dire que l'humilité de ce saint prêtre a cédé à mes raisons et à mes prières. Aidez-moi, Madame, à l'en remercier.

---

565. — A la Sœur André.

A Meaux, 10 novembre 1690.

Soyez donc pauvre à jamais comme Jésus-Christ ; j'y consens, ma Fille, et j'en accepte le vœu. Ne craignez jamais ni de m'écrire, ni de me parler : je prendrai le temps convenable pour vous répondre, ou plutôt pour écouter Dieu qui vous répondra en moi. Dites souvent sans rien dire, et dans cet intime silence et secret de l'âme : *Tirez-moi, nous courrons après l'odeur de vos parfums*[1] ; et encore : *Venez, Seigneur Jésus, venez*[2] : c'est la parole que l'Esprit dit dans l'Épouse, selon le témoignage de saint Jean. Laissez les affaires du monde, et répétez souvent aux pieds de Jésus ce que Jésus dit de Marie étant à ses pieds : *Il n'y a qu'une seule chose qui soit nécessaire*[3]. Fondez-vous en douleur, fondez-vous en

veut prévenir le fâcheux effet qu'aurait produit la nouvelle des difficultés que faisait M. de Fortia d'accepter la charge de visiteur de la communauté des Filles charitables de La Ferté.

Lettre 565. — L. a. s. des initiales. Collection de M. Richard, doyen du Chapitre de Rennes.

1. Cant., i, 3.
2. Apoc., xxii, 20.
3. Luc., x, 42.

larmes, arrosez les pieds de Jésus, et mêlez-y la consolation avec la tristesse. Ce composé est le doux parfum des pieds du Sauveur ; essuyez-les de vos cheveux[4], sacrifiez-lui tous les désirs inutiles. Vous ferez la confession que vous souhaitiez, quand Dieu le permettra. Puisse Jésus vous dire encore : *Plusieurs péchés lui seront remis, parce qu'elle a beaucoup aimé*[5]! Vous voyez bien que j'ai reçu votre lettre. Cachez-vous en Dieu avec Jésus-Christ ; entendez cette parole. Dieu soit avec vous.

J. B., é. de Meaux.

Suscription : Pour ma Sœur André, Fille charitable, à la maison de Sainte-Anne, à La Ferté-sous-Jouarre.

---

566. — A Mme d'ALBERT.

A Paris, 24 novembre 1690.

J'ai rendu votre lettre en main propre à M. de Chevreuse, qui fera entendre à Mme la duchesse de Luynes[1] vos raisons dont il est fort persuadé. Pour le surplus, vous verrez bientôt l'exécution entière de

4. Allusion au passage célèbre de saint Luc : Et ecce mulier, quæ erat in civitate peccatrix, ut cognovit quod accubuisset in domo pharisæi, attulit alabastrum unguenti, et stans retro secus pedes ejus, lacrymis cœpit rigare pedes ejus et capillis capitis sui tergebat (vii, 37 et 38).

5. Luc., vii, 47.

Lettre 566. — L. a. non signée. Sorbonne, Biblioth. V. Cousin.

1. Le duc de Luynes, père du duc de Chevreuse et de Mme d'Albert, avait épousé en troisièmes noces Marguerite d'Aligre, fille puînée du chancelier d'Aligre, et veuve de Charles Bonaventure, marquis de Manneville. Cette dame mourut le 25 septembre 1702, à quatre-vingt-un ans.

mes Ordonnances [2], et Mme de Lusancy [3] va être riche.
Je lui écris le détail des affaires encore assez en gros ;
mais cela se va débrouiller, et vous saurez d'elle, ma
Fille, ce que j'en puis dire.

Vous ne devez pas être en scrupule pour avoir
touché les reliques : c'est une nécessité pour les religieuses ; et les épouses de Jésus-Christ ont des privilèges sur cela au-dessus du commun des fidèles.

2. Les Ordonnances rendues par Bossuet le 7 novembre 1690, dans
la visite qu'il faisait du monastère, et où il était surtout question du
temporel de l'abbaye (Voir l'Appendice V, p. 497).

3. Sœur Henriette de Gomer de Lusancy. Née en 1656 ou 1657,
elle était fille de Charles de Gomer, seigneur de Luzancy (canton de
La Ferté-sous-Jouarre), et de sa seconde femme, Madeleine de La
Haye. Deux de ses frères furent chanoines de Meaux, et elle avait une
sœur, Madeleine de Gomer, qui hérita du château de Luzancy et le
vendit au maréchal de Bercheny, en 1734.

Henriette de Lusancy avait été, dès l'âge de sept ans, confiée aux
religieuses de Jouarre, dont l'abbesse, Henriette de Lorraine, était sa
marraine. Elle fit profession dans ce monastère à l'âge de seize ans,
après avoir eu pour maîtresse des novices Mme d'Albert, et elle y
mourut le 25 septembre 1717, à soixante ans. Elle remplit les fonctions de boursière, de dépositaire et de prieure. Malgré les liens qui
l'attachaient à Mme de Lorraine, elle prit parti contre elle dans la
lutte que cette abbesse soutint contre Bossuet. Il reste dix lettres
adressées par l'évêque de Meaux à Mme de Lusancy, mais on n'a conservé aucune de celles qu'elle lui écrivit. (*Lettre funèbre de l'abbesse, la prieure et les religieuses de l'abbaye royale de Jouarre à la
mémoire d'Henriette de Gomer de Lusancy, prieure de ce monastère.*
S. l. n. d. (1717), in-4 ; E. Griselle, *Lettres de Bossuet revisées*, 1899,
in-8, p. 38-42.) Elle avait la charge de dépositaire. Or l'article IX
de la seconde ordonnance de visite était ainsi conçu : « Ordonnons
pareillement à ladite abbesse de renvoyer audit monastère lesdits
comptes, mémoires, papiers et pièces nécessaires pour faire arrêter
incessamment les comptes de ses officiers du dehors qu'elle aurait
ci-devant commis à la recette des deniers et revenus de l'abbaye ; *lui
défendons très expressément de faire faire dorénavant la recette desdits
deniers et revenus de l'abbaye par autre que par la dépositaire...* » En
vertu de cet article, les revenus du monastère, au lieu d'être remis
à l'Abbesse, devaient être perçus par Mme de Lusancy.

Mme de Jouarre m'a fait donner parole, par le P. Gaillard[4], d'exécuter mes Ordonnances. Il le faudra bien : mais dispensez-moi de la peine de vous faire sur cela une grande lettre ; dans peu tout s'éclaircira. Mme de Rodon ne ferait pas [mal] de m'écrire un peu de verbiage ; et je lui promets que je le lirai, parce que je suis assuré qu'elle ne me donnera jamais un verbiage tout pur. J'espère vous revoir bientôt, et avec assez de loisir pour vous écouter en particulier, et toutes celles qui désireront communiquer avec moi.

Je prie Notre-Seigneur qu'il soit avec vous.

------

567. — A Mme D'ALBERT.

A Paris, 30 novembre 1690.

J'ai reçu votre lettre, et vous ne devez pas être en peine. Mme de Jouarre me rendit hier une visite : elle me demande congé[1]. J'ai promis de l'accorder,

------

4. Sans doute, le P. Honoré Reynaud de Gaillard, né à Aix-en-Provence en 1641, mort à Paris le 11 juin 1727. Entré chez les Jésuites d'Avignon en 1656, il fut envoyé à Paris, où il fut successivement professeur, prédicateur, recteur du Collège Louis-le-Grand, et supérieur de la Maison professe. Il prêcha trois avents et onze carêmes à la Cour. Il était l'ami de Mme de Sévigné et de Boileau. Il fut assez goûté de Louis XIV pour être admis à une des premières représentations d'*Esther*. (Voir la *Revue Bourdaloue*, 1er juillet 1903, et E. Griselle, *Bourdaloue*, t. III, Paris, 1906, in-8, p. 52.)

Lettre 567. — L. a. sans signature. Séminaire de Meaux.

1. La permission de rester absente de son monastère. Jusque-là, Mme de Jouarre était demeurée sourde aux monitions canoniques que lui avait adressées Bossuet sur ce point en particulier, et l'évêque avait dû lui envoyer à la date du 7 novembre, pour elle et pour les Sœurs

à condition de satisfaire à tous les articles de mon Ordonnance dans les termes y portés. Elle s'y est soumise ; il y aura cependant un arrêt du Parlement[2] pour la confirmer : ainsi le gouvernement de la maison et mon autorité seront établis. Mme de Jouarre m'a dit que le boucher[3] était content, et qu'elle me ferait voir son compte arrêté et sa quittance. Voilà, ma Fille, toutes les nouvelles de deçà.

Dans peu M. de La Vallée[4] sera justifié, et l'ira dire

Gauderon et de Baradat, une quatrième sommation de retourner à leur couvent sous peine d'excommunication, on peut voir à l'Appendice V, p. 495. Cette permission ne fut accordée effectivement qu'au mois de janvier 1691.

2. Le texte de cet arrêt n'a pas été conservé.

3. Le boucher, un nommé Louvain, se plaignait de la négligence qu'on mettait à s'acquitter envers lui : depuis six ans, il n'avait pu faire arrêter aucun de ses comptes. Aussi Bossuet, dans son ordonnance de visite, avait-il fait mention expresse de ces comptes et décidé qu'il y serait mis ordre incessamment.

4. Louis de La Vallée. Les renseignements biographiques touchant ce personnage sont peu abondants. Il appartenait à une famille de Bretagne, dont la noblesse avait été vérifiée en 1668 et en 1671, et qui possédait les terres de La Burie, La Chese, La Foresterie, La Hingraye, etc. (Bibliothèque Nationale, Nouveau d'Hozier, 323.) Dans les registres paroissiaux de Jouarre, il est qualifié de docteur en théologie, avocat en Parlement et official de l'exemption de l'abbaye de Jouarre. Il était frère de Daniel François de La Vallée de La Burie, licencié en droit, chanoine et vice-official de Jouarre. Louis de La Vallée était absent de Jouarre lorsque Bossuet vint faire la visite de la paroisse ; son frère, qui s'y trouvait, résista d'abord à l'évêque, puis céda par crainte des censures. Bossuet leur défendit d'exercer les fonctions d'official et de vice-official de l'Abbesse (Ordonnance du 5 mars. Voir l'Appendice V, p. 493) et il les fit éloigner du monastère, et dans la suite s'opposa de toutes ses forces à leur retour. Nous ne savons pas précisément de quel crime Louis de La Vallée était alors accusé, ni quelles raisons Bossuet, qui le poursuivait impitoyablement, avait de le voir justifié (cf. plus loin p. 175 et p. 188). Mais dans un *Mémoire*, envoyé à Rome avant le 24 mars 1690, pour être communiqué au cardinal d'Aguirre, Bossuet fait allusion aux « horribles scandales causés au dedans et au dehors du monastère par les prê-

à Limoges[5]. Pour moi, je retournerai, s'il plaît à Dieu, à Meaux, d'où je ferai savoir de mes nouvelles à Jouarre, et je ne tarderai pas d'y aller faire un tour. Je vous prie de faire part de ceci à nos chères Filles que vous jugerez à propos, et en particulier à Mme de Lusancy. Mme de Jouarre ne m'a rien dit du tout sur son sujet ; mais, pour vous et Mme votre sœur[6], il ne faut pas que vous songiez à l'apaiser ; et, quoi que je lui aie pu dire, elle veut vous attribuer tout ce que j'ai fait. La vérité et la patience sont votre refuge, avec l'assurance infaillible de mes consolations, de mes conseils et de mon autorité. Je ne vois pas, Dieu merci, que vous ayez beaucoup à craindre, et en tout cas je partagerai vos peines avec vous. Je n'écris pas à nos chères Filles qui m'ont écrit, à cause de l'empressement où je suis. Je dis un mot à Mme de Rodon, pour lui donner occasion de fortifier son noviciat[7], dont elle me parle.

tres qui y logent, jusque là qu'on a décrété depuis huit jours prise de corps dans la justice séculière contre celui qui portait la qualité de vicaire général et d'official de l'abbesse », c'est-à-dire contre Louis de La Vallée. Sans doute pour la bonne réputation du monastère, Bossuet désire que Louis de La Vallée se justifie devant la justice séculière dans une certaine mesure, mais il demande, pour le bien du même monastère, qu'il soit et demeure éloigné de Jouarre. La Vallée figure pour la dernière fois en 1701 dans la Correspondance de Bossuet, et on voit qu'alors il était encore redoutable par son crédit.

5. On ne trouve aucune lettre de cachet de cette époque le réléguant à Limoges. En tout cas, s'il y fut envoyé, il dut en revenir au bout de quelque temps. Car, le 23 janvier 1694, ordre est donné à Louis de La Vallée de se rendre à Saint-Flour, et à son frère d'aller à Luçon (Archives Nationales O¹ 38, f⁰ 13). Cf. lettre du 12 févr. 1693.

6. On se rappelle que Mme de Lusancy était la filleule, et Mmes d'Albert et de Luynes, les nièces de Mme de Jouarre.

7. Ce mot donne lieu de croire que Mme de Rodon était alors maîtresse des novices.

Je prie Notre-Seigneur qu'il soit avec vous[8].

J'ai vu le P. Moret[9], qui apparemment vous fera réponse.

J'ai parlé à Madame de M. Gérard[10] ; mais je n'ai pas cru le devoir recommander pour la prébende vacante, ne croyant pas mon crédit assez affermi pour cela, quoique notre conversation ait été remplie d'honnêtetés réciproques et qu'on ait paru content de moi. On n'a pas même voulu faire semblant de savoir la mort du pauvre M. Galot[11]. M. Gérard doit s'assurer que je ne lui manquerai pas, en continuant à bien faire[12].

---

568. — A Mme D'ALBERT.

A Meaux, 18 décembre 1690.

Je viens d'arriver en bonne santé, Dieu merci, ma Fille. Un rhume m'a arrêté à Paris trois jours plus que je ne voulais. Durant ce temps, il est arrivé de terribles incidents. Nous étions d'accord de tout pour l'affaire de La Vallée[1], et on avait signé tout ce que Mme de Jouarre avait voulu. Mais M. Talon[2] a voulu

8. Deforis a rejeté cette ligne à la fin de la lettre.

9. Voir plus haut, p. 146.

10. Nous ignorons qui était ce M. Gérard : c'était sans doute un des chapelains ou des confesseurs de l'abbaye.

11. Les registres paroissiaux de Jouarre, en 1684 et 1687, font mention de Raphaël Gallot, chanoine. Il figure dans le procès-verbal de la visite que Bossuet fit à l'abbaye, le 26 février 1690.

12. S'il continue à bien faire.

Lettre 568. — L. a. n. s. Collection H. de Rothschild. — 1. Il a été parlé de ce personnage, p. 156.

2. Denis Talon (1628-1698) était fils du célèbre avocat général

avant toutes choses savoir mes sentiments par mon
procureur. On a dit que je ne prenais plus de part à
cette affaire, et que je souhaitais que Mme de Jouarre
fût contente. M. Talon a consenti à passer outre, si
M. le Président Peletier[3], qui tient la Tournelle[4],
le voulait bien. Je lui ai écrit la même chose qu'on
avait dite de ma part à M. Talon ; et comme il a
voulu me parler et que je gardais la chambre, j'ai
envoyé un homme de créance pour lui confirmer
mon sentiment. Il a dit que ce n'était pas là sa difficulté ; mais qu'il ne pouvait consentir à absoudre
un homme de cette sorte que dans les formes requises, et que M. Talon était demeuré d'accord avec
lui que ce qu'on demandait était contre les règles.
Il m'a fait là-dessus toutes les honnêtetés possibles ;
mais il est demeuré ferme, et je n'ai rien pu gagner
sur lui ni par écrit ni en présence : ainsi l'affaire est
manquée de ce côté-là. Il n'en faut rien dire qu'aux
bonnes amies. J'ai fait ce que j'ai pu et j'ai proposé
les vrais expédients ; mais je ne sais ce qu'on voudra

Omer Talon. Il succéda à son père comme avocat général le 29 décembre 1652, à l'âge de vingt-quatre ans, et fut président à mortier
en 1691. M. Rives a publié les Œuvres d'Omer et de Denis Talon.
Paris, 1821, 6 vol. in-8. On attribue à Denis Talon un Traité de
l'autorité des rois touchant l'administration de l'Église (Paris, 1700, in-8)
qui est de Le Vayer de Boutigny (Cf. Barbier, nos 4438 et 18085).

3. Louis Le Peletier (1662-1730), fils de Claude Le Peletier, contrôleur des finances. Il était président au Parlement de Paris depuis
le 22 avril 1689 ; il fut nommé Premier président en 1707.

4. La Tournelle, chambre du Parlement ainsi appelée parce que
les magistrats qui la composaient, faisant partie d'autres chambres,
siégeaient dans celle-ci à tour de rôle et en général pendant trois
mois. On distinguait la Tournelle civile et la Tournelle criminelle. Il
s'agit sans doute ici de la Tournelle criminelle (A. Chéruel, Dictionn.
hist. des institutions... de la France, Paris, 1899, in-8).

faire. On[5] est consternée, on est malade, et je n'ai pu parler d'aucune affaire que de celle-là.

Il est vrai que Mme de Jouarre a fait quelque démonstration de vouloir aller à Jouarre ; mais elle n'en a point eu d'envie, et il est vrai que sa santé la met hors d'état de le faire. Elle parle d'y envoyer Mme de Baradat[6], qui n'y ira non plus. Si elle y va, je suivrai de près[7] ; mais je n'en serai pas dans la peine. J'ai cette semaine l'ordination ; la fête[8] approche ; ainsi vous voyez bien que ce ne sera qu'après que je vous pourrai aller voir.

Je salue Mme votre sœur et toutes nos chères amies. Je prie, ma Fille, Notre-Seigneur qu'il soit avec vous.

---

569. — A Mme DE BERINGHEN.

A Meaux, 18 décembre 1690.

J'arrive, et à ce moment je reçois, Madame, votre billet du 14. Vous pouvez vous servir du prédicateur à confesser vos religieuses. Quant à la paroisse, M. le Curé[1] a tort d'avoir si mal pourvu à son service. J'avais donné les permissions, mais il était

5. Mme de Jouarre.

6. Sœur Catherine de Baradat des Anges, première dépositaire du monastère de Jouarre, accompagnait l'Abbesse, et, comme elle, avait résisté longtemps aux ordres de Bossuet, qui voulait l'obliger à garder la résidence (Voir l'appendice V, p. 495).

7. Deforis : je la suivrai.

8. Noël.

Lettre 569. — L. a. s. Archives de Saint-Sulpice. Publiée pour la première fois dans l'édition de Versailles, t. XLIII, Suppl., p. 15.

1. Le curé de Faremoutiers, de 1670 jusqu'au milieu de 1693, fut René Boylesve.

chargé du reste. Je vous prie, Madame, en attendant qu'on y ait pourvu, de charger le prédicateur de ce soin, de ma part, et de l'assurer que je lui donne tous les pouvoirs nécessaires. On ne tardera pas à y donner ordre.

Je suis, Madame, très parfaitement à vous.

J. Bénigne, é. de Meaux.

Suscription : A Madame, Madame l'abbesse de Faremoutiers, à Faremoutiers.

---

570. — A Mme d'Albert.

A Meaux, 21 décembre 1690.

Je ne répéterai point ce que j'écris à ma Sœur de Lusancy.

Je reçus hier, ma Fille, la lettre que vous m'écriviez à Paris, où vous me parliez de ma réponse à Mme de Harlay[1]. Il ne faut être en aucune peine de ma santé, Dieu merci. Je ne crois point le voyage

---

Lettre 570. — L. a. s. des initiales. British Museum, ms. 24421.

1. Son étroite parenté avec M. de Vieubourg (Cf. lettre du 13 août 1695) porte à identifier Mme de Harlay avec Charlotte Françoise de Thou, fille de René de Thou, introducteur des ambassadeurs et de Marie Faye d'Épeisses. Elle épousa en 1642 Christophe Auguste de Harlay, comte de Beaumont et seigneur de Bonneuil, gentilhomme de la Chambre et lieutenant général à Orléans, de qui elle eut : 1° Marie Françoise de Harlay qui après avoir été élevée aux Clairets, dont Louise de Thou, sa tante, était abbesse, passa à douze ans au monastère de la Visitation de Melun, où elle mourut en 1714, après quarante-neuf ans de profession ; 2° Nicolas Auguste de Harlay-Cély, conseiller au Parlement, qui prit pour femme une fille du chancelier Boucherat et fut le père de Louise Françoise de Harlay, épouse de Louis de Vieubourg. Ayant perdu son mari (il est mort lors du mariage de son fils en 1670), Charlotte de Thou, qui entretenait des rapports de piété avec l'abbé de Rancé et Bossuet, se retira, vers 1678, auprès de sa fille, à la Vi-

de Mme de Jouarre, et je doute beaucoup de celui de Mme de Baradat[2]. Le dessein de permuter sera difficile[3]. Si La Vallée peut venir à bout de se faire justifier, j'en serai bien aise, afin qu'il chemine plus tôt où il doit aller. Il semble en effet que Dieu veuille lui faire sentir sa justice : si c'est pour le convertir, sa bonté en soit louée.

M. Gérard ne doit point se rebuter des difficultés : c'est là qu'est l'épreuve, et, dans l'épreuve, la grâce et le fondement de l'espérance. Il n'est presque pas possible qu'il ne se trouve des ulcères[4] cachées ; mais vous avez eu raison de lui dire qu'il ne faut pas inquiéter un pénitent sur le passé[5] sans un fondement certain, du moins d'abord : il faut avoir le loisir d'approfondir, et cependant[6] laisser les gens dans la bonne foi. Pour les désordres de l'extérieur, le temps y apportera le remède ; et ce temps, quoique trop long pour ceux qui souffrent, ne l'est pas par rapport aux difficultés.

Je ne sais que le seul dessein de la visite de M. votre frère. Je salue de tout mon cœur mes Sœurs Gobelin et Fourré[7].

sitation de Melun, où elle décéda le 30 janvier 1704, à quatre-vingt-un ans (Bibl. Nationale, Pièces originales ; Rochebilière aux mots HARLAY et THOU ; et Ln[173], 2, tome 82 ; circulaire de la Visitation de Meaux).

2. Voir la lettre 568, p. 160.

3. A exécuter. Nous avons vu que Mme de Lorraine avait fait proposer à l'abbesse de Chelles de permuter (Lettre du 8 juin 1690, p. 84). Mme de Lorraine donna au Roi sa démission à la fin de l'année 1692.

4. Ulcère. Vaugelas constate que ce mot est masculin, mais que néanmoins, à la Cour, plusieurs le font féminin.

5. Ceci semble indiquer que M. Gérard remplissait les fonctions de confesseur dans le monastère de Jouarre.

6. Cependant, en attendant, pendant ce temps.

7. On a vu plus haut qui était Sœur Gobelin. Quant à Sœur Fourré,

Tout est à craindre de ce côté-là, encore qu'on y soit en apparence fort humble, et en effet[8] fort consterné. De savoir où on tournera[9] ; on devinera aussitôt de quel côté soufflera le vent. Vous devez avoir reçu la lettre où je vous mandais que votre paquet était allé à la Trappe. Je n'en ai encore nulle réponse. A vous de tout mon cœur, ma chère Fille.

J. B., é. de Meaux.

---

571. — A Mme D'ALBERT.

Samedi soir [à la fin de 1690].

Une épouse de Jésus-Christ ne lui apporte pour dot que son néant. Elle n'a ni corps, ni âme, ni volonté, ni pensée : Jésus-Christ lui est tout, sanctification, rédemption, justice, sagesse. Elle n'est plus sage à ses yeux, et n'a de gloire qu'en son Époux.

elle était, sans aucun doute, originaire de Coulommiers et de la même famille que Louis Fourré, chanoine de Faremoutiers, et que René Fourré, médecin à Coulommiers. Peut-être ces trois personnes étaient-elles enfants de René Fourré, médecin ordinaire du Roi et des abbayes de Jouarre et de Faremoutiers, qui mourut le 23 décembre 1675, à l'âge de cinquante-sept ans, et fut inhumé à Coulommiers. Une fille de celui-ci, Anne Françoise Fourré de Saint-Denis, était religieuse à Faremoutiers, où elle mourut en 1706, à soixante-dix-neuf ans.

8. *En effet*, en réalité. Bossuet répond à une remarque que Mme d'Albert avait dû lui faire à la fin de sa lettre. *On* désigne Mme de Lorraine.

9. Deforis supplée à la lacune : De savoir où l'on tournera [n'est pas une chose fort difficile, et] on devinera. Le sens paraît être : La question est de savoir de quel côté on tournera.

Lettre 571. — L. a. s. British Museum, Ms. 24421. Les mots : *à la fin de 1690*, ont été ajoutés par Deforis. Les éditeurs n'ont pas remarqué que Mme Cornuau avait transporté les deux premiers alinéas de cette lettre à la fin de celle qui lui fut adressée à elle-même le 19 octobre 1694.

Pour s'humilier jusqu'à l'infini, elle n'a qu'à lire où son Époux l'a prise, son infidélité si elle le quitte, et la bonté de son Époux, qui la reprendra encore si elle revient (Ezech., xvi ; Jerem., iii). Quelle pauvreté ! quelle nudité ! quel abandon !

Toute âme chrétienne et juste est épouse ; mais on est encore épouse par un titre particulier, quand on renonce à tout pour le posséder. Entendez ce que c'est que [vous dépouiller de tout[1]], et ne vous laisser rien à vous-même que le fond où Jésus-Christ agit, qui encore vous vient de lui par la création, et que la rédemption lui a de nouveau approprié[2].

Si toute âme juste est épouse, et que toutes les âmes soient ensemble une seule épouse, soyons tous un en Jésus-Christ, pauvres et riches, sains et malades, hommes et femmes, jeunes et vieux. Car il n'y a nulle distinction en Jésus-Christ, et Dieu doit être tout en tous[3]. Voilà, ma Fille, ce que c'est qu'être épouse.

J. Bénigne, é. de Meaux.

---

572. — A la Sœur André.

Je ne vous dis rien sur le désir d'avoir le Saint

1. Les mots : *vous dépouiller de tout*, que Bossuet avait oubliés en tournant la page, ont été suppléés par Deforis. Mme Cornuau (*loc. cit.*) : « Entendez ce que c'est que ce renoncement et ne vous laissez rien... »

2. *Approprier*, rendre la propriété de quelqu'un. On dit encore aujourd'hui, mais plutôt en mauvaise part, *s'approprier une chose*. « Son intérêt lui doit conseiller de faire cesser les misères que sa compassion lui approprie. » (Balzac, *Harangne à la Reyne sur sa régence*, p. 10).

3. Rom., x, 12 et I Cor., xv, 28.

Lettre 572. — Fragment a. s. Collection de M. le chanoine Ri-

Sacrement ; vous savez ce que j'ai dit là-dessus[1]. Ce serait une tentation que cela se tournât en dégoût de votre vocation. Le diable se sert de tout pour nous détourner de Dieu et de notre vocation ; servons-nous aussi de tout, et même des privations, pour nous y attacher[2].

Je suis bien aise de la satisfaction de ma Sœur Mabillot[3], et je prie Notre-Seigneur qu'il lui donne la persévérance. Je prie N.-S. qu'il soit avec vous.

J. Bénigne, é. de Meaux.

Suscription : Ma Sœur André.

---

573. — A. P. Daniel Huet.

Mercredi.

Voilà, Monseigneur, les six premières lettres du

chard. Ce fragment, sans date, écrit sur la première de quatre pages, dont les trois autres sont blanches, paraît bien être la fin d'une lettre dont nous n'avons plus la première partie et qui devait être de l'année 1690. Voir la lettre du 26 janvier 1690, p. 53.

1. Voir p. 53. Bossuet dut le dire de vive voix ou dans une lettre aujourd'hui perdue.

2. Deforis, sans avertir le lecteur, a inséré cet alinéa dans la lettre du 26 janvier 1690, et laissé de côté ce qui suit.

3. On devait prononcer le *t*, car Bossuet écrit ici : *Mabillotte*. Il a été parlé de la Sœur Mabillot, lettre 552, p. 129.

Lettre 573. — L. a. s. des initiales. Bibl. Laurenziana. Publiée d'abord par M. Verlaque et M. Guillaume, et placée par eux au milieu des lettres de 1687. La suscription, à elle seule, indique qu'il faut la reporter plus bas, car Huet ne fut évêque d'Avranches qu'en 1689. De plus, comme il y est parlé du *Tableau du socianisme*, qui est de 1690, et que Bossuet y fait allusion à la préparation du *Sixième Avertissement aux protestants*, qui fut achevé d'imprimer le 12 juillet 1691 et commencé vers le 1er mars, on doit assigner la présente

Tableau[1]. La sixième est celle dont il s'agit[2]. Je vous prie de me renvoyer ce recueil quand vous l'aurez lu ; car je manquerais des cinq autres. Pour celle-ci[3], je pourrai bientôt vous la donner séparée, car je travaille actuellement dessus[4].

Je suis toujours avec respect, Monseigneur, votre très humble et très obéissant serviteur.

J. B., é. de Meaux.

Suscription : Pour Monseigneur d'Avranches.

---

574. — A Mme DE BERINGHEN.

A Meaux, 3 janvier 1691.

Je suis bien aise, Madame, que M. de Gaudon[1],

lettre aux trois premiers mois de cette dernière année ou à la fin de 1690. Bossuet se trouvait à Paris à la fin de novembre 1690 et aussi à la fin de janvier 1691. L'une ou l'autre époque pourrait convenir.

1. Éditeurs : tableau. Il s'agit d'un ouvrage anonyme de Jurieu : *le Tableau du socinianisme... divisé en deux parties et en diverses lettres aux vrais fidèles.* La Haye, 1690, in-12. La première partie, en huit lettres, a seule paru.

2. Celle où Jurieu oppose (p. 250, 278 et 291) à Bossuet ce que Huet rapporte des doctrines de certains Pères touchant la Trinité ; elle contient aussi un « Examen du 1er Avertissement de l'Évêque de Meaux, ses déclamations et ses fourberies ».

3. Celle-ci, la sixième.

4. Bossuet préparait alors le *Sixième et dernier Avertissement aux Protestants* « contre la sixième, septième et huitième Lettre du *Tableau* de M. Jurieu ». En particulier, Bossuet (p. 606 et 607) esquisse un éloge de Huet, qu'il défend d'avoir « fait arianiser » les Pères.

Lettre 574. — L. a. s. British Museum, f. Egerton, 33, fo 7. Publiée pour la première fois dans l'édition de Versailles.

1. Éditeurs : de Gondon. Nous ignorons qui était cet ecclésiastique, dont le nom ne se lit pas dans les registres paroissiaux de Faremoutiers. Peut-être faut-il l'identifier avec René Gaudon, qui, vers 1702, vivait à Paris dans la Communauté des prêtres de Saint-Séverin et

que j'envoie desservir la cure de Faremoutiers, se
présente à vous avec ce billet, et de vous assurer
en même [temps] de la continuation de mon estime
et de mes services[2] durant cette année et toute
ma vie. C'est un homme qui a du talent au-dessus
de ce qu'ont accoutumé d'en avoir les gens de cette
sorte. On m'assure qu'il prêche très bien, et vous
pouvez, Madame, en essayer, si vous le trouvez à
propos.

Je salue de tout mon cœur Mme d'Armainvilliers.

J. Bénigne, é. de Meaux

Adresse : Madame l'Abbesse de Faremoutiers, à
Faremoutiers.

---

575. — A Mme d'Albert.

A Versailles, 8 janvier 1691.

Si l'on avait eu à Jouarre une pratique uniforme
et constante touchant l'abstinence des samedis d'entre Noël et la Chandeleur[1], je croirais que cette pra-

recevait du Clergé de France une pension de 350 livres (Archives
Nationales G⁸ 740). Il y a eu, au xviiᵉ siècle, deux frères, Sylvain et
Jean Gaudon, dont le premier mourut chanoine de Rouen en 1700,
et dont le cadet, docteur en théologie, fut lié avec l'abbé de Saint-
Cyran (Note de M. Gazier, au tome V des *Mémoires* de Godefroi
Hermant, p. 263).

2. Éditeurs : de la continuation de mes services.

Lettre 575. — 1. La Chandeleur, ou la Purification de la Sainte-
Vierge, qui tombe le 2 février. Mme d'Albert avait consulté Bossuet
pour savoir si l'on était tenu de s'abstenir d'aliments gras les samedis
entre Noël et la Chandeleur, comme les autres samedis de l'année,
ou si l'on pouvait suivre la coutume du diocèse de Meaux et de
plusieurs autres diocèses de France, qui permettait l'usage de la

tique devrait servir de règle ; mais, comme la pratique a varié, on peut s'en tenir, ma Fille, à la coutume du diocèse, et regarder l'abstinence de ces samedis comme étant seulement de règle, et non pas de com mandement ecclésiastique[2], surtout si le peuple de Jouarre et de ses écarts jouit de la liberté qu'on a dans le reste du diocèse : car je ne sache point qu'il y ait de bulles particulières pour cela, et c'est l'usage qui sert de règle.

Je prie Notre-Seigneur qu'il soit avec vous.

576. — A Mme D'ALBERT.

A Meaux, 22 janvier 1691.

Je ne sais pas distinguer, ma chère Fille, entre les effets de la tentation et ceux de la maladie ; mais ce que je sais très certainement, c'est que l'une et l'autre font partie du contrepoison et du remède que le Médecin des âmes tire de nos maux et de nos faiblesses. Ainsi abandonnez-vous à sa conduite, et dites souvent : *Sana me, Domine, et sanabor*[1] ; car c'est ainsi que s'achève la cure des âmes.

viande pendant cette période (Cf. L. Thomassin, *Traité des jeûnes de l'Église,* Paris, 1680, in-8, p. 402 et suiv. ; D. Guéranger, l'*Année liturgique* (le Temps de Noël), t. I, p. 13).

2. Regarder l'abstinence de viande comme imposée par la règle monastique aux religieux, et non par l'Église universelle à tous les fidèles.

Lettre 576. — L. a. s. British Museum, ms. 24 421.

1. Jerem., xvii, 14. Deforis a ajouté au texte la traduction : « Guérissez-moi, Seigneur, et je serai guérie. »

Au surplus, je ne puis vous taire que j'ai dérobé[2] Jouarre en le quittant. Devinez ce que j'en ai dérobé : c'est un écran, que j'ai trouvé si riche en belles et fines sentences, que j'ai voulu les avoir à Meaux devant les yeux : je dis fines, de cette bonne finesse que l'Évangile recommande. J'avais négligé cet écran, et il faut vous avouer que ç'a été ma Sœur de Rodon[3] qui m'a encore ici servi de conductrice[4] : je ne puis m'empêcher de vous prier de lui en marquer ma reconnaissance ; sans elle, j'aurais perdu ce trésor. J'aurai dorénavant les yeux plus ouverts à tous les objets qui se présenteront à Jouarre, et je croirai que tout y parle.

J'aurai soin d'envoyer votre lettre[5].

Je prie Notre-Seigneur qu'il soit, avec vous, ma chère et première Fille.

J. Bénigne, é. de Meaux.

---

577. — A des Religieuses de Jouarre.

A Meaux, 22 janvier 1691.

Je reçois, mes Filles, avec une sincère reconnaissance les témoignages de votre amitié. Je souhaite

---

2. *Dérober*. Ce verbe aujourd'hui s'emploie seulement avec le complément direct de chose. Il en était jadis autrement. Il y a une épître de Marot : « Au Roi, pour avoir été dérobé. »

3. Voir plus haut, p. 66, 155 et 157.

4. « Elle l'avait conduit dans sa première entrée dans la maison de Jouarre » (Note du ms. Bresson).

5. Cette phrase a été omise jusqu'ici par les éditeurs.

Lettre 577. — L. a. s. Collection de M. le chanoine Richard.

que tout le monde vienne bientôt boire avec vous[1] ce vin nouveau de l'Évangile, que je suis prêt à distribuer également à toutes et à chacune selon sa mesure, c'est-à-dire selon les degrés de ses besoins et de sa foi, sans aucune autre distinction de mon côté[2]. Enivrez-vous, mes saintes Filles, de ce vin céleste, que les vierges de Jésus-Christ ont droit de prendre plus que tous les autres fidèles, puisque c'est le vin qui les rend fécondes à Jésus-Christ leur époux, et qui les produit elles-mêmes[3].

Ma santé est bonne par vos prières, et, pour ne vous rien imputer de la suite du peu de rhume que j'ai, je m'en vais cette après-dînée à Sainte-Marie[4]. Vous saurez de mes nouvelles quand je serai à Versailles, c'est-à-dire jeudi[5] au plus tard, car j'espère être à Paris mercredi[6].

Je prie Dieu, mes chères Filles, qu'il soit avec vous. Votre bon Père,

J. Bénigne, é. de Meaux.

Il ne faut pas oublier la bonne coutume de saluer en particulier la secrétaire[7].

1. Ces mots semblent indiquer que toutes les religieuses de Jouarre n'avaient pas signé la lettre à laquelle répond celle-ci.

2. Entre les Sœurs qui tout d'abord avaient reconnu l'autorité de l'évêque et celles qui avaient pris parti pour l'abbesse.

3. Vinum germinans virgines (Zachar., IX, 17).

4. Le couvent de la Visitation, à Meaux. S'il n'avait pu sortir et s'y rendre, on aurait pu dire que les prières des religieuses de Jouarre pour sa santé, n'avaient pas été suffisamment efficaces.

5. C'est-à-dire le 25 janvier.

6. Cet alinéa manque dans les éditions.

7. La religieuse qui avait tenu la plume au nom de ses compagnes, probablement Mme d'Albert.

578. — A Mme Dumans.

A Meaux, 22 janvier 1691.

Les circonstances que vous me marquez ne changent rien dans mes résolutions, parce que, ou vous les avez expliquées, ou elles ne sont pas essentielles : ainsi vous pouvez demeurer en repos. Il y a des choses qu'on doit supposer que le confesseur entend par l'usage même de les entendre, et par les réflexions qu'il y doit faire. Vous avez dit tout ce qu'il fallait pour me faire bien entendre vos péchés : j'en ai été content alors, et il n'en faut plus parler. Voilà, ma Fille, la courte réponse que vous souhaitez.

J. Bénigne, é, de Meaux.

Suscription : Pour Madame de l'Assomption Dumans.

---

579. — A Mme d'Albert.

A Meaux, 24 janvier 1691.

Le repos que je me suis donné m'a mis en état, ma chère Fille, de ne craindre, s'il plaît à Dieu, aucune suite du rhume qui commençait à m'incommoder. Je voudrais que vos maux fussent aussi tôt guéris.

Il ne faut nullement douter que la tentation ne se

Lettre 578. — L. a. s. Collection de M. Richard.
Lettre 579. — L. a. s. British Museum, ms. 24 421. Deforis en a modifié le texte en plusieurs endroits.

mêle aux maux du corps, et surtout à ceux de cette nature, qui portent au relâchement et au découragement. Gardez-vous bien de céder à la peine que vous me marquez : au contraire, ces répugnances à lire, à prier, à communier, vous doivent servir de raison à le faire plus promptement, persuadée que le sacrifice qu'il vous faudra faire en cela rendra ces actions plus agréables à Dieu, et plus fructueuses pour vous[1]. Votre soutien doit être dans ces paroles de saint Paul (Rom., IV, 18), *en espérance contre l'espérance ;* et je vous les donne comme une espèce de devise dans le combat que vous avez à soutenir devant Dieu et devant ses anges.

Les paroles de l'Écriture, et surtout celles de l'Évangile, où Jésus-Christ parle par lui-même, sont le vrai remède de l'âme ; et une partie de la cure des âmes consiste à les savoir appliquer à chaque mal et à chaque état. C'est là du moins tout ce que je sais en matière de direction, et il me semble qu'on s'en trouve bien. Vous pouvez reprendre de temps en temps le chapitre XII de saint Jean. En attendant ce retour[2], lisez le XIe de saint Matthieu, que vous pouvez conférer avec le Xe de saint Luc, depuis le ℣ 17 jusqu'au 25 : vous y verrez la présomption et la hauteur d'esprit bien traitée.

Vous avez bien fait de vous dispenser de la lecture que je vous avais ordonnée, puisque vous aviez la

---

1. C'est le conseil de saint Ignace de Loyola dans ses *Exercices spirituels* (Paris, 1886, in-12, p. 308).

2. Deforis : En attendant que vous y reveniez (c'est-à-dire au chapitre de saint Jean).

fièvre ; et, en semblable occasion, il en faut toujours user de même. Il suffit, dans ces états, de rappeler doucement quelque parole de consolation, qui reviendra dans l'esprit sans lui faire de violence. J'espère que Dieu vous tirera de cet état. Ramez en attendant, comme nous disions ; mais ramez, en disant toujours : *Non est volentis neque currentis, sed Dei miserentis*[3] ; et encore : *Opérez votre salut [avec crainte et tremblement]*[4]; *car c'est Dieu qui opère en vous le vouloir et le faire*[5]. Je désespérerais si je n'avais point un tel secours.

Je réponds par ordre à votre lettre, afin de ne rien oublier.

La principale utilité que j'espère de la justification du malheureux La Vallée, c'est qu'il faudra qu'il s'en aille : au lieu qu'étant engagé à laisser aller les choses pour sa justification, le retardement de cette affaire, à laquelle je suis comme engagé, est un prétexte pour le retenir.

Je ne vous en dirai pas davantage sur les affaires ; vous savez que j'y fais et que j'y ferai toujours, s'il plaît à Dieu, ce qu'il faut, avec toutes les réflexions utiles sur ce qu'on me dit : ainsi il faut continuer à me dire tout.

Les sentences de l'écran[6] m'ont beaucoup plu :

3. Rom., ix, 16. Deforis ajoute dans le texte une traduction : « Cela ne dépend ni de celui qui veut ni de celui qui court, mais de Dieu qui fait miséricorde. »

4. Les mots : *avec crainte et tremblement* ont été ajoutés par Deforis pour compléter la traduction du texte biblique : *Cum metu et tremore vestram salutem operamini,*

5. Phil., ii, 12, 13.

6. Voir plus haut, p. 169.

elles ne me sont que plus agréables pour être des fleurs cueillies dans Jouarre même ; mais si les vers français y sont nés aussi, c'est un talent que je n'y connaissais pas encore[7].

Je crois avoir répondu à tout. J'ai honte d'avoir commencé par l'endroit qui devait avoir la dernière place ; mais votre lettre, que j'ai trop suivie en cela, en est cause.

Je prie Dieu, ma chère Fille, qu'il soit avec vous.

In spem contra spem[8], c'est la devise des enfants de la promesse.

J. BÉNIGNE, é. de Meaux.

---

580. — A CHRÉTIEN-FRANÇOIS DE LAMOIGNON.

A Meaux, 26 janvier 1691.

Encore que mon départ soit arrêté pour demain sans faute, je me sens obligé, Monsieur, par les lettres que je reçois de Paris, de n'attendre pas mon arrivée pour vous dire que je ne prends plus aucune part à l'affaire de M. de La Vallée que celle de lui

---

7. Il sera plus d'une fois parlé des vers composés par Mme d'Albert et d'autres religieuses de Jouarre.

8. Ce texte (Rom., IV, 18) revient souvent sous la plume de Bossuet.

Lettre 580. — L. a. s. Turin, Bibliotheca civica. Publiée pour la première fois par M. L.-G. Pélissier, dans la *Revue Bossuet* de juin 1905, p. 35. — Chrétien-François de Lamoignon (1644-1709), fils du Premier président Guillaume de Lamoignon, était alors, depuis le 7 décembre 1673, avocat général. Sur ce personnage, il faut consulter L. Vian, *les Lamoignon, une vieille famille de robe*, Paris, 1896, in-8, et A. de Boislisle, *le Président de Lamoignon*, dans les *Mémoires de la Société de l'histoire de Paris et de l'Ile-de-France*, tome XXXI (1904), p. 119-159.

procurer autant qu'il dépend de moi en cette occasion toute la satisfaction que Madame l'Abbesse de
Jouarre lui souhaite. J'ai même de bonnes raisons
en mon particulier de lui souhaiter ce bon succès[1] et
je suis assuré, Monsieur, que vous en serez content
lorsque j'aurai eu l'honneur de vous en informer :
ce qui sera sans manquer dimanche matin ou demain au soir[2], s'il le faut. Je vous serai donc obligé
de vouloir bien ne point apporter de difficultés à
cette affaire et de me croire toujours, Monsieur,
votre très humble et très obéissant serviteur.

J. Bénigne, é. de Meaux.

---

581. — A Mme d'Albert.

A Paris, le 29 janvier 1691.

J'ai reçu votre lettre, ma Fille ; celle de M. votre
frère[1] lui sera rendue demain. Ce soir, je vais à
Versailles. On a bien de la peine à [　　　　　]². Il
facilite tout ce que je puis, et le lendemain il part[3].

Je n'ai point vu encore Mme de Jouarre.
Nous ne saurions plus faire autre chose envers

---

1. Bossuet tenait par-dessus tout à l'éloignement de La Vallée,
qu'il accusait de jeter le trouble dans le monastère de Jouarre par
les mauvais conseils qu'il donnait à l'Abbesse.

2. Le dimanche 28, ou le samedi 27 janvier.

Lettre 581. — L. a. s. British Museum, ms. 24 421.

1. Celle qui est adressée à M. votre frère.

2. Ici, un mot effacé sur l'autographe et laissé en blanc dans le
ms. de M. le chanoine Bresson.

3. Ce début a été omis par Deforis.

celles de nos Sœurs qui sont inquiètes, que de les aimer, les aider, les considérer, les laisser dire, et faire tout ce qu'il faudra. Comment veut-on que je règle tout en pareil cas ? Je ne connais pas encore. En un mot, à qui n'a pas la foi, je ne ferais que perdre inutilement mes paroles ; et pour vous, qui l'avez, vous n'avez pas besoin de longs discours[4].

Pour ce qui regarde vos dispositions particulières, c'est, dans un état de ténèbres et de découragements, [de][5] se soutenir par la seule foi. Ce n'est pas ici un de ces maux dont le remède est présent et ne dépend quelquefois que d'un seul mot, parce que les causes en sont connues et particulières ; ici, où le mal est universel, il n'y a que les remèdes généraux qu'on puisse employer : la foi, la persévérance, une perte [de soi-même][6] dans quelque chose de grand et de souverain, mais obscur[7].

La fin en sera heureuse avec ces conditions ; mais, en ces états, il se faut bien donner garde[8] de vouloir trop voir : Dieu vous repousse trop loin quand vous le voulez prévenir. Je puis seulement vous assurer que c'est ici le temps d'amasser et de recueillir : soit tentation, soit maladie, soit quelque autre chose que Dieu conduit secrètement ; c'est l'Épouse dans les trous des cavernes[9], avec les animaux qui fuient le

---

4. Ms. Bresson : long discours.
5. Deforis n'a pas averti qu'il suppléait le mot *de*.
6. Deforis a ajouté, sans avertir, les mots que nous plaçons entre crochets.
7. Deforis : mais qui est encore obscur.
8. Deforis : donner de garde.
9. Deforis : les trous de la caverne.

jour, toujours prête à se réveiller à l'arrivée de l'Époux et au premier son de sa voix[10]. Il faut donc une attention toujours vive. Quand Dieu me donnera davantage, je serai fidèle à vous le rendre.

J. Bénigne, é. de Meaux.

582. — A Mᵐᵉ d'Albert.

A Versailles, 4 février 1691.

Votre lettre du 1ᵉʳ février me fut rendue hier, ma chère Fille. J'ai rendu à M. le duc de Chevreuse celle que vous m'aviez envoyée pour lui.

Je pense vous avoir dit que ces peines dont vous me parlez, et qui entrent si avant dans cette disposition universelle de chagrin, ne doivent point vous troubler, et qu'ou il ne s'en faut point confesser du tout, ou il faut que ce soit très rarement et en termes très généraux, pour s'humilier devant Dieu et devant les hommes. Pour ce qui est de ces chagrins, je soupçonne qu'il y a là beaucoup de vapeurs : Dieu et la tentation s'en servent chacun pour leurs fins. Dieu vous exerce, vous abaisse, vous subjugue, vous pousse à l'expérienee et à la reconnaissance de votre impuissance propre, pour faire triompher dans votre cœur la toute-puissance de sa grâce. La tentation, au contraire, veut vous porter à la paresse et au découragement: n'en prenez que la vue de votre néant, et en [même

10 Cantic., ii, 14.
Lettre 582. — L. a. s. Séminaire de Meaux.

temps[1]] élevez-vous en espérance contre l'espérance. Ne vous étudiez pas à rechercher les causes de cette noirceur : quelle qu'en soit la cause, elle est également soumise à Dieu. Dans les temps que vous serez plus accablée, pratiquez bien cet abandon secret, qui ne vous laisse presque rien à faire ni à méditer. Quand vous aurez un peu de liberté, faites ce que dit l'apôtre saint Jacques[2] : priez dans la tristesse, psalmodiez dans une plus douce et plus tranquille disposition ; pratiquez le chant intérieur, qui est un épanchement du cœur vers son Dieu et son Sauveur, en de saintes actions de grâces, comme l'enseigne saint Paul. Je vous donne pour cantiques les deux *Benedic*[3], que je vous prie de chanter : l'un, en l'appliquant à vous-même et aux immenses miséricordes que Dieu vous a faites ; l'autre, qui est le second, en pensant le moins que vous pourrez à vous-même, attentive aux œuvres de Dieu, à celles de la nature pour venir à celles de la grâce, et célébrant en votre cœur l'immense et inépuisable profusion de ses grâces.

Je ne crois pas qu'on vienne à bout de justifier La Vallée. Il le faut faire[4]...

1. Bossuet a écrit par distraction : en mettant.

2. Jac., v, 13.

3. Les deux psaumes (cii) : *Benedic, anima mea, Domino ; et omnia quæ intra me sunt nomini sancto ejus,* et (ciii) : *Benedic, anima mea, Domino : Domine Deus meus, magnificatus es vehementer.*

4. Il semble que la phrase ne doit pas finir ici, car Bossuet ne doit pas demander de faire ce qu'il vient de déclarer impossible. On serait tenté de lire, d'après les lettres 579, p. 173, et 587, p. 188 : Il le faut faire [éloigner ?].

Ici se termine la quatrième page de l'autographe. Deforis y joint un long fragment qui n'appartient certainement pas à la même lettre,

583. — A Mme D'ALBERT.

A Versailles, 7 février 1691.

Voilà, ma Fille, une lettre du P. Abbé de la Trappe. Je n'ai point encore été à Paris, et il n'y a rien de nouveau dans les affaires[1].

Je prie continuellement Notre-Seigneur qu'il vous soulage et qu'il vous soutienne. *Sana me, Domine, et sanabor*[2] : O Seigneur, je ne veux de santé que celle que vous donnez ; je ne puis ni je ne veux guérir que par vous.

J. BÉNIGNE, é. de Meaux.

---

584. — JEAN PONTAS A BOSSUET.

[25 (?) février 1691].

Monseigneur,

Quelque violence que je me fasse dans la liberté que je

car il est d'une écriture différente, et, de plus, on voit qu'il a été écrit quelques jours seulement avant la Pentecôte (Cf. E. Griselle. *Lettres de Bossuet revisées,* p. 26 et 27).

L'examen du papier semblerait attribuer ce second fragment à la lettre du 24 mai 1694, laquelle est également inachevée dans les éditions, et fut écrite le lundi avant la Pentecôte. Dans ce fragment, Bossuet parle d'un mandement qu'il est sur le point d'envoyer. Or le 28 mai 1694, Bossuet, par mandement, ordonna des processions extraordinaires à cause des calamités publiques.

Lettre 583. — L. a. s. British Museum, ms. 24421.

1. Les affaires de Jouarre.

2. Jer., XVII, 14.

Lettre 584. — Dédicace du livre intitulé : *Exhortations pour le baptême, les fiançailles, le mariage et la bénédiction du lit nuptial, ti-rées de l'Écriture et des Pères de l'Église,* Paris, 1691, in-12. L'achevé d'imprimer est du 28 février 1691. Sur Pontas, voir p. 55.

prends de vous offrir cette seconde production[1] de mes faibles lumières, et de mettre au jour sous la protection de Votre Grandeur un ouvrage si peu digne d'elle ; je ne me puis néanmoins dispenser d'un devoir si juste et si légitime sans me rendre coupable de quelque ingratitude, après la bonté singulière avec laquelle elle a bien voulu recevoir mon premier ouvrage et l'honorer de son approbation.

Il est vrai, Monseigneur, que celui-ci étant en quelque manière une suite du premier, il vous appartenait de droit, sans qu'il fût nécessaire de vous l'offrir de nouveau. Mais, comme je ne puis assez marquer à Votre Grandeur la juste reconnaissance que je lui dois et dont je me sens parfaitement pénétré, j'ai cru que je lui en devais au moins donner ce témoignage public, afin de l'en mieux persuader.

Je ne suivrai point l'exemple de quelques auteurs, qui ne font des Épîtres que pour s'étendre sur les louanges des personnes qu'ils choisissent pour protecteurs. Vous m'avez trop expressément défendu de toucher celles qui vous sont si légitimement dues, pour oser contrevenir à vos ordres. Tout le monde sait que votre modestie ne les peut souffrir sans peine ; mais tout le monde sait aussi que c'est par cet endroit que Votre Grandeur en mérite davantage.

Je les passerai donc sous silence, Monseigneur, puisque vous me l'avez ordonné ; et je le ferai avec d'autant moins de peine que ma plume n'est ni assez délicate, ni assez éloquente pour en pouvoir donner une juste idée. Je me contenterai d'admirer en vous avec toute la France les rares et excellentes qualités qui vous les font mériter ; et si je prends la liberté de vous adresser cette Épître, ce n'est que pour vous supplier de trouver bon que ce petit ouvrage paraisse honoré de votre illustre nom.

Si vous m'accordez cette grâce, Monseigneur, j'ose me promettre que le public le recevra beaucoup plus favorablement, en le voyant autorisé par une personne d'un si grand poids et dont le discernement est si juste ; et j'aurai en même

---

1. La première avait pour titre *Exhortations aux malades* (Voir plus haut, p. 55).

temps la joie de voir que Votre Grandeur aura agréé cette marque publique de ma reconnaissance et du profond respect avec lequel je suis, Monseigneur, votre très humble et très obéissant serviteur.

PONTAS, prêtre.

---

585. — A Mme DE LUYNES.

A Paris, 6 mars 1691.

Je suis bien aise, ma Fille, de la satisfaction que vous témoignez de mes Psaumes[1]. Je vous propose la traduction de la préface[2], qui pourra aider celles de nos Filles à qui Dieu donnera le goût et le désir d'en profiter ; mais à votre grand loisir.

Au reste, Mme d'Albert vous aura pu dire combien je [suis][3] touché du doute, où vous paraissiez être, du plaisir que je prenais à recevoir les témoignages de votre amitié, n'y ayant personne de la maison que j'estime plus que vous. Vous pouvez apprendre[4] de

Lettre 585. — L. a. s. Collection de M. Richard.

1. *Liber Psalmorum, additis Canticis, cum notis.* Lyon et Paris, 1691, in-8. L'achevé d'imprimer est du 25 novembre 1690.

2. C'est la dissertation préliminaire, p. VII-XCIV, que Bossuet propose à Mme de Luynes de traduire en français. — Dans son édition des Œuvres de Bossuet, l'abbé Pérau mentionne deux versions de cette dissertation restées manuscrites, l'une de Montbroux de La Nauze, de l'Académie des Inscriptions, et l'autre, de l'abbé Boutard, entreprise en 1706 pour la duchesse de Bourgogne. Une autre a été imprimée sous ce titre : *Dissertation sur les Psaumes, traduite du latin de J.-B. Bossuet et accompagnée de notes,* par M. Marie-Nicolas-Silvestre Guillon, professeur d'éloquence sacrée en la Faculté de théologie de Paris, 1822, in-8. Une lettre du 3 juillet 1695 semble indiquer que Mme d'Albert fit aussi une version de ce morceau.

3. Bossuet a écrit par distraction : je vous touché.

4. Deforis : apprendre *ici.* Dans l'autographe, ce dernier mot est barré.

nos amis communs avec quel sentiment je parle de vous[5] ; et, en un mot, je vous prie, ma Fille, d'être bien persuadée que vous n'avez point d'ami plus fidèle, ni de serviteur plus acquis. Et j'en prends[6] à témoin M. de Chevreuse[7], avec qui je m'entretins encore hier très longtemps de vous.

Mme d'Albert vous dira ce qui regarde les affaires[8] ; et vous en direz toutes deux ce que vous jugerez convenable à nos chères Sœurs[9].

J. Bénigne. é. de Meaux.

Suscription : A Madame de Luynes, religieuse à Jouarre[10].

---

586. — Au P. Mauduit.

A Versailles, 7 mars 1691.

J'ai reçu, mon Révérend Père, votre lettre du 3,

5. Voir les lettres à Mme d'Albert, du 25 janvier et du 12 avril 1694.

6. Deforis : plus acquis. J'en prends.

7. Voir plus haut, p.   .

8. Les affaires de Jouarre.

9. Deforis : et toutes deux vous en direz à nos chères Sœurs ce que vous jugerez convenable. — Les « chères Sœurs » sont les religieuses attachées à Bossuet, et qu'il appelle ailleurs la « troupe élue ».

10. Cette suscription est de la main de Ledieu.

Lettre 586. — L. a. s. Collection de M. H. de Rothschild.

Michel Mauduit, né à Vire vers 1628 (et non en 1634, comme le disent les Biographies), entra à l'Oratoire en 1646, fut ordonné prêtre en 1654. Il fut employé à l'enseignement et s'adonna à la prédication, à la poésie religieuse et à l'étude de l'Écriture sainte. Il fut lauréat des palinods de Rouen et de Caen. A des connaissances étendues il joignait une piété vive et une grande simplicité. Il était en relations avec la famille Périer. En 1700, il fut, comme suspect de jansénisme, dénoncé à l'Assemblée du clergé par le P. Perrin, jé-

et je suis très aise que le Psautier[1] qu'on vous a
donné de ma part vous ait agréé. Les deux psaumes
que vous m'avez envoyés[2] m'ont transporté en
esprit dans les temps où ils ont été composés ; et si
je n'ose encore prononcer sur l'impression[3], c'est à
cause que je n'ose aussi me fier à mon jugement ni
à mon goût sur la poésie, dans l'extrême délicatesse,
pour ne pas dire dans la mauvaise humeur de notre
siècle.

Il me paraît, par les remarques que vous faites
sur la *Synopse* d'Angleterre[4], que vous avez quelque
pensée que je m'en suis beaucoup servi ; mais je ne

suite ; mais Bossuet ne trouva rien que d'orthodoxe dans la doctrine
de l'oratorien. Le P. Mauduit mourut à Paris, le 19 janvier 1709,
âgé de quatre-vingts ans. Ses principaux ouvrages sont : un *Traité
de la religion contre les athées, les déistes et les nouveaux pyrrhoniens,*
Paris, 1677, in-12 ; des *Mélanges de diverses poésies,* Lyon, 1681,
in-12 ; des *Analyses* étendues des divers livres du Nouveau Testament, publiées à part depuis 1691 jusqu'à 1697, souvent rééditées et
réunies ensuite ensemble en 8 vol. in-12. Il avait composé, selon
les idées de Bossuet, un ouvrage relatif à la querelle du quiétisme, et
qui est resté manuscrit (Archives Nationales, Oratoire, MM, 607 et
609 ; le *Mercure,* mai 1709 ; Ellies du Pin, *Bibliothèque des auteurs
du XVIIᵉ siècle.* Suite de la Vᵉ partie (1708), p. 412 et suiv.; A.-P.
Ingold, *Essai de Bibliographie oratorienne,* Paris, 1880, in-8, p. 107 ;
Ledieu, tome II, p. 72 et 73 ; E. Jovy, *Pascal inédit,* Vitry-le-François, 1908, in-8, p. 359 et suiv. ; Guiot, *Histoire générale des Palinods,* éd. Tougard, Rouen, 1898, 2 vol. in-8, t. II, p. 102).

1. C'est l'ouvrage de Bossuet déjà mentionné dans la lettre précédente.

2. Le P. Mauduit avait soumis au jugement de Bossuet la traduction en vers de deux psaumes ; dès lors, il travaillait à la version du
Psautier, qu'il publia sous ce titre de : *Les Psaumes de David traduits
en vers françois,* Paris, s. d., in-12.

3. Sur l'opportunité de l'impression de l'ouvrage de P. Mauduit.

4. Mathieu Poole (Polus) a extrait des *Critici sacri* (voir la note 7)
un commentaire suivi, sous le titre de *Synopsis criticorum,* Londres,
1669, 5 vol. in-fol. ; réédité à Francfort, 1709, 6 vol. in-fol.

veux pas vous laisser dans cette opinion. J'en ai
parcouru cinq ou six psaumes, dans les endroits les
plus obscurs ; et j'y ai trouvé ordinairement plus
d'embarras et de confusion que de secours. De tous
les interprètes protestants, il n'y a presque que Grotius[b], s'il le faut mettre de ce nombre, qui mérite
d'être lu pour les choses, et Drusius[6] pour les textes.
Au reste, ce qu'on entasse et dans la *Synopse* et
même dans les Critiques[7] d'Angleterre, se trouve
non seulement plus autorisé, mais plus pur et mieux
expliqué dans les saints Pères : en sorte que je ne
laisse à ces critiques protestants qu'on nous vante
tant, que quelques remarques sur la grammaire.
Parmi les catholiques, Muis[8] emporte le prix, à mon
gré, sans comparaison.

5. Hugo Grotius. Voir t. II, p. 19. Quelques-uns ont dit qu'il
était catholique de conviction.

6. Jean Drusius (1550-1616), savant hébraïsant, né à Oudenarde,
élevé en Angleterre, professeur à Leyde, puis à Franeker. La longue
liste de ses ouvrages se trouve dans les Mémoires de Niceron,
t. XXII, p. 57-769. Celui auquel fait allusion Bossuet est : *In Psalmos Davidis veterum interpretum quæ exstant fragmenta*, Anvers, 1581,
in-4.

7. Des théologiens anglicans, Jean et Richard Pearson, A. Scat-
tergood et Fr. Gouldman, firent un recueil des œuvres exégétiques
les plus importantes de quelques catholiques et d'un plus grand nombre
de protestants, sous le titre de *Critici sacri*, Londres, 1660, 10 vol.
in-fol., réédité à Amsterdam en 1698, 9 vol. in-fol.

8. Siméon Marotte de Muis (1587-1644), né à Orléans, devint
chanoine et archidiacre de Soissons. Il fut, dès l'année 1614, nommé
professeur d'hébreu au Collège royal. Ses ouvrages sont très estimés
et se rapportent presque tous à l'Ancien Testament. Ils ont été recueillis par Claude d'Auvergne, successeur de Muis au Collège
royal : *Simeonis de Muis Opera omnia in duos tomos distributa*, Paris,
1630, in-fol. Bossuet a ici en vue le *Commentarius litteralis et historicus in omnes Psalmos Davidis et selecta Veteris Testamenti Cantica*.
Paris, 1630, in-fol. (Cf. Niceron, t. XXXII ; Colomiès, *Gallia orien-*

Et voilà, mon Révérend Père, à ne vous rien déguiser, tout le secours que j'ai eu ; et je ne voudrais
par que vous crussiez que les protestants m'aient
beaucoup servi, ou que j'improuve ce que vous en
dites sur saint Paul[9]. Au contraire, je suis tout à fait
de votre avis ; et ce n'est pas seulement par piété,
mais par connaissance que je donne la palme aux
nôtres. Quand je serai à loisir chez moi, et que j'aurai eu plus de temps de considérer votre Analyse[10],
je vous en dirai ma pensée. Je ne puis à présent
vous dire autre chose, sinon que ce que j'en ai pu
lire m'a fort plu. Je suis de tout mon cœur, mon
Révérend Père, votre très humble serviteur.

J. BÉNIGNE, é. de Meaux.

---

587. — A Mme D'ALBERT.

A Paris, 8 mars 1691.

A ce jour, où commença la délivrance[1], lisez, ma

---

talis ; R. Simon, *Histoire critique du Vieux Testament*, l. III, chap. XVIII,
p. 425 et 470-471 de l'édition de 1685 ; Notice manuscrite de Dom
Geron (Bibliothèque d'Orléans, ms. 467, t. II, f. 73 et seq.); cf. P.
Goujet, *Mémoire historique et littéraire sur le Collège royal de France*,
Paris, 1758, in-4, p. 113.

9. Dans l'*Analyse des Épîtres de saint Paul*, Paris, 1691, 2 vol. in-12.
10. Celle des Épîtres de saint Paul.

Lettre 587. — L. a. s British Museum, ms. 24 421.

1. Allusion à la *vêture* de Mme d'Albert, par où elle commença à
être délivrée des dangers du monde, délivrance qui fut achevée par
sa *profession*, qui se fit le 8 mai 1664. Il y a donc lieu de corriger Floquet (*Études*, t. II, p. 302 et suiv.) et Lebarq (*Prédication de Bossuet*, p. 208 et *OEuvres oratoires*, t. IV. p. 472). Ces deux auteurs
disent que Bossuet, à cette dernière date, prêcha la *vêture* de
Mme d'Albert ; cependant Ledieu (t. I, p. 96) dit nettement que

Fille, les sacrés cantiques que l'on chanta dans le
Temple à son renouvellement[2]. Ce furent les psaumes graduels[3], qui commencent, comme vous savez, après le cxviii. Celui-ci était destiné à chanter
les ineffables douceurs de la loi de Dieu. Depuis le
cxix jusqu'au cxxxiii, le peuple, qui voit rebâtir le
temple sacré où la Loi[4] était mise en dépôt, s'épanche en actions de grâces, et exprime tous les sentiments qu'inspire tantôt une sainte joie dans le commencement de l'ouvrage[5], tantôt une secrète douleur
des difficultés qui en causaient le retardement.

Chantez ces cantiques, ma Fille, chantez-les sur
les degrés du Temple ; chantez-les en vous élevant
au comble du saint amour, dont votre cœur fut touché, lorsque, remplie du dégoût du siècle, vous offrî-

c'est à l'occasion de la *profession* que Bossuet parla ce jour-là à
Jouarre. Du reste, le sermon prononcé parle de *profession*, et non de
vêture ; et, le 5 novembre 1691, Bossuet écrira à Mme d'Albert :
« Je vous reconnais toujours pour ma première fille, et dès le temps
de votre *profession* et depuis mon installation à Jouarre. » Si donc
Mme d'Albert fit profession le 8 mai 1664, et si Bossuet parle ici de
sa vêture, il faut placer cette dernière cérémonie au 8 mars 1663.

2. Le temple de Jérusalem, dont la reconstruction commencée par
Zorobabel, peu après l'édit de Cyrus (en 536), fut achevée au temps
de Darius Ier, en 516 (Esdr., vi, 15).

3. Ou cantiques des degrés (*gradus*), désignés en hébreu sous le
titre de *sir hammáalot*, « chant des montées ». Les quinze psaumes
qui portent ce titre, cxix-cxxxiii, sont ainsi appelés, soit parce qu'on
les chantait en *montant* en pèlerinage à Jérusalem, soit plutôt à cause
du rythme de gradation observé dans leur composition, consistant en
ce que le sens avance par degrés et monte en quelque sorte de verset
en verset. Dans son explication des Psaumes, Bossuet dit que les quinze
psaumes graduels furent chantés sur les degrés du second Temple,
à la dédicace de cet édifice.

4. Le livre de la Loi, ou les cinq livres du Pentateuque.

5. La reconstruction du Temple, retardée par les difficultés que
suscitaient les Samaritains, ennemis des Juifs.

tes à Dieu le sacrifice de vos cheveux[6] pour vous engager à le suivre. Collez-vous à ses pieds avec la sainte pécheresse[7]; et, après lui avoir donné vos cheveux d'une autre manière, répandez-y vos parfums, c'est-à-dire de saintes louanges, et baignez-les de vos larmes.

Je rends grâces à Notre-Seigneur de ce qu'il a adouci vos peines du côté qui me paraissait le plus fâcheux.

Je suis encore arrêté ici pour une semaine entière[8].

Ne soyez point en peine des discours que me pourra faire M. Gérard[9]. J'approuve vos sentiments et votre conduite, et n'entrerai dans aucun détail.

Le bruit s'augmente du dessein qu'on a de se défaire[10]. Je ne doute point du tout qu'il n'y ait des mesures prises avec Mme de Soubise du côté de Mme de Jouarre[11].

Henriette[12] s'est fort soulevée et a donné sa requête contre le sieur de La Vallée. On dit qu'on s'est [   ] d'elle[13].

---

6. Ces mots indiquent clairement la cérémonie de la vêture ou prise d'habit.

7. Marie-Madeleine. Cf. Luc., vii, 38.

8. Phrase omise dans les éditions.

9. M. Gérard ou Girard est mentionné dans les lettres du 30 novembre, du 21 décembre 1690 et du 30 juin 1691.

10. Éditeurs : démettre. Il faut entendre : Le bruit du dessein qu'on [*l'abbesse de Jouarre*] a de donner sa démission augmente.

11. Mme de Soubise obtint en effet l'abbaye de Jouarre après la démission de Mme Henriette de Lorraine.

12. Ce nom désigne une personne qui aurait, ce semble, été mise à mal par La Vallée.

13. En tournant la page Bossuet a oublié un mot. Cet alinéa manque dans les éditions.

Pour moi, je persiste à dire que je ne veux apporter aucun obstacle à l'absolution, pourvu qu'on soit
à cent lieues d'ici[14].

Je suis à vous, ma très chère Fille, de tout mon
cœur.

J. Bénigne, é. de Meaux.

Suscription : A Madame, Madame d'Albert, religieuse à Jouarre.

588. — A Mme Cornuau.

12 mars 1691.

Il n'y point à hésiter, ma Fille, non seulement à
manger gras pendant le carême, mais encore à rompre le jeûne : l'état de votre santé le demande, et je
vous l'ordonne après que vous en aurez, par respect,
pris la permission de votre curé[1]. Ces fluxions sur-
venues vous obligent à vous modérer sur les austérités, après même que votre santé sera rétablie : car,
outre qu'il est vraisemblable qu'elles y ont pu contribuer, c'est assez qu'on le croie ; et il vaut bien
mieux surseoir aux austérités, que d'indisposer la
Communauté contre vous. Ce n'est pas que j'approuve la curieuse recherche qu'on a faite de ce qui

---

14. Éditions : Je persiste à dire que je ne veux apporter aucun
obstacle à l'absolution de La Vallée, pouvu qu'il soit à cent lieues
d'ici.

Lettre 588. — Mme Cornuau date cette lettre, la quatrième de son
recueil, de Paris, 10 mars 1687. Ledieu la fixe au 12 mars 1691.

1. Le curé de La Ferté-sous-Jouarre était G. Le Taillandier, déjà
mentionné, p. 16.

était dans votre cellule ; mais il ne faut pas laisser de garder de justes mesures sur tout cela*a*.

Autant que je loue le désir pressant qui vous attire à la religion, autant[2] je crains de vous amuser par des pensées et agitations inutiles. Vous vous trompez bien, ma Fille, quand vous croyez que vous trouveriez dans la religion[3] la liberté que vous souhaitez pour vous abandonner aux mouvements qui vous pressent. Chaque état a ses contraintes ; et celui de la religion en a que vous n'avez pas expérimentées, mais qui ne sont guère moins pénibles que celles dont vous vous plaignez. Le tout est de savoir s'abandonner à Dieu en pure foi, et s'élever au-dessus des captivités où il permet que nous soyons à l'extérieur. *Là où est l'Esprit du Seigneur, là se trouve la liberté*[4] véritable. Je ne veux donc pas que vous vous occupiez l'esprit de cette pensée de religion, sans vous exclure d'embrasser ce saint état dans les occasions que la divine Providence me fera connaître.

Pour ce qui regarde votre conscience et votre intérieur, il faut attendre que je sois à Meaux plus en liberté de m'y appliquer et d'écouter le Saint-Esprit sur votre sujet*b*.

Dites à ma Sœur N***[5] que le vrai temps d'expier

a. Ledieu s'est borné à résumer cet alinéa, sans le transcrire. — b. Ledieu n'a pas transcrit cette phrase.

2. *Autant que... autant*, comme : autant... autant (Cf. t. III, p. 149).

3. *La religion*, ordre religieux.

4. II Cor., iii, 17.

5. Peut-être Sœur André, à qui Mme Cornuau paraît avoir été particulièrement attachée.

ses péchés et de goûter la grâce du pardon, est celui
de la maladie, pendant que cette *épine*⁶ nous perce et
nous pénètre, que la main de Dieu est sur nous, et
qu'il nous impose lui-même notre pénitence selon
la mesure de son infinie miséricorde. Récitez-lui à
genoux aux pieds*ᶜ* de son lit, dans cet esprit, le
Psaume xxxi, *Beati quorum,* etc.; et dites-lui ce
que Dieu vous inspirera pour la consoler, pendant
qu'elle ne se peut dire à elle-même tout ce qu'elle
voudrait bien.

Je prie Dieu, ma Fille, qu'il soit avec vous.

---

589. — A Mᵐᵉ DE BERINGHEN.

A Paris, 14 mars 1691.

Il y a longtemps que j'ai donné l'ordre pour envoyer au P. de La Forge¹ les pouvoirs que vous sou-

---

c. Aux pieds est la leçon de Ledieu comme des manuscrits. Deforis a corrigé : *auprès.*

6. Ce mot est souligné dans la transcription de Ledieu. Allusion
à Ps. xxxi, 4.

Lettre 589. — L. a. s. Archives de Saint-Sulpice. Publiée pour
la première fois dans l'édition de Versailles, t. XLIII. Suppl., p. 16.

1. Le P. Grégoire de La Forge, après avoir fait profession chez les
trinitaires de la stricte observance, était passé à l'ancienne observance.
Il devait être alors ministre à la maison de Fontainebleau et vicaire du
Général, le P. Teissier. A la mort de celui-ci (8 janvier 1693), il fut
nommé *custos*, puis, le 7 novembre 1693, élu général. Il se donna beaucoup de peine pour réduire sous son obéissance les trinitaires étrangers,
et n'y parvint que par des concessions qui soulevèrent contre lui les
religieux français. En 1705, il donna sa démission et fut réélu aussitôt
général de tout l'Ordre. Atteint d'hydropisie, il se rendit à Limay,
près de Mantes, pour suivre le traitement du médecin de Chaudrez,
dont nous parlerons plus tard ; c'est là qu'il mourut le 27 août 1706.

haitiez pour le P. de La Forge². S'il ne les a pas encore reçus, cette lettre lui suffira pour lui permettre, non seulement de prêcher, mais encore de confesser la communauté, et même les habitants de Faremoutiers et des lieux voisins, du consentement des curés, jusqu'à la Quasimodo inclusivement³. Voilà, Madame, ce que vous souhaitez ; et il ne me reste plus qu'à vous assurer du plaisir que j'ai à vous contenter.

J. Bénigne, é. de Meaux.

Suscription: A Madame Madame l'abbesse de Faremoutiers, à Faremoutiers⁴.

---

590. — Au Frère Armand, trappiste.

A Versailles, 17 mars 1691.

J'ai trop tardé, mon très cher Frère, à faire ré-

Il fut inhumé au couvent de Pontoise, et son cœur fut transporté à Fontainebleau. Il avait fait rendre la liberté à quatre-vingt-cinq chrétiens captifs des Maures (*Gallia christiana*, t. VIII, col. 1753).

2. Ici, Bossuet a dû avoir une distraction et écrire, au lieu du nom du trinitaire pour qui Mme de Beringhen avait demandé des pouvoirs, celui du supérieur à qui le prélat les avait envoyés.

3. C'est-à-dire jusqu'au 22 avril. Autrefois, le temps des pâques commençait au dimanche des Rameaux pour finir à celui de Quasimodo.

4. Cette suscription est de la main de Ledieu.

Lettre 590. — Cette lettre fut imprimée du vivant de Bossuet, mais non par ses soins ; toutefois il en a reconnu l'authenticité (Lettre du 25 février 1692). Elle était intitulée : *Lettre de M. l'Évêque de Meaux à Frère N., moine de l'abbaye de N., converti de la religion protestante à la religion catholique, sur l'adoration de la Croix,* Paris, 1692, in-4. Le religieux à qui elle fut adressée était né à Nîmes et s'était appelé dans le monde Pierre de Lorme. Après avoir abjuré

pouse à vos deux lettres et à votre écrit. La volonté
pourtant ne m'a pas manqué, et je vous ai eu continuellement présent; mais je n'ai trouvé qu'à présent
le loisir où j'eusse l'esprit tout à fait libre pour vous
répondre. Je commencerai par vous dire que l'ardeur que vous ressentez pour le martyre est un
grand don de Dieu; mais, ne s'en présentant point
d'occasion, il ne faut pas tant s'occuper de cette
pensée, qui pourrait faire une diversion aux occupations véritables que votre état demande de vous.
Songez que la paix de l'Église a son martyre. La vie
que vous menez vous donnera un rang honorable
parmi ceux qui ont combattu pour le nom de Jésus-
Christ; et tout ce que vous aurez souffert dans les

le protestantisme lors de la révocation de l'Édit de Nantes, il avait
passé à l'étranger pour retourner à sa première religion, puis il était
rentré en France avec l'intention de rechercher une nouvelle catholique
dont il était épris. Mais cette jeune personne ayant repoussé ses avances
et même pris le voile, il fut atteint d'une dangereuse maladie durant
laquelle il fit des réflexions qui le conduisirent à la Trappe. Il prononça ses vœux dans ce monastère, le 26 avril 1689, sous le nom de
Frère Armand, qui était celui de l'abbé de Rancé, et auquel il ajouta
celui de Climaque. Il fut occupé à la porte du monastère et chargé
du soin des étrangers. Mais sa ferveur ne dura pas longtemps. Après
avoir importuné du soin de sa santé le P. Abbé, il fut envoyé à Perseigne, qu'on appelait « l'infirmerie de la Trappe ». Il noua ensuite
une intrigue galante, et finit même par gagner la Suisse et embrasser
de nouveau la religion de Calvin ; il mourut maître d'école à Genève.
(Cf. Rancé, *Conférences ou instructions sur les épîtres et évangiles des
dimanches*, Paris, 1698, 4 vol. in-12, t. II, p. 344-374 ; *Relations
de la vie et de la mort de quelques religieux de la Trappe*, Paris, 1755,
5 vol. in-12, t. I, p. 357; Le Nain de Tillemont, *Lettre au R. P. A.
Le Bouthillier de Rancé*, Nancy, 1705, in-12, p. 130 et suiv. ; D. Serrant, *l'Abbé de Rancé et Bossuet*, p. 345-352 ; *Liste des religieux qui
ont fait profession à la Trappe* (1662-1745), à la Bibliothèque de Rouen,
ms. 2 238; Bibl. Nationale, f. fr. 20 945, f° 22 ; Lettres de J.-B. Thiers,
dans le *Bulletin des comités historiques*, t. III, p. 255, 2 mai 1695).

exercices de la pénitence, vous prépare une couronne qui approche fort de celle du martyre. Saint
Paul vous a marqué quelque chose de plus excellent
que le martyre même, lorsqu'il a fait voir en effet
quelque chose de plus grand dans la charité. Je vous
montrerai, dit-il[1], une voie plus excellente ; c'est
celle de la charité, dont vous tirerez plus de fruit
que vous n'en auriez quand vous auriez livré tous
vos membres les uns après les autres à un feu con-
sumant. Prenez donc cette couronne, mon cher
Frère, et consolez-vous en goûtant les merveilles et
les excellences de la charité, comme elles sont
expliquées dans cet endroit de saint Paul.

Je n'ai su que par votre lettre la disposition que
votre saint abbé a faite de votre personne pour vous
envoyer à l'abbaye de F.[2] Ce qui me console le
plus dans cet emploi, c'est l'attrait que je vois subsister dans votre cœur pour votre chère retraite, où
Dieu vous a conduit par des voies si admirables :
c'est là votre repos et votre demeure ; c'est là que
vous trouverez la manne cachée et la véritable consolation de votre âme dans le désert ; il n'y a pas
de lieu sur la terre qui soit plus cher aux enfants de
Dieu.

Votre grand écrit me fait voir la continuation de
votre zèle pour la foi catholique, et la sainte horreur
que Dieu vous inspire des conduites[3] de l'hérésie ;

1. I Cor., xii, 31, et xiii, 1 et suiv.
2. On ne voit pas que le Frère André ait été envoyé ailleurs qu'à
Perseigne. Dans l'impression, *F* a pu être mis par erreur pour *P*.
3. *Conduites*, procédés.

elle se sera beaucoup augmentée depuis que vous aurez su tout ce qui se passe dans les pays qui se glorifient du titre de réformés. Je ne doute point, mon cher Frère, qu'en voyant l'orgueil des méchants, vous n'attendiez avez foi ce jour affreux où Dieu anéantira dans sa cité cette image⁴ fragile de bonheur qui les éblouit, et que vous ne disiez souvent en vous-même : *Que sert à l'homme de gagner* ou de conquérir, non pas un royaume, mais tout *l'univers, s'il perd son âme*⁵ ? La belle conquête, mon cher Frère, que de se gagner soi-même pour se donner à Dieu tout entier!

Pour venir maintenant à la matière que vous désirez que je traite, qui est celle de l'adoration de la croix, la difficulté ne peut être que dans la chose ou dans les termes. Dans la chose, il n'y en a point : on se prosterne devant les rois, devant les prophètes, devant son aîné, comme fit Jacob devant Ésaü, devant les anges, devant les apôtres. S'ils refusent quelquefois cet honneur, les saints ne laissent pas de continuer à le leur rendre; et il n'y a rien de mieux établi dans l'Écriture que cette sorte de culte.

Si on dit qu'on ne se prosterne pas de même devant les choses inanimées, cela est manifestement combattu par tous les endroits où il paraît qu'on se prosternait devant l'arche⁶, comme devant le mémorial de Dieu. Daniel, en lui faisant sa prière, se tour-

---

4. Psal. LXXII, 20.
5. Matt., XVI, 26.
6. Jos., VII, 6.

nait vers le lieu où avait été le Temple[7]. La croix de
Jésus-Christ est bien un autre mémorial, puisqu'elle
est le glorieux trophée de la plus insigne victoire
qui fut jamais. Quand Jésus-Christ a parlé de la
croix, en disant qu'il la faut porter[8], il renferme
sous ce nom toutes les pratiques de la pénitence
chrétienne, c'est-à-dire de toute la vie d'un chrétien,
puisque la vie chrétienne n'est qu'une continuelle
pénitence. Quand saint Paul dit qu'il ne veut se glorifier que dans la croix de Jésus-Christ[9], il a aussi
compris sous ce nom toutes les merveilles du Sauveur, dont la croix est l'abrégé mystérieux. A la vue
de tant de merveilles ramassées dans le sacré symbole de la croix, tous les sentiments de piété et de
foi se réveillent : on est attendri, on est humilié, et
ces sentiments de tendresse et de soumission portent
naturellement à en donner toutes les marques à la
vue de ce sacré mémorial ; on le baise par amour
et par tendresse, on se prosterne devant par une
humble reconnaissance de la majesté du Sauveur,
dont la gloire était attachée à sa croix.

Lorsque, dans mon *Exposition*, j'ai parlé de s'incliner devant la croix[10], j'ai compris sous ce seul mot
toutes les autres marques de respect ; et j'ai voulu
confondre les hérétiques, qui n'oseront imputer à
idolâtrie cette humble marque de soumission envers
le Sauveur, à la vue du sacré signal où se renferme

---

7. Dan., VI, 10.
8. Matt., XVI, 24.
9. Galat., VI, 14.
10. *Exposition de la doctrine de l'Église catholique*, V.

l'idée de la représentation de toutes ses merveilles.
Ce serait un trop grand aveuglement de supprimer
devant la croix tous les témoignages des sentiments
qu'elle fait naître dans les cœurs ; mais si l'on a raison d'en faire paraître quelques-uns, on ne saurait
porter trop loin cette démonstration de son respect.
De sorte que, d'un côté, c'est une extrême folie de
n'oser incliner la tête devant ce précieux monument
de la gloire de Jésus-Christ ; et, de l'autre, ce n'en est
pas une moindre de n'oser porter son respect jusqu'à
la génuflexion et jusqu'au prosternement, puisque
Jésus-Christ, à qui se terminent ces actes de soumission, mérite jusqu'aux plus grands.

On ne pouvait choisir un jour plus propre à lui
rendre ces honneurs que celui du Vendredi saint :
tout l'appareil de ce jour-là ne tend qu'à faire sentir
aux fidèles les merveilles de la mort de Jésus-Christ ;
l'Église les ramasse toutes en montrant la croix, où,
comme dans un langage abrégé, elle nous dit tout ce
que le Sauveur a fait pour nous : on les voit toutes
dans ce seul signal, et comme d'un coup d'œil ; et de
même que ce sacré caractère nous dit comme de la
part de Jésus-Christ tout ce qu'il a fait pour nous,
nous lui disons de notre côté, par les actes simples
de (sic) prosternement et du saint baiser, tout ce
que nous sentons pour lui. Des volumes entiers ne
rempliraient[11] pas ce qui est exprimé par ces deux
signes : par celui de la croix, qui nous dit tout
ce que nous devons à notre Sauveur, et par celui

---

11. Dans le sens de remplir parfaitement l'idée exprimée, de con-
tenir tout ce qui est exprimé par ces deux signes.

de nos soumissions, qui expriment au dehors tout ce que nous sentons pour lui.

J'ai souvent représenté à ces aveugles chicaneurs l'honneur que nous rendons en particulier et en public au livre de l'Évangile : on porte les cierges devant, on se lève par honneur quand on le porte au lieu d'où on le fait entendre à tout le peuple ; on l'encense ; on se tient debout en signe de joie et d'obéissance pendant qu'on en fait la lecture ; on le donne à baiser, et on témoigne par tout cela son attachement, non pas à l'encre et au papier, mais à la vérité éternelle qui nous y est représentée. Je n'en ai encore trouvé aucun assez insensé pour accuser ces pratiques d'idolâtrie. Je leur dis ensuite : Qu'est-ce donc que la croix, à votre avis, sinon l'abrégé de l'Évangile, tout l'Évangile dans un seul signal et dans un seul caractère ? Pourquoi donc ne la baisera-t-on pas ? et si on lui rend cette sorte d'honneur, pourquoi non les autres ? Pourquoi n'ira-t-on pas jusqu'à la génuflexion, jusqu'au prosternement entier ? *Je ne sais que Jésus, et Jésus crucifié*[12], disait saint Paul ; voilà donc tout ce que je sais ramassé et parfaitement exprimé dans la croix comme par une seule lettre. Tous les sentiments de piété se réveillant au dedans, me sera-t-il défendu de les produire au dehors dans toute l'étendue que je les ressens, et par tous les signes dont on se sert pour les exprimer ? En vérité, mon cher Frère, c'est être bien aveugle que de chicaner sur tout cela ; il ne faut

12. I. Cor., II, 2.

qu'une seule chose pour confondre ces esprits con-
tentieux : c'est que le culte extérieur n'est qu'un langage pour signifier ce qu'on ressent au dedans. Si
donc, à la vue de la croix, tout ce que je sens pour
Jésus-Christ se réveille, pourquoi, à la vue de la
croix, ne donnerais-je pas toutes les marques extérieures de mes sentiments? Et cela, qu'est-ce autre
chose que d'honorer la croix comme elle peut être
honorée, c'est-à-dire par rapport et en mémoire[13] de
Jésus-Christ crucifié?

Mais, de tous les actes extérieurs qu'on fait en
présence d'un si saint objet, celui qui lui convient le
mieux, c'est la génuflexion et le prosternement : car
la croix nous faisant souvenir de cette profonde
humiliation de Jésus-Christ jusqu'à la mort, et à la
mort de la croix, que pouvons-nous employer de
plus convenable à la commémoration d'un tel mystère, que la marque la plus sensible d'un profond
respect? et n'est-il pas juste que tout genou[14] flé-
chisse au signal comme au nom de Jésus, et dans
les cieux, et sur la terre, et jusques dans les enfers,
et non seulement *que toute langue confesse* en parlant, mais que tout homme, en se prosternant, reconnaisse par le langage de tout son corps que *le Seigneur Jésus est dans la gloire de Dieu son Père*[15]?

Voilà, mon cher Frère, ce qu'on fait quand on se
prosterne devant la croix. La vraie croix où le Sau-

---

13. Cette construction serait incorrecte aujourd'hui; il faudrait :
par rapport à Jésus-Christ crucifié et en mémoire de lui.

14. Bossuet écrit, comme on écrivait alors généralement, *genouil*,
qu'on prononçait *genou* (Chifflet, *Gramm.*, p. 209).

15. Phil, II, 10 et 11.

veur a été attaché et celles que nous faisons pour nous en conserver le souvenir, attirent les mêmes respects, comme elles excitent les mêmes sentiments ; et il n'y a de différence que dans les degrés, c'est-à-dire du plus au moins, étant naturel à l'homme d'augmenter les marques de son respect et de son amour, selon qu'il est plus ou moins touché au dedans, et que les objets qui se présentent à ses sens sont plus propres à lui réveiller le souvenir de ce qu'il aime.

Les protestants demandent qui est-ce qui a requis ces choses de nos mains (*sic*), et traitent ce culte de superstitieux, parce qu'il n'est pas commandé ; et ils sont si grossiers, qu'ils ne songent pas que, le fond de ces sentiments étant commandé, les marques si convenables que nous employons non seulement pour les exprimer, mais encore pour les exciter, ne peuvent être que louables et agréables à Dieu et aux hommes. Qui est-ce qui nous a ordonné de célébrer la Pâque en mémoire de la résurrection de notre Sauveur, la Pentecôte en mémoire de la descente du Saint-Esprit et de la naissance de l'Église, la Nativité de Notre-Seigneur et les autres fêtes, tant de Jésus-Christ que de ses saints ? Il n'y en a rien d'écrit. Hommes grossiers et charnels, qui n'avez que le nom de la piété, appellerez-vous du nom de superstition une si belle partie du culte des chrétiens, sous prétexte qu'elle n'est pas ordonnée dans l'Écriture ? Le fond en est ordonné : il est ordonné de se souvenir des mystères de Jésus-Christ, et, par la même raison, de conserver la mémoire des vertus de ses serviteurs, comme d'autant de merveilles de sa

grâce et d'exemples pour exciter notre piété. Le fond
étant ordonné, qu'y avait-il de plus convenable que
d'établir de certains jours, qui, par eux-mêmes et
sans qu'il soit besoin de parler, excitassent les fidèles à se souvenir de choses si mémorables? La chose
étant si bonne, les signes qu'on institue pour en perpétuer et renouveler le souvenir ne peuvent être que
très bons. Appliquez ceci à la croix et aux saintes
cérémonies par lesquelles nous l'honorons, vous y
trouverez la même chose, parce que vous n'y trouverez que des moyens non seulement très innocents, mais encore très convenables pour réveiller
le souvenir de la mort salutaire de Jésus-Christ,
avec tous les sentiments qu'elle doit exciter.

Voilà pour ce qui regarde les choses; après quoi
c'est une trop basse chicane de disputer des mots.
En particulier, celui d'adorer a une si grande étendue, qu'il est ridicule de le condamner, sans en
avoir auparavant déterminé tous les sens. On adore
Dieu, et, en un certain sens, on n'adore que lui seul;
on adore le Roi; on adore l'escabeau des pieds du
Seigneur, c'est-à-dire l'arche; on adore la poussière
que les pieds des saints ont foulée et les vestiges de
leurs pas; on se prosterne devant; on les lèche, pour
ainsi dire; et Jacob adora le sommet du bâton de
commandement de Joseph, comme saint Paul l'interprète[16]. Voilà pour les expressions de l'Écriture:
en les suivant, les Pères ont dit qu'on adore la crè-
che, le sépulcre, la croix du Sauveur, les clous qui

16. I. Reg., xxiv, 9; Ps., xcviii, 5; Is., xlix, 23; lx, 14; Hebr.,
xi, 21.

l'ont percé, les reliques des martyrs et les gouttes de leur sang, leurs images et les autres choses animées et inanimées. Avant que de condamner ces expressions, il faut distribuer le terme d'adoration à chaque chose selon le sens qui lui convient ; et c'est ce que fait l'Église en distinguant l'adoration souveraine d'avec l'inférieure, et la relative d'avec l'absolue, avec une précision que les adversaires eux-mêmes, et entre autres le ministre Aubertin[17], sont obligés de reconnaître. Personne n'ignore les passages des anciens, où il est expressément porté qu'on adore l'Eucharistie. Ces Messieurs l'expliquent d'une adoration respective qu'on lui rendait, selon eux, comme étant représentative de Jésus-Christ ; en quoi certainement ils se trompent, puisque, s'il était ici question de rapporter ces passages, on y verrait clairement qu'on adore l'Eucharistie de l'adoration qui est due à la personne de Jésus-Christ, qu'on y reconnaît présente. Mais, quoi qu'il en soit, il est certain que la moindre adoration qu'on lui pût rendre était la relative, qui par conséquent demeure incontestable.

Selon cette distinction, l'on doit dire que Dieu seul est adorable, parce qu'il l'est avec une excellence qui ne peut convenir qu'à lui ; on dit dans le même sens qu'il est seul digne de louange, seul aimable, seul immortel, seul sage, parce qu'encore que ses créatures participent en quelque façon à

---

17. Edme Aubertin (1595-1652), l'un des plus savants ministres de Charenton. Son principal ouvrage est *l'Eucharistie de l'ancienne Église*, Genève, 1633, in-fol.

toutes ces choses, ce n'est qu'en lui, ce n'est que par lui, ce n'est que par rapport à lui : il faut donc s'expliquer avant que de condamner, et ne pas chicaner sur les mots.

C'est ce qui fait l'explication du passage de saint Ambroise[18] que vous alléguez, et le parfait dénouement de tous les passages qui semblent contraires en cette matière. Ce grand docteur, en parlant de sainte Hélène, mère de Constantin, dit qu'ayant trouvé la vraie croix où Jésus-Christ avait été attaché, elle adora le Roi, et non pas le bois. Il a raison : personne n'adore le bois ; sa figure est ce qui le rend digne de respect, non à cause de ce qu'il est, mais à cause de ce qu'il rappelle à la mémoire. Le même saint Ambroise n'a pas laissé de dire ailleurs[19] qu'on adore dans les rois la croix de Jésus-Christ. On adore donc la croix, et on ne l'adore pas, à divers égards. On l'adore, car c'est devant elle qu'on fait un acte extérieur d'adoration quand on se prosterne. On ne l'adore pas, car l'intention et les mouvements intérieurs, qui sont le vrai culte, vont plus loin et se terminent à Jésus-Christ même.

Saint Thomas[20] attribue à la croix le culte de latrie, qui est le culte suprême ; mais il s'explique en disant que c'est une latrie respective, qui dès là, en elle-même, n'est plus suprême, et ne le devient que parce qu'elle se rapporte à Jésus-Christ. Le fondement de ce saint docteur, c'est que le mouvement

18. *De obitu Theodosii oratio*, 46 [P. L., t. XVI, col. 1401].
19. *Ibid.*, 48 [col. 1402].
20. III, quæst. 25, art. 4.

qui porte à l'image est le même que celui qui porte à l'original, et qu'on unit ensemble l'un et l'autre. Qui peut blâmer ce sens? Personne sans doute. Si l'expression déplaît, il n'y a qu'à la laisser là, comme a fait sans hésiter le P. Petau[21], car l'Église n'a pas adopté cette expression de saint Thomas ; mais on serait bien faible et bien vain, si on est étonné de choses qui ont un sens si raisonnable. En vérité, cela fait pitié, et quand on songe que ces chicanes sont poussées jusqu'à rompre l'unité, cela fait horreur.

Ceux qui vous ont dit qu'on devait honorer ou adorer tout ce qui sortait du corps de Jésus-Christ, n'ont pas pris de justes idées de ce qu'on honore, d'où il faut exclure tout ce qui a certaines indécences. Mais qu'on ne doive honorer tout ce qui serait sorti du corps du Sauveur par l'amour qu'il avait pour nous, et qui servirait par conséquent à nous faire souvenir de cet amour, comme les larmes et le sang qu'il a versé pour nos péchés, comme les sueurs que ses saints et continuels travaux lui ont causées, et les autres choses de cette nature, on ne le peut nier sans être insensible à ses bontés. Savoir s'il reste quelque part ou de ce sang, ou de ces larmes[22], c'est ce que l'Église ne décide pas ; elle

21. *Theolog. dogmata*, l. xv, c. xvii, 2 (dans l'édit. de Paris, 1867, in-4, t. VII, p. 269). Le P. Denis Petau, en latin *Petavius* (1583-1652), de la Compagnie de Jésus, savant théologien et chronologiste ; il est connu surtout par son *De doctrina temporum*, Paris, 1627, 2 vol. in-fol., et par ses *Theologica dogmata*, Paris, 1644-1650, 5 vol. in-fol.

22. La plus célèbre relique de ce genre était la sainte larme de Vendôme, qui fut défendue en 1700 par Mabillon contre J.-B. Thiers, curé de Vibraye et ami de Rancé.

tolère même sur ce sujet-là les traditions de certaines églises, sans qu'on doive se trop soucier de re-
monter à la source : tout cela est indifférent, et ne
regarde pas le fond de la religion. Je dois seulement
vous avertir que le sang et les larmes qu'on garde
comme étant sortis de Jésus-Christ, ordinairement
ne sont que des larmes et du sang qu'on prétend
sortis de certains crucifix dans des occasions particulières, et que quelques églises ont conservés en
mémoire du miracle : pensées pieuses, mais que
l'Église laisse pour telles qu'elles sont, et qui ne font
ni ne peuvent faire l'objet de la foi.

Je suis bien aise, mon cher Frère, que vous receviez cette lettre avant le Vendredi saint[23], non que
je croie que vous hésitiez sur l'adoration de la croix
(vous êtes en trop bonne école pour cela), mais afin
que vous la pratiquiez avec de plus tendres sentiments, en regardant tout le mystère de Jésus-Christ
ramassé dans la seule croix, et tous les sentiments
de la piété ramassés dans l'honneur que vous lui
rendez.

C'est là, mon cher Frère, que vous puiserez un
invincible courage pour souffrir jusqu'à la fin le
martyre où vous engage votre profession, vous
contentant de la part que Jésus-Christ vous veut
donner à ses souffrances et à sa couronne. C'est là
que vous formerez une sainte résolution de porter
votre croix tous les jours ; et ce joug, que votre
Sauveur a mis sur vos épaules, vous sera doux[24].

23. Cette année, le vendredi saint tombait le 13 avril.
24. Cf. Matth., xi, 30.

C'est là enfin que vous serez embrasé d'un saint et immuable amour pour Jésus-Christ, qui a porté vos péchés sur le bois, qui vous a aimé et qui a donné sa vie pour vous ; et vous lui rendrez d'autant plus d'honneur que l'état où vous le verrez sera plus humiliant.

Demandez à votre cher Père ma Lettre pastorale aux fidèles de mon diocèse[25] : vous y trouverez beaucoup de difficultés sur le culte extérieur résolues, si je ne me trompe, assez nettement.

J'aurai soin de vous envoyer tous mes ouvrages aussitôt qu'on le pourra, puisque vous le souhaitez.

J'adresse cette réponse au monastère de N. [la Trappe], où je présume que vous pourrez être de retour, et d'où, en tout cas, votre cher Père voudra bien vous l'envoyer. Rendez-vous digne de porter son nom et de la tendre amitié dont il vous honore : quand il trouvera à propos de vous élever aux ordres, nonobstant votre répugnance, je lui offre de bon cœur ma main, et je réglerai volontiers sur cela les voyages que je ferai à N. [la Trappe], qui est assurément le lieu du monde où je m'aime le mieux après celui auquel Dieu m'a attaché.

A vous de tout cœur et sans réserve, mon très cher Frère et fidèle ami.

J. Bénigne, é. de Meaux.

25. *Lettre pastorale de Mgr l'Évêque de Meaux aux nouveaux catholiques de son diocèse pour les exhorter à faire leurs pâques*, Paris, 1686, in-4.

591. — J. Gerbais a Bossuet.

A Paris, le 18 mars 1691.

Monseigneur,

Je vous cherchai deux fois la semaine dernière à Paris, mais sans avoir le bonheur de vous rencontrer. C'était, Monseigneur, pour pouvoir vous entretenir au sujet de M. Dupin[1],

Lettre 591. — L. a. s. Collection de M. Dumas, supérieur du Collège de Bazas, à Bordeaux. — Il a été parlé de Gerbais dans notre tome II, p. 284.

1. Au XVIIe siècle, Dupin était écrit en un seul mot. Louis Ellies, né à Paris le 17 juin 1657, de Louis Ellies, sieur du Pin, et de Marie Vitart. Par son aïeule maternelle, Claude des Moulins, il était cousin issu de germain du poète Racine, petit-fils lui-même de Marie des Moulins. D'une intelligence précoce et facile, il étudia au collège d'Harcourt, puis à la Sorbonne, obtint le cinquième rang à la licence de 1684 et prit le bonnet le 1er juillet de la même année. Il fut professeur en philosophie au Collège royal. Tout en conservant des relations mondaines, il fut un travailleur acharné. Il entreprit de bonne heure un ouvrage immense et dont la parfaite exécution dépassait les forces d'un seul homme : *Nouvelle bibliothèque des Auteurs ecclésiastiques, contenant l'histoire de leur vie, le catalogue, la critique et la chronologie de leurs ouvrages, le sommaire de ce qu'ils contiennent, un jugement sur leur style et sur leur doctrine et le dénombrement des différentes éditions,* Paris, 1686-1704, 58 vol. in-8. Cet ouvrage a été mis à l'Index (1693 et 1757), et aussi condamné en France. La critique y a relevé bien des inexactitudes. L'auteur, par son esprit mordant, non moins que par sa facilité à s'écarter des opinions reçues, s'était fait des adversaires parmi les docteurs de Paris, et son gallicanisme ardent l'avait rendu odieux à Rome. A l'occasion du *Cas de conscience,* il se vit (mars 1703) enlever sa chaire et fut exilé à Châtellerault, d'où il revint (octobre 1704) après s'être rétracté. Il fut l'un des adversaires les plus acharnés de la bulle *Unigenitus.* Il entretint des relations avec Guillaume Wake en vue d'une réunion de l'Église anglicane à l'Église de France et s'occupa aussi d'un projet du même genre concernant la Russie, dont il fut question lors du voyage de Pierre le Grand à Paris. Ellies du Pin mourut dans la gêne à Paris, le 6 juin 1719. Il a écrit beaucoup d'ouvrages, dont on trouvera la liste au tome II de Niceron. Il a

notre confrère, qui est désolé d'avoir eu le malheur de vous déplaire en ce qu'il a écrit du sentiment, ou plutôt des manières de parler de certains Pères des premiers siècles, sur la matière du péché originel[2]. Il prétendait, Monseigneur, en faisant la critique de ces Pères, avoir suffisamment mis à couvert le dogme, ayant dit que c'était cependant le sentiment et la doctrine commune de l'Église, que les enfants naissaient coupables[3]. Mais si vous jugez que cela ne suffise pas, et qu'on puisse faire un mauvais usage de ses critiques nonobstant cette précaution, il se soumet à réparer et à réformer ce qui pourrait être pris contre ses intentions, et à donner des éclaircissements dont vous serez vous-même l'arbitre[4].

en outre édité les *Dialogues posthumes sur le quiétisme*, par La Bruyère, Paris, 1699, in-12, et les Œuvres de Gerson, Amsterdam, 1703, 5 vol. in-fol. (Et. Jordan, *Recueil de philosophie et d'histoire*, Amsterdam, 1730, in-12 ; *Correspondance de Quesnel*. édit. de Mme Le Roy, 1900, t. I ; *Mémoires* de Legendre, p. 160 ; Ledieu, t. I, II et III ; Ellies du Pin, *Bibliothèque des auteurs du XVIIe siècle*, t. VI ; R Simon, *Lettres*, t. I, p. 338 et *Critique de la Bibliothèque des auteurs ecclésiastiques*, Paris, 1730, 4 vol. in-8 ; Mémoires de Saint-Simon, à l'année 1719 ; Archives Nationales G⁸ 767).

2. Bien que grand admirateur d'Arnauld, du Pin, sur les questions de la grâce et du péché originel, était plutôt disciple de Launoi, et croyait que les Pères grecs ne les ont pas considérées au même point de vue que les Pères latins. Bossuet a combattu cette idée dans sa *Défense de la Tradition et des Saints Pères*.

3. *Nouvelle Bibliothèque des Auteurs ecclésiastiques*, t. I, Paris, 1686, in-8, p. 611, et 2e édit., Paris, 1688, in-8, p. 689 (Cf. p. 475 de la 1re édit., et p. 574 de la 2e).

4. Sur ce point particulier, l'opinion d'Ellies du Pin fut relevée par D. Petit-Didier, *Remarques sur la Bibliothèque des auteurs ecclésiastiques*, t. I, Paris, 1691, in-8, p. 44 et suiv. Cependant du Pin ne se corrigea pas, mais s'expliqua dans le tome V de son ouvrage (Paris, 1691, in-8, avec une Réponse aux Remarques de D. Petit-Didier, p. 50-60) « Je ne nie pas absolument que les anciens Pères n'aient reconnu le péché originel, et j'avoue que c'était la doctrine commune de l'Église. Mais je dis que, quoiqu'ils aient reconnu les peines et les plaies qui ont suivi le péché d'Adam, la mort, la cupidité,... ils ne se sont pas si clairement expliqués sur la damnation des enfants morts sans baptême, et que saint Cyprien est le premier qui en ait parlé formellement. » Cette explication fut loin de satisfaire

Il m'a prié, Monseigneur, de vous faire connaître sa disposition; et je le fais d'autant plus volontiers que je suis persuadé qu'il est bon de calmer cette petite tempête, pour ne
pas donner occasion à nos frères errants de dire que les habiles gens parmi les catholiques, ne sont pas d'accord sur le
péché originel[5]. D'ailleurs M. Dupin, qui consacre sa vie au
travail, et qui peut être utile à l'Église, mérite bien d'être un
peu ménagé; et ce serait dommage de le flétrir ou de le bar-
rer dans sa course, en montrant surtout tant de docilité. J'espère, Monseigneur, que vous y aurez quelque égard; et que,
si le zèle que vous avez pour la vérité est grand, votre charité
ne sera pas moindre. Si vous ne rejetez pas tout à fait la proposition que je vous fais, nous aurons l'honneur, M. Dupin et
moi, de vous voir au premier voyage que vous ferez à Paris, pour
prendre les mesures que vous jugerez les plus convenables, et
recevoir vos ordres, que j'exécuterai, en ce qui sera de moi,
avec une fidélité parfaite, comme je suis avec un respect très
parfait, Monseigneur, votre très humble et très obéissant
serviteur.

GERBAIS.

---

592. — A UNE RELIGIEUSE DE JOUARRE.
(Fragment.)

[Mars 1691.]

Vous ne devez point appréhender que vos peines
me rebutent : elles ont quelque chose de fort caché ;

Bossuet ; aussi du Pin dut-il chercher à l'apaiser, comme on le verra
dans les lettres de l'année 1692.

5. L'ouvrage d'Ellies du Pin était revêtu de l'approbation des docteurs Blampignon, Hideux, Ph. Dubois et de Rivière.

Lettre 592. — Fragment a. s. et copie, au British Museum, ms.
24421. — Ce fragment de lettre a été publié deux fois par Deforis
et par les éditeurs qui ont suivi, d'abord parmi les lettres de 1691
(t. XII, p. 25), d'après une copie faite par Mme d'Albert elle-même

mais cela même m'encourage, parce que l'œuvre de Dieu, qui est la sanctification des âmes, doit être conduit parmi les ténèbres et dans un esprit de foi et d'abandon, tant du côté des directeurs que de celui des pénitents. Allez donc *de foi en foi,* et *en espérance contre l'espérance*[1].

Je salue Mmes de Fiesque, de Lusancy, de Rodon, etc.

J. Bénigne, é. de Meaux.

---

593. — A Mme d'Albert.

A Meaux, 8 avril 1691.

J'ai été bien aise, ma chère Fille, de voir dans votre lettre quelque chose qui me marque un plus grand calme. Vous pouvez, sans vous opposer aux desseins de Dieu, souhaiter que vos peines cessent, et reconnaître la grâce de Dieu et une grande miséricorde, en vous mettant sous la conduite particulière de votre évêque, à qui il inspire dans le même

sur le dos d'une lettre que Bossuet lui avait écrite le 7 février 1691. Elle le fait précéder de cette indication : *Pendant le carême de même année* (les Bénédictins ont imprimé : *Sur la fin du carême de cette année*). Ce fragment doit donc être du mois de mars 1691. Deforis, sans s'en douter, l'a publié une seconde fois, d'après l'autographe, parmi les fragments sans date rejetés à la fin des lettres à Mme d'Albert (t. XII, p. 372). La copie ne contenait point la dernière phrase ni la signature. Au bas de cette feuille, qui paraît être la troisième ou la cinquième page d'une lettre, on lit : « Mme d'Albert ». La partie supérieure a été coupée et laisse voir encore quelque trace d'écriture.

1. Rom., I, 17 et IV, 18.

Lettre 593. — L. a. s British Museum, ms. 24 421.

temps un infatigable désir de vous faire marcher dans ses voies.

Il est vrai, sur le sujet des capucins, que je ne voudrais pas qu'on en fît un ordinaire[1] ; mais il est vrai aussi que je n'ai pas cru qu'on dût révoquer leurs pouvoirs[2], et on y peut aller[3] tant qu'il n'y a point de révocation. Au surplus, je serai très aise qu'on s'en tienne, autant qu'on pourra, aux confesseurs ordinaires. Je ne change pourtant rien à cet égard à votre conduite particulière, et je vous laisse entièrement à votre liberté[4].

J'aurai soin de vous envoyer tout ce que je vous ai promis ; mais ce ne peut être encore pour cette fois[5].

Je crois que je trouverai parmi mes papiers une copie de ma lettre à Mme la Prieure[6]. On n'excommunie pas comme cela par lettres. Mais en serait-on quitte pour tenir une lettre bien cachetée ?

Vous pouvez vous assurer, ma Fille, que je vous offrirai à Dieu très particulièrement durant ces saints jours[7].

J. Bénigne, é. de Meaux.

1. C'est-à-dire qu'on fît d'un capucin un confesseur ordinaire de l'abbaye.

2. Les pouvoirs qui leur avaient été donnés pour confesser les religieuses à titre extraordinaire.

3. On peut aller se confesser à eux.

4. Il est probable que Mme d'Albert avait pour confesseur un capucin, et qu'on lui avait fait à ce propos des difficultés.

5. Cette phrase a été omise par les éditeurs.

6. Sans doute la lettre que Bossuet avait écrite le 4 mars 1690 à Mme de La Croix, prieure de Jouarre, et qu'on a pu lire, p. 57.

7. Pendant la semaine sainte : Pâques tombait cette année-là le 15 avril.

Je n'ai rien appris de nouveau sur le sujet de M. votre neveu[8]; je vous manderai ce que j'en saurai[9].

Ne pourriez-vous point dire confidemment à Mme de Giry[10], que je vous ai priée de la faire souvenir de la promesse qu'elle m'a déjà faite, de se défaire promptement de ce chien qui importune la communauté?

Je vous prie de dire à Mme Gobelin[11], que j'ai reçu sa lettre et que je ferai ce qu'il faudra.

------

594. — A Mme D'ALBERT.

A Meaux, 10 avril 1691.

Vous avez très bien résolu le cas de conscience: il n'y a nul doute que la permission de l'évêque ne suffise pour autoriser un confesseur, quelque contradiction qu'une abbesse y puisse apporter; cela n'a aucune difficulté.

8. Honoré-Charles d'Albert, duc de Montfort, fils de Charles-Honoré d'Albert de Luynes et de Jeanne-Marie Colbert (1669-1704), avait été blessé au siège de Mons, le 1er avril 1691.

9. Les éditeurs n'ont pas donné cette phrase.

10. Bossuet écrit: *Giri*. Sœur Marie-Madeleine de Veilhan de Giry avait fait profession dans l'abbaye de Saint-Corentin-les-Mantes, au diocèse de Chartres, d'où elle avait été, suivant l'obédience de l'évêque, transférée à Jouarre, vers 1683 (Archives Nationales, X¹A 6 298, f⁰ 68 v⁰). Elle était fille d'Antoine de Veilhan (ou Veillan), baron de Giry, en Nivernais, et d'Antoinette de Vienne, qui testa le 21 mars 1653, et qui était sœur de Marie de Vienne, abbesse de Saint-Corentin (Bibl. Nationale, Pièces originales).

11. Sur Mme Gobelin, on peut voir p. 142.

Lettre 594. — L. a. non signée. Grand Séminaire de Meaux

Vous verrez, dans la lettre à Mme votre sœur[1], ce que je mande pour la prière. Que deviendrait le saint homme Job, si les maladies et les peines étaient des marques du courroux de Dieu? C'était l'erreur des amis de ce saint homme; Jésus-Christ les a réfutés par sa croix. Au contraire, les tentations et les souffrances sont la marque de la volonté de Dieu, et seront pour nous des sources de grâces.

Notre-Seigneur soit avec vous, ma Fille.

---

595. — Louis XIV a Bossuet.

Je suis persuadé que la prise de Mons[1] et mon retour à Versailles vous feront plaisir. Je vous ai dit, devant que de partir, que je ne souhaitais pas que l'abbé Girard[2] retournât auprès du comte de Toulouse[3], et que je vous ferais savoir

1. Cette lettre n'existe plus.

Lettre 595. — Publiée par Deforis, t. X, p. 582 ; reproduite par Bausset (livre V, § xi), qui assure l'avoir transcrite sur l'original.

1. Mons s'était rendu le 9 avril.

2. Antoine Girard, fils de Jean Girard de Labournat et de Catherine Guerry, né à Clermont en Auvergne, le 9 juin 1656, avait obtenu le dixième rang à la licence de 1680 et pris le bonnet de docteur le 29 août suivant. Il fut précepteur du comte de Vexin qui mourut à dix ans et demi, le 10 janvier 1683, puis du comte de Toulouse. Il posséda l'abbaye de Pontlevoy de 1684 à 1698, et fut nommé à l'évêché de Toul, puis, avant d'en avoir reçu les bulles, à celui de Poitiers, dont il prit possession le 18 décembre 1698. Il mourut à Poitiers le 2 mars 1702, à l'âge de quarante-six ans. C'était un ami de Bossuet (Voir D. Bouillard, *Histoire de l'abbaye de Saint-Germain-des-Prés*, Paris, 1724, in-fol., p. 276; *Gallia Christiana*, t. II, col. 1210 et t. IV, col. 1388 ; Eug. Griselle, *Quelques documents sur Bossuet*, Arras, 1899, in-8, p. 20; Bossuet, lettre du 20 avril 1698).

3. Louis-Alexandre de Bourbon, comte de Toulouse (1678-1737),

mes intentions devant[4] que d'arriver. Faites-lui entendre ce que je désire, et l'assurez en même temps que j'aurai soin de lui[5]. Songez à quelqu'un pour mettre à sa place[6], afin que je puisse l'établir à mon arrivée, ou peu de jours après, auprès du Comte. Je serai à Versailles le mardi d'après Pâques[7], s'il n'arrive rien qui m'en empêche. Prenez vos mesures là-dessus, et croyez qu'on ne peut avoir plus d'estime que j'en ai pour vous, jointe à beaucoup de confiance.

Louis.

Au camp[8] près de Mons, ce 11 avril 1691.

---

596. — A Mme D'ALBERT.

A Meaux, ce Samedi saint [14 avril 1691].

J'ai double obligation à Mme de Harlay, et de m'avoir fait part d'un ouvrage que j'ai fort goûté, et de vouloir bien encore me savoir gré d'avoir bien reçu le présent dont elle m'a enrichi[1].

Je serai lundi à Luzarches[2] pour y voir le Roi sur

fils adultérin de Louis XIV et de Mme de Montespan, reçut à l'âge de cinq ans le titre d'amiral de France. Il faisait en 1691 sa première campagne, en compagnie du Roi.

4. Bausset : avant.

5. Voir la lettre de Bossuet à Pontchartrain, du 11 mai 1692.

6. Bossuet, croyons-nous, fit nommer dès lors Pierre de Langle, du diocèse d'Évreux, docteur de Navarre en 1670, qui figure en 1694, comme précepteur du comte de Toulouse, et fut évêque de Boulogne en 1698.

7. Louis XIV rentra à Versailles le 17 avril, mardi après Pâques.

8. Bausset met la date en tête de la lettre.

Lettre 596. — L. a. s British Museum, ms. 24421.

Cette lettre, datée du « samedi saint », a été assignée par les précédents éditeurs au 5 avril 1692. Cette date se lit en effet sur l'autographe, mais elle n'est pas de la main de Bossuet. Sachant que Louis XIV fut à Luzarches le lundi de Pâques, en 1691, nous devons croire que cette lettre de l'évêque de Meaux fut écrite le samedi précédent.

1. Cette phrase a été omise par les éditeurs. Sur Mme de Harlay, voir p. 161.

2. Luzarches, aujourd'hui chef-lieu de canton de l'arrondissement

son passage, et revenir ici le lendemain, s'il plaît à Dieu. Vous aurez de mes nouvelles avant mon départ, et vous m'obtiendrez par vos prières un prompt retour à mon devoir.

Puisse ce Jésus ressuscité, qui a triomphé des faiblesses de notre nature, vous tirer comme d'un tombeau de cette profonde mélancolie[3], afin que vous chantiez avec tous les saints cet *Alleluia,* qui fera un jour l'occupation de notre éternité !

Ne craignez rien, ma chère Fille, Dieu est avec vous[4].

J. Bénigne, é. de Meaux.

Suscription : Pour Madame d'Albert, à Jouarre.

---

597. — A Mᵐᵉ d'Albert.

A Meaux, 18 avril 1691.

Ils loueront, parce qu'ils aimeront; et ils aime-

de Pontoise. Louis XIV y passa le 16 avril 1691, revenant du siège de Mons à Versailles (Voir le *Journal* de Dangeau).

3. Les éditeurs : profonde et si noire mélancolie. Les mots : *et si noire* sont barrés sur l'autographe.

4. Ici les éditeurs ajoutent plusieurs lignes qui ne font point partie de cette lettre; elles ont été transcrites par Mme d'Albert d'une autre lettre, que nous n'avons plus, et écrite à une autre religieuse, peut-être aux environs de l'Ascension : « Pensez à monter au ciel avec Jésus-Christ par la partie sublime de l'âme et dans l'esprit de foi et de confiance; le reste sera plus tranquille. » (Voir la lettre du 19 mai 1697).

Lettre 597. — L. a. s. British Museum, ms. 24421. Lachat la date par erreur du 28 ; elle est du 18 avril (mercredi de Pâques), date qui, du reste, répond mieux au contenu, et qu'avait bien lue Deforis.

ront, parce qu'ils verront : c'est ce que dit saint Augustin[1], et c'est la source de cet éternel *Alleluia,* qui retentit du ciel jusqu'à la terre, par l'écoulement qui se fait en nous de la joie du ciel, dont notre foi et notre espérance renferment un commencement. C'est aussi pour cette raison que saint Paul nous avertit si souvent que nous devons être en joie[2]. Il n'est pas nécessaire que cette joie soit sensible ; elle est souvent renfermée dans des actes imperceptibles au sens.

Le simple abandon en Dieu est pour vous une des meilleures pratiques, en récitant l'office divin[3]. On ne fait que se tourmenter vainement la tête, en s'efforçant, en certains états, de faire des actes contraires à ce que la tentation nous demande. Un simple regard à Dieu, et laisser passer avec le moins d'attention qu'on peut à ces peines, c'est le mieux pour vous.

Ce que l'on commence par l'ordre de Dieu, comme de se confier à son évêque[4] et de se soumettre à sa conduite, doit être suivi persévéramment ; et les peines qui naissent de là sont une marque de la tentation, qui voudrait bien s'y opposer. Une douce et constante persévérance vaut mieux, en ce cas, que de se tuer à faire des actes pour combattre ces peines.

1. *In Psalm* cxlvii, 3 [P. L., t. XXXVII, col. 1916].
2. Par exemple Rom., xii, 12 ; II Cor., vi, 10 ; Phil., iv, 4.
3. Le bréviaire, que récitaient les religieuses de chœur.
4. Cet alinéa et les deux suivants se lisent dans une copie de la Bibl. Nationale (f. fr. 15181, p. 114) qui donne ici : se confier en son évêque.

Nous pourrons parler à fond de vos vœux[5] à la première vue[6] ; je pense même que nous [en] avons déjà parlé beaucoup. Je les suspens tous jusqu'à ce que j'en sois informé, et alors il y a beaucoup d'apparence que je vous en déchargerai tout à fait. Je vous laisse celui qui me regarde, et vous savez que je l'ai accepté[7].

La confession annuelle est déterminée par l'usage au temps de Pâques. Je la crois d'obligation pour tout le monde, à cause de l'exemple, quoique l'intention de l'Église ne soit pas pour les péchés véniels[8], qu'on n'est pas obligé de confesser. Mais, comme on ne sait si précisément la nature et le poids des péchés, il s'en faut toujours décharger en recourant aux clefs[9] de l'Église.

Je prie, ma Fille, Notre-Seigneur qu'il soit avec vous. Je salue ces Dames, dont les noms sont devant mes yeux par votre lettre.

J. Bénigne, é. de Meaux.

---

598. — A Mᵐᵉ Cornuau.

[A Meaux,] 20 avril 1691.

J'ai reçu, ma Fille, votre présent ; mais je suis

5. Non pas les vœux ordinaires de religion, mais des vœux particuliers faits par Mme d'Albert.

6. Éditeurs : entrevue.

7. Probablement un vœu d'obéissance à Bossuet, comme directeur.

8. Éditeurs : ne soit pas qu'on la fasse pour des péchés véniels.

9. *Les clefs*, le pouvoir d'absoudre les péchés (Matth., xvi, 17.)

Lettre 598. — Cette lettre est la trente-deuxième du recueil Cor-

bien fâché de n'avoir point vu M. votre fils. Je n'ai presque point bougé d'ici, et j'ai même gardé la chambre durant quelques jours : par ce moyen, mon rhume n'a rien été ; et jusqu'ici, Dieu merci, ces petites précautions me délivrent de ces incommodités qui ne méritent pas d'être comptées.

Vos désirs seront accomplis : vous serez dans mon cœur pour y être continuellement offerte à Dieu, afin qu'il vous tire à lui de la manière qu'il sait, et que vous ne cessiez de lui dire : *Tirez-moi; nous courrons après vos parfums*[1] ; nous courrons entraînés par une invincible douceur, par votre vérité, par votre bonté, par vos attraits infinis, par votre·beauté, qui n'est autre chose que votre sainteté et votre justice.

Tout ce que vous me mandez de la part du P. P***[2] est très nécessaire, et conforme à mes sentiments. J'y travaillerai incessamment.

La règle que vous me demandez pour votre conduite, quant à l'extérieur, est toute faite dans vos constitutions ; on n'y pourrait ajouter que quelques austérités, auxquelles je ne consens point que vous vous abandonniez au delà de ce que je vous ai per-

nuau dans les meilleurs manuscrits. L'édition de 1748 et les manuscrits auxquels elle est apparentée la donnent comme la trentième et en omettent toute la première partie jusqu'à : « La règle que vous me demandez... ». Mme Cornuau la date de Versailles, 17 janvier 1692 ; la vraie date, suivant Ledieu, est le 20 avril 1691.

1. Cant., i, 3.

2. Nous ne savons qui est désigné par ces initiales : c'est peut-être le P. de La Pause ou de La Poze, de l'Oratoire, dont le nom viendra plusieurs fois sous la plume de Bossuet.

mis, si ce n'est qu'un confesseur discret[3] ne vous les imposât en pénitence.

Quant à la règle de l'intérieur, la vôtre, ma Fille, doit être de faire dans chaque action ce que vous verrez clairement être le plus agréable à Dieu, et le plus propre à vous détacher de vous-même, sans autre obligation que celle que l'Église[a] vous propose, ou que vos autres vœux vous ont imposée, en attendant que Dieu nous éclaire sur ce que vous avez tant dans l'esprit[4].

Le plus difficile endroit à résoudre sur votre conduite, serait à savoir si vous devez vous abandonner à ces transports ardents de l'amour divin, à cause de la crainte que vous avez qu'ils pourraient être quelquefois accompagnés de quelques mauvais effets ; mais je ne crois pas qu'il soit en votre pouvoir de les arrêter ; Dieu même a décidé le cas par la force du mouvement qu'il vous inspire. C'est d'ailleurs une maxime certaine de la piété, que, lorsque le tentateur mêle son ouvrage à celui de Dieu, et même que Dieu lui permet d'augmenter la tentation à mesure que Dieu agit de son côté, il n'en faut pas pour cela donner un cours moins libre à l'œuvre de Dieu ; mais se souvenir de ce qui fut dit à saint Paul : *Ma grâce te suffit ; car la force prend sa perfection dans l'infirmité* (II Cor., xii, 9). Méditez bien ce passage, ne laissez point gêner votre cœur

---

a. *L'Église.* Leçon des meilleurs manuscrits, et préférable à : *l'Évangile* donné par les éditions.

3. *Discret,* prudent, modéré.

4. Son désir d'entrer dans un Ordre religieux.

par toutes ces anxiétés ; mais, dans la sainte liberté des enfants de Dieu et d'une épouse que son amour enhardit, livrez-vous aux opérations du Verbe, qui veut laisser couler sa vertu sur vous[5].

Tout ce que vous avez pensé, ma Fille, sur votre désir est sans fondement et impraticable. Laissez croître ce désir de la religion ; mais reposez-vous sur Dieu pour les moyens, les occasions et le temps de l'accomplir : autrement, toujours occupée de ce qui ne se pourra pas, vous ne ferez jamais ce qui se peut et ce que Dieu veut de vous actuellement.

Notre-Seigneur soit avec vous.

---

599. — Louvois a Bossuet.

A Marly, le 27 avril 1691.

Monsieur, j'ai reçu la lettre que vous avez pris la peine de m'écrire sans date. Les religieux de l'abbaye de Châtillon[1]

---

5. Cet alinéa a été transcrit par Ledieu. A la suite, Mme Cornuau avait, sans avertir, rattaché, comme s'ils faisaient partie de la même lettre, des fragments de dates diverses, et dont elle ne put représenter les originaux à Ledieu, lorsque celui-ci voulut vérifier la transcription qu'il en avait faite. Force lui fut d'avouer que c'étaient des extraits de différentes lettres, que le secrétaire de Bossuet supposait être de 1692. Or ces extraits : « Tenez pour certain... », « La pureté de l'amour... », « On peut souhaiter l'attrait... » provenaient de lettres adressées en 1695, non pas à Mme Cornuau, mais à Mme d'Albert (12 octobre et 25 septembre 1695) Nous jugeons inutile de les transcrire ici, et nous conserverons seulement l'alinéa suivant, dont nous n'avons pas retrouvé l'origine et qui, d'après son contenu, doit faire partie de cette lettre ou d'une autre écrite à Mme Cornuau elle-même.

Lettre 599. — Inédite. Archives du Ministère de la Guerre, t. 1027, p. 453. Minute.

1. Châtillon-sur-Seine, en Bourgogne, et alors au diocèse de

ont apparemment déjà fait ce qu'ils ont pu pour rendre de mauvais offices auprès du Roi à leur abbé[2]. Mais ils n'y ont pas réussi, et je vous prie de l'assurer que Sa Majesté n'a pas eu d'attention à tout ce qu'ils ont pu avancer contre lui. Je suis très véritablement...

600. — A Mme D'ALBERT.

A Meaux, 13 mai 1691.

Quand je reçus la lettre où vous me demandiez quelque chose pour le 8 de septembre, ce jour était passé. J'ai fait aujourd'hui ce que vous souhaitiez pour ce jour-là, et, écoutant Dieu pour vous, il ne

Langres. Il s'y trouvait plusieurs abbayes ; celle dont il est ici question appartenait à l'Ordre de saint Benoît.

2. Cet abbé était Henri-René Lenet de Larrey (1643-1710). Il était fils du procureur général Pierre Lenet, qui prit parti pour Condé au moment de la Fronde, fut même pour ce fait condamné à mort et exécuté en effigie sur la place de Grève le 28 mars 1654. Henri Lenet reçut du roi d'Espagne l'abbaye de Vaucroissant, au diocèse de Besançon. Il vint à Paris étudier en théologie, et Bossuet présida sa tentative en 1666. Mais il n'alla pas jusqu'à la licence. En 1664, le fameux Boisrobert s'était démis en sa faveur de l'abbaye de Châtillon. Henri Lenet avait de nombreux frères et sœurs, en particulier le marquis de Larrey et la baronne de Vitteaux. Il n'appartenait pas à la branche de la famille Lenet qui était alliée par les Bretagne aux Bossuet (Voir les Lettres de Mme de Sévigné et la Correspondance de Bussy-Rabutin ; la *Gallia Christiana,* t. IV, col. 776, et t. XV, col. 265, et, à la Bibl. Nationale, le factum Fm 17178, in-fol.).

Lettre 600. — L. a. s. Archives communales de Lille. La première phrase est difficile à expliquer : on ne comprend pas comment Bossuet a attendu au 13 mai pour s'excuser de n'avoir pas fait ce qu'on lui demandait pour le 8 septembre. Cependant la date de la lettre est bien certaine, et la suite, d'ailleurs, s'accorde avec elle, puisque, le 13 juin, Bossuet écrira : « M. de la Trappe m'a fait réponse sur la demande que vous lui faisiez par mon entremise. » Le mot *septembre* est peut-être mis par erreur pour un autre mois.

m'est venu que ces deux grands mots : *Votre volonté soit faite*[1] ; et : *Il fera la volonté de ceux qui le craignent*[2].

J'ai fait à M. de la Trappe la prière que vous souhaitiez ; mais assurez-vous que Dieu demande de vous un grand abandon. Je prie Dieu, ma chère Fille, qu'il soit avec vous.

J. Bénigne, é. de Meaux.

Qu'on redouble secrètement les prières pour les affaires de Jouarre[3] ; avertissez nos chères Filles, à qui je me recommande de tout mon cœur.

Je ne pourrai point vous voir à l'Ascension[4], et le bien des affaires demande que je sois où les grandes affaires se traitent. Consolez nos Filles, et assurez-les que ma bonne volonté est entière.

Encouragez, je vous en conjure, Mme de Lusancy d'avoir un peu de patience[5]. Je connais son obéissance et son zèle ; Dieu la récompensera du sacrifice qu'elle fait de son repos au bien commun[6]. Je prie Dieu que sa santé n'en souffre point ; je sais que le courage ne lui manquera pas[7].

1. Matth., vi, 10.
2. Ps. cxliv, 19.
3. Les affaires pendantes entre l'évêque et l'abbesse.
4. L'Ascension devait tomber le 24 mai.
5. Éditeurs : Encouragez, je vous en conjure, Mme de Lusanci ; exhortez-la à avoir un peu de patience.
6. En remplissant les fonctions de dépositaire, qu'elle ne conservait qu'à son corps défendant (Cf. lettre du 12 août 1691). Ces fonctions lui étaient rendues plus pénibles par l'opposition que les ordres de Bossuet l'obligeaient de faire à l'Abbesse, sa marraine.
7. Éditeurs : ne lui manque pas.

601. — A Mme DE SAINT-ÉTIENNE.

A Meaux, 19 mai 1691.

Le compte que vous me rendez, ma Fille, de la disposition de vos prétendantes et de vos novices, m'a donné beaucoup de consolation. Menez-les efficacement et doucement par la voie de l'obéissance, dont le fruit principal est de tenir l'âme en repos dans une parfaite conformité au gouvernement établi par les supérieurs.

Je suis bien aise qu'on sache profiter de la sage conduite de M. le Grand vicaire[1]. L'obligation de me suivre ne le distraira guère du diocèse, où je suis

Lettre 601. — Geneviève Peleus, dite Mme de Saint-Étienne, avait été mise à l'âge de douze ans pensionnaire aux Ursulines de Meaux, et, à quatorze ans et demi, elle était entrée au noviciat. En 1656, après sa profession, elle avait été chargée de la grande classe des pensionnaires, puis de celle des externes. Pendant ses trente-cinq ans de profession, elle fut tour à tour supérieure, assistante, zélatrice et surtout (pendant vingt ans) maîtresse des novices. Elle mourut le 9 juin 1691, âgée de cinquante-deux ans. Bossuet l'avait en particulière estime, dit son éloge funèbre fait le 15 juin par la Mère Marguerite de Sainte-Agnès. « Comme je (*lui*) fis savoir sa mort, il en fut si touché qu'il eut la bonté de me témoigner par une lettre, comme il le fit encore peu de jours après à notre grille, qu'il était très sensible à notre perte et qu'il nous plaignait de n'avoir plus en sa personne exemple, consolation, conseil et une si digne coopératrice au bien commun. ... Jamais cet illustre prélat ne nous a fait d'exhortation qu'on n'ait remarqué un renouvellement de sa ferveur et de nouveaux progrès dans la perfection. » « La visite pastorale, écrivait Mme de Saint-Étienne elle-même, me donne un puissant attrait pour la solitude et la séparation des créatures » (Bibl. de l'Arsenal, ms. 4992).

1. Phelipeaux, qui avait succédé à Ch. Pastel, comme supérieur des Ursulines. Cet emploi lui fut enlevé, au mois de novembre 1706, par M. de Bissy (Ledieu, t. IV, p. 32-34).

toujours en esprit et d'où je ne m'absente que le moins que je puis selon le corps : ainsi il n'y a point à douter que je ne le conserve à votre sainte communauté pour supérieur.

Pour vous, ma Fille, je n'ai à vous proposer que cette mort spirituelle qui, vous rendant semblable à ce mystérieux grain de froment dont la chute jusqu'au tombeau a été le salut du genre humain, vous rendra en vous-même féconde en vertus, et féconde à engendrer en Notre-Seigneur un nouveau peuple pour la sainte maison où vous êtes. Il faut tomber, il faut mourir, il faut être humble et renoncer à soi-même, non seulement jusqu'à s'oublier, mais encore jusqu'à se haïr. Car, sans cela, on ne peut aimer comme il faut celui qui veut avoir tout notre cœur. Je le prie, ma Fille, qu'il soit avec vous.

J. Bénigne, é. de Meaux.

---

602. — A une Religieuse de Jouarre.

19 mai (même année) [1691].

Montez au ciel avec Jésus-Christ par la partie sublime de l'âme et dans l'esprit de foi et de confiance : le reste sera plus tranquille[1].

Lettre 602. — Inédite. Copiée, avec la date du *19 mai, même année*, par Mme d'Albert sur la troisième page de la lettre 596, que Bossuet lui avait adressée le *samedi saint* et qu'une autre main a datée à tort du 5 avril 1692, tandis qu'elle est du 14 avril 1691. Celle-ci doit être aussi de 1691, puisque Mme d'Albert la rapporte à la même année que la lettre sur laquelle elle est copiée.

1. Les éditeurs ont fait passer cette phrase dans la lettre adressée à Mme d'Albert, que nous avons placée au 14 avril 1691.

Pour vous lever la difficulté que vous me proposez sur les foires², sans entrer dans le fond de la
question, je vous le permets à vous, à cause du
besoin et de la discrétion qui vous obligera à en user
rarement.

---

603. — François Raguenet a Bossuet.

[Vers le 20 mai 1691.]

Monseigneur,

Si j'avais à justifier la liberté que je prends de vous offrir
ce livre, après la permission que Votre Grandeur m'en a
bien voulu donner, je dirais qu'il n'y en a point qui vous
appartienne à plus juste titre, par le rapport qu'il a avec cet
ouvrage fameux dans lequel, avec des traits si vifs et si forts,
vous avez représenté les malheurs que l'hérésie et ses variations ont attirés sur cette partie du monde qui a servi de
théâtre aux événements de cette Histoire. En effet, je vais
raconter ici la suite de ces malheurs, et l'on y verra jusqu'à quels désordres peut être porté un peuple partagé en
diverses sectes, lorsqu'un homme politique, sans en choisir
aucune, sait les faire servir toutes à sa fortune. J'ajouterais

---

2. Ceci s'adresse évidemment à une religieuse chargée du temporel
de l'abbaye.

Lettre 603. — Dédicace de l'*Histoire d'Olivier Cromwel*, par l'abbé
Raguenet, Paris, 1691, in-4 (achevée d'imprimer le 26 mai). L'abbé
François Raguenet était né à Rouen vers 1660. Il avait été deux fois
couronné par l'Académie française, lorsqu'il publia cette Histoire. Il
accompagna plus tard à Rome le cardinal de Bouillon, dont il avait
élevé les neveux. De retour en France, il donna les *Monuments de
Rome ou description des plus beaux ouvrages de peinture, de sculpture
et d'architecture qui se voient à Rome et aux environs*, Paris, 1700, in-
12. Ce livre valut à son auteur le titre de citoyen romain, qu'aucun
Français n'avait obtenu depuis Montaigne. Un *Parallèle des Français
avec les Italiens dans la musique et dans les opéras* (Paris, 1702, in-

à cela, Monseigneur, qu'ayant à décrire les raffinements
de l'hypocrisie la plus artificieuse, je devais lui opposer,
en votre personne, le portrait de la piété la plus sincère.
Enfin je pourrais dire que, la haine des puritains pour
l'épiscopat ayant donné lieu aux principales révolutions
qui composent cette Histoire, il était à propos que je
la fisse paraître sous le nom d'un évêque qui soutient la
dignité épiscopale par des qualités capables de la faire aimer
à ceux qui en sont les plus ennemis. Zèle de la religion, vigilance pastorale, défense du troupeau, soin des brebis égarées, discipline digne de la régularité des premiers siècles de
l'Église, et tout cela dans un prélat reconnu pour le défenseur de la foi, l'ornement du clergé et le fléau des hérétiques,
à qui est-ce que l'épiscopat soutenu avec tant de dignité ne
serait pas vénérable? Mais, avec quelque justesse qu'on pût
amener ici toutes ces choses, je suis persuadé qu'il serait
très inutile de les y faire venir : car de quoi peuvent servir
les louanges données à des personnes d'un certain caractère?
Je les supprimerai donc, content de profiter de cette occasion
pour vous témoigner l'entier dévouement avec lequel je suis,
Monseigneur, de Votre Grandeur, le très humble et très
obéissant serviteur.

RAGUENET.

Suscription : A Messire Jacques Bénigne Bossuet, évêque
de Meaux, conseiller du Roi en ses conseils, ci-devant précepteur de Monseigneur le Dauphin, premier aumônier de feu
Madame la Dauphine.

---

12) souleva contre Raguenet les partisans de la musique française.
Cet auteur laissa en manuscrit une *Histoire de Turenne* (La Haye, 1738,
2 vol. in-12) souvent réimprimée. Il mit, dit-on, fin à sa vie par le suicide,
le 1er février 1723 (Voir Mathieu Marais, *Mémoires*, édit. de Lescure,
t. II, p. 430; Ph.-Jacq. Guilbert, *Mémoires biographiques et littéraires*,
Rouen, 1812, t. II, p. 293). Il ne faut pas confondre l'abbé François
Raguenet avec l'abbé Eustache Raguenet, aumônier du Roi. Une
famille Raguenet était établie à la même époque à Coulommiers.

604. — A une Religieuse de Jouarre.

[28 mai 1691.]

Je vous exhorte, ma chère Fille, à demander à Dieu cette joie du Saint-Esprit, qui est tant recommandée dans les saints Livres. Comme elle est, selon saint Paul, au-dessus des sens[1], elle n'est pas toujours sensible; mais soit qu'elle se déclare, soit qu'elle se renferme au dedans, c'est le seul remède à ces chagrins désolants. Elle viendra, et nous la verrons quelque jour sortir de ces ténèbres, par la vertu de Celui qui, dès l'origine du monde, fit sortir et éclater la lumière du sein du chaos et du néant[2]. *Amen, Amen.*

605. — A Mme de Tanqueux.

A Germigny, 1er juin 1691.

Je me réjouis, Madame, de l'heureuse arrivée de Mme de Beauvau[1]. J'ai divers engagements qui

---

Lettre 604. — Ce fragment, dans les éditions, figure au milieu des lettres à Mme d'Albert. Il n'a pas été donné sur l'autographe, mais sur une copie faite par cette religieuse (Voir la *Revue Bossuet* du 25 avril 1904, p. 83). C'est ce qui nous empêche de croire que ces lignes lui aient été adressées. Il est plus probable que nous avons sous les yeux l'extrait d'une lettre écrite à une autre religieuse, qui l'aura communiquée à Mme d'Albert. Il y avait, en effet, à Jouarre plusieurs religieuses, Mmes Dumans, de La Guillaumie, etc., que Bossuet avait autorisées à se montrer les unes aux autres les lettres qu'il leur écrivait.

1. Pax Dei quæ exsuperat omnem sensum (Philip., IV, 7).
2. II Cor., IV, 6.

Lettre 605. — L. a. s. Collection de M. le Chanoine Richard.

1. Les registres paroissiaux de Villers-en-Argonne faisant défaut

ne me permettent pas de l'aller installer jusqu'à

pour les années où ils auraient pu nous fournir des indications utiles, nous ne saurions donner sur Mme de Beauvau tous les renseignements désirables, bien que nous ayons été aidés dans nos recherches par les obligeantes communications de M. E. Jovy, président de la Société des Sciences et Arts de Vitry, de M. L. Brouillon, juge au tribunal de Sainte-Menehould, et de M. l'abbé L. Lallemant, curé de Recy (Marne). Marie de Beauvau était née sans doute à Villers-en-Argonne, où son frère aîné, Maximilien, fut baptisé en 1648; elle appartenait à une branche de la nombreuse et illustre famille de Beauvau, et était probablement la même que Marie-Marguerite, fille de Blanche Raulet (ou Rollet) et de Pierre de Beauvau, des Beauvau-Bignipont, seigneur de Mérigny et Villers-en-Argonne, mort en 1655. Elle entra, le 14 juillet 1681, avec sa sœur, comme pensionnaire chez les Dames régentes de Vertus, et y demeura jusqu'en 1684. En 1674, Marie de Beauvau et Mlle de Mérigny, sa sœur, en raison de leur indigence, avaient présenté une requête à l'effet d'obtenir que, sur les revenus de la chapelle de Saint-Jean-l'Évangéliste fondée en l'église de Sainte-Menehould par leurs ancêtres, et qui était à la collation de Jacques de Beauvau, un de leurs parents protestants, il leur fut alloué une pension viagère de quarante livres. A la suite de cette requête, le droit de patronage de cette chapelle fut retiré à M. de Beauvau, et transporté à l'évêque de Châlons, et, le 19 février 1683, l'abbé Édouard Drouet, récemment nommé à la chapelle Saint-Jean, s'engagea à servir à Mlle de Beauvau, dont la sœur était morte le 11 janvier 1682, la pension qu'elle réclamait (Archives de la Marne, G 1859). Marie de Beauvau sera entrée bientôt après en religion et aura ajouté à son nom celui de Félix, à cause de M. Vialart, mort évêque de Châlons en 1680, qu'elle appelait « son cher père et bienfaiteur ». Bossuet la mit en 1691 à la tête de la communauté de La Ferté, sans doute sur la recommandation de son ami Antoine de Noailles, successeur de Vialart. Après avoir quitté La Ferté en 1693, Mme de Beauvau retourna dans son diocèse d'origine, où elle figure, à partir du 27 février 1697 jusqu'au 19 juin 1699, sous le nom de Marie Félix de Beauvau et en qualité de préfète des pensionnaires au couvent de la Congrégation Notre-Dame de Sainte-Menehould, maison dans laquelle elle mourut en 1699 (Registres de la Congrégation Notre-Dame, aux Archives de la Marne, série H; *Recueil des pièces... sur les miracles opérés par l'intercession de feu Messire Félix Vialart*, Nancy, 1735, in-12, p. 114, 116, 144 et 145; Bibliothèque Nationale, Dossiers bleus; M. de Caumartin, *Recherche de la noblesse de Champagne*, Châlons, 1673, in-fol.; Haag, *La France protestante*, au mot GRANDRU; l'abbé L. Lallemant, *Les Toignel et*

jeudi[2], mais ce sera ce jour-là sans manquer, et je
tâcherai d'arriver de bonne heure à La Ferté, après
avoir néanmoins dîné ici.

Je vous prie de l'assurer de mon amitié et de me
croire, Madame, très parfaitement à vous[3].

> J. BÉNIGNE, é. de Meaux.

Suscription : Pour Madame de Tanqueux, à Tanqueux[4].

---

606. — A Mme CORNUAU.

A Meaux [vers le 1er juin 1691].

Je vous envoie, ma Fille, la permission et la con-

---

leur chapelle dans *l'église de Sainte-Menehould,* Châlons, 1907, in-8;
G. Hérelle, *Documents inédits sur le protestantisme à Vitry,* etc. Paris,
1908, t. III, p. 162 et 234). Madeleine de Beauvau, sœur de Louis
de Beauvau de Grandru et femme de Charles de Meaux, seigneur de
Charny-en-Brie, au diocèse de Meaux, était cousine germaine du
père de notre religieuse.

2. Le 7 juin.

3. Cette phrase ne se lit pas dans les éditions.

4. Le château de Tanqueux existe encore sur le territoire de
Chamigny, entre ce village et La Ferté-sous-Jouarre.

Lettre 606. — Première partie de la vingt-deuxième dans Lachat ; de la vingt-cinquième de la première édition et des meilleurs
manuscrits. Date donnée par Mme Cornuau : A Meaux, 10 novembre
1690. Ledieu a assigné pour date à la deuxième partie de la lettre
le 27 décembre 1691 (Voir p. 386). Mais la première partie n'a
certainement pas été écrite ce jour-là. Elle doit être rapprochée de
la lettre écrite à Mme de Tanqueux, de Germigny, 1er juin 1691, où
il est, comme dans celle-ci, parlé de la récente arrivée de Mme de
Beauvau et de sa prochaine installation par Bossuet, fixée irrévoca-
blement au jeudi suivant, c'est-à-dire au 7 juin. Il est donc certain
que la première partie au moins de la lettre à Mme Cornuau a été
écrite le même jour, ou peut-être le jeudi 31 mai. Notre conjecture
s'accorde avec le désir exprimé par Bossuet, que sa lettre arrive à

tinuation du P. P.[1], et suis très aise que vous la receviez avant la fête[a][2]. Je me réjouis aussi de l'arrivée de M[me de Beauvau][3], que j'irai établir jeudi sans y manquer.

Ces je ne sais quoi qu'on ressent, sont pour l'ordinaire des illusions ou de secrètes résistances de l'amour-propre ; c'est pourquoi vous faites bien de les sacrifier à l'obéissance. Plus je pense à cette personne, plus je crois que c'est Dieu qui nous l'envoie[4].

---

607. — A Mme D'ALBERT.

A Meaux, 3 juin 1691.

Les affaires de l'ordination de samedi prochain[1] me tenant continuellement occupé dans les premiers jours de cette semaine, il n'est pas possible, ma Fille, que j'aille passer dans ces entrefaites un jour

a. L'édition de 1746 ne contient pas cette phrase, qui est en contradiction avec la date assignée par Ledieu.

destination « avant la fête », c'est-à-dire avant la Pentecôte, qui tombait cette année-là le 3 juin. Ledieu se serait donc trompé en indiquant la date du 27 décembre. Il est plutôt à croire que la lettre, telle qu'elle se lit dans les éditions, est composée de deux fragments, l'un du 31 mai ou du 1er juin, que nous donnons ici, l'autre du 27 décembre 1691, que nous renvoyons à sa date.

1. Le P. de La Pause, selon toute probabilité. Voir lettre 598, p. 217.

2. La Pentecôte.

3. Mme de Beauvau, que Bossuet a promis à Mme de Tanqueux d'installer le jeudi, 7 juin.

4. Cette phrase donne à entendre que Mme de Beauvau avait été froidement accueillie par les Filles charitables, et en particulier par la Sœur Cornuau.

Lettre 607. — 1. Samedi prochain, 9 juin, veille de la Trinité.

entier, comme je me l'étais proposé[2] ; et tout ce que
je pourrai, c'est d'y aller vendredi matin de La
Ferté-sous-Jouarre, où j'irai coucher jeudi, et de
revenir ici vendredi soir, sans préjudice d'une autre
plus longue visite.

Je suis très persuadé des bons sentiments de toutes celles que vous me nommez, et en particulier de
Mme Dumans. J'écris à Mme votre sœur ; j'écris
aussi à Mmes de La Grange[3] et Renard, qui m'ont
écrit.

Sur le cas de conscience que vous me proposez,
je crois qu'il faut user de distinction. Si la permission du supérieur est restreinte à une certaine action,
il n'est pas permis de passer outre. Si c'est une simple permission d'entrer indéfiniment, le supérieur
est censé accorder la vue des lieux, pour en user
néanmoins avec circonspection, et sans troubler le
repos et le silence des communautés[4].

Je n'ai nulle peine sur les consultations que quand
on recommence la même chose, parce que, outre le

2. Bossuet avait projeté de se trouver à Jouarre le mercredi de la
Pentecôte, pour la descente des saintes reliques conservées dans
le monastère. Il s'y rendit seulement le vendredi 8. Ce jour-là, il fit
une nouvelle ordonnance portant défense d'envoyer à l'Abbesse, qui
était encore à Paris, ni argent ni denrées, sans sa permission écrite
(*Revue Bossuet* du 25 avril 1903, p. 100).

3. Serait-ce Françoise de La Grange, fille d'Achille de La Grange,
marquis d'Espoisses, et de Germaine d'Ancienville, dame des Bordes?
Elle fut religieuse, dit le P. Anselme sans indiquer en quel monastère
(*Histoire Généalogique....* t. VII, p. 427). On verra qu'elle mourut
au mois de juin 1695, après une longue maladie.

4. L'entrée des personnes étrangères dans la clôture des religieuses
est permise en certaines circonstances solennelles ; en temps ordinaire, elle est interdite sous des peines canoniques.

temps que cela fait perdre, c'est un effet d'une inquiétude qu'il ne faut pas entretenir. Mais, quand on est en doute si on a consulté ou si la réponse est précise, ou qu'il y ait quelque nouvelle circonstance, il n'y a nulle difficulté qu'il ne faille consulter de nouveau. Vous me demandez franchement ma pensée, et moi, je vous la dis avec la même franchise.

Pour le fait particulier de l'entrée à l'occasion des saintes reliques, en attendant qu'on y ait pourvu, je vous permets de conduire celles que vous trouverez à propos où vous voudrez, avec toutes les convenances nécessaires, Je ne crois pas même que les autres religieuses[5], ni les personnes qu'elles conduiront, encourent aucune peine, à cause que c'est une coutume que jusqu'ici les supérieurs semblent avoir tolérée, puisqu'ils ne l'ont pas contredite, la sachant.

Je vous donne aussi les permissions que je vous avais permis de recevoir de Mme de Lusancy.

Vous m'aviez dit qu'on proposait Mme de Goussault[6] pour remplir la place de prieure ; mais je ne

5. De Jouarre, ou peut-être celles d'une autre communauté, qui, sans être elles-mêmes soumises à la clôture, pouvaient venir à Jouarre et y amener d'autres personnes pour vénérer les reliques.

6. Sœur Madeleine Goussault n'est nulle part ailleurs mentionnée, du moins sous ce nom, dans la Correspondance de Bossuet. Elle figure comme troisième prieure dans un procès-verbal de visite du 7 septembre 1691 (Voir Appendice V, p. 505) et comme seconde prieure en 1711 (Cf. Toussaints Duplessis, t. II, p. 439). Madeleine Goussault, fille d'Antoine Goussault, sieur de Souvigny, maître des Comptes, et de Marguerite Grangier, qui épousa en secondes noces Jean Collot, conseiller au Parlement de Metz. Ayant perdu son père en 1660 et sa mère en 1672, elle prit le voile à Jouarre. Elle

me souviens pas que vous m'eussiez dit que la chose
fût faite. Ce choix est bon, et je voudrais qu'on en fît
toujours de semblables. Je vous prie de lui dire que
j'aurai la joie de la voir au premier voyage de
Jouarre.

Je ne suis engagé à rien pour le congé de
Mme l'Abbesse[7]. Nous pourrons parler vendredi de
ce que vous aurez appris sur ce sujet-là.

Je vous ai offerte à Dieu tous ces saints jours[8],
et je continuerai toute la semaine avec une applica-
cation particulière.

---

608. — A Mme D'ALBERT.

A Germigny, 13 juin 1691.

Sur votre lettre du 11, j'ai su la mort des deux
Sœurs, et je les ai déjà recommandées à Notre-Seigneur.

Je n'ai dit qu'en riant que je ne voulais plus recevoir d'avis. Il y avait pourtant là quelque chose
de sérieux ; et il est vrai qu'il ne convient pas qu'on
m'en donne par inquiétude, par doute ou par présomption ; mais m'avertir pour m'instruire ou pour

était la petite-fille de la célèbre présidente Goussault, qui fonda avec
saint Vincent de Paul les Dames de charité, et la nièce de l'abbé
Jacques Goussault, magistrat et moraliste assez goûté, auteur du *Portrait d'un honnête homme*, Paris, 1693, in-12, de *Réflexions sur les
défauts ordinaires des hommes*, Paris, 1692, in-12, ouvrage qui fut
attribué à Fléchier, etc.

7. Voir page 230, note 2.
8. La veille et le jour de la Pentecôte, 2 et 3 juin.
Lettre 608. — L. a. s. Collection H. de Rothschild.

me faire souvenir, non seulement vous, ma Fille, mais toutes le peuvent.

Je n'ai pas eu le loisir de conférer votre version[1] avec l'original : il eût fallu pour cela être ici un peu plus longtemps et en liberté, ce qui se pourra faire en un autre temps.

La foi explicite de certains articles est nécessaire, mais non en tout temps ; et très souvent il est mieux de se contenter simplement d'un acte de soumission envers l'Église : ce qui a lieu principalement dans les états de peine et de tentation comme le vôtre. Je vous donnerai, quand vous voudrez, une ample audience sur toutes vos difficultés, à Mme votre sœur et à vous.

Il y a beaucoup d'apparence que mon retour à Paris sera trop pressé pour me laisser le loisir de retourner à Jouarre avant cela[2].

L'office pontifical que vous souhaitez se fera, s'il plaît à Dieu, et le plus tôt qu'il sera possible.

Nous sommes débiteurs à tout le monde, disait saint Paul, *et jusqu'aux petits et aux insensés*[3]. Ceux qui croient qu'il est au-dessous du ministère épiscopal de s'occuper avec prudence à la direction, ne songent guère aux paroles et aux soins d'un si grand Apôtre[4].

M. de la Trappe m'a fait réponse sur la demande que vous lui faisiez par mon entremise, et m'a promis

1. Sans doute la préface de son livre des Psaumes, qu'il lui avait, dans une lettre précédente, proposé de traduire (Voir p. 181, note 2).
2. Deforis : avant mon départ.
3. Rom., i, 14.
4. Voir l'Avertissement de Mme Cornuau (Appendice II, p. 431).

d'y satisfaire ; mais il conclut comme moi que, quoi qu'il en coûte, il faut se soumettre à la volonté de Dieu aveuglément, et consentir en tout à ce qu'il ordonne.

La première fois que j'irai à Sainte-Marie [5], je me souviendrai, s'il plaît à Dieu, de Mme de Harlay et de ma Sœur Catherine Eugénie [6].

Sur la lettre du 12, je rends grâces à toutes celles que vous me nommez [7].

Je vous envoie copie de la lettre que j'ai écrite à P. R. [8] : vous y verrez ce que je dis sur l'arrêt [9] ; c'est la vérité. Vous pouvez montrer cette lettre à Mme de Lusancy et à quelque autre [10] bien affidée, même en retenir une copie en me renvoyant la mienne, dont j'ai besoin ; mais que cela n'aille qu'à peu de personnes.

Il n'y a nul péril à me mander tout : ce à quoi je ne dirai rien doit passer pour peu important dans mon opinion.

Je répondrai à l'affaire de la jeune Baradat après un peu de réflexion [11].

5. Sainte-Marie était le nom qu'on donnait aux maisons de la Visitation.

6. On a parlé de Mme de Harlay, p. 161. Sœur Catherine Eugénie était vraisemblablement Catherine Eugénie Dupont, qui avait été élevée à la Visitation de Melun, où sa tante était religieuse. Elle entra à la Visitation de Meaux, où elle fit profession le 5 septembre 1691, et y mourut saintement, le 23 mai 1743, à soixante-dix-neuf ans (Circulaire de la Visitation de Meaux).

7. Bossuet parle ici des religieuses de Jouarre qui avaient pris son parti.

8. Port-Royal de Paris, où Mme de Jouarre s'était retirée.

9. L'arrêt rendu au mois de janvier 1690, ou bien celui qu'on attendait encore.

10. Bossuet écrit *quelque*, mais désigne néanmoins plusieurs personnes.

11. Cet alinéa manque aux éditions. Mme de Baradat la jeune était

Vous aurez les copies que vous souhaitez.

Les ressentiments de Mme de Jouarre sont une marque de faiblesse, dont je suis fâché pour l'amour de celles qui ont à les souffrir, mais beaucoup plus par rapport à elle.

Je salue Mme de Luynes, et suis à vous de tout mon cœur.

J. Bénigne, é. de Meaux.

Il ne faut plus m'écrire qu'à Meaux, où je vais coucher[12].

------

609. — A Mme de Tanqueux.

A Meaux, 17 juin 1691.

Je me réjouis avec vous, Madame, des heureux commencements de notre nouvelle Supérieure[1] : je ne doute point que ce ne soit Dieu qui nous l'ait adressée. Elle vous communiquera ce que je lui mande sur les communions[2].

J'aurai soin de solliciter M. de Malebranche[3]. Je

Henriette de Baradat, dite de Sainte-Gertrude (Voir Appendice V, p. 495). Il s'agissait sans doute de sa profession. Cf. p. 237.

12. Ce post-scriptum a été omis par les précédents éditeurs.

Lettre 609. — L. a. s. Collection de M. Richard.

1. Sur Mme de Beauvau, voir p. 226 et 227.

2. Le règlement touchant les communions des Filles charitables. La suite de cette lettre manque aux éditions.

3. C'était un frère du P. Malebranche, et comme lui se nommait Nicolas. Il était fils de Nicolas Malebranche, secrétaire du Roi, et de Catherine de Lauzon. Il fut d'abord avocat général à Metz, puis (1659) conseiller au Parlement de Paris, où il siégea d'abord à la troisième chambre des enquêtes, et ensuite à la Grand' Chambre. Il mourut en 1704.

n'ai pas encore eu le loisir d'entretenir ma Sœur de Cornuau[4] : ce sera au premier jour.

Je suis à vous, Madame, de tout mon cœur.

J. Bénigne, é. de Meaux.

610. — A Mme d'Albert.

A Meaux, 18 juin 1691.

J'ai répondu, ma Fille, à Mme de Lusancy sur son cas de conscience : vous pourrez apprendre d'elle ma résolution et le reste de ce qui se passe.

Pour votre difficulté, elle est nulle, et il n'y a qu'à continuer à communier avec une pleine confiance, sans même s'embarrasser de ces péchés oubliés qui se pourraient présenter : car, dès qu'on a eu intention de les confesser, ils sont pardonnés avec les autres ; et il ne faut point apporter à la communion de ces retours inquiets, qui empêchent la dilatation du cœur envers Jésus-Christ ; ce qui a lieu principalement à l'égard de ceux qui sont sujets à se faire des peines. Ainsi je vous défends d'avoir égard à ces sortes de craintes ; et entendez toujours, quand je vous décide quelque chose, que je vous défends le contraire.

Les prières que je conseille de faire pour le bien de la maison, sont le psaume 50 et 101, où l'on

---

4. C'est la seule fois que Bossuet, sans doute par distraction, fait précéder ce nom de la particule.

Lettre 610. — L. a. s. British Museum, ms. 24421.

demande, sous la figure du rétablissement de Jérusalem, celui de toutes les maisons consacrées à
Dieu. J'y ajouterais les litanies, en y joignant en
particulier, avec les saints de l'Ordre[1], celui[2] des
saints et des saintes dont les reliques reposent à
Jouarre[3], et surtout des saintes abbesses et des
saintes religieuses, et des saints évêques sous qui
cette maison a fleuri, particulièrement saint Ébrigisille[4], que le monastère a toujours vénéré comme
son pasteur, sans oublier saint Faron[5], sous qui ce
saint monastère a été construit.

Ce que j'ai mandé pour ma Sœur de Baradat[6],
peut avoir lieu pour ma Sœur Faure[7], supposé que
la Communauté en soit également satisfaite.

Je prie Notre-Seigneur qu'il soit avec vous.

J. Bénigne, é. de Meaux.

1. L'Ordre de saint Benoît, auquel appartenait le monastère de
Jouarre.

2. *Celui,* le nom (comme si Bossuet venait d'écrire : avec le nom
des saints de l'Ordre).

3. Sur ces reliques, on peut consulter D. Toussaints Duplessis, t. I,
p. 40 à 44.

4. Saint Ébrigisille fut évêque de Meaux au viie ou au viiie siècle.
Il fut enterré à Jouarre. « C'est tout ce que nous savons de ce saint
évêque, dont la mémoire est honorée à Jouarre et dans tout le diocèse le 31 d'août, quoiqu'il n'en soit fait aucune mention dans le
martyrologe, ni dans les anciens bréviaires de Meaux. » (D. Duplessis,
t. I, p. 39 et 40 ; cf. les Bollandistes, t. VI du mois d'août,
p. 694.)

5. Saint Faron a été mentionné, p. 45.

6. Évidemment Mme de Baradat la jeune. Cf. lettre du 13 juin,
p. 234.

7. Nous ignorons qui était cette religieuse, dont le nom ne se représentera plus. Peut-être ce nom est-il mal écrit ici, pour celui de la
Sœur Fouré ou Fourré. Voir p. 162.

611. — A Mme DUMANS.

A Meaux, 18 juin 1691.

Le P. Gardien des Capucins de Coulommiers[1] me sera toujours considérable, et par son mérite, et par ce qu'il vous est. Je fus fâché d'avoir si peu de temps pour l'entretenir, à cause que j'étais fort las, venant de donner la confirmation à douze ou treize cents personnes.

J'approuve que vous ayez fait ce que vous m'avez proposé pour avoir quelques livres, et vous avez pu en ce cas prendre mon silence pour un aveu.

Mme de Lusancy, à qui je réponds sur les avis qu'elle me donne par votre moyen, vous communiquera ma réponse[2].

Assurez-vous toujours, ma Fille, de mon estime et de ma confiance particulière, et que je vous offre à Dieu de tout mon cœur.

J. BÉNIGNE, é. de Meaux.

Suscription : A Madame Dumans.

Lettre 611. — L. a. s. Collection de M. Richard.

1. Le P. Gardien des Capucins de Coulommiers était le propre frère de Mme Dumans. Il se nommait Joseph Dumans, en religion Pierre Chrysologue de Paris, était entré au noviciat du couvent de Saint-Jacques, à vingt-six ou vingt-sept ans, et avait fait profession le 10 mai 1675. Il fut gardien ou supérieur des maisons de Melun, de Coulommiers, de Provins, de Meaux, puis vicaire du couvent de Meudon (Bibliothèque Nationale, Cabinet d'Hozier; Bibl. Mazarine, ms. 2420).

2. Cette réponse ne nous a pas été conservée.

612. — LES HABITANTS DE VAREDDES A BOSSUET

[25(?) juin 1691.]

Monseigneur l'Illustrissime et Révérendissime évêque de Meaux, seigneur spirituel et temporel du village et paroisse de Vareddes[1].

Remontrent très humblement les habitants dudit village et paroisse de Vareddes que de tout temps immémorial il y a audit Vareddes une fondation faite d'une administration de quelques biens destinés pour l'assistance des pauvres de la paroisse et l'entretien des lieux et bâtiments dépendants de ladite administration. Néanmoins depuis nombre d'années les administrateurs qui y ont été nommés, quoiqu'ils ne fissent résidence sur le lieu et ne rendissent aucun service pour l'administration, se sont appliqué à leur profit un tiers des revenus desdits biens et ont fait monter [l']entretien des bâtiments à un autre tiers, de manière qu'il n'en est resté qu'un autre tiers pour l'assistance des pauvres. C'est ce qui a causé qu'ils ont été délaissés et sont demeurés dans la misère; mais, comme cette misère augmente continuellement et qu'elle se trouve à présent extrêmement grande, si vrai que, dans ladite paroisse qui est composée de près de trois cents ménages, il y en a près de deux cent cinquante qui sont dénués de tous biens et sont nécessités d'aller chercher à travailler ailleurs pour vivre, et que de ce nombre il se trouve plus de deux cents personnes dont les uns sont hors d'état de pouvoir travailler par leur grand âge et incommodités corporelles, et les autres malades, auxquelles il convient donner assistance tous les jours, sans quoi ils mourraient de

Lettre 612. — Archives de Seine-et-Marne, H 805. Publiée par M. E. Jovy, Études et recherches, sur Jacques-Bénigne Bossuet. Vitry-le-François, 1903, in-8, p. 212.
1. Sur Vareddes, voir p. 141.

faim par faute d'assistance; c'est ce qui oblige les suppliants d'avoir recours à Votre Grandeur sur l'avis qu'ils ont eu du décès nouvellement arrivé du sieur Petit[2], dernier administrateur, demeurant à Paris, et la supplier de vouloir appliquer entièrement les revenus des biens de ladite administration tant à l'assistance des pauvres de ladite paroisse de Vareddes qu'à l'entretien des bâtiments dépendants de ladite administration, et, à cet effet, la faire régir ainsi qu'il sera par vous jugé à propos, et les comptes rendus en la manière accoutumée[3].

HEBUTERNE. — Pierre CHERON. — A. PIÈTRE. — V. LHOSTE. — PIÈTRE. — Toussaint CHERON. — Nicolas PLATEAU. — Nicolas LHOSTE. — Claude DEBEUFVE[4].

2. Dans un autre document, ce personnage est appelé Dominique Petit. Il était administrateur depuis 1664. A sa mort, Bossuet avait nommé administrateur de l'Hôtel-Dieu de Vareddes Charles Inger, prêtre originaire du diocèse de Lisieux et curé de Chambry, au diocèse de Meaux.

3. Sur cette requête, Bossuet écrivit : « Soit communiqué à notre Promoteur. A Meaux, en notre palais épiscopal, ce 26 juin 1691. » Sur l'avis du Promoteur, Bossuet décida, le lendemain, de se rendre à Vareddes le 28 pour procéder à une enquête. Après avoir entendu le curé Jean Caboullet, le vicaire Fleury Le François, le procureur fiscal Alexandre Ponchon, divers habitants et l'administrateur Charles Inger, il demanda à celui-ci sa démission, renonça, pour son propre compte, à son droit de nomination au titre d'administrateur à vie, qu'il supprima comme inutile, et décida que désormais les biens de l'hôtel-Dieu seraient gérés, avec le moins de frais possible, par des administrateurs nommés par lui chaque année. Cette décision fut prise à Meaux, le 29 juin 1691. Le 16 mars de l'année suivante, Bossuet traita avec la communauté de Saint-Lazare à l'effet d'installer à Vareddes deux Sœurs de charité pour soigner les malades pauvres et instruire les petites filles (Voir les documents imprimés par M. E. Jovy, op. cit., p. 209-227).

4. Deux autres signatures sont illisibles.

613. — Aux Religieuses de la Congrégation Notre-Dame, a Coulommiers.

A Germigny, 26 juin 1691.

Plusieurs de vous, mes Filles, m'ont demandé la permission de communier plus ou moins que ne portent vos Constitutions. D'autres m'ont fait quelques plaintes de ce que M. votre Confesseur[1] les privait des communions extraordinaires que la Mère[2] leur permettait, et les obligeait à prendre sa permission expresse. Il n'est pas possible, mes Filles, que j'entre dans les raisons particulières de priver de la communion ou d'y admettre. Ainsi, sans faire réponse sur ce sujet aux lettres particulières, je vous donnerai les règles que chacune pourra s'appliquer facilement.

Pour cela, il faut distinguer le cas d'indignité, qui est l'état de péché[3] mortel, où l'on mange sa con-

---

Lettre 613. — Il nous reste de cette lettre deux copies : l'une, faite par Ledieu, est conservée dans la collection Saint-Seine ; l'autre, faite sur une copie de Mme Cornuau, est à la Bibl. Nationale, f. fr. 12 842, p. 759. Mme Cornuau assure que cette lettre fut adressée à Mme d'Albert pour être communiquée à quelques religieuses de Jouarre. Mais, après enquête, Ledieu affirme qu'elle a été écrite aux Sœurs de la Congrégation Notre-Dame, de Coulommiers (Voir l'article de M. J. Thomas dans la *Revue Bossuet,* 25 juin 1905, p. 24).

1. « M. de La Roblinière, ex-jésuite, était alors confesseur de ces religieuses. C'était un homme fort difficultueux, d'un esprit haut, se croyant fort capable, et qui voulait dominer sur ce couvent avec empire. Il vint à Germigny à l'occasion des divisions qu'il causait à Coulommiers par sa conduite au sujet des communions, et feu Mgr l'évêque de Meaux, après l'avoir fort écouté et reçu plusieurs lettres des religieuses, fit la réponse qu'on vient de voir, dont il le chargea ; ce qui pacifia tout » (Note de Ledieu, à la suite de la copie de cette lettre).

2. Cornuau : Mme l'Abbesse. Éditions : la Mère supérieure.

3. Cornuau : du péché mortel.

damnation, où l'on ne discerne pas le corps du
Seigneur[4], où enfin on s'en rend coupable, d'avec
les autres cas où, sans cette indignité, on peut être
privé de la communion ou s'en priver soi-même.

Je n'ai rien à vous dire sur le cas d'indignité :
tout le monde sait qu'en ce cas, on ne peut approcher
de la sainte table sans l'absolution du prêtre. Si l'on
doutait qu'un péché fût mortel ou véniel, il faudrait
encore recourir à lui, parce qu'il est préposé pour
discerner la lèpre d'avec la lèpre, et se reposer sur
son avis.

Pour venir maintenant aux autres cas où cette indignité ne se trouve pas, le confesseur ne peut refuser la communion à celles qu'il a absoutes ; mais il
peut la différer quelque peu de temps[5], s'il trouve
qu'on ne s'y soit pas assez préparé.

Je n'approuverais pas régulièrement qu'on usât
dans les grandes fêtes de cette sorte de délai, à
cause du scandale, et parce qu'absolument parlant,
la disposition essentiellement requise se trouve dans
ceux qui sont hors du péchel mortel[6] par l'absolution.

Pour venir maintenant au cas de fréquenter plus
ou moins la communion en état de grâce, il est certain que le confesseur étant, comme prêtre, le dispensateur établi de Dieu pour l'administration des
sacrements, c'est principalement par son avis qu'il
se faut régler, et ne point multiplier les commu-

---

4. I Cor., XI, 29.
5. Cornuau : quelque temps.
6. Éditions : qui, étant sincèrement convertis, et suffisamment pu-
rifiés par la pénitence, sont hors du péché mortel.

nions contre sa défense au delà des jours marqués par la Constitution[7].

Il peut même, pour de bonnes raisons, mais rarement, diminuer[8] aux particulières les communions ordinaires selon l'exigence du cas[9] et pour exciter davantage l'appétit de cette viande[10] céleste en la différant; mais, comme j'ai déjà remarqué, cela doit être rare[11], parce que, les Constitutions ayant pour ainsi dire arbitré le temps qu'on peut communier en religion[12], communément il s'en faut tenir à cette règle.

Le confesseur peut aussi imposer pour pénitence la privation de certaines communions plus fréquentes, s'il connaît par expérience que les âmes soient retenues du péché par la crainte d'être privées du don céleste, et qu'ensuite elles y reviennent avec une nouvelle ferveur.

Il paraît, mes Filles, par toutes ces choses qui ne souffrent aucun doute, qu'on ne doit point communier contre la défense du confesseur. S'il abusait de cette défense, et qu'il privât trop longtemps ou trop souvent des communions ordinaires celles qu'il aurait reçues à l'absolution, on s'en pourrait plain-

---

7. Éditions : par les Constitutions.

8. Éditions : pour de bonnes raisons, diminuer.

9. Éditions : des cas.

10. *Viande*, nourriture. Ce mot se disait de toutes sortes d'aliments, et non seulement de la chair, comme aujourd'hui. « Les aulx et les oignons sont les viandes ordinaires des Espagnols et des Gascons. » (César de Rochefort, *Dictionnaire général et curieux*, Lyon, 1685, in-fol.)

11. Édit. : mais, à moins de fortes raisons, cela doit être rare.

12. *En religion*, lorsqu'on est religieux ou religieuse.

dre à l'évêque, qui est préposé pour donner, tant
au confesseur qu'aux pénitentes, les règles qu'il faut
suivre. Pour ce qui regarde le détail, on voit bien
que le secret de la confession ne permet pas à
l'évêque d'y entrer, et qu'il doit seulement instruire
le confesseur, en cas qu'il eût des maximes qui
tendissent à éloigner de la fréquentation[13] des sacrements, non seulement les religieuses, que leur
vocation met en état d'en approcher plus souvent,
mais encore le reste des fidèles.

Quand il n'y a point de défense du confesseur[14], on est libre de demander à la Mère des
communions de dévotion, et il n'est nullement nécessaire de demander pour cela le consentement du
confesseur; puisque, d'un côté, il ne s'agit que de
la liberté naturelle que Dieu donne à ses enfants, et
que, de l'autre, la Constitution suppose que la supérieure connaît assez ses religieuses pour juger s'il
est à propos de leur accorder ou refuser des communions extraordinaires. Elle peut aussi priver des
communions ordinaires celles qu'elle jugera à propos, pour punir certaines désobéissances ou certaines dissensions entre les Sœurs, et enfin les autres fautes qui auront mal édifié la communauté.

Il faut, sur toutes choses[15], que le confesseur et la
supérieure agissent avec concert, et conviennent des
maximes de leur conduite[16] dont ils useront envers

13. Éditions : à éloigner trop légèrement de la fréquentation.
14. Éditions : point de défense du côté du confesseur.
15. *Sur toutes choses*, par-dessus tout, surtout (Cf. Corneille, *Cinna*,
V, 1 ; et plus loin, p. 367).
16. Éditions : de conduite.

les Sœurs, pour les porter à la perfection de leur état et déraciner leurs défauts et imperfections.

Je ne parle pas des cas auxquels le confesseur peut suspendre l'absolution, même pour des péchés véniels dont on ne prend aucun soin de se corriger, parce qu'encore que le péché véniel ne rende pas les communions indignes ni sacrilèges, c'est la pratique ordinaire des Sœurs de s'abstenir par révérence de la communion, lorsque l'absolution leur a été différée.

Voilà, mes Filles, les règles que vous devez suivre, et la conciliation de vos Constitutions avec l'autorité des confesseurs. Il ne faut rien craindre en suivant les Constitutions[17], parce qu'elles ont été approuvées par les évêques[18].

Il ne me reste qu'à renouveler les défenses que j'ai faites si souvent de se juger les unes les autres sur le délai ou la fréquence des communions, et de faire la matière des conversations de ce qui se passe dans le tribunal[19], qui doit être enveloppé dans un mystérieux secret, par respect pour un sacrement où le secret est si nécessaire, et pour ne point exposer le jugement prononcé par le prêtre, qui est celui de Jésus-Christ même, à la censure des Sœurs, qui ne peut être que téméraire, puisque même le confesseur ne peut point rendre raison de ce qu'il fait, et ne la doit qu'à Dieu seul.

Au surplus, mes chères Filles, vivez en paix[20], ne

17. Cornuau : vos Constitutions.
18. Cornuau : approuvées des évêques.
19. Le *tribunal* de la pénitence, le confessionnal.
20. Le reste de cet alinéa manque à la copie de Mme Cornuau, et

laissez point troubler votre repos par celles qui
semblent mettre la perfection à communier, sans
se mettre en peine de profiter de la communion :
car je suis obligé de vous dire, et je le dis en gé-
missant, que celles qui crient le plus haut qu'on
les excommunie sont souvent les plus imparfaites,
les plus immortifiées, les moins régulières. Ne faites
pas ainsi, mes Filles, et qu'on voie croître en vous,
avec le désir de la communion, celui de mortifier
vos passions et de vous avancer à la perfection de
votre état.

Croyez-moi tout à vous, mes chères Filles, dans
le saint amour de Notre-Seigneur[21]. Je vous verrai
sans manquer, s'il plaît à Dieu, au premier temps
de loisir, et je réglerai en vous écoutant, autant
qu'il sera possible, ce que je ne puis régler à présent
qu'en général, mais toutefois suffisamment pour
mettre fin à vos peines, si vous apportez un esprit
de paix à la lecture de cette lettre, et que vous en
pesiez les paroles[22].

J. Bénigne, é. de Meaux.

---

614. — A Mme d'Albert.

A Germigny, 28 juin 1691.

Vous ne devez point douter, ma Fille, que je n'é-
tende les défenses que je vous ai faites à toutes les

au texte de Ledieu, auquel Dom Coniac l'a ajouté en marge d'après
d'autres copies.

21. Ici s'arrête la copie de Mme Cornuau.

22. Voir l'Appendice VIII, p. 515.

Lettre 614. — L. a. s. Grand séminaire de Meaux.

choses que je vous ai décidées. En effet, ce serait une erreur de croire que les maux que Dieu envoie, de quelque nature qu'ils soient, doivent toujours être pris pour des coups d'une main irritée ; et, en votre particulier, je vous assure que c'est ici plutôt une épreuve d'un père que la rigueur [d'un] juge implacable. Soumettez-vous à cette médecine spirituelle que Dieu emploie à guérir les maux de nos âmes, lui qui en connaît si bien et la malignité et les remèdes. Souvenez-vous de cette parole : *Approchez-vous de Dieu, et il s'approchera de vous ; résistez au diable, et il prendra la fuite*[1] : c'est saint Jacques qui nous le dit. J'ajoute : Cessez de l'écouter, et bientôt il ne parlera plus. La fréquentation des sacrements est un excellent moyen pour l'abattre et pour vous soutenir.

Ma Sœur Cornuau peut vous communiquer ce que Dieu m'a quelquefois donné pour elle, sur quelques passages de l'Écriture dont elle m'a demandé l'explication.

Quant à ce que vous dites que je vous ai dit[2] sur la liaison inséparable de la confiance et de l'amour, je voudrais bien pouvoir vous satisfaire en vous le redisant ; mais je vous assure, ma Fille, que je ne me souviens jamais de telles choses. Je reçois dans le moment, et je donne aussi dans le moment ce que je reçois. Le fond demeure ; mais, pour les manières, il ne m'en reste rien du tout. Il ne m'est même pas libre de les reprendre ni d'y retourner ; et quant à

---

1. Jac., IV, 8, 7.
2. Deforis : Quant à ce que vous me rappelez que je vous ai dit.

présent, je ne pourrais pas vous dire autre chose que
ce que vous avez si bien répété : Qu'on ne se
fie point sans aimer, ni qu'on n'aime point sans que
le cœur s'ouvre à ce qu'il aime, et s'appuie dessus.
C'est pourquoi saint Jean, le docteur du saint
amour, dit que l'amour parfait bannit la crainte[3] ; et
David a chanté : *Je vous aimerai, mon Seigneur, ma
retraite, mon refuge, mon appui,* et, en un mot, selon
l'original, *mon rocher*[4].

---

615. — A Mme DUMANS.

A Germigny, 28 juin 1691.

L'avis a été lu trop tard[1]. Je commençais à ouvrir la lettre, quand M. Girard[2] m'a rendu le gros
paquet. J'ai interrompu pour voir ce que c'était. Je
me suis mis à considérer la plus jolie reliure du
monde : les anges, les dauphins, tout m'a frappé.
J'ai bientôt connu, aux ornements et au volume,
que c'était l'*Exposition* qu'on avait voulu si bien
parer. J'ai ensuite lu votre lettre : il n'était plus
temps ; M. Girard avait vu tout le mystère. Je n'ai
pu après cela que ne plus mot dire, et je ne crois
pas qu'il y ait fait grande attention.

3. I Joan., IV, 18.
4. En hébreu : *tsouri,* mon rocher (Ps. XVII, 1-2). — Ici se termine
la quatrième page de l'autographe, dont la suite ne nous a pas été
conservée.
Lettre 615. — L. a. s. Collection de M. Richard.
1. L'avis par lequel les religieuses demandaient à Bossuet de ne
point parler du présent qui lui était fait.
2. M. Girard ou Gérard. Voir sur lui la lettre du 30 novembre
1906.

Voilà, ma Fille, un récit fidèle de ce qui s'est passé. Il ne me reste qu'à vous remercier, et à admirer la belle reliure de Jouarre : en vérité, il n'y a rien de plus industrieux, et on y a de toute sorte d'esprits. Le bon est qu'on y trouve aussi des cœurs bien disposés à la soumission et au devoir ; et c'est de quoi je rends grâces à Dieu de tout mon cœur, le priant d'avancer le temps que j'aurai à travailler uniquement à les unir à Dieu.

J. Bénigne, é. de Meaux.

J'aurai soin de vous envoyer des reliures de ma manière, en récompense des vôtres.

Suscription : Mme Dumans.

<hr>

616. — A Mme d'Albert.

A Germigny, 30 juin 1691.

La peine que j'ai d'accorder tant de confesseurs, ne regarde pas Mme Renard en particulier, ni même, à vrai dire, personne dans l'état de défiance où l'on est. Loin de révoquer la permission du P. Claude[1], je la confirme de nouveau par une lettre que j'en écris à Mme la Prieure[2].

Je connais bien les dispositions de M. Girard[3] : elles sont bonnes dans le fond ; mais il y faudra tem-

<hr>

Lettre 616. — L. a. s. British Museum, ms. 24421. La plupart des noms propres ont été rendus illisibles par des ratures.

1. Le P. Claude Béguin. Voir (p. 258) lettre du 25 juillet 1691. C'était un capucin de Meaux, dont le nom reviendra plusieurs fois sous la plume de Bossuet.

2. Mme de La Croix, première prieure.

3. Sur M. Girard, voir p. 162 et 187.

pérer beaucoup de choses à l'extérieur ; pour l'intérieur, je n'en juge pas, et je suis fort sobre en cela,
en ce qui touche la confession. Je tâche pourtant de
remarquer tout, et de donner des avis proportion-
nés aux besoins et aux temps.

Je ne sais rien des dispositions présentes de
Mme de Jouarre, mais ce qu'on me dit de Mme
de ***[4] est bien contraire de[5] ce qu'on vous en écrit :
je n'en sais rien d'assuré, quoique Mme ***, qui en
paraît fort contente, s'en soit expliquée en termes très
forts ; le témoignage d'une tante n'ôte pas tout doute.

Vous me ferez plaisir, ma Fille, d'écrire au
P. Toquet[6] ce que vous me marquez pour lui. Quand
M. le cardinal de Bouillon sera de retour, je tâche-
rai de le rapprocher[7].

Il est certain, dans le cas que vous proposez, qu'on
n'est point obligé de se déclarer, et même qu'on ne
le peut pas en conscience, ni rien faire qui tende à
cela, mais seulement par voies indirectes procurer
du soulagement à celle qui est soupçonnée, avec
discrétion.

4. Ce nom propre et le suivant sont raturés de façon à être absolument illisibles.

5. *Contraire de,* construction très rare. En latin, on trouve quelquefois *contrarius* avec le génitif (Cicéron, *Tusc.,* IV, xv).

6. Marc-Antoine Toquet était né à Lyon et avait fait profession
dans l'Ordre de Cluny le 1er mars 1655, à dix-huit ans. Il mourut
dans le monastère de Saint-Martin-des-Champs, à Paris, le 23 septembre 1702 (Bibl. Nationale, n. a. lat. 1814). Son nom reparaîtra
souvent dans la Correspondance de Bossuet. Ses fréquents rapports
avec l'abbaye de Jouarre font croire qu'il avait sa résidence dans le
voisinage, et probablement au prieuré de Reuil.

7. Le cardinal de Bouillon s'était rendu à Rome pour le conclave
qui, le 12 juillet, élut Innocent XII (Voir p. 259).

Je ne changerai rien sur les confesseurs, quoique, à vous parler franchement et entre nous, M. le [doyen]⁸ me paraisse assez incapable. Je n'irai point vite en tout cela, et j'aurai tout l'égard possible pour celles qui s'y confessent, surtout, comme vous pouvez croire, pour Mme de Luynes, dont je connais la vertu.

Je pourrai adresser les lettres par ma Sœur Cornuau⁹, qui sera très aise de rendre ce service à la maison et à moi.

Mon départ est toujours pour lundi¹⁰, s'il plaît à Dieu. Vous n'aurez pas sitôt des nouvelles des affaires de Jouarre, parce que j'irai à Versailles dès le lendemain matin, s'il plaît à Dieu.

Je prie Dieu, ma Fille, qu'il soit avec vous.

J. Bénigne, é. de Meaux.

---

617. — A Mᵐᵉ DE TANQUEUX.

A Jouarre, mardi matin [juin ou juillet 1691].

Je suis fâché, Madame, d'être si près de vous sans avoir la consolation de vous aller voir, et la chère

---

8. On devine ici sous les ratures le mot : *doyen*. Il s'agit sans doute de Gilles Le Preux, doyen des chanoines de Jouarre, en qui Bossuet semble n'avoir eu qu'une confiance médiocre (Voir la lettre du 27 janvier 1692).

9. Mme Cornuau, de La Ferté où elle résidait, allait souvent porter à Jouarre les lettres de Bossuet.

10. Bossuet se proposait de se rendre à Paris le lundi 2 juillet.

Lettre 617. — L. a. s. Collection de M. Richard. Cette lettre, sans indication de mois ni d'année, est placée dans les éditions à la fin de 1692 ; mais son contenu montre qu'elle date des premiers

communauté : les affaires de deçà m'en empêchent.
Pour vous, j'espère vous voir à Paris. Il faut que vous
m'appreniez l'état où vous laisserez la communauté, et
le profit qu'on y fait de la supérieure que vous lui avez
procurée ; il faudra aussi me dire comment elle se
prend au gouvernement[1], s'il y a à l'avertir de quelque chose, et comment. Au fond, tout roule sur
vous et sur la confiance que j'ai à votre prudence et
à votre bonté maternelle pour la maison. J'écris à
Mme de Beauvau que, s'il y a quelque chose à me
dire de plus pressé, elle m'envoie quelqu'une des
Sœurs avec ma Sœur Cornuau, que je mande ici. Je
suis à vous, Madame, comme vous savez et avec
toute l'estime possible.

J. Bénigne, é. de Meaux.

Suscription : à Madame, Madame de Tanqueux, à
La Ferté.

---

618. — A Mme de Tanqueux.

A Germigny, 1er juillet 1691.

Je vous envoie, Madame, la minute de l'acte d'é-
tablissement de Mme de Beauvau, vous priant de
faire remplir de son nom et du nombre[1] des chapitres
et articles des Constitutions le blanc que j'ai fait

temps de l'administration de Mme de Beauvau, et probablement des
derniers jours de juin 1691.

1. *Se prendre à,* se mettre à. Édit. : elle s'y prend dans le gouvernement.

Lettre 618. — Collection de M. Richard. — 1. *Nombre,* chiffre,
ou numéro distinctif.

laisser ; aussitôt je renvoyerai l'acte[2] signé et scellé pour être gardé dans vos archives[3].

Je n'ai pas encore bien examiné les livres des Sœurs, et je le ferai, s'il plaît à Dieu, au premier jour. En gros, je n'y vois rien de suspect ; mais, comme je n'en ai fait que parcourir le mémoire, il faut attendre une dernière résolution après un examen exact. S'il y a quelque règlement à faire, je vous prie de me le mander ; sinon il faudra remettre à la visite que je ferai dans le mois d'août, s'il plaît à Dieu. Cette lettre vous sera commune avec Mme de Beauvau, et il ne me reste qu'à vous assurer l'une et l'autre de mon estime et de ma confiance.

Je suis, Madame, comme vous savez, votre très humble serviteur.

J. Bénigne, é. de Meaux.

------

619. — A Mme Cornuau.

3 juillet 1691.

Je ne suis point rebuté de vous, ma Fille. Je n'adhère point au sentiment[a] de ceux que vous dites

------

a. Leçon de Ledieu et du premier éditeur ; ailleurs : *aux sentiments.*

2. Il est donné plus loin, p. 264.

3. Ici les éditeurs ont inséré une phrase qui appartient à une lettre du 11 août.

Lettre 619. — Quinzième dans Lachat, dix-huitième dans la première édition comme dans les meilleurs manuscrits. Date donnée par Mme Cornuau : A Meaux, 3 novembre 1689. Date vraie fournie par Ledieu : 3 juillet 1691. Ce jour-là, Bossuet devait être à Paris ou à

qui trouvent mauvais que je m'applique à la direction. C'est une partie de ma charge ; et tout ce que
j'y observe est de prendre les temps convenables, en
sorte que j'en trouve pour tous mes devoirs : c'est
ce que vous devez tenir pour dit à jamais.

Je ne vous défends point, à Dieu ne plaise, les
prières que vous faites pour la sainte religion[1] ; j'en
bannis l'inquiétude, et je ne veux pas que vous
vous en occupiez trop : cela vous détournerait de ce
que Dieu demande de vous dans le temps présent[b].
J'aurai soin de vous envoyer mes papiers[c] : vous
y trouverez quelque chose sur le dix-septième chapitre de saint Jean[2], qui peut-être vous ouvrira
quelques portes. Si Dieu me donne pour vous, ma
Fille, quelque chose de plus, je vous le rendrai
fidèlement.

Voilà le papier[d] de vos permissions[3] : je n'entends point que vous vous leviez plus matin que la
communauté, si cela édifie mal les Sœurs pour peu
que ce soit. Ce n'est point à perpétuité que je vous
ai permis ces pénitences que vous savez, et ce
temps-là doit être fini présentement. La prise de la
discipline[e], toutes les fois que vous aurez commis

b. *Présent* manque au ms. Na. — c. Première édition, mss. Na et Ma :
prières. — d. Leçon de la première édition et de Deforis comme des meilleurs
manuscrits ; ailleurs : *paquet.* — e. Leçon de Ledieu ; ailleurs : *la discipline.*

Versailles. Ledieu a transcrit toute cette lettre, sauf le second alinéa
et une partie du troisième. Il avertit que Mme Cornuau y avait
ajouté une lettre du 14 juin 1692, que nous donnerons à sa date.

1. Pour entrer dans un ordre religieux. V. plus haut, p. 189 et 219.

2. Ce détail nous fait supposer que les « papiers » dont parle Bossuet, étaient relatifs aux *Méditations sur l'Évangile.*

3. Les permissions que Mme Cornuau avait demandé d'ajouter
aux obligations prescrites par la règle de la Communauté.

quelque faute un peu considérable, doit être accompagnée de la condition que votre confesseur y consente, et non autrement.

Pour vos communions, tenez-vous-en à celles que je vous ai permises. Je suppose que votre confesseur le trouvera bon, et que tout cela ne se fera pas sans avertir la Supérieure et prendre son obédience[4]. Il y a dans les communautés une certaine uniformité à observer, qui édifie plus et porte plus de fruit dans les âmes que des communions fréquentes. Soyez fidèle, ma Fille, à observer les conditions que je vous ai marquées pour vos pénitences et oraisons, et surtout de donner les heures nécessaires au sommeil; ce qui est d'une conséquence extrême dans la disposition que vous avez à vous échauffer le sang. L'obéissance, la discrétion et l'édification valent mieux que les oraisons et les pénitences, et même, en un certain sens, que les communions[5].

----

620. — A P. Daniel Huet.

A Paris, 24 juillet 1691.

Voilà, Monseigneur, les deux premières parties de mon *Sixième et dernier avertissement* contre le

4. *Prendre son obédience,* demander sa permission.

5. Mme Cornuau a dû supprimer la conclusion de cette lettre pour y joindre celle du 14 juin 1692, que nous donnerons à sa date.

Lettre 620. —L. a. s. Bibl. Laurenziana. Publiée pour la première fois par M. Guillaume et par M. Verlaque, en 1877.

ministre Jurieu[1]. Je suis d'autant plus obligé de vous les présenter, qu'il a fallu y parler de vous, parce qu'on m'objectait votre autorité. J'en ai parlé selon mon cœur, c'est-à-dire avec toutes les marques d'estime et avec le témoignage sincère de notre amitié ; et je crois que le ministre se repentira d'avoir voulu vous prendre à garant de ses excès. J'ai balancé quelque temps si je publierais cet endroit avant que de vous l'avoir communiqué ; mais j'ai cru qu'en ces occasions, où il s'agit de louer, et avec de telles gens, il valait mieux ne rien concerter. Si je me suis trompé dans ma pensée, je vous supplie, Monseigneur, très humblement de me le pardonner et de me croire incapable de manquer par ma volonté au respect que je vous dois.

J. Bénigne, é. de Meaux.

---

621. — A Mme d'Albert.

A Versailles, 25 juillet 1691.

C'est le jour de mon saint patron[1] que je vous écris cette lettre, et je le prie, ma Fille, de m'obtenir de Dieu des réponses dont vous puissiez profiter, à chaque article de vos lettres.

---

1. Il est intitulé : *L'antiquité éclaircie sur l'immutabilité de l'être divin et sur l'égalité des trois personnes..... : sixième et dernier avertissement*, Paris, 1691, in-4. Achevé d'imprimer le 12 juillet 1691. Dans une lettre à du Vaucel, du 21 décembre 1691, Arnauld estime que cet ouvrage « est une pièce admirable. » (*Œuvres*, t. III, p. 415).

Lettre 621. — L. a. s. Grand séminaire de Meaux.

1. Le 25 juillet, fête de saint Jacques le Majeur, apôtre.

Sur votre lettre du 17 : Je n'ai nullement dessein de vous renvoyer à un autre pour une confession générale. S'il en faut faire une, je me servirai du premier temps de liberté pour l'entendre ; mais, comme je doute qu'il en faille faire, je me suis remis à ce que Dieu m'inspirerait de vous conseiller. C'est ce que nous pourrons traiter à fond quand [nous]² serons en présence, et il est assez mal aisé de le faire par lettres. En attendant, allez, sans hésiter, votre train ; faites vos confessions et communions à l'ordinaire. La résolution de m'exposer tout est très suffisante en attendant³. Il ne faut pas céder aux peines qui surviennent sur les péchés confessés ou dont on doute, et⁴ ce serait une source inépuisable de scrupules.

Sur la lettre du 19 : Mme de Harlay⁵ m'a fait réponse, et ne pouvait choisir d'ailleurs une plus considérable médiatrice que vous. Vous aurez toujours bonne part. M. Le Faure⁶ ne m'aide en rien pour ce qui regarde les pensions⁷, mais il ne peut agir que selon ses ordres⁸, et il me suffit de savoir sa bonne volonté.

Je suis obligé à toutes mes Filles, et je ne doute

2. Mot omis en tournant la page.

3. Deforis a supprimé ici : en attendant.

4. Deforis : Gardez-vous bien de céder aux peines qui surviendraient sur les péchés confessés, ou dont vous douteriez, car...

5. Sur Mme de Harlay, voir p. 161.

6. Faure ou Le Faure, homme d'affaires de Mme de Jouarre. Dans un procès-verbal de visite, du 19 décembre 1691, conservé au Séminaire de Meaux, il est ainsi qualifié : « Le nommé Lefaure, chargé de recevoir les pensions. »

7. Les pensions des religieuses.

8. Les ordres qu'il a reçus de l'Abbesse.

pas que saint Jacques n'ait été solennisé de bon
cœur par Mme Renard.

On peut écrire en assurance au P. Claude Be-
guin[9] que je suis très content de toute sa conduite
et que j'en espère, dans la suite, de très bons effets
à Jouarre[10].

C'est un usage constant et approuvé[11] de faire
répéter quelques péchés de la vie passée, et il n'y a
nul [doute] que ce ne soit une matière suffisante
d'absolution, ni que le même péché ne puisse être
soumis plus d'une fois, et tant qu'on le veut, aux
clefs de l'Église[12] ; mais je trouve qu'il faut user
sobrement de cette méthode, et il me semble qu'on
trouve toujours, ou presque toujours, assez de matière : il ne m'est point encore arrivé de n'en trouver pas.

L'affaire de l'intention[13] demande plus de temps
que je n'en ai à présent : elle est pourtant plus délicate qu'embarrassée.

Je prie Notre-Seigneur qu'il soit avec vous. Vivez

9. C'est le même que le P. Claude de Paris, qui prit l'habit au noviciat des Capucins de la rue Saint-Jacques, le 19 décembre 1688.
Comme il y avait plusieurs Pères du nom de Claude dans la province
de Paris, on le distinguait en lui donnant habituellement son nom de
famille. La copie de M. Bresson porte : Claude de Gisy.

10. Toute cette partie, depuis : « Sur la lettre du 19 », a été omise
par Deforis et les autres éditeurs.

11. Deforis : « C'est un usage assez général ». Les deux derniers
mots ont été barrés sur l'original par une main étrangère, mais on
peut encore les lire.

12. A partir des mots : *ni que le même péché ne puisse*, l'autographe
a été raturé ; mais le texte, qu'on peut encore déchiffrer, se trouve
conforme à celui que donnent la copie de M. Bresson et le ms. fr.
15181, p. 18.

13. Cette affaire sera traitée dans la lettre du 30 septembre 1691.

en paix et en espérance, et que ce soit là votre soutien et votre joie.

> J. Bénigne, é. de Meaux.

Le cardinal Pignatelli[14], archevêque de Naples,
est pape sous le nom d'Innocent XII.

Suscription : A Madame, Madame d'Albert, religieuse de Jouarre.

-----

622. — Marin des Mahis a Bossuet.

Je n'ai pu faire un examen aussi exact que je l'eusse voulu
des passages dans lesquels les sociniens défigurent la morale :
j'en ai seulement marqué quelques-uns de Socin[1], de Wolzo-

14. Antoine Pignatelli (1615-1700) fut nonce en Pologne et à
Vienne, évêque de Lecce, puis de Faénza, légat de Bologne, cardinal en 1681 ; il était archevêque de Naples depuis 1687, lorsqu'il fut
élu pape le 12 juillet 1691.

Lettre 622. — Sur M. des Mahis, voir t. III, p. 509. Il répond ici
à une demande de renseignements. On ne voit pas pour quel ouvrage
ils devaient servir à Bossuet. Ce n'est ni pour la *Défense de l'Histoire
des Variations* ni pour les *Avertissements aux protestants*, dont le dernier est du 22 juillet 1691.

1. Fauste Socin, né à Sienne le 5 décembre 1539, était neveu de
Lélius Socin, fondateur de la secte des anti-trinitaires. Après avoir
séjourné en France, en Allemagne, en Suisse et en Transsylvanie, il
se rendit en Pologne, où son oncle avait de nombreux sectateurs. Ses
idées lui attirèrent des inimitiés très vives, dont il eut beaucoup à
souffrir. Il mourut le 3 mars 1604. C'est de son nom que les anti-
trinitaires s'appelèrent sociniens. Ses ouvrages, précédés de sa Vie
par Samuel Przipcow, forment les deux premiers volumes de la *Bibliotheca Fratrum Polonorum* dont nous parlerons plus bas ; on y remarque : *De auctoritate Sacræ Scripturæ; Disputatio de Jesu Christo Ser-
vatore ; Apologia seu responsio pro Racoviensibus* (Voir Bayle, *Dictionnaire,* art. Socin; le P. Anastase Guichard, *Histoire du socinianisme,*
Paris, 1723, in-4 ; Pluquet, *Dictionnaire des hérésies,* Paris, 1762, 2
vol. in-8 ; Christophe Sandius, *Bibliotheca anti-trinitariorum,* Freistadt,

genius[2] et de Crellius[3], sur la compatibilité des actes les plus mauvais avec le salut quand ils n'ont pas encore formé une habitude, sur la guerre, sur le serment et contre la magistrature. Socin et Wolzogenius trouvent cette magistrature incompatible avec le salut, parce qu'on y a attaché l'obligation de condamner les criminels à la mort. On pourrait, Monseigneur, si vous le souhaitez, consulter sur ces matières les autres sociniens, qui ne sont pas dans la *Bibliothèque*[4] *des*

1684, in-8. Ces auteurs sont à consulter aussi au sujet des sociniens dont les noms vont suivre).

2. Jean-Louis Wolzogen, né en Autriche en 1596, abandonna la religion catholique pour le protestantisme, puis embrassa le socinianisme en Pologne et mourut près de Breslau en 1658. Il ne faut pas le confondre avec un autre socinien, Louis van Wolzogen (1638-1690). Jean-Louis Wolzogen a écrit en allemand ; mais ses ouvrages, traduits en latin, se trouvent dans la *Bibliotheca Fratrum Polonorum*. Ce sont: *Declaratio duarum contrariarum sententiarum de natura et essentia unius altissimi Dei* (1646) ; *Ecclesia Domini nostri, hic in terris triumphans; Breves in Meditationes metaphysicas Renati Cartesii annotationes* (Amsterdam, 1657, in-4); etc.

3. Jean Crell (1590-1633) dirigea une école, puis fut pasteur à Cracovie. Il est l'un des théologiens anti-trinitaires les plus célèbres, parmi lesquels brillent aussi son fils Christophe et son petit-fils Samuel. Entre ses ouvrages, contenus dans la *Bibliotheca Fratrum Polonorum*, t. III et IV, on remarque : *De Deo et attributis ejus*, Cracovie, 1630, in-4 ; *De uno Deo patre*, Cracovie, 1631, in-8, et surtout *Vindiciæ pro religionis libertate*, Eleutheropolis, 1637, in-12. Ce dernier ouvrage, publié sous le pseudonyme de Junius Brutus Polonus, a été traduit en français sur la 2e édition (1650, in-8), par Ch. Le Cène, ministre arminien, à la suite de ses *Conversations sur diverses matières de religion*, Philadelphie, 1687, in-12 ; cette traduction, retouchée par Naigeon, a été de nouveau imprimée à Londres, 1769, in-12, sous ce titre : *De la Tolérance dans la religion ou de la liberté de conscience, par Crellius*.

4. *Bibliotheca Fratrum Polonorum, quos unitarios vocant, instructa operibus Fausti Socini, Johan. Crellii, Jonæ Schlichtingii a Buscowietz et Joh. Lud. Wolzogenii*, Irenopolis (Amsterdam, 1656), 8 vol. infol. — Les anti-trinitaires sont souvent appelés Frères Polonais, parce qu'ils furent très nombreux en Pologne jusqu'à ce que les réclamations réunies des catholiques et des protestants les en firent chasser, en 1658.

Frères polonais, comme Brenius [5], Ostorodus [6], Smalcius [7], Volkelius [8]. J'aurais feuilleté les trois volumes de Hoornbeek [9] contre les sociniens, si je les eusse eus, afin de choisir quelques-unes des déclarations les plus fortes de ces hérétiques

5. Daniel de Breen (1594-1664) a laissé, entre autres ouvrages : *De qualitate regni Domini nostri Jesu Christi*, Amsterdam, 1641, in-8. Ses écrits ont été réunis sous ce titre : *Dan. Brenii, Harlemo-Batavi, Opera theologica*, Amsterdam, 1666, in-fol.

6. Christophe Ostorodus, né à Goslar dans le duché de Brunswick, fut pasteur à Smiglen, en Livonie, puis à Dantzig ; il fut, en 1598, envoyé par ses coreligionnaires pour prêcher le socinianisme en Hollande, mais il dut quitter ce pays après avoir vu ses écrits condamnés au feu. Ses ouvrages, composés la plupart en polonais ou en allemand, sont : *Unterrichtung von den vornehmste Hauptpuncten der Christlichen Religion, in welche begriffen ist fast die ganze Confession oder Bekenntniss der gemeine in Königreiche Polen*, etc., c'est-à-dire : *Institutio præcipuorum articulorum christianæ religionis, in quibus comprehensa est confessio fidei Ecclesiarum regni Poloniæ*, Racow, 1604, in-8.

7. Valentin Smalcius, de Goth, en Thuringe (1572-1622), qui fut ministre à Racow et à Lublin, est l'auteur de : *Refutatio thesium de sacrosancta Unitate divinæ essentiæ et in eadem sacrosancta personarum Trinitate*, etc., Racow, 1614, in-4 ; *Refutatio disputationis de persona Christi*, Racow, 1615, in-4 ; *Brevis institutio religionis christianæ*, 1629, in-12, etc., etc.

8. Jean Volkelius, né à Grimma, en Misnie, fut l'un des pasteurs de la secte des sociniens. Il soutint une controverse avec le P. Smiglecki, jésuite : *Nodi gordii a Martino Smiglecio, jesuista, nexi dissolutio*, Racow, 1613, in-8. Après sa mort, on publia son principal ouvrage : *De vera religione* (Racow, 1630), qui fut réfuté par Samuel Desmarets, dans *Hydra socinianismi expugnata*, Groningue, 1651-62, 3 vol. in-4.

9. Jean Hoornbeek, né à Harlem en 1617, étudia à Leyde sous Claude Saumaise, Daniel Heinsius, etc., fut docteur en théologie de l'Académie d'Utrecht, professeur et ministre dans cette ville, puis à Leyde. Il mourut le 9 juin 1654. Très versé dans les langues, tant sémitiques que modernes, il a laissé de nombreux ouvrages, entre autres, *Disputationes X Anti-Judaicæ*, Utrecht, 1644, in-4 ; *Socinianismus confutatus*, Utrecht et Amsterdam, 1650-1664, 3 vol. in-4 ; *Summa controversiarum religionis cum infidelibus, hæreticis, schismaticis, id est Gentilibus, Judæis, Muhammedanis, Papistis, Anabaptistis, Enthusiastis et Libertinis, Socinianis, Remonstrantibus, Lutheranis, Brownistis, Græcis*, Utrecht, 1653, in-8 (Voir Bayle, *Dictionnaire* ; Niceron, t. XXXIII).

contre les vérités de la morale. Le *Summa controversiarum* du même auteur pourait aussi fournir divers exemples des entreprises qui ont été faites par d'autres novateurs de ces derniers temps contre la morale, dans les petites listes des propositions controversées, qui sont à la fin de chacune de ses dissertations contre les hérétiques. On pourrait là trouver de nouveaux exemples du peu de sûreté de la morale entre ceux qui ont abandonné la voie de l'autorité. C'est là, ce me semble, une des vérités qu'il est le plus à propos de faire sentir, parce que le discours ordinaire de ceux qui penchent vers la tolérance est qu'il suffit de s'attacher à la sanctification, et que les devoirs de la morale chrétienne sont clairs dans la sainte Écriture et non controversés.

Si M. de La Bruyère[10] n'a pas encore rendu l'*Avis aux réfugiés*[11], ayez la bonté, Monseigneur, de le faire revenir : divers nouveaux catholiques l'ont demandé. Je vous prie aussi très humblement de penser à l'affaire de M. de Laubouinière[12], afin que ce gentilhomme passe de sa galère dans quelque communauté, où il y ait plus lieu d'espérer quelque

---

10. L'auteur des *Caractères*.

11. *Avis important aux réfugiés sur leur prochain retour en France, donné pour étrennes à l'un d'eux en 1690*, par M. C. L. A. A. P. D. P. Amsterdam, 1690, in-12. L'auteur, qui était censé un catholique ennemi des « dragonneries », y donnait des conseils aux réfugiés et se moquait des ministres protestants, etc. On supposa que cet écrit était de Pellisson, mais on admet aujourd'hui qu'il avait pour auteur Bayle, dans les *OEuvres diverses* de qui il a pris place (La Haye, 1727-31, 4 vol. in-fol., t. II). (Voir Des Maizeaux, *Vie de P. Bayle*, en tête du Dictionnaire ; Niceron, t. VI ; Marcou, *Étude sur la vie et les œuvres de Pellisson*, Paris, 1859, in-8, p. 383 et suiv. ; Mathieu Marais, *Mémoires*, édit. de Lescure, Paris, 1863, 4 vol. in-8, t. I, p. 31).

12. Louis de Kerveno, sieur de Laubouinière, gentilhomme protestant du Poitou, condamné aux galères vers 1689. Le 2 septembre 1692, ordre fut donné de l'amener à l'abbaye de Saint-Germain-des-Prés, à Paris ; mais sa santé ébranlée le fit entrer d'abord à l'hôpital, où il mourut le 28 septembre 1693 (Voir Haag, *la France protestante* ; O. Douen, *Histoire de la révocation de l'édit de Nantes*, t. II, p. 580 et 581 ; *Bulletin de la Société de l'histoire du protestantisme français*, 2e série, t. I, p. 493).

effet des efforts que Mme des Coulandres[13], sa sœur, qui est si bien convertie, ferait pour sa conversion.

Le temps de mon retour n'est pas encore bien déterminé.

Je suis avec le plus profond respect, Monseigneur, votre très humble et très obéissant serviteur.

Des Mahis.

A Paris, ce 27 juillet[14] 1691.

---

623. — Aux Filles charitables de La Ferté-sous-Jouarre.

A Germigny, 1er août[1] 1691.

Je vous envoie, mes Filles, l'acte d'établissement de Mme de Beauvau pour votre supérieure, mis en bonne forme. J'ai sujet de rendre grâces à Dieu du choix qu'il m'a inspiré, puisque la paix, le bon ordre et le service de Dieu, avec le soin d'acquérir

13. Suzanne Chabot, épouse d'Alexandre de Goyon, seigneur des Coulandres, était sœur de Marie Charlotte Chabot, femme de Louis de Kerveno ; elle était donc la belle-sœur de ce dernier. (Bauché-Filleau, *Dict. hist. et généal. des familles du Poitou*, 2ᵉ édit., Poitiers, 1895, t. II, p. 190 ; Lièvre, *Hist. des Protestants du Poitou*, t. III, p. 132).

14. Cette année-là, des Mahis avait fait chez Bossuet un assez long séjour. Il avait prêché, avec grand succès et en présence de son père et de sa mère, à la cathédrale de Meaux, l'octave de la Fête-Dieu, du 14 au 21 juin, sauf le dimanche, où le sermon avait été donné par l'évêque. Bossuet s'étendit beaucoup sur les louanges de M. des Mahis et sur le bonheur de ses parents, qui en pleuraient de joie (Bibl. Nation., fr. 23501). Le 28 juin, des Mahis, avec Isaac Papin, avait signé comme témoin la démission de l'administrateur de l'Hôtel-Dieu de Vareddes (Cf. lettre du 25 juin 1691, p. 240, note 3, et E. Jovy, *op. cit.*, p. 214).

Lettre 623. — 1. Cette date, qui a peut-être été ajoutée par les premiers éditeurs, est inexacte : le premier août, Bossuet n'était pas à Germigny, mais à Paris, administrant, dans la chapelle des Missions étrangères, le sacrement du baptême au prince « Louis-Jean Aniaba, âgé d'environ vingt ans, fils du roi d'Iseigny (*sic*, pour Eissinie), en Guinée » (Bibl. Nationale, fr. 32593, registre de Saint-Sulpice ; cf. Ledieu, t. II, p. 174). Rapprocher de cette lettre celle du 1ᵉʳ juillet, à Mme de Tanqueux.

la perfection chrétienne, s'augmente visiblement dans votre maison depuis qu'elle en a pris en main la conduite. Vous savez que mon intention est que vous conserviez toujours à Mme de Tanqueux, votre chère mère, le respect et la reconnaissance que vous lui devez en cette qualité ; j'en ai dit ce qui convenait dans l'acte que vous recevez, et autant que la brièveté de ces sortes d'actes le pouvait souffrir.

Je vous dirai en même temps qu'ayant appris qu'on reparlait de la Sœur Saint-Mars[2], je me suis très bien souvenu qu'elle m'avait elle-même demandé de se retirer de la maison, et que je l'avais accordé pour le bien commun ; en sorte qu'il ne reste plus qu'à procéder à la résolution du contrat, à quoi je consens[3]. Au surplus, mes chères Filles, croissez en humilité et en douceur, et vivez en paix ; c'est le bien que je vous souhaite.

J. Bénigne, é. de Meaux.

Acte d'établissement de Mme Beauvau, pour supérieure dans la Communauté des Filles charitables de La Ferté-sous-Jouarre.

Nous, Évêque de Meaux, désirant pourvoir autant

2. Geneviève-Marguerite Saint-Mars était née à Paris vers 1646. Peut-être était-elle apparentée aux Saint-Mars qui, à la même époque, étaient fixés à Jouy-sur-Morin, et qui ont donné plusieurs sujets au clergé de Meaux. Sœur Saint-Mars faisait déjà partie de la communauté des Filles charitables en 1687 (Cf. notre tome III, p. 176).

3. Bossuet dut revenir sur cette résolution, car la Sœur Saint-Mars figure encore au nombre des Filles charitables le 4 juillet 1695, et elle mourut dans leur maison le 4 mars 1716, âgée de soixante-dix ans (Toussaints Duplessis, tome II, p. 425, et État civil de La Ferté-sous-Jouarre).

qu'en nous est à l'avancement de nos chères filles,
les Filles charitables de Sainte-Anne de La Ferté-
sous-Jouarre, ce que nous avons toujours cru dépendre de l'établissement d'une supérieure actuellement résidente avec elles, qui leur fît observer les
règles et constitutions que nous leur avons données,
et les unît ensemble plus étroitement sous le doux
joug de l'obéissance ; bien informé d'ailleurs de la
piété, discrétion et capacité de notre chère fille
en Jésus-Christ, Dame Marie de Beauvau, nous
l'avons appelée en cette maison ; et, après avoir ouï
la Dame de Tanqueux, ci-devant par nous préposée
à la conduite de cette maison établie et soutenue
par ses soins, laquelle nous aurait déclaré que les
soins qu'elle doit à sa famille ne lui permettaient
pas de vaquer autant qu'elle désirerait au bien spirituel et temporel de ladite maison de Sainte-Anne,
et nous a requis pour ce sujet d'y établir ladite Dame
de Beauvau, qu'elle juge la plus capable d'y accomplir l'œuvre et la volonté de Dieu ; ouïes aussi
en particulier nosdites Filles de la communauté de
Sainte-Anne, avons ladite Dame de Beauvau ordonné et établi, l'ordonnons et l'établissons pour
supérieure de cette communauté, tant qu'il nous
plaira ; lui enjoignons par l'autorité du Saint-Esprit,
qui nous a établi évêque pour régir l'Église de
Dieu[4], de leur faire exactement observer lesdites
règles et constitutions, sans y rien changer ni al-
térer que de notre permission et ordre exprès ; et à

4. Act., xx, 28.

elles, de lui obéir comme à leur légitime supérieure, établie de notre autorité, sans préjudice de l'élection que nous avons accordée à nosdites Filles et communauté, par le chapitre xx, articles 53, 54 et 55 de leursdites constitutions, et pareillement sans préjudice des honneurs et préséances que ladite Dame de Beauvau et nosdites Filles nous ont requis vouloir conserver à ladite Dame de Tanqueux ; ce que nous aurions accordé à la commune satisfaction de ladite communauté.

Donné à La Ferté-sous-Jouarre, en visite, le vendredi huitième jour de juin 1691.

J. Bénigne, é. de Meaux.

Par commandement de mondit Seigneur,

Ledieu.

---

624. — A P. Daniel Huet.

A Germigny, 8 août 1691.

C'est chez vous-même[1], Monseigneur, qu'on a laissé à Paris le *Sixième avertissement.* J'ai quelque impatience de le savoir auprès de vous. Pour ce qui est de l'ouvrage[2] que vous souhaitez que j'aie l'hon-

---

Lettre 624. — L. a. s. Bibl. Laurenziana. Publiée pour la première fois par M. Guillaume et par M. Verlaque, en 1877. Bossuet répond ici à une lettre perdue de l'évêque de Soissons, qui s'étonnait de n'avoir pas reçu le *Sixième Avertissement aux Protestants* annoncé dans la lettre du 24 juillet 1691.

1. Huet avait alors son domicile à Paris, rue d'Enfer, près des Chartreux.

2. L'ouvrage de P.-D. Huet, *Traité de la situation du Paradis terrestre,* Paris, 1691, in-12. L'achevé d'imprimer est daté du 20

neur de présenter au Roi et à Monseigneur[3] de votre part, si vous ordonnez qu'on me le donne le lendemain de la Notre-Dame[4] à Paris, le lendemain sans manquer j'en ferai avec grande joie le présent à Versailles, et je l'accompagnerai de tout ce que m'inspirera l'estime que j'ai de tout ce qui vient de vous.

Je finis, Monseigneur, en vous assurant de la continuation de mes très humbles respects.

J. Bénigne, é. de Meaux.

---

625. — A Mme DE TANQUEUX.

A Germigny, 11 août 1691.

Je suis bien aise, Madame, que l'on achève ce que l'on a commencé sur le sujet de ma Sœur Saint-Mars[1]. Vous verrez dans les lettres ci-jointes que je donne mon consentement à la résolution du contrat. Je vous envoie aussi l'acte d'établissement de Mme de Beauvau dans les formes. Il n'y a qu'à le faire voir à la Communauté et à le mettre dans les archives.

---

novembre 1691, mais il dut être terminé plus tôt, puisque, le dimanche 11 novembre, Bossuet le présentait au Roi, et qu'il en avait reçu lui-même un exemplaire, ainsi que l'archevêque de Reims (Voir plus loin, p. 355).

3. Monseigneur le Dauphin.

4. La Notre-Dame ou l'Assomption, qui tombe le 15 août. On verra plus loin que c'est seulement le 11 novembre que Bossuet présenta l'ouvrage de Huet à la Cour.

Lettre 625. — Inédite. L. a. s. Collection de M. Richard.

1. Sœur Saint-Mars. Cf. p. 264.

Au reste, il y a beaucoup à louer Dieu de nous avoir envoyé Mme de Beauvau, sous laquelle, et par votre sainte et parfaite correspondance[2], la piété fleurit et la grâce fructifie dans votre sainte maison[3].

Je prie Notre-Seigneur qu'il soit avec vous et je suis à vous de tout mon cœur.

J. Bénigne, é. de Meaux.

Au bas de la 2ᵉ page : Mme de Tanqueux.

---

626. — Isaac Papin a Bossuet.

Du 12 août 1691.

Monseigneur,

Voici les lettres de M. Burnet, en attendant que ma réponse[1] au libelle de M. Jurieu puisse devenir publique : si vous daignez les ajouter à vos preuves de la tolérance des protestants[2], ces lettres feront mon apologie par avance[3], puisqu'on y verra ce célèbre Anglais, aujourd'hui évêque

2. *Correspondance,* bon accord entre Mme de Tanqueux et la nouvelle supérieure.

3. Cette phrase avait été insérée par Deforis dans une lettre à Mme de Tanqueux du 1ᵉʳ juillet (Voir p. 253).

Lettre 626. — Imprimée pour la première fois dans le *Recueil des ouvrages composés par feu M. Papin en faveur de la religion,* Paris, 1723, 3 vol. in-12, t. II, p. 360-376. Sur Isaac Papin, voir plus haut, p. 33.

1. Cette réponse est l'ouvrage intitulé *la Tolérance des protestants,* dont on trouvera la dédicace au mois de mai 1692, et qui était retardé par la mauvaise santé de l'auteur.

2. Données par Bossuet dans son sixième *Avertissement,* IIᵉ et IIIᵉ parties.

3. Bossuet les a imprimées à la suite de la troisième et dernière partie du sixième *Avertissement.*

de Salisbury, opposé en toutes choses à mon adversaire, louer la tolérance que je soutenais, approuver toutes mes démarches envers M. Jurieu, condamner l'emportement de ce ministre, blâmer le procédé des synodes[4], et enfin être presque partout l'auteur des conseils que je suivais dans cette affaire.

Si M. Burnet était en état de craindre la passion et la vengeance de M. Jurieu, je ferais scrupule de publier ces lettres ; mais, comme ils sont à peu près de force égale, l'un dans le parti des Tolérants, l'autre dans le parti des Intolérants, je crois qu'il n'est pas mauvais de découvrir à M. Jurieu le jugement que font de lui des gens d'une réputation du moins aussi grande que la sienne et avec qui sans doute il serait fort aise de paraître uni.

M. Burnet d'ailleurs ne sera pas fâché que l'on publie l'approbation qu'il a donnée tout à la fois à la dissertation de Strimesius et à la *Foi réduite à ses justes bornes*[5], car il y a longtemps qu'il s'est déclaré pour la tolérance et contre l'autorité des Synodes. Témoin les *Remarques sur les méthodes du Clergé de France,* traduites par M. de Rozemond[6], imprimées à Londres en 1683. La cinquième méthode était fondée sur le synode de Dordrecht[7], qui a *défini par l'Écri-*

4. Des synodes calvinistes qui avaient imposé des formulaires de foi.

5. Samuel Strimesius, professeur à Francfort-sur-l'Oder. Dans une préface placée en tête des *Conradi Bergii Themata theologica,* il avait préconisé la tolérance de toutes les sectes chrétiennes qui reconnaissent l'Écriture sainte, y compris les ariens et les sociniens. Avant sa conversion, Isaac Papin était dans les mêmes sentiments, comme on le voit par l'ouvrage qu'il composa et qui fut imprimé par Bayle sous le titre de : *La foi réduite à ses véritables principes et renfermée dans ses justes bornes,* par P. P. D. L. A., Rotterdam, 1687, in-12.

6. *Remarques sur les actes de la dernière Assemblée générale du Clergé de France ou Examen de l'Avertissement pastoral et des méthodes de ce Clergé,* traduit de l'anglais par M. de Rosemond, Londres, 1683, in-12.

7. Le synode de Dordrecht, tenu en 1618 par les calvinistes pour décider de la controverse entre les gomaristes et les arminiens au sujet de la grâce.

ture sainte, que, quand il y a contestation sur quelque article controversé entre deux partis qui sont dans la vraie Église, il faut[8] s'en rapporter à son jugement, sur peine à celui qui refuse de s'y soumettre, d'être coupable de schisme et d'hérésie[9].

Que répond à cela M. Burnet? il désavoue hautement le synode de Dordrecht. La créance des protestants, dit-il, p. 94, ne leur impose point une semblable obligation ; elle ne les contraint pas à se soumettre[10] aux décisions d'un concile national, quoique faites de la manière la plus solennelle. Sur ce principe, comme il est assez naturel aux tribunaux d'élever leur propre autorité, il est constant que, si un synode a fait la déclaration dont on nous parle, c'est à lui à s'en justifier : le reste des protestants n'est point[11] dans l'obligation de s'intéresser à un tel décret.

Et page 95, article II. Lorsqu'on aura mûrement examiné les raisons de part et d'autre, si l'on demeure toujours persuadé que le concile a prononcé contre le vrai sens de l'Écriture dans une matière importante pour le salut, alors on doit préférer Dieu aux hommes et embrasser le parti le plus salutaire quoique le moins fort. Que s'il y a eu quelque société de protestants ou quelque synode qui ait décidé le contraire, ils se sont éloignés en cela des véritables principes de leur religion.

Page 97, article IV. La plupart des conclusions et des décisions du synode de Dordrecht peuvent bien être suivies par les réformés de France, sans qu'ils soient contraints d'en signer tous les articles.

Page 99, article VI. Je n'entreprends point de défendre les décisions ni les affirmations du synode de Dordrecht, je ne ferai pas même difficulté d'avancer que, quand ce synode a prononcé positivement sur des points mystérieux, comme le sont l'ordre

8. Le texte de Rosemond porte : il s'en fallait.

9. Rosemond, p. 93.

10. Rosemond : de se soumettre.

11. Rosemond : le reste des protestants qui ont abandonné l'Église romaine, n'étant point dans l'obligation.

des décrets divins et la manière de l'opération de la grâce, et quand il a imposé à tous les ministres la nécessité de se soumet-tre à ses décisions, il a fait une démarche que beaucoup des plus zélés protestants ont toujours désapprouvée et condamnée, croyant que cette manière positive donne atteinte à l'unité des protestants et tient trop de la puissance que nous reprochons à l'Église romaine.

Voilà précisément quelle était mon opinion.

Je rapporte encore à la tolérance de cet auteur tout ce qu'il avoue en faveur de l'Église romaine, par exemple, sur la neuvième méthode, p. 117, art. I. *L'Église romaine sera une vraie Église tant qu'elle croira que la mort de Jésus-Christ fait l'expiation de nos péchés et que le bénéfice de cette mort est appliqué aux personnes qui ont véritablement la foi et qui réfor-ment leur vie ; de sorte que ceux des catholiques romains qui se tiennent étroitement attachés à ce fondement de la religion chré-tienne, peuvent bien être sauvés.*

Sur la dixième méthode, qui est celle de l'exposition de la foi, p. 121, art. I, il avoue que *la chaleur de la dispute a fort souvent fait pousser les choses trop loin*[12] *et que plusieurs contestations ont été déraisonnables parce qu'elles n'avaient point d'autre fondement que quelques expressions dont un parti se servait et que l'autre n'entendait pas…, de sorte que ces per-sonnes-là ont rendu un bon office à l'Église, qui ont tâché d'avancer la réunion des deux partis en amenant toutes choses aussi près du point de la réconciliation qu'il a été possible*[13].

Sur la douzième méthode, p. 127, art. I, il redit encore qu'*avant* (Wiclef, Luther et Calvin), *l'Église romaine était une vraie Église, qu'elle avait la dispensation*[14] *des instruments du salut, et que Jésus-Christ demeure avec une Église tant qu'elle conserve ces instruments de la Rédemption.*

---

12. Rosemond : trop loin dans les controverses.

13. Rosemond : qu'il leur a été possible.

14. Rosemond : que l'Église romaine était une vraie Église, que, bien que plongée dans un abîme d'erreurs, elle avait pourtant la dis-pensation.

Sur la quatorzième méthode, p. 143, art. I. *Les Réformés s'embarrassent peu de la première partie de cette méthode* (qui consiste à demander si l'Église *était encore la vraie Église avant le schisme, quand on adorait Jésus-Christ dans la sainte Eucharistie*); *ils ne nient pas que l'Église romaine ne soit encore aujourd'hui une vraie Église* ; *ils reconnaissent que le baptême et les ordres qu'elle a conférés sont bons, et qu'on ne doit point les réitérer.*

Article III, page 145. *Tout le monde reconnaît aussi parmi nous qu'il y a deux sortes de schismes, comme les distingue le Clergé*[15]. *Ceux de notre communion avouent que, quand quelqu'un se sépare de l'Église par des motifs déraisonnables, on doit le poursuivre, suivant les Canons, par les censures les plus rigoureuses.* Or il ne se peut que les motifs de séparation n'aient été déraisonnables, puisque M. Burnet avoue que l'Église dont on s'est séparé était la vraie Église.

Mais, dans ses remarques sur la seizième méthode, il revient aux maximes générales de la tolérance. Il ne trouve les articles de foi que dans le Symbole des Apôtres, il appelle tout le reste simplement des *Vérités théologiques,* et il blâme ceux qui obligent les autres à y souscrire. Il s'agit d'excuser les variations des protestants, et voici comment il s'y prend, p. 158, art. III : *On doit mettre une grande différence entre des articles de foi et de simples vérités théologiques. Les articles de la foi sont les mêmes choses qui entrent dans la composition des vœux de notre baptême et sont tout autant de véritables parties de la nouvelle Alliance. On les trouvera toutes dans le Symbole des Apôtres et dans les dix Commandements.* Mais, pour les vérités théologiques, comme elles sont simplement des opinions qui appartiennent aux articles de la foi, elles ne font pas une impression si *puissante dans nos cœurs ni sur notre vie, qu'elles nous rendent beaucoup meilleurs*[16]. *De ce rang-là*

---

15. Papin aurait dû mettre ici des points pour avertir qu'il omet une phrase de Rosemond.

16. Rosemond : beaucoup meilleurs, quoiqu'elles aient leur fondement dans l'Écriture.

sont l'explication de la manière dont le corps de Jésus-Christ est dans la sainte Eucharistie et celle de la manière dont la grâce agit dans nos cœurs. Suivant cette règle, si quelques-unes des Confessions de foi des protestants diffèrent entre elles, ce n'est point touchant les articles nécessaires, c'est touchant des points de simple théologie, dans lesquels on ne doit pas donner de trop étroites limites à la liberté des sentiments. Et, comme les Églises particulières ne doivent pas trop se presser[17] de donner des décisions dans des matières véritablement problématiques, il ne faut pas non plus que l'on impose ces décisions, ni qu'on oblige les autres hommes à les signer ni à en jurer l'observation. Voilà tout ce que je demandais dans *la Foi réduite à ses justes bornes,* et par là il est clair que M. l'évêque de Salisbury condamne le procédé de tout ce qu'il y a eu de synodes calvinistes qui ont exigé des serments et des signatures, depuis le synode de Dordrecht jusqu'aux derniers synodes de Rotterdam, d'Amsterdam, de La Haye, de Leïden, etc. *Ou s'il arrive,* poursuit ce Docteur, *qu'on persécute ceux qui ne peuvent s'y soumettre, on s'éloigne de l'esprit du Christianisme[18] et du génie des véritables pasteurs[19], et une semblable conduite est très contraire[20] aux principes des réformés.*

On voit le même esprit de tolérance universelle dans la préface que ce Docteur a mise à la tête de l'*Histoire de Lactance de la mort des Persécuteurs*[21], imprimée à Utrecht en 1687.

On peut en juger par ces propositions[22]. Page 17. *Il n'y a pas entre deux personnes de différents partis de distinction assez sûre pour qu'il paraisse lequel des deux a plus de raison.*

17. Rosemond : se trop presser.

18. Rosemond : l'esprit du Christianisme, qui est la douceur.

19. Rosemond : du génie des véritables pasteurs, qui est la modération.

20. Rosemond : une telle conduite étant très contraire.

21. *Histoire de la mort des persécuteurs de l'Église primitive écrite en latin par L.-C.-F. Lactance et traduite en français sur la traduction anglaise de M. le D*[r] *Burnet,* Utrecht, 1687, in-12.

22. Papin va renvoyer désormais aux pages de la préface de Burnet.

C'est dire en un mot qu'il n'y a point de règle sûre pour connaître certainement de quel côté est la vérité, et qu'il ne reste aux protestants que le parti de l'incertitude et du pyrrhonisme : aussi veut-il que l'on ne fasse *pas plus de différence entre les gens de diverses sectes que Dieu en fait dans la nature entre les justes et les injustes, sur lesquels il fait également tomber sa pluie et luire son soleil*[23].

Dans la page 18, il soutient que *les pensées qui regardent Dieu*[24], *et les actions qui sont des effets de ces pensées qui n'intéressent*[25] *personne, relèvent immédiatement de Dieu et ne peuvent appartenir à aucune autre juridiction*. S'il ne parlait que des pensées, on lui avouerait que *Dieu seul les connaît, et qu'à cet égard Dieu seul les peut régler* ; mais il ajoute expressément : *Les actions qui sont des effets de ces pensées*. De sorte que, selon lui, en matière de religion, les hommes doivent être aussi maîtres de leurs actions et de leur culte qu'ils le sont de leurs pensées et de leurs sentiments : on doit permettre au Turc de prêcher Mahomet, au païen de sacrifier à Jupiter, au déiste de nier la vérité chrétienne ; car, ajoute M. Burnet, *un magistrat qui fait dépendre de son autorité* (les actions qui sont des effets des pensées que l'on a sur la religion), *empiète sur le propre droit de Dieu et sur ce droit essentiel de la nature humaine, d'adorer Dieu selon notre propre conviction, droit qui va devant toute sorte de gouvernement et qui ne peut jamais lui être sujet.*

A la page 20, il établit la tolérance civile pour toutes les religions du monde par cet argument : *Nous jouissons de nos biens temporels, non en vertu de notre christianisme, mais comme étant membres d'un même État ou d'un même royaume auquel nous appartenons : ainsi*[26], *s'il arrive que nous fassions quelque chose qui ne soit contraire qu'à notre religion, nous*

23. La citation, sans dénaturer le sens, n'est pas textuelle.

24. Le texte porte : nos pensées par rapport à Dieu. Bossuet, dans son sixième *Avertissement,* cite ce texte d'après Papin, et non d'après l'original ; et tout à l'heure, il écrira : *les effets,* au lieu de *des effets.*

25. *N'intéressent* personne, ne font de tort à personne.

26. Mot ajouté au texte de Burnet.

pouvons bien être privés de tout ce qui nous appartient en vertu de l'alliance de notre baptême, mais on ne doit pas aller jusqu'à nous retrancher tous les droits que nous avons avant notre christianisme comme étant hommes et sujets d'un gouvernement civil.

Page 23. Quand il s'émut une controverse touchant l'obligation des Gentils à obéir à la Loi de Moïse, les apôtres décidèrent contre les chrétiens judaïsants. Les conséquences en étaient telles que saint Paul fait voir qu'elles allaient jusqu'à rendre inutile la mort de Jésus-Christ. Le même apôtre néanmoins se montre doux à ceux qui, sans voir l'étendue de ces conséquences, avaient suivi le parti de ces chrétiens-là. Il leur dit qu'en observant ces choses par un bon motif, ils ne laissaient pas d'être agréables à Dieu [27], et que chacun devait tâcher d'être pleinement persuadé, sans se mêler de juger son frère dans ces sortes de matières, mais les laissant [28] au jugement de Dieu.

C'était à cette méthode de traiter une controverse si importante et que l'on soutenait avec une si forte opposition à l'autorité extraordinaire qui résidait dans les apôtres, que l'Église aurait dû se conformer [29] dans les siècles suivants. Cela est remarquable: M. Burnet prétend que, dans cette controverse, le parti que les chrétiens judaïsants soutenaient était une forte opposition à l'autorité extraordinaire des apôtres, et que cependant les apôtres supportaient doucement cette opposition, et de là il tire cette conclusion : Puisque les apôtres, qui, à cause de leur infaillibilité, auraient pu parler d'un ton plus haut et avec une autorité plus grande que ceux qui sont venus après eux, trouvaient à propos de se servir d'un style humble et doux, il ne faudrait pas que ceux qui ne peuvent prétendre à une administration si glorieuse, entreprissent de donner la loi aux autres. Chose étonnante ! de voir combien l'Église chrétienne [30] s'est éloignée de ce modèle, etc.

27. Il eût fallu ici des points.
28. Le texte porte : en le laissant.
29. Le texte donne : qu'il fallait que l'Église se conformât.
30. Texte : de donner la loi aux autres, ni de menacer et de perdre

On voit par là que M. Burnet est encore aujourd'hui dans une pensée pire que celle dont M. Jurieu me faisait un crime, puisqu'il conçoit non seulement que les Juifs convertis ne se reposaient pas sur l'autorité et sur la décision des apôtres; mais même qu'ils étaient *dans une forte opposition à cette autorité extraordinaire,* et que cependant les apôtres les supportaient. De là, on peut juger que M. Burnet aurait bien de la peine à dire ce que c'est qu'une hérésie ou une doctrine insupportable; et l'on peut assurer que, selon lui, il n'y en a guère. En effet, il ne reconnaît pour hérésie que *l'opiniâtreté dans une erreur*[31], *après qu'on est convaincu que c'est une erreur* (p. 37). Sur ce pied-là, il n'y a aucune doctrine qui, considérée en elle-même, soit une hérésie; et jamais personne ne pourra être convaincu d'être hérétique, puisque jamais personne ne pourra être convaincu qu'il fasse profession d'une erreur quoiqu'il la reconnaisse pour une erreur.

M. Burnet avoue cette conséquence par rapport au jugement des hommes, p. 38. Je *n'entrerai pas,* dit-il, *dans cette question épineuse, en quel cas et jusqu'où une conscience errante peut être innocente devant Dieu*[32]*. Mais pour ce qui est du jugement des hommes, il est certain que, quand les actions d'une personne font connaître à ceux qui jugent des choses avec charité et avec discrétion, qu'elle est sincère et que son intention est bonne, il est difficile de découvrir si elle est obstinée et si ses erreurs sont des hérésies.* C'est-à-dire que, depuis le temps auquel les protestants croient que l'infaillibilité a cessé et que le don de discerner les esprits ne se trouve plus dans l'Église, on n'a pu sans témérité accuser qui que ce soit d'être hérétique, et les conciles auront eu tort de traiter de la sorte les ariens, les macédoniens et les autres. Car, quelque fausse que pût être leur doctrine, oserait-on soutenir que ces gens-là n'étaient pas sincères et qu'ils n'avaient pas de

ceux qui ne s'accordent pas avec eux. C'est en vérité une chose étonnante de voir combien l'Église chrétienne.

31. Burnet: la persévérance dans l'erreur. Bossuet cite ce texte d'après Papin.

32. Papin omet ici une phrase de son auteur.

bonnes intentions quoiqu'ils protestassent qu'ils croyaient
suivre la vérité? Cependant M. Burnet affirme gravement,
page 37, que *plusieurs des grands hommes de l'Église romaine
reçoivent sa définition de l'hérésie*[33]. J'ai bien de la peine à le
croire, d'autant plus qu'il ne nomme aucun de ces grands
hommes.

Il parle bien plus juste quand il dit, page 39 : *Il faut
avouer que, selon les principes de l'Église romaine, l'intolérance*[34]
*est bien plus aisée à justifier que selon les nôtres. Car une Eglise
qui prétend être infaillible a bien plus de droit d'exiger une
soumission profonde*[35] *de tous ses sujets et de les traiter sévèrement*[36] *en cas de refus, qu'une Église qui ne prétend*[37] *rien
davantage qu'un pouvoir d'ordre et de gouvernement et qui ne
nie pas qu'elle ne puisse se tromper.*

Un esprit comme celui de M. Burnet ne va pas si loin sans
voir toutes les conséquences d'un système. Il aperçoit que
celui-ci mène droit au pyrrhonisme, il fait ce qu'il peut
pour s'empêcher d'en convenir; cependant il en convient
malgré qu'il en ait, p. 39 et 40. *Au reste,* dit-il, *on a
grand tort de tirer de cet aveu un argument contre nous, pour
nous obliger à douter de tout. La seule conséquence qui s'en tire
naturellement est que nous ne devons pas être trop prompts à
juger mal de ceux qui sont d'un autre sentiment que nous, ou agir
avec eux d'une manière rigoureuse, puisqu'il est possible qu'ils
aient raison et que nous ayons tort.* Je voudrais fort savoir
quelle différence ce Docteur met entre *douter de tout* et croire
*qu'il est possible que ceux qui sont d'un autre sentiment que nous
aient raison et que nous ayons tort.* Il me semble que c'est
exprimer la même chose avec plus de paroles.

Si aux lettres de M. Burnet vous avez la bonté de joindre
ces extraits de ces deux ouvrages, j'espère, Monseigneur, que

33. Citation exacte quant au sens, mais non littérale.
34. Burnet : la persécution. Bossuet cite ce texte d'après Papin, tout
en le modifiant, et non d'après l'original.
35. Burnet : d'exiger de tous ses sujets une soumission aveugle.
36. Burnet : rigoureusement.
37. Burnet : prétendrait.

personne ne trouvera mauvais que l'on mette au jour ces lettres particulières, puisqu'elles ne contiennent au fond que ce que l'auteur a publié lui-même. Je ne crois pas d'autre côté lui faire du chagrin en publiant ce qu'il pense en particulier de M. Jurieu et des synodes wallons, puisqu'il ne s'est pas fait une affaire de censurer tout le corps de l'Église anglicane d'avoir mis à exécution les lois pénales contre les non-conformistes. C'est dans la même préface[38], p. 45. *Qui doute*, dit-il, *qu'on ne doive craindre avec raison que cela n'ait beaucoup contribué à aggraver les péchés et à avancer le châtiment d'une Église qui n'ayant pu, à la vue du danger visible dont la menaçait un ennemi formidable* (c'est ainsi qu'il désignait le roi d'Angleterre), *être portée à travailler à sa sûreté par de légitimes et justes précautions* (c'est-à-dire par des traités de paix avec les presbytériens ou par l'exclusion des voix catholiques), *s'est laissée aller à toute la rage d'une persécution insensée contre un pauvre peuple indiscret et abusé* (les presbytériens, les trembleurs, etc.), *et, tout cela, en vue de satisfaire sa vengeance ou de s'insinuer dans la faveur de ceux qui ont à présent raison de se moquer d'elle ?* Cela est aisé à entendre, en se représentant l'état où étaient les choses en Angleterre en 1687. On peut s'imaginer qu'un homme qui parlait si librement de l'Église anglicane, ne se souciera pas beaucoup quand on saura quel jugement il faisait du chef des intolérants de Hollande[39].

De tout cela, Monseigneur, vous ferez tel usage que vous jugerez à propos, trop heureux si cela peut servir à vous remettre devant les yeux le zèle ardent et le profond respect avec lequel je suis, Monseigneur, de Votre Grandeur, le très humble et très obéissant serviteur.

PAPIN.

38. Référence inexacte ; Bossuet l'a corrigée : le texte cité se lit à la page 46.

39. C'est-à-dire de Jurieu.

627. — A Mme CORNUAU.

[A Germigny], 12 août 1691.

Il n'est pas possible, ma Fille, que j'entre dans le particulier des communions de la Sœur N***, à cause de ce qui peut arriver, dont un confesseur a seul connaissance. Si donc je ne détermine rien ab-- solument, ce n'est pas que je doute d'elle; mais c'est que je ne puis prévoir ce qui arrivera.

Pour vous, ma Fille, vous n'avez rien à dire, du particulier ni du fond de votre état, autre chose que ce qui sera certainement un péché. Vous savez même qu'à la rigueur, on n'est obligé à confesser que les péchés mortels. Vous pouvez écrire à M*** dans l'occasion, et vous adresser à votre supérieure, et garder en tout l'obéissance. Si j'ai du loisir de vous répondre, avant mon départ, sur les passages de l'Écriture dont vous me parlez, je le ferai en abrégé; car, pour répondre à fond sur de telles cho- ses, il faudrait souvent de très grands discours : ce que je ne dis pas, ma Fille, par aucun rebut[a] de vous répondre, mais afin que vous n'attendiez que ce que Dieu me donnera pour vous.

J'ai offert à Dieu de tout mon cœur l'âme que vous me recommandez. Ne vous occupez pas beau-

---

a. Na : *Refus.*

Lettre 627. — Treizième lettre du recueil dans l'édition Lachat, seizième dans la première édition et dans les meilleurs manuscrits. Date donnée par Mme Cornuau : A Germigny, 2 août 1689. Vraie date, d'a- près Ledieu : 12 août 1691.

coup du soin de cette âme : un trait simple et vif comme un éclair vous doit suffire, et après passer.

Il faudra faire quelque réponse pour ma Sœur N***. Je ne le puis à ce moment : peut-être sera-ce demain.

Je prie la sainte Vierge, Mère de Dieu, de vous présenter à son Fils au jour de son triomphe[1], afin que vous deveniez une parfaite imitatrice de celle qui n'est pas seulement l'honneur de votre sexe, mais encore de tout le genre humain et de toutes les créatures[b].

Dieu soit avec vous, ma Fille.

----

628. — A Mme D'ALBERT.

A Germigny, 12 août 1691.

Ma lettre à la Communauté vous instruira, ma Fille, de beaucoup de choses; celle à Mme de Lusancy vous éclaircira sur ce que vous m'avez toutes deux mandé. J'écris, sans lui en rien dire, à Mme la Prieure[1], sur le sujet du tour[2], de la manière que j'ai crue la plus propre à ne lui rien faire soupçonner. Sur le reste de votre lettre du 11, je ne crois pas être en droit de nommer une boursière, qu'avec connaissance de cause et étant moi-même sur les

----

b. De cette lettre, Ledieu a transcrit le second et le cinquième alinéa.

1. C'est-à-dire la fête de l'Assomption, qui est célébrée le 15 août.
Lettre 628. — L. a. s. Grand séminaire de Meaux.
1. Mme de La Croix. Voir p. 57.
2. Sans doute il s'agissait d'infractions à la règle au sujet du tour.

lieux en visite. La réponse que me fera Mme la Prieure sur le tour me donnera lieu de parler, et de faire plus ou moins. Mon intention n'est point du tout de décharger Mme de Lusancy du dépôt[3]; mais je ne lui dirai rien qu'en présence, et il faut, de votre côté, l'encourager à porter avec courage le joug que Dieu lui impose.

Mon voyage de la Trappe[4] ne sera en tout que de neuf ou dix jours. Je le romprais sans hésiter, si je prévoyais que Mme de Jouarre dût venir[5]; mais il n'y a nulle apparence. Il n'y aura qu'à m'écrire directement à Paris en mon logis[6], d'où il y aura bon ordre de m'envoyer tout. Sur les autres propositions qui regardent le temporel, nous en parlerons, Mme de Luynes, vous et moi, et il faudra m'en faire ressouvenir à Jouarre.

Quant à Mme de Menou[7], j'avoue que je n'ai pas

3. Mme de Lusancy demandait à être déchargée de l'office de dépositaire, qui lui avait été confié à titre provisoire.

4. Bossuet alla, en effet, quelques jours après à la Trappe, en compagnie de l'évêque de Troyes, Denis-François Le Bouthillier de Chavigny (D. Serrant, *l'Abbé de Rancé et Bossuet*, p. 352-355).

5. Revenir dans son monastère.

6. A cette date, Bossuet avait quitté son domicile de la place Royale (aujourd'hui place des Vosges, n° 17; cf. E. Levesque, *Revue Bossuet* du 25 juillet 1904), et était venu demeurer rue Plâtrière, près de la communauté de Sainte-Agnès.

7. Sœur Anne de Menou, de la Visitation, fille de René de Menou et d'Élisabeth de Morinville. Elle remplissait l'office de portière à Jouarre, lorsque Bossuet vint soumettre l'abbaye à sa juridiction. René de Menou, père de cette religieuse, n'était pas René de Menou, seigneur de Charnizay, écuyer de la petite écurie et auteur de *la Pratique du cavalier*, Paris, 1651, in-4, qui mourut au mois de mai 1651; c'était René de Menou, seigneur de Champlivaut, en Sologne. Celui-ci, outre les deux religieuses mentionnées dans cette lettre, eut pour enfants François de Menou, prieur de Grandmont,

été fâché qu'elle vît Mme de Faremoutiers et
Mme sa sœur[8], dont elle pourra recevoir de bons
conseils. Au surplus, j'ai présupposé, comme on me
le mandait[9], qu'elle avait l'agrément de Madame :
si elle ne l'eût pas eu, elle n'eût dû ni pu sortir ;
le reste n'est rien. Je prendrai pourtant garde
une autre fois à ces sortes de permissions. Ce que
vous avez dit sur cela n'est d'aucune conséquence, et vous n'avez point à vous en confesser.
J'ai encore donné depuis une permission pour Mlle
votre sœur[10], qui semble avoir quelque dessein de
se consacrer à Dieu à Jouarre. J'ai vu la lettre
qu'elle écrivait sur ce sujet à M. Fouquet[11], chanoine de Meaux. Ma permission suppose le consentement de Mme l'Abbesse, avec qui je ne doute
pas que Mlle de Luynes ne prenne les mesures
nécessaires, et avec la famille, principalement avec

sous-chantre de l'Église d'Orléans et aumônier du Roi, Françoise de
Menou, chanoinesse de Remiremont, etc. (Sur les diverses branches
de la famille de Menou, on peut voir les *Mémoires* de l'abbé de Marolles ;
les *Preuves de l'histoire de la maison de Menou*, Paris, 1854, in-4 et la
Revue nobiliaire, 1876, p. 211).

8. Mme de Beringhen et Sœur Marie de Menou de Saint-Alexis,
religieuse à Faremoutiers, qui avait fait profession le 22 avril 1668
et mourut le 14 avril 1724, à soixante-quatorze ans (Bibl. Nationale,
fr. 11569).

9. Voir la lettre du 12 août 1692, à Mme de Beringhen.

10. C'était une fille de Louis-Charles d'Albert de Luynes et de sa
seconde femme, Anne de Rohan, et probablement Catherine-Angé-
lique d'Albert, née le 9 novembre 1668, qui épousa, le 23 novembre
1694, Charles-Antoine (al. Honoré-Louis) Gouffier, marquis d'Heilly.
Elle avait une sœur du même lit, Jeanne-Thérèse-Pélagie d'Albert,
née le 8 octobre 1675, mais trop jeune alors pour régler d'elle-même
son entrée en religion.

11. Étienne Fouquet revient souvent dans les *Mémoires* de Ledieu,
t. III et IV ; il mourut le 14 décembre 1712.

vous; et j'ai dit à M. Fouquet que je n'accordais
rien qu'à cette condition. Je vous prie d'en donner
avis à Mme votre sœur[12], si elle ne le sait déjà.

Ce que j'ai dit dans mon *Catéchisme*[13] est certain;
mais il n'est pas nécessaire qu'on sente cette préférence, et il ne faut point chercher d'en être assuré, puisqu'on ne le peut jamais être en cette vie.
Il suffit de faire tout l'effort qu'on peut, et demander toujours pardon à Dieu de ce qu'on n'en fait
pas assez. Au surplus, je vous recommande de nouveau de vous abandonner à sa sainte volonté, et je
vous défends de croire que vos peines vous soient
envoyées pour autre fin que pour vous servir
d'épreuve et vous épurer.

J'aurai soin de rendre les lettres à la Trappe[14].

Ce que vous me mandez du dimanche[15] est la
même chose sur quoi je m'explique à Mme de Lusancy. Avant qu'on donnât à Mme de Jouarre l'ar-

12. Mme de Luynes, la religieuse de Jouarre.

13. *Catéchisme du diocèse de Meaux*, Paris, 1686 et 1687, in-12. Au
second catéchisme, 4ᵉ partie, leçon V, où il s'agit du précepte de
l'amour de Dieu. A la demande: « Quelle est l'obligation générale
et continuelle d'accomplir le commandement de l'amour de Dieu ? »
on répond : « C'est de n'aimer en aucun temps la créature plus que
Dieu, d'être à toute heure et à tout moment disposé à aimer Dieu plus
que toutes choses. » (Édit. Lachat, t. V, p. 96.) Cette préférence
n'est pas de sensibilité, mais de volonté. Ne sentant point en elle
l'amour d'inclination (*amor*) pour Dieu, Mme d'Albert craignait de ne
pas satisfaire à ce précepte. Bossuet la rassure en lui apprenant que nous
sommes tenus seulement à l'amour de préférence (*dilectio*) qui est une
disposition libre de la volonté, et non, comme le premier, un phénomène de la sensibilité.

14. Une lettre de Mme d'Albert et une de sa sœur, que Bossuet promet
de remettre à l'abbé de Rancé.

15. A la date du dimanche 5 août.

gent qu'elle demande pour revenir, il faudrait auparavant qu'elle fît voir, premièrement qu'on le peut, secondement ce qu'elle doit et l'état où elle a mis les affaires : laissez-la venir. Je prends en bonne part ce qu'on m'écrit pour m'exciter à ne me point relâcher ; mais en vérité je n'ai pas besoin de tout cela, et quand les choses en sont venues à un certain point, je vois qu'il n'y a plus rien à faire qu'à ne jamais reculer.

Je vous prie de dire ce qui regarde Mme de [Menou][16] à Mme de Saint-Ignace[17], qui m'en a écrit.

Je salue de tout mon cœur Mme de Luynes et toutes nos chères Filles.

J. Bénigne, é. de Meaux.

629. — Barbezieux a Bossuet.

A Versailles, le 16 août 1691.

Je reçois avec toute la reconnaissance que je dois la part qu'il vous plaît de prendre à la nouvelle grâce que le Roi vient de me faire[1]. Je vous supplie d'être persuadé que per-

---

16. Le mot est raturé ; on doit probablement lire *Menou*. Il vient d'être question de Mme de Menou dans cette lettre.

17. Nous ignorons le nom de famille de cette religieuse, que Bossuet estimait beaucoup et qui mourut au mois de mai 1692 (Lettre du 12 mai 1692, à Mme Dumans). Peut-être faut-il l'identifier avec Mme d'Ardon ou Dardon.

Lettre 629. — Inédite. Archives du Ministère de la Guerre, t. 1034, p. 298. Minute. — Louis-François-Marie Le Tellier (1668-1701), marquis de Barbezieux, était le troisième fils de Louvois. Dès l'âge de dix-sept ans (1685), il avait été fait secrétaire d'État en survivance. « Dans ce jeune homme ardent, intelligent, prompt au travail, Louvois se retrouvait lui-même » (C. Rousset, *Histoire de Louvois*, t. III (1863), p. 481 et suiv.).

1. Louvois était mort subitement le 16 juillet 1691. Barbezieux, qui avait déjà en survivance la secrétairerie d'État de son père, reçut

sonne ne vous honore plus parfaitement que moi et que je suis....

---

630. — A P. Daniel Huet.

A Paris, 20 août[1] 1691.

Je crois, Monseigneur, que vous aurez bien agréable que j'aie l'honneur de vous recommander M. Guischard[2], grand maître de Navarre, doyen de

en outre du Roi sa charge de chancelier de l'Ordre du Saint-Esprit et prêta serment en cette qualité le 19 août. C'est de cette nouvelle grâce que Bossuet l'avait félicité.

A quelques semaines de là, Ét. Le Camus, évêque de Grenoble, écrivait à Maille : « M. de Meaux n'est pas mieux à la Cour qu'il y est depuis cinq ans. M. de Louvois était son ami, et M. de Reims (Le Tellier) ; le seul ennemi qu'il ait, c'est M. de Paris, qui se porte bien et vivra peut-être plus que ceux qui aspirent à sa place. » (Lettre du 23 octobre 1691, Affaires étrangères, Rome, t. 349, p. 21 et 22).

Lettre 630. — L. a. s. Bibl. Laurenziana. Publiée d'abord par M. Guillaume et par M. Verlaque.

1. Le 16 août, Bossuet était encore à Meaux, d'où il datait des *Statuts et ordonnances synodales,* imprimés la même année à Paris (Bibl. Nationale, fr. 23502, fol. 4) et que le *Journal des Savants* (7 janvier 1692, p. 15) dit publiés en synode au mois de septembre (Cf. E. Griselle, *de Munere pastorali,* p. 69).

2. Pierre Guischard, né en Normandie, avait fait ses études au Collège de Navarre et obtenu le septième rang à la licence, en 1642. Il prit le bonnet le 25 juin 1642, devint la même année professeur de théologie scolastique et positive à Navarre, où il compta Bossuet parmi ses élèves. Il succéda, comme grand maître du Collège, à Nicolas Cornet. Il fut chapelain de Notre-Dame et archidiacre d'Avranches, et mourut le 6 juillet 1701, âgé de quatre-vingt-quatre ans (Ledieu, t. II, p. 190 ; *Gazette* du 23 juillet 1701). Il fut accusé de partialité en faveur des étudiants molinistes dans la distribution des lieux, à la licence de 1652 (*Sapientissimo M. N. Reg. Guischard,* s. l. n. d. [1660], in-4, Bibl. Nat., Ln²⁷ 9396) ; ce qui n'empêche pas le Docteur ultramontain, déjà souvent cité par nous, de dire qu'il était « intéressé, lâche et dépendant des puissances à raison de son traitement de professeur royal » (*Quarante-cinq assemblées de la Sorbonne,*

la Faculté, qui enseigne la théologie depuis cinquante ans et qui a été mon maître dans cette science. Il est, outre cela, Monseigneur, archidiacre de l'Église[3] qui aura l'honneur de vous avoir [pour] évêque, et je vous serai obligé d'avoir pour cet ancien professeur les égards que son mérite, son âge et ses travaux semblent exiger. C'est la grâce[4] que vous demande celui qui est avec respect, Monseigneur, votre très humble et très obéissant serviteur.

J. Bénigne, é. de Meaux.

édit. V. Davin, p. 16. Cf. les *Mémoires* de Godefroi Hermant, édit. A. Gazier, t. V, Paris, 1908, in-8, p. 406). Enfin voici son portrait, d'après un rapport confidentiel adressé à Colbert en 1663 : « Normand, mais peu délié, bonhomme, peu capable d'intrigue, en ayant pourtant envie, et, pour cela, il se donne la peine de s'acquérir les docteurs par la distribution des lieux. Fort attaché à Rome par inclination ou par transmission de l'esprit de M. Cornet, à qui il a succédé dans la charge de grand maître. » (Cité par Ch. Gérin, *Recherches historiques sur l'Assemblée de 1682*, Paris, 1869, in-8, p. 503.)

3. D'Avranches.

4. Une lettre de Fr. de Harlay, archevêque de Paris, à Huet nous apprend à quelle occasion Bossuet intervient ici en faveur de son vieux maître : « M. Guischard, grand maître de Navarre, m'a témoigné que vous vouliez l'obliger à faire personnellement ses visites d'archidiacre dans votre diocèse, bien qu'il soit d'un âge très avancé et doyen de la Faculté de théologie de Paris. Vous voulez bien, Monseigneur, que je vous représente que les services qu'il a rendus à l'Église, depuis cinquante ans qu'il professe la théologie et depuis qu'il est grand maître de Navarre, méritent bien quelque distinction. Je puis vous dire même que le Roi est fort satisfait de ses services, et qu'il travaille très utilement en ce pays-ci. Agréez donc que je vous supplie très humblement de le vouloir traiter favorablement et de ne pas permettre qu'on lui ôte la faculté qu'il a eue jusqu'à présent de faire faire ses visites par un autre, étant persuadé qu'il ne se défera de son bénéfice sans votre participation. » (Bibl. Nat., f. fr. 15 188, fᵒ 155 et 156). On verra plus tard que M. Guischard donna sa démission au mois de juillet 1696 (Lettre du 9 juillet 1696, à P.-D. Huet).

631. — A Mme d'Albert.

A Versailles, 26 août [1691].

Je suis ici de samedi, et je ne crois pas en partir devant lundi[1]. J'y ai beaucoup d'affaires, que je tâche d'expédier. J'expédierai aussi celles de Paris, dont la principale est de résoudre la forme qu'on[2] donnera aux affaires de Jouarre à la conclusion de la visite. Je prendrai toutes les mesures qu'il sera possible pour cela. Je vous assure, ma Fille, et vous en pouvez assurer nos chères Filles, que ce que j'ai fait à Jouarre la dernière fois était absolument nécessaire. Il n'en peut arriver aucun mal, que quelques gronderies de Madame ; et cependant je me mets en droit[3] de la régler sans qu'elle ose rien dire ; ou, si elle parle, elle ne fera qu'affermir ce que je fais, étant, à mon avis, très certain qu'elle sera condamnée : tout cela prépare la définitive.

Celles qui disent qu'elles ne signeront plus rien, auront beau faire ; il faudra bien qu'elles répondent quand je les interrogerai, et qu'elles signent leur réponse, qui n'est qu'un témoignage de la vérité, que je rendrai pour elles avec autant d'efficace quand elles refuseront.

Lettre 631. — L. a. n. s. Archives communales de Lille. Une note de la main de D. Coniac, sur l'autographe, rapporte avec raison cette lettre à l'année 1691. Voir E. Griselle, *Études*, 5 juin 1898.

1. Bossuet, au retour de son voyage à La Trappe, était arrivé à Versailles le 25 août, et comptait en partir le 3 septembre.

2. *On*, l'Abbesse.

3. L'autographe, peu lisible, semble donner : méprendrois, qu n'a point de sens ici.

La signification faite à Jouarre opère le même effet que faite à P[ort]-R[oyal], où j'ignore qu'on soit, parce qu'on y est sans mon congé. Au surplus, je ne dis pas que je ne ferai point signifier ; mais je demande qu'on attende jusqu'à la semaine prochaine, où j'envoierai des ordres précis, et marquerai très exactement à Mme de Lusancy ce qu'on aura à faire.

On m'est venu ce matin rendre une lettre du P. Colombet[4], jésuite de la province de Bordeaux, que Mme votre Abbesse a nommé pour prédicateur. Je l'ai approuvé pour cela, mais non pas pour confesser. J'attends d'apprendre de vous ce qui vous paraîtra de lui.

M. le Chantre[5] prendra la peine d'envoyer cette lettre par un homme exprès, qui rapportera vos réponses, et celles de nos chères Filles qui voudront m'écrire. Vous lui pouvez adresser les paquets pour moi. On dit toujours que Mme de Jouarre part ; mais on ne se remue pas.

Je ne vous dis rien sur votre sujet : allez toujours d'un même pas, selon la règle que je vous ai don-

---

4. Sans doute le P. Gervais Colombet, entré, en 1661, au noviciat de Toulouse. En 1691, il était eu résidence au collège d'Alby. Il fut recteur du collège de Pamiers, du 14 juillet 1697 au 1er juillet 1701. Il mourut probablement à Alby en 1725 (Comm. du P. E. Rivière).

5. Valentin Pidoux, né à Coulommiers le 9 août 1661, mort à Meaux le 12 déc. 1738 ; docteur de Navarre, du 8 janvier 1689, plus tard grand vicaire de Bossuet et doyen du Chapitre. Il était fils de Marthe Le Fort et de Henri Pidoux, cousin germain de La Fontaine ; son bisaieul, Jean Pidoux avait été doyen de la Faculté de médecine de Poitiers ; un de ses neveux, Philippe Pidoux de Montanglaut fut aussi grand vicaire de Meaux (Ledieu, t. III et IV ; G. Hanotaux, dans le *Bulletin d'histoire de Paris et de l'Ile-de-France*, 1899 ; Bibl. Nationale, Nouveau d'Hozier).

née. Le chapitre de saint Jean, que j'ai eu intention de vous faire lire, est le ve : *L'Esprit souffle où il veut, et personne ne sait d'où il vient, ni où il va ; il en est de même de ceux qui sont nés de l'Esprit* (Jean, III, 8). Tout à vous.

---

632. — A L'ABBÉ DE RANCÉ.

A Paris, 29 août 1691.

Voilà, Monsieur, les deux lettres[1] que j'avais oublié de vous porter. Si vous prenez la peine de m'adresser la réponse, je serai plus fidèle à la rendre en main propre.

Je n'ai fait que passer à Versailles, où j'ai trouvé le Roi prêt à partir pour Marly. On m'assure de tous côtés qu'il est tout à fait revenu pour la Trappe[2]. Je ne manquerai pas l'occasion d'en être informé par moi-même. Il me paraît qu'il est nécessaire de redoubler les prières à cause du mauvais état des affaires[3], et des autres fâcheuses conjonctures qui peuvent mettre la religion en un extrême péril, si Dieu n'y pourvoit par un coup de sa main.

On a très bonne espérance de la conclusion des

Lettre 632. — Revue sur la copie authentique, fr. 15 180, p. 27.

1. Sans doute celles de Mme d'Albert et de sa sœur, dont il a été parlé dans la lettre du 12 août. Cf. lettre du 12 septembre.

2. Voir les lettres du 23 novembre et du 4 décembre 1687, t. III, p. 447 et 451.

3. Allusion au peu de succès des tentatives de Louis XIV pour rétablir Jacques II sur le trône d'Angleterre. La défaite de Kilconnell ou Aghrim, le 22 juillet, entraîna la perte de toute l'Irlande.

affaires de Rome[4]. Je m'en vais dans quatre jours attendre dans mon diocèse l'effet de ces bonnes dispositions, pour en rendre grâces à Dieu. Je ne puis vous témoigner combien je ressens de joie de vous avoir vu, ni combien je suis touché de votre amitié.

J. Bénigne, é. de Meaux.

---

633. — A Mme d'Albert.

A Paris, 3o août 1691.

Je reçois votre lettre du 29. Je ne vois pas qu'on ait reçu un paquet que j'ai adressé à Jouarre par M. le curé de La Ferté[1], incontinent après mon arrivée de la Trappe à Versailles[2]. Comme on l'aura reçu à présent, il sera bon de m'en avertir par une voie sûre et prompte, et des dispositions où l'on sera.

Pour moi, sans vous répéter ce que vous pourrez apprendre de Mme de Lusancy, je vous dirai que je n'ai rien appris de nouveau ; que j'ai mandé à mon Official[3] de tenir une sentence toute prête, portant défense à Mme de Jouarre et aux Sœurs, de sortir du monastère sous peine d'excommunication *ipso facto,*

---

4. Innocent XII avait succédé à Alexandre VIII le 12 juillet. L'élévation de ce pontife fit naître l'espérance de voir s'aplanir les difficultés toujours pendantes entre le Saint-Siège et la France ; mais c'est seulement le 9 janvier 1692, que le Pape se décida à donner des bulles aux évêques nommés depuis l'assemblée de 1682, et encore seulement à ceux qui n'en avaient point fait partie.

Lettre 633. — 1. Guillaume Le Taillandier. Voir p. 16.

2. Bossuet était arrivé à Versailles le 25 août.

3. L'official était J. Phelipeaux.

laquelle sera signifiée aussitôt qu'on aura nouvelle qu'on[4] arrivera. Je ne crois pas qu'elle se presse ; et, en tout cas, je la préviendrai ou je la suivrai de si près, qu'elle ne pourra pas gâter beaucoup de choses. Quant à sa démission, elle en parle toujours, mais d'une manière si captieuse, qu'on voit bien que ce n'est que tromperie et amusement. Elle se moque de Mme de Soubise[5] comme des autres. Dans cette incertitude, je ne puis former aucun plan, que de faire dans l'occasion ce que je pourrai. Je ne pense ni plus ni moins à Mme votre sœur que ci-devant[6] : si j'étais le maître, je la mettrais sans hésiter au-dessus de toutes les autres, quand je devrais offenser son humilité, que je ne puis assez louer. Pour ce qui est du gouvernement, quand Madame sera à Jouarre, nous en conférerons amplement sur les lieux, avant que de prendre un parti. Je partirai bien instruit de ce que je puis ; et mon principe est de laisser le moins de matière qu'on pourra aux irrésolutions et irrégularités de Madame. Je ne la verrai point du tout, que je n'aie tout arrêté et conclu avec M. Petitpas[7], et que je ne voie l'exécution ; sinon j'irai mon chemin, et je serai à Meaux le 6 de septembre, si le départ de Madame ne m'oblige de me hâter. Je crois, en attendant, qu'il y aura ordre de faire cheminer M. de La Vallée :

4. Mme de Jouarre et les deux religieuses qui étaient avec elle à Paris.

5. C'est pourtant Mme de Rohan-Soubise qui fut abbesse de Jouarre sur la démission de Mme Henriette de Lorraine.

6. Pour la faire mettre à la tête de l'abbaye de Jouarre.

7. Serait-ce Etienne Petitpas, conseiller au Châtelet?

comptez que je ne me relâcherai de rien du tout. Il
y a beaucoup d'autres choses à dire, que je réserve
à Mme votre sœur et à vous, lorsque nous serons
en présence, étant certain que vous avez et aurez
toujours ma principale confiance, comme vous avez
d'ailleurs toute mon estime.

Je n'ai défendu ni improuvé aucun livre ; il y en
a seulement que je crois peu utiles à une religieuse,
et quelques-uns qui ne sont pas assez nécessaires
pour se faire des affaires sur cela. Cependant allez
votre train, et ne vous émouvez jamais de ce que
j'écris pour les autres, puisque je me réserve toujours une oreille pour les raisons particulières.

Je suis, ma Fille, en bonne santé par vos prières ;
assurez-vous que je veille sur vous et sur Jouarre
comme à la plus grande et la plus pressante de mes
affaires.

---

634. — A Mᵐᵉ D'ALBERT.

A Germigny, 12 septembre 1691.

Je vous envoie, ma chère Fille, par cet exprès, la
réponse de M. l'Abbé de la Trappe pour Mme votre
sœur et pour vous. Vous voulez bien que je vous
charge d'une réponse à Mme de Harlay[1] sur les

Lettre 634. — L. a. s. Grand Séminaire de Meaux (Cf. E. Griselle, *Lettres revisées*, p. 42). — Le 8 séptembre, Bossuet était à Jouarre.
Il avait officié pontificalement à la messe, et donné aux vêpres un
sermon. Le 9, il avait travaillé à régler les affaires de la maison (*Revue
Bossuet* du 25 avril 1903, p. 100 et 101).

1. Voir p. 161.

bruits qui ont couru, je ne sais pourquoi, de sa mort². Vous pouvez l'assurer que je ne l'ai jamais vu en meilleure santé.

Je n'apprends rien de Paris : il me paraît seulement qu'on³ n'y songe à Jouarre que pour en tirer de l'argent que j'ai constamment refusé, ayant ajouté à cette fois une nouvelle raison, qui est qu'il n'y en a point. On s'est servi de l'entremise de M. de Troisvilles⁴, mon ancien ami ; et moi, je m'en suis aussi servi pour parler des confesseurs et du médecin, et pour conseiller de nouveau que l'on commence à agir de meilleure foi et plus nettement qu'à l'ordinaire.

Pour ce qui vous touche, ma Fille, je vous prie de lire le troisième chapitre des *Lamentations* de Jérémie. Ce saint prophète paraît l'avoir fait dans le cachot dont il est parlé dans le XXXVII et le XXXVIII de sa prophétie. Comparez avec le psaume LXXXVII, vous trouverez des sentiments très propres à votre état, et vous verrez dans quel abîme de tristesse on peut trouver de l'espérance⁵.

Le tableau que vous m'avez donné me fait trembler : quoi ! que je regarde ce soleil sans baisser les yeux ! cela n'est pas possible.

Je salue de tout mon cœur mes chères Filles, et

2. Deforis: de la mort de cet abbé.
3. Mme de Jouarre, qui était toujours à Paris.
4. Il a été parlé de M. de Troisvilles au tome I, p. 241.
5. Deforis: comparez ce chapitre avc le psaume LXXXVII, vous trouverez dans l'un et dans l'autre des sentiments très propres à votre état, et vous verrez comment, jusque dans le plus profond abîme de tristesse, on peut trouver de l'espérance.

surtout Mme votre sœur. Je ne cesse de prier pour vous, et surtout durant cette octave[6]. Notre-Seigneur soit avec vous, ma chère Fille. Souvenez-vous toute votre vie de ce que je vous ai dit sur votre dernière revue[7] : c'est qu'il ne faut jamais s'en inquiéter[8].

J. Bénigne, é. de Meaux.

---

635. — A Mᵐᵉ d'Albert.

A Germigny, 12 septembre 1691.

Je vous assure, ma Fille, que votre confession dernière[1] est très bonne et très suffisante : une autre plus générale serait inutile et dangereuse à votre état. Vous ne devez point avoir égard à ces dispositions, où vous croyez avoir rétracté toutes vos résolutions précédentes. Toutes les fois que cela vous arrivera, il n'y a qu'à rejeter cette pensée comme une tentation, et aller toujours votre train. Je vous défends d'avoir de l'inquiétude de vos confessions

6. L'octave de la Nativité de la sainte Vierge, fête qui se célèbre le 8 septembre.

7. Revue, sorte de confession générale.

8. Au bas de la quatrième page de la lettre, on lit cette note, qui paraît d'une écriture semblable à celle de Mme d'Albert, mais plus petite : « A Paris, ce 19 février 1692, je suis venu en cette ville. » On ne voit pas à qui se rapporte cette remarque; Mme d'Albert était à Jouarre à cette date.

Lettre 635. — L. a. s. Grand Séminaire de Meaux. Cf. E. Griselle, Lettres revisées, p. 35. La précédente lettre envoyée, Bossuet dut recevoir le même jour l'expression des craintes de Mme d'Albert relativement à sa confession, et y répondit immédiatement.

1. Celle qui est qualifiée de revue dans la lettre précédente.

passées ni à la vie ni à la mort, ni de les recommencer en tout ou en partie à qui que ce soit, fussiez-
vous à l'agonie : ce ne serait qu'un embarras d'esprit qui ne ferait qu'apporter du trouble et de
l'obstacle à des actes plus importants et plus essen-
tiels, qui sont l'abandon, l'amour de Dieu et la
confiance à sa miséricorde[2].

C'est une erreur trop grande à la créature de
s'imaginer pouvoir se calmer à force de se tourmenter de ses péchés. On ne trouve ce calme que
dans l'abandon à l'immense bonté de Dieu, en lui
remettant sa volonté propre, son salut, son éternité,
et le priant seulement par Jésus-Christ de ne nous
pas souffrir dans le rang de ceux qu'il hait et qui le
haïssent, mais au rang de ceux qu'il aime et qui lui
rendent éternellement amour pour amour. Hors de
cette confiance, il n'y a que trouble pour les consciences timorées, et surtout pour les consciences
scrupuleuses comme la vôtre. Vous ne devez jamais
craindre de vous abandonner trop aux impressions
de l'amour divin. Il faut toujours avoir dans le cœur
que Dieu ne donne pas de tels attraits selon nos
mérites, mais selon ses grandes bontés, et qu'il faut
non seulement se laisser tirer, mais s'aider de toute
sa force à courir après lui, en se souvenant de cette
parole : *Je t'ai aimée d'un amour éternel, c'est
pourquoi je t'ai attirée par miséricorde*[3] ; et en

2. Mme Cornuau, qui a transcrit ce passage, met ici en note :
« C'est que cette personne (*Mme d'Albert*) craignait fort la mort et
croyait ne s'être jamais assez expliquée dans la confession » (Bibl.
Nationale, fr. 12842).

3. Jerem., xxxi, 3.

disant avec l'Épouse : *Tirez-moi; nous courrons
après vos parfums : ceux qui sont droits vous aiment*[4].

L'exil des sieurs La Vallée[5] ne changera que par
ordre, et Mme ...[6] peut être en repos[7].

Notre-Seigneur soit avec vous, ma Fille.

J. Bénigne, é. de Meaux.

---

636. — A Mme Cornuau.

A Germigny, 18 septembre 1691.

Pour vous tirer d'inquiétude, je vous fais ce mot,
ma Fille, où vous apprendrez que le rhume que j'ai
rapporté[a] de Jouarre a été, Dieu merci, fort peu de
chose : j'y dois retourner dans peu, et je tâcherai
à cette fois de vous aller voir. Mme B***[1] ne me
parle point de ses peines ; je serais fâché qu'elle se
rebutât, car elle nous est fort nécessaire.

a. Leçon de Ledieu et des meilleurs manuscrits ; ailleurs, on lit : *apporté*.

4. Cant., i, 3.

5. Ces mots « Srs La Valée » se lisent aisément sous les ratures du
manuscrit.

6. Le nom, qui avait été écrit ici, a été gratté au canif sur l'autographe, et manque au manuscrit de M. Bresson. On peut encore
reconnaître la lettre initiale L ; il faut sans doute suppléer :
Lusancy.

7. Les éditeurs ont omis ces deux lignes.

Lettre 636. — Vingt-quatrième lettre dans Lachat, vingt-septième
dans l'édition de 1746 et dans les meilleurs manuscrits. Ledieu la
date du 18 septembre 1691, et Mme Cornuau la dit écrite de Germigny. Ledieu s'est borné à résumer cette lettre.

1. Sans doute Mme de Beauvau, la nouvelle supérieure des Filles
charitables, installée depuis quelques mois.

J'espère trouver dans peu le loisir de vous faire
une ample réponse sur vos précédentes[b] et sur vos
doutes : je ne puis répondre aujourd'hui qu'à votre
dernière, qui est sans date. Ne perdez pas courage,
ma Fille ; réparez le faux pas que vous avez fait, en
redoublant vos forces à courir : le reste n'est pas
de saison. Dieu soit avec vous.

637. — A Mme DE BRINON.

A Germigny, 29 septembre 1691.

Je me souviens bien, Madame, que Mme la duchesse d'Hanovre m'a fait l'honneur de m'envoyer

b. Les éditeurs corrigent : *précédentes lettres* ; nous suivons les meilleurs manuscrits.

Lettre 637. — L. s. Publiée d'abord dans les *OEuvres posthumes
de Bossuet*, Amsterdam, 1753, in-4, t. I, p. 338. Collationnée par
M. G. Lapeyre sur l'original (de la main d'un secrétaire, et signé par
Bossuet) conservé dans la Bibliothèque de Hanovre, Papiers de Leibniz,
Theolog., t. XIX, f° 700. La minute se trouve, pour la première
partie, dans la collection de M. le Chanoine Tougard, à Rouen, et,
pour la seconde partie, chez M. H. de Rothschild (Cf. *Revue Bossuet*
du 25 avril 1900, p. 116). — Marie de Brinon était née vers 1631, au
château de Corbeilsart (aujourd'hui Corbeilcerf, canton de Méru,
arrondissement de Beauvais). Elle était fille, non pas d'un conseiller
au Parlement de Normandie, comme on le croit généralement, mais
de Charles de Brinon, seigneur de Daubeuf, puis de Corbeilsart, qui
avait longtemps commandé une compagnie pour le Roi à Berg-op-
Zoom, et qui fut plus tard gentilhomme de la chambre du Roi et
mourut en 1635. Sa mère, Suzanne de Sassigny de Calluart, semble
avoir été d'origine protestante. Charles de Brinon et Suzanne de
Calluart s'étaient mariés à Saint-Nicolas-des-Champs, le 20 mars 1628,
légitimant une fille de sept ans, Charlotte de Brinon, qui épousa un
Mornay. Marie de Brinon entra chez les Ursulines à Lihons, diocèse
de Rouen (aujourd'hui Lyons-la-Forêt, dans l'Eure ; c'était la patrie
de Benserade) ; mais le malheur des temps ayant dispersé son couvent,
elle séjourna en différents endroits, occupée à l'éducation des jeunes
filles, jusqu'à ce qu'ayant gagné la confiance de Mme de Maintenon,

autrefois les articles qui avaient été arrêtés avec
M. l'évêque de Neustadt[1]. Mais, comme cette affaire
ne me parut pas avoir de la[2] suite, j'avoue que j'ai

qu'elle avait connue à Montchevreuil, chez les Mornay, elle fut
mise à la tête de Saint-Cyr (15 juin 1686). Elle y expliquait avec éloquence l'Évangile et prit une grande part à la rédaction des constitutions de la maison. On sait qu'elle exerçait les élèves à la déclamation
et leur faisait représenter des pièces de sa façon, qu'ont fait oublier
Esther et *Athalie* (Son oncle, Pierre de Brinon, conseiller au Parlement de Rouen, avait traduit plusieurs tragédies de Buchanan et
composé lui-même quelques pièces). Bientôt, soit par sa vanité, soit
par trop d'attachement à ses propres vues, Mme de Brinon déplut à
la toute-puissante Mme de Maintenon ; elle dut donner sa démission
et quitter Saint-Cyr (décembre 1688). Elle se retira dans l'abbaye
de Maubuisson, et servit d'intermédiaire entre les personnes qui, en
France et en Allemagne, travaillaient à réunir les luthériens avec
l'Église romaine. Sa mort récente est rappelée dans une lettre de
Mme de Maintenon, du 18 avril 1701 (Voir, aux Archives de Seine-
et-Oise, G 93, 105 et 155, et à la Bibliothèque Nationale, le Cabinet
des titres et la collection Rochebilière, n. a. fr. 3615 ; de Rosset,
Généalogie de la maison de Brinon, Paris, 1657, in-fol. ; *État des
dettes de Suzanne de Callovart,* etc. (1665), à la Bibl. Nation.,
Thoisy, 130, in-fol. ; *OEuvres de Leibniz,* édit. Foucher de Careil,
Paris, 1867, in-8, t. I et II ; *Souvenirs* de Mme de Caylus ; *Lettres
de Mme de Maintenon,* édit. Lavallée ; Mme de Sévigné, Grands
écrivains, t. VIII, p. 318, 323 et 370 ; Th. Lavallée, *Histoire de la
maison royale de Saint-Cyr,* Paris, 1853, in-8 ; *la Famille d'Aubigné*
avec les *Mémoires de Languet de Gergy,* Paris, 1863, in-8 ; Aug.
Geffroy, *Mme de Maintenon d'après sa Correspondance,* Paris, 1887,
2 vol. in-18 ; H. de Leymont, *Mme de Sainte-Beuve et les Ursulines
de Paris,* Lyon, 1890, in-8 ; *Mémoires de Manseau,* édit. Taphanel,
Versailles, 1902, in-8).

  1. Bossuet a effacé sur la minute les mots : par M. de Gourville.
Sur la duchesse de Hanovre et sur l'évêque de Neustadt, voir notre
tome II, p. 96 et 391. Ici, Bossuet répond à une lettre de la duchesse
de Hanovre à l'abbesse de Maubuisson (16 septembre 1691) : « Je
croyais avoir envoyé autrefois à M. l'évêque de Meaux tous les points
dont l'on est convenu avec M. l'évêque de Neustadt, où M. Pellisson
les pourra avoir, s'ils ne sont pas perdus » (Dans Foucher de Careil,
t. I, p. 244). Leibniz avait continué de correspondre avec Pellisson
et avec Mme de Brinon.

  2. Cf. tome II, p. 167 et 391. — *La,* ce mot a été gratté sur l'original.

laissé échapper ces papiers de dessous mes yeux, et
que je ne sais plus où les retrouver, de sorte qu'il
faudrait, s'il vous plaît, supplier très humblement
cette princesse de nous renvoyer ce projet d'accord.
Car, encore qu'il ne soit pas suffisant, c'est quelque
chose de fort utile que de faire les premiers pas de
la réunion, en attendant qu'on soit disposé à faire les
autres. Les ouvrages de cette sorte ne s'achèvent
pas tout d'un coup, et l'on ne revient pas aussi vite
de ses préventions qu'on y est entré. Mais, pour ne
se pas tromper dans ces projets d'union, il faut être
bien averti qu'en se relâchant selon le temps et l'occasion sur les articles indifférents et de discipline,
l'Église romaine ne se relâchera jamais d'aucun
point de la doctrine définie, ni en particulier de
celle qui l'a été par le concile de Trente.

M. Leibniz objecte souvent à M. Pellisson[3] que
ce concile n'est pas reçu dans le royaume[4]. Cela
est vrai pour quelque partie de la discipline indiffé-
rente, parce que c'est une matière où l'Église peut
varier. Pour la doctrine révélée de Dieu et définie
comme telle, on ne l'a jamais altérée; et tout le
concile de Trente est reçu unanimement à cet égard,
tant en France que partout ailleurs. Aussi ne voyons-
nous pas que ni l'Empereur ni le Roi de France
qui étaient alors, et qui concouraient au même dessein de la réformation de l'Église, aient jamais de-

---

3. Sur Pellisson, voir t. III, p. 189.

4. Leibniz ne voulait pas reconnaître à l'assemblée de Trente les
caractères d'un concile œcuménique, et l'une de ses raisons était que
ce concile n'était pas reçu en France (Cf. Foucher de Careil, t. I,
p. 200, 232, 237, etc.).

mandé qu'on en réformât les dogmes, mais seulement qu'on déterminât ce qu'il y avait à corriger
dans la pratique, ou ce qu'on jugeait nécessaire
pour rendre la discipline plus parfaite. C'est ce qui
se voit par les articles de réformation qu'on envoya
alors de concert, pour être délibérés à Trente, qui,
tous ou pour la plupart, étaient excellents, mais
dont plusieurs n'étaient peut-être pas assez convenables à la constitution des temps. C'est ce qu'il
serait trop long d'expliquer ici, mais ce qu'on peut
tenir pour très certain[5].

Quant au voyage d'un nonce au mont Liban, où
Mme la duchesse d'Hanovre dit[6] qu'on a reçu les
Grecs à notre communion, je ne sais rien de nouveau sur ce sujet-là. Ce qui est vrai, c'est, Madame,
que le mont Liban est habité par les Maronites, qui
sont, il y a longtemps, de notre communion et conviennent en tout et partout de notre doctrine. Il n'y
aurait pas à s'étonner qu'on les ait reçus dans notre
Église sans changer leurs rits, et peut-être même
qu'on n'a été que trop rigoureux sur cela. Pour les
Grecs, on n'a jamais fait de difficulté de laisser
l'usage du mariage à leurs prêtres[7]. Car, pour ce qui
est de le contracter depuis leur ordination, ils ne le
prétendent pas eux-mêmes. On sait aussi que tous
leurs évêques sont obligés au célibat, et que, pour
cela, ils n'en font point qu'ils ne les tirent de l'ordre

---

5. Pellisson répondait dans le même sens que Bossuet (Voir dans
Foucher de Careil, p. 289).

6. Dans la lettre mentionnée plus haut.

7. Ici Bossuet a effacé sur la minute : car cela est du rang des
choses que nous tenons de discipline et indifférentes.

monastique[8], où l'on en fait profession. On ne les trouble pas non plus sur l'usage du pain de l'Eucharistie[9], qu'ils font avec du levain ; ils communient sous les deux espèces, et on leur laisse sans hésiter toutes leurs coutumes anciennes. Mais on ne trouvera pas qu'on les ait reçus dans notre communion, sans expressément exiger la profession des dogmes qui séparaient les deux Églises, et qui ont été définis conformément à notre doctrine dans les conciles de Lyon et de Florence[10]. Ces dogmes sont la procession du Saint-Esprit, du Père et du Fils[11], la prière pour les morts, la réception dans le ciel des âmes suffisamment purifiées[12], et la primauté du Pape établie en la personne de saint Pierre. Il est, Madame, très constant qu'on n'a jamais reçu les Grecs qu'avec la profession expresse de ces quatre articles, qui sont les seuls où nous différons[13]. Ainsi l'exemple de leur réunion ne peut rien faire au dessein qu'on

8. Minute : qu'ils ne tirent de la vie monastique.

9. Ici s'arrête la première partie de la minute. Bossuet avait d'abord écrit : toutes les coutumes que nous croyons bonnes, mais que jamais on...

10. Aux conciles de Lyon (1274) et de Florence (1439), on traita de la réunion de l'Église grecque avec l'Église romaine.

11. Entendez : que le Saint-Esprit procède du Père et du Fils.

12. Avant la séparation, il n'y eut pas la moindre contestation sur ce point entre les deux Églises; mais depuis la rupture définitive, l'Église grecque, malgré des pratiques en sens contraire, rejette la croyance au purgatoire proprement dit, et retarde jusqu'au jugement dernier l'entrée dans le ciel des âmes qui, avant de quitter cette terre, n'ont pas complètement satisfait à la justice divine (Cf. G. Pitzipios, L'Église orientale, Rome, 1855, in-8, 1re part., p. 647).

13. Il y a un autre point dont Bossuet n'a jamais rien dit, la légitimité du divorce en cas d'adultère, admise par l'Église grecque (Cf. Bausset, Pièces justificatives du livre XII, et Mgr d'Hulst, Conférences de Notre-Dame, année 1894, p. 371 et suiv.).

a[14]. L'Orient a toujours eu ses coutumes, que l'Occident n'a pas improuvées ; mais, comme l'Église d'Orient n'a jamais souffert qu'on s'éloignât en Orient des pratiques qui y étaient unanimement reçues, l'Église d'Occident n'approuve pas que les nouvelles sectes d'Occident aient renoncé, d'elles-mêmes et de leur propre autorité, aux pratiques que le consentement unanime de l'Occident avait établies. C'est pourquoi nous ne croyons pas que les luthériens ni les calvinistes aient dû changer ces coutumes de l'Occident tout entier ; et nous croyons, au contraire, que cela ne doit se faire que par ordre, et avec l'autorité et le consentement du chef de l'Église. Car, sans subordination, l'Église même ne serait rien qu'un assemblage monstrueux, où chacun ferait ce qu'il voudrait, et interromprait l'harmonie de tout le corps.

J'avoue donc qu'on pourrait accorder aux luthériens certaines choses qu'ils semblent désirer beaucoup, comme sont les deux espèces[15] ; et en effet, il est bien constant que les papes, à qui les Pères de Trente avaient renvoyé cette affaire, les ont accordées depuis le concile à quelques pays d'Allemagne qui les demandaient[16]. C'est sur ce point et sur les autres de cette nature que la négociation pourrait tomber. On pourrait aussi convenir de certaines explications de notre doctrine ; et c'est, s'il

14. De réunir les luthériens à l'Église romaine.
15. La communion sous les deux espèces.
16. Bossuet a rappelé que Pie IV avait rendu l'usage de la coupe eucharistique dans l'Autriche et dans la Bavière (Lettre du 12 août 1685, t. III, p. 116).

m'en souvient bien, ce qu'on avait fait utilement en
quelques points dans les articles de M. de Neustadt.
Mais de croire qu'on fasse jamais aucune capitula-
tion sur le fond des dogmes définis, la constitution
de l'Église ne le souffre pas ; et il est aisé de voir
que d'en agir autrement, c'est renverser les fondements, et mettre toute la religion en dispute. J'espère que M. Leibniz demeurera d'accord de cette
vérité, s'il prend la peine de lire mon dernier écrit
contre le ministre Jurieu, que je vous envoie pour
lui. Je vois, dans la lettre de Mme la duchesse
d'Hanovre, qu'on a vu à Zell[17] les réponses que j'ai
faites à ce ministre, et que Mme la duchesse de
Zell[18] ne les a pas improuvées. Si cela est, il faudrait prendre soin de lui faire tenir ce qui lui pourrait manquer de ces réponses, et particulièrement
tout le sixième *Avertissement*. Voilà, Madame,
l'éclaircissement que je vous puis donner sur la
lettre de Mme la duchesse d'Hanovre, dont Mme de
Maubuisson a bien voulu que vous m'envoyassiez

17. Zell, ville du duché de Lunebourg, dans la Basse-Saxe, sur
l'Aller, à cinq lieues de Neustadt et à six de Brunswick.

18. Éléonore, fille d'Alexandre Desmier d'Olbreuze, gentilhomme
poitevin, et de Jacquette Poussard de Vandré, était née le 3 janvier
1639, à Olbreuze, près d'Usseau, entre Niort et La Rochelle. Elle fut
épousée par Georges-Guillaume de Brunswick, duc de Zell, et fut la
mère de Sophie-Dorothée, qui devint la femme de Georges-Louis, duc
de Brunswick-Hanovre et roi d'Angleterre sous le nom de Georges Ier.
La duchesse de Zell s'intéressait aux travaux de Bossuet ; on crut
même qu'elle se ferait catholique. Elle mourut le 5 février 1722
(Haag, *la France protestante*, édit. H. Bordier ; Neigebauer, *Éléonore
d'Olbreuze*, Brunswick, 1855, in-8 ; Horric de Beaucaire, *Une mésal-
liance dans la maison de Brunswick, Éléonore Desmier d'Olbreuze*,
Paris, 1884, in-8).

l'extrait[19]. Si elle juge qu'il soit utile de faire passer cette lettre en Allemagne, elle en est la maîtresse.

Quant aux autres difficultés que propose M. Leibniz, il en aura une si parfaite résolution par les réponses de M. Pellisson, que je n'ai rien à dire sur ce sujet. Ainsi je n'ajouterai que les assurances de mes très humbles respects envers Mme d'Hanovre, à qui je me souviens d'avoir eu l'honneur de les rendre autrefois à Maubuisson[20]; et je conserve une grande idée de l'esprit d'une si grande princesse. C'est, Madame, votre très humble serviteur.

J. Bénigne, é. de Meaux.

---

638. — A Mme d'Albert.

A Germigny, 30 septembre 1691.

Dieu[1], que vous réclamez avec confiance, ma chère Fille, ou vous ôtera ce chagrin, ou vous soutiendra d'ailleurs, pourvu que vous soyez fidèle à obéir à la

---

19. L'abbesse de Maubuisson, dans la maison de qui s'était retirée Mme de Brinon. C'était alors Louise-Marie-Hollandine (1622-1709), fille de Frédéric V et sœur de la duchesse de Hanovre. Elle avait abjuré le luthéranisme et désirait ardemment convertir sa sœur.

20. Maubuisson, paroisse de Saint-Ouen-l'Aumône, à trois kilomètres de Pontoise.

Lettre 638. — L'autographe de cette lettre a fait partie de la collection Solar, vendue en 1860. La première partie en est conservée dans la collection Morrison de Londres, actuellement inaccessible. Nous comparons le texte donné par les éditions avec celui du ms. Bresson et avec la reproduction faite dans le catalogue de Morrison (second series, t. I, s. l., 1893, in-4, p. 355). Un feuillet de quatre pages se trouve dans la collection Radowitz, de la Bibliothèque de Berlin.

1. Ms. Bresson : Ce Dieu.

défense que je vous ai faite et que je vous réitère encore, de le regarder comme un effet du courroux de Dieu, puisque, au contraire, toutes les souffrances qu'il nous envoie en cette vie, et celle-ci comme les autres, sont, selon saint Paul, une épreuve de notre patience et par là un fondement de notre espoir[2]. Demeurez donc ferme dans ce sentiment, et ne laissez point ébranler votre foi à[3] la tentation.

La coutume de dire Matines dès le soir, vers les quatre à cinq heures[4] pour le lendemain, est si autorisée[5] que je ne crois pas qu'on en doive faire aucun scrupule. J'approuverais, pour le mieux, qu'on les dît plus tard[6], afin d'approcher davantage de l'esprit de l'Église. Je trouve encore plus nécessaire de séparer les Heures[7], et de les dire à peu près chacune en son temps. Mais ce ne sont pas là des obligations si précises qu'on ne s'en puisse dispenser, quand on a quelque raison de le faire, sans encourir de péché et sans avoir besoin de recourir à la dispense des supérieurs[8].

Les œuvres d'Origène ont été autrefois rigoureu-

2. Rom., v, 4.

3. Deforis : par la tentation.

4. Ms. Bresson : vers les quatre heures.

5. Deforis : répandue. L'usage s'est, en effet, introduit de réciter la veille, dans l'après-midi, les matines, qui, régulièrement, doivent être chantées au chœur dans la nuit.

6. Plus tard que quatre heures du soir.

7. L'usage a prévalu de réciter sans interruption les quatre petites Heures du bréviaire, qui régulièrement sont ainsi fixées : prime à six heures, tierce à neuf heures, sexte à midi et none à trois heures.

8. Ms. Bresson : des supérieures.

sement défendues[9], à cause de ses erreurs ou de celles qu'on avait glissées dans ses livres. Maintenant que les matières dont il s'agissait alors sont tellement éclaircies qu'il n'y a plus de péril qu'on s'y trompe, vous pouvez le lire à cause de la piété qui règne dans ses ouvrages, en vous souvenant néanmoins que c'est un auteur dont l'autorité n'est pas égale à celle des autres Pères.

Ce n'est pas tant dans les livres que dans soi-même et dans son propre cœur, qu'il faut chercher la résolution des doutes[10] que vous proposez sur l'intention. Et d'abord, pour la définir, c'est un acte de notre esprit par lequel nous le dirigeons à une certaine fin que la raison nous présente et que la volonté suit. Cela, comme vous voyez, est bien clair. La bonne intention est celle qui a une bonne fin ; la mauvaise intention est celle qui en a une mauvaise. C'est là cet œil de notre âme, lequel, quand il est simple, c'est-à-dire quand il est droit, tout est éclairé en nous ; et, au contraire, s'il est mauvais ou malicieux, tout est couvert de ténèbres selon la parole de Notre-Seigneur[11]. Ce n'est pas là la difficulté ; il s'agit de vous faire entendre comment cette intention subsiste en vertu, lorsque l'acte en est passé et qu'il semble qu'on n'y pense plus. Il faut donc premièrement distinguer l'acte et l'habitude, et tout le monde entend cela. Mais si nous rentrons

9. Ms. Bresson : défendues très rigoureusement.
10. Le ms. Bresson, conforme ici à la copie de Mme Cornuau (fr. 12842, p. 723), donne : du doute. Morrison : des doutes.
11. Matth., vi, 22, 23.

en nous-mêmes, nous y trouverons[12] quelque chose
de mitoyen entre les deux, qui n'est ni si vif que
l'acte, ni si morne, pour ainsi parler, et si languissant
que l'habitude.

L'acte est quelque chose d'exprès et de formel,
comme quand on dit : Je veux aller à Paris, à
Rome, où vous voudrez. On s'avance, on marche[13],
et on ne fait pas une démarche[14] ni un mouvement
qui ne tende à cette fin ; mais néanmoins on n'y
songe pas toujours, ou du moins on n'y songe pas
aussi vivement qu'on avait fait la première fois,
lorsqu'on avait pris sa résolution. On ne laisse pas
néanmoins d'aller toujours, et tous les pas qu'on
fait se font en vertu de cette première résolution si
marquée ; ce qui fait aussi que, si quelqu'un nous
arrête pour nous demander où nous allons, nous
répondons aussitôt et sans hésiter que nous allons à
Paris, ou en tel autre lieu qu'on voudra prendre.

On demande ce qu'il y a dans l'esprit qui nous fait
parler ainsi. Je réponds premièrement qu'il n'importe pas de le savoir : il suffit de savoir que la
chose est, et trop de subtilité en ces choses ne fait
qu'embrouiller. En second lieu, je réponds que ce
qui reste, est[15] l'acte même, mais plus obscur et plus
sourd, parce qu'on n'y a pas la même attention.
Car il faut soigneusement observer que l'acte et
l'attention à l'acte sont choses fort distinguées, de

12. Morrison : nous trouverons.

13. Ms. Bresson : en son âme, on marche. Deforis : on marche, on
s'avance.

14. Deforis : un pas.

15. Morrison : c'est.

sorte qu'il peut arriver qu'un acte continue encore
qu'on n'y pense pas toujours également; d'où, pas
à pas et en diminuant l'attention par degrés, il peut
arriver qu'on n'y pense guère ou point du tout : ce
qui ne détruit pas l'acte, mais, le laissant en son entier, fait seulement qu'il demeure un peu à l'écart
par rapport au regard de l'âme, c'est-à-dire à la réflexion, jusqu'à ce qu'on nous réveille comme on
faisait notre voyageur [16] en lui demandant : Où
allez-vous? A quoi il répond d'abord : Je vais à
Rome; ce qui ne demande pas qu'il fasse toujours
un nouvel acte, mais qu'il fasse réflexion sur celui
qu'il avait déjà fait, et qui subsistait sourdement et
obscurément dans son esprit, sans qu'il songeât à
l'y regarder.

A vrai dire, cela n'a point de difficulté. On pourrait dire qu'il en est de cet acte comme d'un trait
qu'on lance d'abord, et qui avance en vertu de la
première impulsion, qui n'est plus. En cette sorte, on
pourrait penser qu'après la direction de l'esprit,
qui s'appelle intention et résolution, il y reste une
impression qui le fait tendre à la même fin.

Mais qu'est-ce que cette impression? Je dis que
c'est l'acte même; ou, si l'on ne le veut pas [17] de cette
sorte, c'est une disposition en vertu de laquelle on
est toujours prêt à en faire un autre semblable [18].
Mais j'aime encore mieux dire que c'est l'acte même

16. Ms. Bresson : comme notre voyageur. Deforis : comme on faisait à notre voyageur.
17. Morrison : si l'on ne veut pas.
18. Ms. Bresson : à faire un acte semblable.

qui subsiste sans qu'on y ait la même attention, ainsi que je l'ai proposé[19] d'abord, quoique au fond il importe peu et que ces deux manières d'expliquer ne diffèrent guère.

La difficulté consiste à savoir quand est-ce que cet acte cesse, et comment. Mais premièrement il est constant qu'il cesse par une actuelle et certaine révocation de son intention ; secondement, on ne doute pas qu'il ne cesse encore par une longue interruption de la réflexion qu'on y fait.

C'est ici que les docteurs se tourmentent à chercher quel temps il faut pour cela. Mais la question est bien vaine, puisqu'il est certain qu'il n'y a pas là de temps précis et déterminé[20], et que l'acte dure plus ou moins dans sa vertu, selon qu'il a été plus ou moins fort lorsqu'il a été commencé, comme[21] l'impression dure plus longtemps dans le trait ou dans une pierre, selon que l'impression a été plus grande.

Ce qu'on peut dire, c'est : 1° que régulièrement le sommeil emporte une interruption inévitable à un acte libre, à cause de la suspension qui arrive alors dans l'usage de la liberté et de la raison. C'est aussi pourquoi on conseille[22] de renouveler ses bonnes résolutions en s'éveillant. 2° On doit dire qu'une grande occupation de l'esprit cause aussi une interruption, parce que deux actes ne peuvent pas se

19. Deforis : supposé.
20. Ms. Bresson : propre ni déterminé.
21. Ici commence la partie de la lettre conservée à Berlin.
22. Deforis : c'est aussi pour cela qu'on conseille.

trouver ensemble dans un degré éminent et fort, de sorte qu'ordinairement l'un efface l'autre en cet état. Le moyen d'éviter tout embarras, c'est de renouveler de temps en temps ses bonnes résolutions : et aussi, quand on l'a fait sérieusement, il ne faut plus s'embarrasser si l'acte subsiste, puisqu'il est certain qu'il peut subsister longtemps, et souvent des journées entières sans qu'on y pense.

Quelques docteurs estiment qu'il peut être fait avec tant de force qu'il subsiste plusieurs années, même au travers du sommeil et des autres occupations, à cause de l'éminence et de la vertu de cet acte : ce qu'il n'est pas nécessaire de combattre, puisque régulièrement cela n'est pas ainsi, et que c'en est assez pour voir qu'il ne faudrait pas s'y fier ; outre qu'il paraît manifestement contradictoire qu'un acte soit aussi fort qu'on le dit, et qu'à la fois on cesse d'y penser un très long temps, puisque le propre des sentiments qui nous tiennent fort au cœur, c'est de revenir souvent et de s'attirer souvent notre attention.

Au reste, il faut ici remarquer qu'il y a des vérités si simples qu'elles nous échappent quand on entreprend de les entendre mieux qu'on n'a fait d'abord. Si quelqu'un voulait définir ce que c'est qu'assurer ou que nier, ou qu'une opinion, ou qu'un doute, ou qu'une science certaine, et chercher à ajouter quelque chose à la première et droite impression que ces mots font d'abord dans nos esprits, il ne ferait que se tourmenter et s'alambiquer, pour mieux entendre ce qu'il avait déjà entendu parfaitement du

premier coup. Il en est de même de l'intention virtuelle, que chacun trouve en soi-même sitôt qu'il l'y
cherche. De là il suit clairement qu'elle suffit pour
les sacrements en toute opinion, et pour le mérite,
parce que c'est ou l'acte même continué plus sourdement, ou quelque chose d'équivalent à l'acte.

Pour en venir à ce qui vous touche en votre particulier, ne croyez jamais que vous ayez révoqué vos
résolutions, sans que vous en trouviez en vous-
même une révocation marquée; et croyez encore
moins qu'elles finissent pour ainsi dire comme
d'elles-mêmes, par une interruption[23] de quelques
moments, ou même de quelques heures, puisqu'il
est bien certain que non, et que les actes durent
plus sans difficulté que la réflexion qu'on y fait.

Allons simplement avec Dieu : quand notre conscience ne nous dicte point que nous ayons changé
de pensée ou de sentiment, croyons que cette même
pensée et ce même sentiment subsiste toujours.

Les actes qu'on aperçoit vivement ne sont pas
toujours les meilleurs. Ce qui naît comme naturellement dans le fond de l'âme, presque sans qu'on
y pense, c'est ce qu'elle a de plus véritable et de
plus intime; et ces[24] intentions expresses qu'on fait
venir dans son esprit comme par force ne sont souvent autre chose que des imaginations, ou des paroles prises[25] dans notre mémoire comme dans un
livre.

23. Morrison reprend ici, à l'endroit même où s'arrêtent les quatre
pages de la collection Radowitz.
24. Deforis : les intentions.
25. Morrison : mises.

Comment il faut faire[26] maintenant pour former ces actes qui naissent comme de source, c'est une chose facile à entendre, et je crois vous en avoir assez dit pour ne vous laisser aucun doute sur ce sujet[27].

Je prie Notre-Seigneur qu'il soit avec vous.

J. Bénigne, é. de Meaux.

Mandez-moi sincèrement comment on se trouve du confesseur.

----

639. — A Mme d'Albert.

A Germigny, 30 septembre 1691.

Il n'y a nulle difficulté à parler de La Vallée dans votre récit[1], sans qu'il soit besoin de le nommer.

Plus on ira en avant, plus on verra qu'il n'y a point à se prévaloir de la bonne ou de la mauvaise mine qu'on fera au monde[2] ; mais en tous cas, il est bon de se faire du dernier[3] un exercice d'humilité et de patience ; ce qui sans doute vaut mieux que les plus favorables accueils.

26. Deforis : Comment faut-il faire.

27. Le catalogue Morrison ne reproduit pas la conclusion de la lettre.

Lettre 639. — L. a. s. Grand Séminaire de Meaux. Cf. E. Griselle, Lettres revisées, p. 45 et 46.

1. Sans doute une relation des affaires de Jouarre, où La Vallée avait fait un fâcheux personnage (Il est fait allusion à cette relation dans les lettres du 17 septembre et du 5 novembre 1692). Cette phrase manque dans les éditions.

2. Éditions : que fera le monde ; mais en tout cas, il est bon de se faire du dernier...

3. Le dernier, la dernière chose, c'est-à-dire la mauvaise mine.

Pour faire achever ce qui reste[4], je n'ai point d'autres moyens à employer que ceux dont j'ai usé jusqu'à présent, si ce n'est que les derniers actes seront toujours les plus forts et les délais plus courts.

Entre nous, le Père Soanen[5] ne fait que tortiller et pateliner, et avec cela il se croit bien fin.

J'assure nos chères Filles, et Mme de Luynes en particulier, de mon affection et de mes services.

Croyez qu'à la vie et à la mort je ne vous manquerai pas, s'il plaît à Dieu. L'autre confesseur que je devais envoyer est tombé malade[6]. Tout à vous.

J. B., é. de M.

---

640. — A Sœur Anne-Marie d'Épernon.

[Fin de septembre 1691.]

Nous ne la verrons donc plus, cette chère

---

4. Ce qui reste de difficultés avec l'Abbesse.

5. Ce nom a été raturé ; cependant on peut encore lire *Soanin*. Ce jugement de Bossuet se trouve confirmé par celui que portait Quesnel sur son ancien confrère de l'Oratoire : « Le P. Soanen est un petit politique à qui le désir de faire fortune a fait tourner la tête » (Lettre du 21 octobre 1695, dans la *Correspondance de Pasquier Quesnel*, publiée par Mme A. Leroy, Paris, 1900, 2 vol. in-8, t. I, p. 390 ; cf. t. II, p. 14 et 141).

6. Phrase omise dans les éditions et qui nous fait croire que cette lettre a été écrite après celle qui est datée du même jour, où il est parlé d'un confesseur.

Lettre 640. — Publiée pour la première fois, mais comme adressée à Mme de La Vallière, dans *le Mercure galant*, novembre 1691, p. 71, à l'occasion d'une notice nécrologique de la M. Agnès (Cf. M. le chanoine Tougard, dans les *Mémoires de l'Académie de Rouen*, 1896-97). Dans son *Abrégé de la vie de la vénérable Mère Agnès de Jésus*, imprimé à la suite de la *Vie de la vénérable Sœur de Foix de la Valette d'Éper-*

Mère[1] ! nous n'entendrons plus de sa bouche ces[2] paroles que la charité[3], que la douceur, que la foi, que la
prudence dictaient toutes[4], et rendaient si dignes
d'être pesées[5]. C'était cette personne sensée qui
croyait à la loi de Dieu, et à qui la loi était fidèle[6] ;

non, Paris, 1774, in-12, p. 291, l'abbé de Montis dit que cette lettre
fut écrite à la Sœur Anne-Marie d'Épernon. C'est aussi le sentiment
des Carmélites de la rue d'Enfer, actuellement à Anderlecht (Belgique), et cette croyance est fondée sur une tradition constante et des
témoignages écrits. On sait comment Bossuet unissait dans la même
estime et affection la Mère Agnès et la Sœur Anne-Marie de Jésus
(Voir t. I, p. 345). Deforis, qui donne à notre lettre la même destinataire, fait à tort de celle-ci une prieure des Carmélites du faubourg
Saint-Jacques.
   A défaut de l'original, il reste plusieurs copies du temps, qui
ont pour suscription : *A la Mère du Saint-Sacrement* (Voir V. Cousin,
la Jeunesse de Mme de Longueville, p. 107, note ; Eug. Griselle,
Lettres de Bossuet revisées, p. 47 et 48). De ces copies, l'une, imprimée en 1880 par M. Ed. de Barthélemy dans le *Bulletin du Bibliophile*, est de la main de la M. du Saint-Sacrement (Bibl. Nationale,
f. fr. 24985, f° 336) ; une autre se trouve dans un recueil de lettres
collectionnées par Mme d'Huxelles (Arsenal, ms. 3202). Comme cette
Mère était prieure, et que la circulaire sur la mort de la Mère Agnès
est signée de son nom, on supposa facilement dans le public, en dehors
du Carmel, qu'elle était la destinataire de cette lettre. — La M. Marie
du Saint-Sacrement, prieure des Carmélites, était née Marie Coignet
de La Thuillerie (1627-1705), fille de Gaspard Coignet de La Thuillerie, ambassadeur à Venise, et d'Anne Lescalopier. Elle fit profession au Carmel en 1654 et fut prieure du couvent du faubourg
Saint-Jacques en 1691.
   1. La M. Agnès de Jésus-Maria, tante du maréchal de Bellefonds, décédée le 24 septembre 1691, à quatre-vingts ans et deux mois,
après soixante-deux ans et huit mois de profession religieuse (Voir
notre tome I, p. 235). Quelques jours auparavant, elle avait donné
l'habit à Mlle de Bellefonds, sa petite-nièce, en présence du roi et
de la reine d'Angleterre (f. fr. 23501, p. 130).
   2. M. du Saint-Sacrement : ses.
   3. Mot omis par *le Mercure*.
   4. Mot omis par Deforis.
   5. Deforis : écoutées. — Allusion à Eccli., XXI, 28 : Verba pru-
dentium statera ponderabuntur.
   6. Eccli., XXXIII, 3.

la prudence était sa compagne, et la sagesse était sa sœur[7]; la joie du Saint-Esprit ne la quittait pas ; sa balance était toujours juste[8] et ses jugements toujours droits. On ne s'égarait point en suivant ses conseils : ils étaient précédés par ses exemples. Sa mort a été tranquille, comme sa vie, et elle s'est réjouie au dernier jour[9]. Je vous rends grâces du souvenir que vous avez eu de moi en cette triste occasion. J'assiste avec vous en esprit aux prières et aux sacrifices qui se feront pour cette âme bénie de Dieu et des hommes[10]. Je me joins aux pieuses larmes que vous versez sur son tombeau, et je prends part aux consolations que la foi vous inspire.

---

641. — A Mme CORNUAU.

A Germigny, 1er octobre 1691.

Voilà[1], ma Fille, la réponse à une partie de vos

7. Prov., VII, 4.
8. Souvenir de Lev., XIX, 36.
9. Prov., XXXI, 25.
10. Allusion à Eccli., XLV, 1.

Lettre 641. — Vingt-cinquième dans Lachat, vingt-huitième dans le recueil de Mme Cornuau, dans la première édition et dans les meilleurs manuscrits. La Sœur Cornuau l'avait d'abord datée de 1690 ; elle a ensuite écrit : A Germigny, 1er octobre 1691. Ledieu confirme cette date, mais sans remarquer qu'il a assigné la même date à une autre lettre, qui, touchant les veilles de Mme Cornuau, est en contradiction avec celle-ci.

Ledieu a transcrit le début de cette lettre jusqu'aux *Questions*, et il ajoute : « J'ai les Réponses sur l'âme, dont il est ici parlé, dans mes papiers qui peuvent être montrés. Il faut seulement ici observer que cet écrit a été fait pour Saint-Bénigne, et non pour Jouarre » (Note de Ledieu).

1. *Voilà*, pour voici. Cf. plus haut, p. 101, et t. III, p. 282.

doutes. Je sentais bien hier que Dieu m'allait parler pour vous. J'ai lu tous vos écrits et je suis prêt de vous les rendre ou de les brûler, du moins quelques-uns, après en avoir pris la substance.

Je vous permets, dans les grands efforts de la peine que vous me marquez, une discipline[2] quelquefois, à votre discrétion. Mais, au reste, ne croyez pas que ce soit là le fort du remède. Ce qui apaise pour un moment, irrite souvent le mal dans la suite : cet effort, qui fait qu'on voudrait quelquefois mettre son corps en pièces, est un excès et une illusion. On s'imagine qu'on fera tout à force de se tourmenter : ce n'est pas ainsi qu'on guérit ; c'est en portant l'humiliation de la peine, et se faisant d'elle-même un remède contre elle-même : ce qui se fait en apprenant avec saint Paul que la grâce nous suffit[3], et que c'est d'elle que nous tirons toute notre force. Cela est ainsi ; croyez-le, ma Fille, et vous vivrez.

Il suffit que vous vous couchiez comme je vous l'ai permis : souvenez-vous toujours de la discrétion et de l'édification que je vous ai ordonnée[4].

Questions sur l'ame[5].

1° Comment l'âme est-elle immortelle ? — 2° Qu'est-ce que l'âme ? — 3° Quelle est sa nature ? — 4° Comment peut-elle être heureuse ou malheureuse ? — 5° Comment a-t-elle

2. Il s'agit de la discipline, instrument de pénitence.
3. II Cor., xii, 9.
4. Cf. lettres des 12 mars, 20 avril, 3 juillet 1691, p. 188, 217 et 254.
5. Nous suivons la copie de la collection Saint-Seine. Elle vient de Ledieu, qui a écrit de sa main le texte des questions, et qui a collationné sur l'original celui des réponses.

contracté le péché originel ? — 6° Comment les tentations, et surtout celles de la chair, s'élèvent-elles dans notre âme malgré nous-mêmes ? — 7° Si Dieu, à qui tout est possible, ne peut pas réduire l'âme dans son premier néant ? — 8° Comment l'âme, qui sait que Dieu est son souverain bien, n'est-elle pas toujours occupée de lui[6] ?

Réponses.

L'âme est une chose faite à l'image et à la ressemblance de Dieu : c'est là sa nature, c'est là sa substance. Dieu est heureux ; l'âme peut être heureuse. Dieu est heureux en se possédant lui-même, l'âme est heureuse en possédant Dieu. Dieu se possède en se connaissant et s'aimant lui-même ; l'âme possède Dieu en le connaissant et en l'aimant. Dieu ne sort donc point de lui-même pour trouver son bonheur : l'âme ne peut être heureuse que par un transport. Ravie de la perfection infinie de Dieu, elle se laisse entraîner par une telle beauté, et, s'oubliant elle-même dans l'admiration où elle est de cet unique et incomparable objet, elle ne s'estime heureuse que parce qu'elle sait que Dieu est heureux, et qu'il ne peut cesser de l'être, ce qui fait que le sujet de son bonheur ne peut cesser. Voilà sa vie, voilà sa nature, voilà le fond de son être.

Il ne faut donc pas, ma Fille, que vous demandiez davantage de quoi l'âme est composée : ce n'est ni un souffle, ni une vapeur, ni un feu subtil et continuellement mouvant. Ni l'air, ni le vent, ni la flamme, quelque déliée qu'on l'imagine, ne porte

---

6. Le titre et les questions sont de Mme Cornuau, qui en a modifié la formule dans son recueil.

l'empreinte de Dieu. L'âme n'est point composée ;
elle n'a ni étendue, ni figure : car Dieu*a*, à qui elle
doit être également unie, n'en a point non plus, et
elle ne peut être qu'un esprit, puisqu'elle est née,
comme dit saint Paul, pour être un même esprit
avec Dieu (I Cor., VI, 17), par une parfaite conformité à sa volonté.

Dieu n'habite point dans la matière ; l'air le plus
subtil ne peut pas être le siège où il réside : sa vraie
demeure est dans l'âme, qu'il a faite à sa ressemblance, qu'il éclaire de sa lumière, et qu'il remplit
de sa gloire : en sorte que, qui verrait une âme où
il est (ce qui ne peut être vu que par les yeux de l'esprit) croirait en quelque sorte voir Dieu, comme
on voit en quelque sorte un second soleil dans un
beau cristal, où il entre pour ainsi dire avec ses
rayons. Ainsi, ma Fille, il n'y a plus qu'à purifier
son cœur pour le recevoir, selon cette parole du Sauveur : *Bienheureux ceux qui ont le cœur pur, car ils
verront Dieu*[7]. Il ne faut pas croire en effet qu'une
âme épurée reçoive Dieu sans le voir. Elle le voit ;
il la voit ; elle se voit en lui ; elle le*b* voit en elle-
même. Il n'en est pas toujours de même en cette
vie. Dieu se cache à l'âme qui le possède, pour se
faire désirer ; mais il la touche secrètement de quelqu'un de ses rayons ; et incontinent elle s'ouvre, elle
se dilate, elle s'épanche, elle se transporte, elle ne

---

a. Presque tous les éditeurs ajoutent ici : *dont elle est l'image* ; mais ces
mots manquent dans l'édition de 1746 et dans les meilleurs manuscrits. —
b. Leçon de la première édition et des meilleurs manuscrits ; ailleurs : *il la*.

7. Matth., v, 8.

peut plus vivre ni demeurer en elle-même ; elle dit
sans cesse : *Tirez-moi ; venez*[8] ; car elle sent bien
qu'elle n'a point d'ailes pour voler si haut. Mais
Dieu vient, Dieu la tire à lui, Dieu la pousse dans
son fond ; et, plus intérieur à l'âme que l'âme même,
il l'inspire, il la gouverne, il l'anime bien plus efficacement et intimement qu'elle n'anime le corps.

Une telle créature voit clairement et distinctement
l'éternité ; autrement, comment verrait-elle que Dieu
est éternel et éternellement heureux ? Elle aspire donc
aussi à l'aimer, à le posséder, à le louer éternellement ; et ce désir, que Dieu même lui met dans le
cœur, est un gage certain de la vie éternellement
heureuse à laquelle il l'appelle. Elle ne craint donc
point de périr : car encore qu'elle sache bien qu'elle
ne subsiste que parce que Dieu, qui l'a une fois tirée
du néant, ne cesse de la conserver, en sorte que, s'il
retirait sa main un seul moment, elle cesserait d'être
et de vivre, elle sait en même temps qu'il ne veut
rien moins que la détruire par la soustraction de
ce concours. Car pourquoi détruire son image, et
son image pleine de lui, et son image à qui il
montre son éternité, et à qui il inspire le désir de
la posséder ?

Il n'y a donc plus de néant pour une telle créature : il faut qu'elle soit ou éternellement heureuse
en possédant Dieu, ou malheureuse éternellement
pour n'avoir pas voulu le posséder, et pour avoir refusé un bonheur qui devait être éternel.

Ainsi il ne reste plus à cette âme que de se tour-

8. Cant., I, 3 ; Apoc., xxii, 20.

ner incessamment du côté de son éternité*c*, et c'est
à quoi doit tendre toute la direction. Car un pasteur,
un évêque, un directeur se sent établi de Dieu pour
jeter dans l'âme les semences d'une bienheureuse
immortalité, en la séparant, autant qu'il peut, de
toutes les choses sensibles, parce que tout ce qui se
voit est temporel, et que ce qui ne se voit pas n'a
pas de fin⁹. Il faut donc lui faire aimer l'éternité de
Dieu ; c'est-à-dire sa vérité et son être, qui en même
temps est son bonheur ; en sorte que cette âme ne
veuille plus être, ni vivre, ni respirer que pour aimer
Dieu, et consente à la destruction de tout le reste
qui est en elle. Un pasteur qui a en main une telle
âme, la veut rendre agréable à Dieu, en y perfec-
tionnant infatigablement son image ; et puisque cette
image est l'objet de l'amour de Dieu, il ne faut pas
croire qu'un tel pasteur se lasse de conduire une
telle âme : autrement il se lasserait de glorifier Dieu ;
ni qu'il donne plus de temps aux grands qu'aux petits, puisqu'il ne connaît rien de grand parmi les
hommes, que cette empreinte divine dans le fond de
leur âme. C'est là la grandeur, c'est là la noblesse,
c'est par là que la naissance de l'homme est illustre
et bienheureuse ; car, pour la naissance du corps, ce
n'est que honte, faiblesse et impureté.

Il n'en était pas ainsi au commencement ; car
Dieu avait assorti à cette âme immortelle et pure,
en laquelle il avait créé tout ensemble et la beauté

---

c. Presque toutes les éditions ajoutent les mots : *et de son souverain bien,*
qui manquent à la première et aux meilleurs manuscrits.

9. II Cor., ɪv, 18.

de la nature et celle de la grâce, il avait, dis-je,
assorti à cette âme immortelle et pure un corps immortel et pur aussi ; mais Dieu, pour honorer le
mystère de sa fécondité et de son unité, ayant mis tous
les hommes dans un seul homme, et ce seul homme
d'où tous les autres devaient sortir[d], ayant été infidèle à Dieu, Dieu l'a puni d'une manière terrible,
puisqu'il l'a puni non seulement en lui-même, mais
encore dans ses enfants, comme dans une partie de
lui-même, et encore la plus chère. Ainsi nous sommes
devenus une race maudite, enfants malheureux d'un
père malheureux, de qui Dieu a justement retiré la
grâce qu'il voulait transmettre à tous les hommes par
un seul homme, et qu'ils ont aussi tous perdue en un
seul : maudits dans leur principe, corrompus dans
la racine et dans les branches, dans la source et dans
les ruisseaux.

C'est ainsi qu'à ce premier exercice de l'âme raisonnable, qui n'eût été que de connaître Dieu et de
l'aimer, il en faut ajouter un autre, exercice pénible
et laborieux, exercice dangereux et plein de périls,
exercice honteux et humiliant, qui est de combattre
en nous cette corruption que nous avons héritée de
notre premier père. Souillés dès notre naissance et
conçus dans l'iniquité, conçus parmi les ardeurs
d'une concupiscence brutale, dans la révolte des
sens et dans l'extinction de la raison, nous devons
combattre jusqu'à la mort le mal que nous avons
contracté en naissant.

d. So: *dans un seul homme d'où tous les autres devaient sortir, et cet homme
ayant été.*

C'est aussi le second travail de la direction. Il faut aider l'âme à enfanter son salut en se combattant elle-même, selon que dit saint Paul : *La chair convoite contre l'esprit, et l'esprit contre la chair*[10]. Pour nous donner cette force, il a fallu opposer une nouvelle naissance à la première, une régénération à la génération, Jésus-Christ à Adam, et le baptême de l'un à la féconde corruption de l'autre, parce que, comme dit le Sauveur, *ce qui est né de la chair est chair, et ce qui est né de l'esprit est esprit* (en saint Jean, ch. III).

Ce n'est pas que la chair soit mauvaise en soi, à Dieu ne plaise, ou que la génération de la créature de Dieu soit mauvaise dans son fonds ; il ne le faut pas croire : mais c'est que le mal du péché s'étant joint au bon fonds de la nature, nous naissons tout ensemble et bons par notre nature et mauvais par notre péché ; par notre génération, ouvrage de Dieu, et tout ensemble ennemis de Dieu par le désordre qui s'y mêle[11].

Il n'est pas besoin, ma Fille, d'approfondir ceci davantage ; mais il faut seulement se souvenir que Dieu a fait l'homme à son image ; que ce n'est point par le corps, mais par l'âme qu'il a cet honneur ; que c'est dans l'âme qu'il a mis ces traits immortels de son immuable éternité ; et que c'est cela qu'on appelle le souffle de Dieu[e], par lequel il est écrit

---

e. Les éditeurs, à l'exception du premier, ajoutent ici le latin : *spiraculum vitæ.*

10. Gal., v, 17.

11. Phrase peu claire. Il faut entendre que nous sommes, par notre génération, l'ouvrage de Dieu, et que pourtant nous sommes ennemis de Dieu par le désordre qui se mêle à notre génération.

que l'âme est vivante (Genes., II, 7). Il ne faut point demander comment Dieu l'a faite ; car il a fait tout par sa volonté. C'est donc par sa volonté qu'il a formé notre corps ; c'est par sa volonté qu'il lui a uni une âme faite à son image, et par conséquent d'une immo telle nature ; c'est par sa volonté que tous les hommes sont nés d'un seul mariage. Il a béni les deux sexes et leur union, avant que le péché soit survenu ; et le péché survenu depuis n'a pu détruire le fonds que Dieu avait fait.

Il ne reste donc plus à l'homme que de combattre en lui le péché si interne*f* à ses entrailles, afin qu'en nous épurant de sa corruption, nous rendions à Dieu le bon fonds qu'il a mis en nous, et que nous soyons ramenés à la première simplicité et beauté de notre nature, dans la résurrection des justes.

Combattons donc, avec saint Paul, le bon combat[12] de la foi, et ne nous étonnons pas des tentations qu'il faut souffrir. Dieu sait jusqu'à quel point il nous y veut exposer ; et nous devons seulement méditer ces mots de saint Paul : *Dieu est fidèle, et il ne permettra pas que vous soyez tentés au delà de vos forces.* Mais ces forces, il nous les donne*g*, et c'est un effet de sa grâce ; et par là il nous fera trouver de l'avantage même dans la tentation, afin que nous ayons le courage et la force de la supporter (I Cor., x, 13).

La tentation va quelquefois si loin, qu'il semble

---

f. Leçon de la première édition et des meilleurs manuscrits. Ailleurs : *intime.* — *g*. Leçon de la première édition et des meilleurs manuscrits. La plupart des éditeurs corrigent : *Mais il nous donne ces forces,*

12. II Tim., IV, 7.

que nous y goûtions le péché tout pur : ce que nous avions aimé par complaisance et ce qui était très mauvais en cet état, il semble que nous l'aimions pour soi-même et que nous nous enfoncions de plus en plus dans le mal. Mais il ne faut pas perdre courage ; car c'est ainsi que Dieu permet que le venin que nous portons dans notre sein se déclare ; et cela, c'est un moyen de le vomir et d'en être purgé. Il faut donc se soumettre à la conduite que Dieu tient sur nous, et se souvenir que saint Paul a demandé par trois fois, c'est-à-dire avec ardeur et persévérance[h], d'être délivré de cette impression de Satan et de cette infirmité pressante et piquante de sa chair[13], quoi que ç'ait été[i] ; et il lui fut répondu : *Ma grâce te suffit ; car ma puissance se fait mieux sentir dans la faiblesse.* Et pour achever l'épreuve où Dieu nous veut mettre, il faut pouvoir dire avec cet apôtre : *Quand je suis infirme* (en moi-même), *c'est alors que je suis fort* (en Jésus-Christ) ; et *je me glorifierai dans mes faiblesses, afin que sa vertu habite en moi* (II Cor., xii, 8, 9, 10).

Voilà, ma Fille, sans parler de vous, voilà dans

---

h. Les mots *et persévérance*, réclamés par le sens, manquent pourtant au ms. Na. — i. Les mots : *quoi que ç'ait été*, ont été omis par Desoris et par les éditeurs venus après lui.

13. Dans cet aiguillon, ou selon le grec (σκόλοψ), cette écharde enfoncée dans la chair, dans ce messager de Satan qui soufflette l'Apôtre (II Cor., xii, 7), une opinion, presque inconnue à l'antiquité, entend les tentations de la chair. Mais selon le sentiment plus traditionnel et plus conforme au contexte, il s'agit d'une maladie, d'un mal chronique entravant parfois dans une certaine mesure le ministère de l'Apôtre et le réduisant à un état d'impuissance. Il est assez difficile de déterminer avec certitude quelle était cette infirmité ; mais une certaine maladie des yeux assez commune en Orient expliquerait bien les passages suivants : Act., xiii, 9 ; xxiii, 5 ; Gal., iv, 13 ; vi, 11.

les principes généraux de la doctrine chrétienne, la résolution de tous vos doutes, ou du moins des principaux. Faites-vous-en à vous-même l'application ; ce que vous n'aurez pas entendu la première fois, vous l'entendrez la seconde. Lisez donc et relisez ce que Dieu m'a donné pour vous. Je vous donnerai de même tout ce qu'il me donnera ; car de parler de soi-même, ni je ne le veux, ni je ne le puis : il faut attendre que Dieu parle ; il a ses moments, et, quand il donne plusieurs ouvrages, il apprend à partager son travail.

Continuez à exposer tout avec la même sincérité : car comment un médecin peut-il appliquer ses remèdes aux maux cachés d'un malade qui ne voudrait pas les découvrir ? Cette découverte fait deux choses : elle instruit le médecin et elle humilie le malade ; et cette humiliation est déjà un commencement de santé. Prenez donc d'abord cette partie du remède, et attendez les moments où le reste vous doit être administré. Je prie Notre-Seigneur qu'il soit avec vous, ma Fille. *Soyez fidèle jusqu'à la mort, et vous recevrez la couronne de vie*[14].

J. Bénigne, é. de Meaux.

---

642. — A Mme Cornuau.

1er octobre 1691.

Je vous envoie, ma Fille, la lettre que vous sou-

---

14. Apoc., II, 10. Ces deux dernières phrases manquent à la copie de Ledieu.

Lettre 642. — Onzième dans Lachat, quatorzième dans la pre-

haitez, pour en user selon que vous me marquez par votre lettre. Vous écrirez le dessus[1], que je ne sais pas[a].

Vous pouvez continuer à écrire les passages de saint Augustin comme vous faites, et la lecture de ses lettres pleines d'onction et de lumière[b].

Je ne devine rien sur le portrait[2] : vous le pouvez garder jusqu'à ce que j'en sache davantage, parce que je présume que c'est quelqu'un dont le souvenir vous élève à Dieu.

J'ai séparé vos papiers pour y répondre au premier loisir. Je ne vois pas qu'il y ait à s'inquiéter de ce que vous me mandez sur mon sujet, dans une lettre du 24.

Je persiste[c] à vous dire que, si la Communauté n'est pas édifiée de vos veilles et que vous ne puissiez les faire sans qu'on le sache, il vaut mieux se conformer à l'ordre commun, jusqu'à ce qu'on s'accoutume à ce qu'on pourra vous permettre dans la suite pour des raisons particulières[3].

<hr/>

a. Cette phrase a été omise dans la plupart des éditions, mais elle se lit dans l'édition de 1746 et dans les manuscrits. — b. Cette phrase a été transcrite par Ledieu. — c. Les mss. Na, Nb, Nc, Ma : *Je persiste encore.* Mais Ledieu, qui a transcrit cette phrase, donne seulement : *Je persiste.*

mière édition et dans les meilleurs manuscrits. Date fournie par Mme Cornuau : A Meaux, 27 décembre 1688. Date rectifiée par Ledieu : 1er octobre 1691.

1. *Le dessus,* l'adresse.

2. Les manuscrits Na, Nb, Nd, ont en note : « C'était celui de ce prélat. »

3. « Elle se relevait toutes les nuits pour passer quelques heures en oraison, à l'imitation de M. de Meaux même, qui approuvait fort ces veilles. On s'en aperçut dans la Communauté, parce que cette Sœur, qu'on savait être sous la direction du prélat, y était fort observée » (*Note de Ledieu*).

Ce que vous dites sur l'Évangile, et en général sur la parole de Dieu, vient de Dieu même : j'espère dans peu de jours vous écrire plus amplement sur ce sujet.

Je prie Notre-Seigneur, ma Fille, qu'il soit avec vous.

---

643. — A Mme CORNUAU.

5 octobre 1691.

Votre lettre du 3[a] m'a été rendue, ma Fille. J'avais déjà ouï parler du dessein qu'on avait sur vous[1], et j'avais dit que je ne voulais entrer en rien dans ce détail, mais tout laisser à l'obéissance : c'est, ma Fille, le seul parti qu'il y ait à prendre.

Il est juste, pour le bien des[b] novices mêmes, qu'on leur fasse sentir qu'on ne disposera de ce qui les touche qu'avec vous. Je suis persuadé que Mme votre supérieure vous soutiendra dans un emploi si laborieux et si important. La difficulté ne vous rebutera point, si vous songez à cette parole de saint Paul : *Je puis tout en celui qui me fortifie*[2]. C'est dans l'accomplissement de la volonté de Dieu qu'il faut chercher le remède de toutes ses peines, et par-

---

a. Lachat : *du 3 mai.* Aucun manuscrit ne donne cette leçon fautive. — b. Leçon des meilleurs manuscrits ; ailleurs : *de vos.*

Lettre 643. — Cette lettre est la septième du recueil de Mme Cornuau, et elle occupe la même place dans les manuscrits et dans les éditions. Date fournie par Mme Cornuau : A Germigny, 22 octobre 1687. Date rectifiée par Ledieu : 5 octobre 1691.

1. De lui confier la charge de maîtresse des novices.
2. Phil., iv, 13.

ticulièrement de celles qui vous viennent pour l'avoir suivie. Obéissez donc par amour ; et offrez-vous à Dieu pour faire sa volonté en union avec Jésus-Christ, qui a dit, comme dit saint Paul, en venant au monde, *qu'il venait pour accomplir la volonté de Dieu*[3].

Voilà l'écrit que vous m'avez demandé : vous y trouverez, ma Fille, de quoi vous soutenir dans cet emploi[c], et de quoi vous instruire dans la conduite des âmes qui sont commises[d] à vos soins, et même de la vôtre, en voyant les différents états où Dieu peut les mettre, et où il les met en effet. En appliquant aux autres ce qui leur convient, appliquez-vous aussi à vous-même, ma Fille, ce qui vous peut convenir et ce qui même vous convient[4].

Il y a des âmes qui portent dans leur état une expérience réelle et sensible de la dépendance où nous sommes à l'égard de Dieu. De telles âmes se voient à chaque moment en état

c. Leçon des meilleurs manuscrits ; ailleurs : *votre emploi.* — d. Deforis et les éditeurs venus après lui donnent, contre les manuscrits : *soumises.*

3. Hebr., x, 7.

4. La lettre, à proprement parler, se termine ici. Ce qui suit est l'écrit annoncé par Bossuet. Ledieu note à ce propos : « Je remets à un autre temps à tirer copie de cet écrit qui est à la suite de la lettre VII, afin de voir au plus tôt toutes les lettres de suite et sans interruption. Joint que cette instruction détachée, aussi bien que plusieurs autres semblables de ce recueil, où personne n'est caractérisé en particulier, pouvant se montrer à des amis, elles doivent être décrites à part et hors la suite des lettres dont je dois garder le secret. » Et plus tard, il a ajouté : « J'ai ailleurs une copie de cette importante instruction sur les caractères des âmes dévotes. »

Cette copie de Ledieu fait ausssi partie de la précieuse collection de M. Raoul de Saint-Seine, qui l'a obligeamment mise à notre disposition. C'est elle que nous allons suivre. Elle est d'ailleurs semblable au ms. Na, qui a servi à Deforis. L'éditeur de 1746 a souvent retouché le texte de cette instruction, à laquelle la copie de Ledieu

que leur volonté *e* leur échappe, et toujours prêtes à tomber, ou de consentement ou par effet, dans des péchés où les plus grands pécheurs tombent à peine ; et quoique d'un côté elles ressentent des ardeurs et des transports inexplicables causés par l'amour de Dieu, elles sont sujettes à des retours terribles, et se sentent souvent disposées d'une manière envers le prochain qui leur fait croire qu'elles ne peuvent avoir en même temps l'amour de Dieu, à cause de l'incompatibilité de cet amour, qui adoucit tout, avec la disposition d'aigreurs où elles se sentent, auxquelles à chaque moment elles croient aller consentir ou y consentir en effet *f*.

Le dessein de Dieu sur de telles âmes est de les tenir attachées à lui par un entier et perpétuel abandon à ses volontés, de même qu'une personne *g* qui se verrait toujours prête à tomber dans un précipice ou un abîme affreux sans une main qui la soutiendrait, s'attache d'autant plus à cette main qu'elle voit que, pour peu qu'elle en soit abandonnée, elle périt. Ainsi en est-il de la main de Dieu à l'égard de telles âmes *h*. Car elles doivent croire par la foi et ressentir par expérience, qu'il n'en est pas de l'effet de la grâce comme d'une maison qui, étant une fois bâtie par son architecte, se soutient sans son secours ; mais comme [de] la lumière, qui ne dure pas toute seule comme d'elle-même dans l'air pour y avoir été une fois introduite par le soleil, mais qui y doit être continuellement entretenue : en sorte que l'âme pieuse et justifiée n'a pas été faite une fois juste pour durer *i* comme d'elle-même en cet état, mais qu'elle est à chaque moment faite juste et défendue contre le règne du péché : si bien que

e. 1746 : *se voient à chaque moment sur le bord du précipice de telle manière qu'il semble que leur volonté.* — f. Deforis : *d'aigreur.... à laquelle à chaque moment elles croient être prêtes à consentir ou même.* — g., 1746 : *il en est de ces âmes, à l'égard de Dieu, ce qu'il en serait d'une personne.* — h. 1746 ajoute : *Ces âmes ne trouvent de sûreté pour elles que dans leur abandon continuel à Dieu.* — i. 1746 : *pour rester toujours.*

donne pour titre : *Instruction pour ma Sœur Cornuau, alors maîtresse des novices dans la communauté des Filles dévotes de La Ferté-sous-Jouarre.*

tout son secours est dans cette main invisible qui la soutient de moment à moment[j], et qui ne cesse de la prévenir par ses grâces et de la remplir à chaque moment de l'esprit de sainteté et de justice.

De telles âmes sont portées tous les jours à faire de nouveaux efforts pour détruire en elles le péché et leurs inclinations perverses, et elles voudraient se mettre en pièces et, pour ainsi dire, se déchiqueter par des austérités et des disciplines, jusqu'à se donner la mort[k] et ne cessent de demander qu'on leur fasse faire quelque chose pour déraciner leurs mauvaises inclinations ; et il ne leur est donné autre secours[l] contre leur malignité que ce simple et pur abandon, de moment à moment, à la main de Dieu qui les soutient, se tenant uniquement à elle, et lui remettant leur volonté et leur salut comme un bien qu'elles ne peuvent et ne veulent tenir que de sa seule très pure et très gratuite miséricorde.

Quant aux austérités que de telles âmes veulent faire, cela vient en elles de deux principes : l'un, qui les fait entrer dans le zèle de la justice de Dieu pour détruire le péché et le punir en elles-mêmes comme il le mérite, ce qui est très bon, mais qui doit être modéré, parce que, pour le punir selon son mérite[m], il ne faudrait rien moins que l'enfer.

L'autre principe, c'est que l'âme qui sent sa prodigieuse faiblesse et se sent comme accablée de tentations, voudrait toujours faire quelque nouvel effort et pratiquer quelque remède pour s'en délivrer, et cela le plus souvent n'est autre chose que l'amour-propre, qui voudrait se pouvoir dire à lui-même : « Je fais ceci et cela », et qui veut se persuader qu'en faisant ceci et cela, ce vœu, ces prières, ces mortifications, elle viendra à bout d[e se guérir] elle-même. Tout cela n'est d'ordinaire qu'une illusion, qui irait à porter les âmes dans de terribles excès, jusqu'à ruiner leur santé et se renverser la tête, sans avancer davantage, au contraire, en

j. Na : *de moment en moment.* — k. 1746 : *croyant par là donner la mort à leurs mauvaises dispositions. Elles ne cessent.* — l. Deforis : *d'autres secours.* — m. 1746 : *le punir véritablement comme il le mérite.*

s'embarrassant[n] de plus en plus elles-mêmes; au lieu que leur seul et vrai remède est ce simple abandon à Dieu, cet attachement à son soutien et un écoulement de tout elle-même pour se livrer à l'amour qui la presse[o].

Ce n'est pas qu'elle ne doive faire des austérités avec discrétion et de bons avis ; mais c'est que ce n'est pas en cela qu'elle doit mettre son espérance, mais en Dieu seul, et en Jésus-Christ, qui a dit : *Sans moi vous ne pouvez rien*[5], et encore : *Ma grâce vous suffit*[6]. En user autrement, c'est faire comme un malade qui, sentant bien qu'il lui faut faire quelque chose pour le guérir, fait tout ce qui lui vient dans la tête, tantôt une chose, tantôt une autre, se déchire par des saignées, s'échauffe par des médecines, ne fait que s'épuiser, sous prétexte qu'il faut faire quelque chose, sans songer que ce quelque chose qu'il faut faire, est peut-être un remède simple et qui semble de moindre appareil, mais qui néanmoins contient en soi la vertu de tous les remèdes.

Ce remède, pour cette âme, c'est l'abandon que je lui propose, qui contient en effet tous les remèdes[p] et qui seul la peut soutenir à chaque moment.

Une telle âme ne doit point attaquer directement chacune de ses tentations et de ses faiblesses ; car elle ne ferait que les irriter par la contrariété, et s'échauffer l'imagination en renouvelant les pensées qui la troublent et lui excitent de mauvais désirs. Il faut proposer à cette âme un remède plus simple qui fortifie le principe de la vie, et ce remède, dans la vie spirituelle, c'est de s'unir continuellement à Dieu par les moyens que je viens de dire.

De telles âmes doivent être fort composées à l'extérieur envers le prochain, sans se rien permettre qui le choque,

---

n. 1746 : *Je dis même que, bien loin d'avancer, elles reculent, car en embarrassant.* — o. 1746 : *de tout elles-mêmes… qui les presse.* — p. Na omet toute cette phrase sauf ce qui suit, dont il fait la fin de la phrase précédente.

5. Joan., xv, 5.
6. II, Cor., xii, 9.

et s'imposant cette règle *q* de saint Paul : *Que chacun de vous ne regarde pas ce qui lui convient, mais ce qui convient aux autres* [7]. Si vous donnez un conseil, que ce ne soit pas pour étaler votre prudence, mais pour être utile au prochain, ne disant ni plus ni moins qu'il ne faut pour cet effet ; si on vous choque, ou taisez-vous, ou, s'il faut parler pour ne pas trop faire la dédaigneuse, que ce soit, non pour vous contenter, mais pour calmer celui qui vous offense, sans ajouter rien au delà ; et enfin agissant envers le prochain de telle manière, qu'oubliant que vous avez une humeur et des pensées de vous satisfaire vous-même, vous ne songiez qu'à vous mettre à la place du prochain pour faire et dire ce qui lui convient.

De telles âmes doivent s'étudier d'être fort obéissantes [r] et fort dociles. S'il leur arrive néanmoins de manquer en toutes les choses qu'on vient de leur dire, elles ne doivent pas pour cela se décourager, encore moins changer de conduite, comme si celle qu'on leur donne était mauvaise ou faible ou suspecte. Car premièrement, le contraire est certain ; secondement, on ne leur prescrit ce régime qu'à cause que Dieu déclare lui-même par des indications manifestes qu'il ne laisse point d'autres secours à de telles âmes ; mais elles doivent toujours rentrer dans la même voie, se rejeter sans fin et sans cesse entre les bras de Dieu par cet abandon et se livrant à son amour qui les poursuit ; autrement, la tentation, qui ne demande qu'à les retirer de la voie où Dieu les veut, aurait gagné ce qu'elle veut [s].

Ces âmes doivent beaucoup modérer leur activité et vivacité naturelle [t] avec toute l'inquiétude qui l'accompagne, et la tourner peu à peu en une action tranquille, mais forte et persévérante, se proposant toujours le dessein d'en venir

---

q. 1746: *mais s'imposent, comme une loi dont il ne leur est pas permis de s'écarter, cette règle.* — r. 1746: *De telles âmes dont le tempérament s'oppose le plus à ces pratiques doivent s'étudier d'être fort obéissantes.* — s. *Gagnera bientôt sur elles ce qu'elle prétend.* — t. 1746 : *vivacité naturelle et tourner peu à peu leur inquiétude.*

7. Phil., ii, 4.

à cet état et s'abandonnant à Dieu^u pour les mettre dans le milieu entre l'inquiétude et la nonchalance ; chose impossible à l'homme, sans un secours perpétuel et particulier de Dieu, sans quoi l'on donne^v infailliblement dans l'un de ces deux écueils.

Jésus-Christ *nous a été donné de Dieu pour nous être justice, sanctification et rédemption, afin, comme il est écrit, que celui qui se glorifie, se glorifie au Seigneur* (I Cor., I, v. 30 et 31).

---

644. — A Mme D'ALBERT.

A Germigny, 5 octobre 1691.

Mme d'Alègre [1] a pensé d'elle-même à vous aller voir, Mme votre sœur et vous ; et vous n'avez à me savoir gré que d'avoir résolu sur l'heure à l'accom-

---

u. 1746 : *Elles viendront à bout de ce dessein, si, en même temps qu'elles y travailleront sans relâche, elles ont soin de s'abandonner entièrement à Dieu.* — v. 1746 : *la nonchalance, car de s'y tenir soi-même... c'est chose impossible à l'homme, qui livré à sa faiblesse, donne,*

Lettre 644. — L. a. s. des initiales. Communiquée par MM. Pearson et Cie, de Londres.

1. Jeanne-Françoise de Garaud de Caminade, fille de Garaud de Donneville, président au Parlement de Toulouse. Elle s'était mariée en 1679 avec le marquis d'Alègre, qui fut plus tard maréchal de France. Elle mena d'abord une vie dissipée, puis se jeta dans une dévotion exaltée. Elle se mit en rapport avec Fénelon, à qui elle resta toujours fidèle, bien qu'amie de Bossuet. Elle eut un fils et deux filles, dont l'une fut la marquise de Barbezieux, et l'autre, la comtesse de Rupelmonde. Elle mourut en 1723, à l'âge de soixante-cinq ans (Voir le *Mercure* de Janvier 1696, décembre 1704 et février 1705 ; Saint-Simon, *Mémoires*, passim ; Mme de Sévigné, Grands écrivains, t. VI, p. 67 et 68 ; t. VII, p. 269-273 ; Ledieu, t. II, p. 260 ; t. III, p. 130, 175 et 176 ; t. IV, p. 30 et 291 ; Ch. de Villermont, *les Rupelmonde à Versailles*, Paris, 1905, in-18).

pagner dans un voyage dont vous êtes toutes deux l'agréable sujet[2].

Je ne compte point d'aller à Fontainebleau, ni de sortir[3] du diocèse qu'après la Toussaint ; mais je ferai beaucoup de visites dans le diocèse et autour d'ici[4].

Vous n'avez point du tout à vous confesser des peines que vous savez, même dans le cas dont vous me parlez.

Ce que j'appelle sortir de source dans l'âme et comme naturellement, c'est lorsque les actes sont produits par la seule force des motifs qu'on s'est rendus familiers et intimes, en les repassant souvent avec foi dans son esprit, sans qu'il soit besoin d'arracher ces actes comme par une espèce de force, et qu'ils viennent comme d'eux-mêmes sans réflexion et attention expresse. Voilà les bons actes, et ceux qui viennent du cœur.

Je songerai à M. Morel[5] ; et je vous dirai par avance qu'un homme qui a un emploi réglé n'en doit pas être aisément tiré pour un emploi passager.

Vous faites trop d'honneur à ma sœur[6] : elle

2. Mme d'Alègre avait dû se rendre à Jouarre de son château du Plessis-Belleville (aujourd'hui dans le département de l'Oise), qui était situé dans le diocèse de Meaux.

3. Deforis : Je ne compte point aller à Fontainebleau, ni sortir.

4. Bossuet fit au mois de novembre la visite de Dammartin.

5. Sans doute L. Morel, que nous avons déjà vu vicaire d'Étrépilly au 7 juillet 1684 (Voir notre t. III, p. 2), et qui en 1687 avait été appelé à un autre poste (peut-être à titre de curé), à cet « emploi réglé » dont parle ici Bossuet.

6. Madeleine Bossuet, née à Dijon le 13 janvier 1630, filleule de Sébastien Zamet, évêque de Langres. A quarante-six ans, elle épousa, le 11 avril 1676, Joseph Foucault, secrétaire du Conseil d'État, dont

vous en est fort obligée ; elle se porte à son ordinaire.

J. B., é. de Meaux.

Suscription : Pour Mme d'Albert.

---

645. — A P. Daniel Huet.

A Germigny, 16 octobre 1691.

Vous me faites trop d'honneur, Monseigneur, de vouloir bien me charger de la distribution de votre traité du Paradis[1]. Je serai, s'il plaît à Dieu, à Paris incontinent après la Toussaint[2]. Si le livre que vous me faites l'honneur de me destiner me venait ici, je serais ravi de le lire dans le paradis terrestre de la Brie ; la Marne serait mon Tigre et mon Euphrate[3], et ce serait sur ses bords que j'irais goûter les délices de vos belles découvertes et de vos belles expressions.

---

elle se sépara à l'amiable en 1678 pour incompatibilité d'humeur, et qui mourut en 1691. Après cette séparation, Madeleine Bossuet retourna dans la maison de l'évêque, son frère, chez qui elle vivait avant son mariage. En 1690, elle avait ressenti les attaques de la goutte, qui en dépit des médecins et des eaux de Bourbon, lui enleva peu à peu l'usage de ses jambes. Elle mourut à Paris le 18 juin 1703 (Voir les *Mémoires de Nicolas-Joseph Foucault,* éd. F. Baudry, Paris, 1863, in-4, p. 33 et 37; Ledieu, t. II, p. 355, 439 et 440; Ch. Urbain, *L'Abbé Ledieu, historien de Bossuet,* Paris, 1898, in-8, p. 40).

Lettre 645. — L. a. s. Bibl. Laurenziana. Publiée d'abord par M Guillaume et par M. Verlaque, en 1877.

1. *Traité de la situation du Paradis terrestre,* Paris, 1691, in-12. L'achevé d'imprimer est du 20 novembre.

2. Bossuet a écrit : Toussains.

3. Allusion à l'opinion de Huet, qui plaçait le Paradis terrestre entre le Tigre et l'Euphrate.

Il faut, Monseigneur, être ennemi de la raison et du bon sens pour mépriser les avantages que la véritable religion tire des fables dont les anciens ont enveloppé les traditions primitives du genre humain[4]. Il faut d'ailleurs être tout à fait ignorant dans l'histoire du paganisme pour nier que la théologie fabuleuse n'ait été la religion des Gentils.

Tout le prouve, et, par ce moyen, le dessein que vous avez eu de prouver la mineure de votre argument par cette théologie ancienne ne peut être improuvé des gens savants. Tout ce que je crains, c'est que quelques-unes de vos remarques[5] ne paraissent un peu subtiles et qu'en général on ne réponde qu'on ne peut pas toujours tirer des preuves fort convaincantes de choses qui ont été à la fin unanimement rejetées comme manifestement absurdes[6], ce qui semble devoir obliger à garder de cer-

---

4. Cette seconde partie de la lettre répond aux plaintes que Huet avait dû faire à Bossuet des attaques dont sa *Démonstration évangélique* était l'objet de la part de quelques critiques. Il avait cherché à prouver dans ce livre que les fables du paganisme ont leur origine dans l'altération des traditions primitives consignées dans la Bible. C'est là le fait, ou la mineure de son argument, qu'il développe longuement. Il répond déjà à ces attaques dans la préface de la deuxième édition de cet ouvrage, parue en 1690.

5. Une note de Huet contient une réponse à cette objection: « Pour la première (*objection*), elle peut être bien fondée ; mais il faudrait seulement savoir de quelles remarques on entend parler, sans quoi on ne peut répondre. »

6. « Les deux autres objections regardent les Pères, comme moi, qui se sont servis des mêmes preuves. La deuxième objection ne donne point atteinte à ma mineure ; car, encore que les fables aient été rejetées comme absurdes par ceux qui ne croyaient pas à la religion qui les défendait, il me suffit qu'elles n'aient pas été crues absurdes par ceux qui en faisaient leur religion. Je compare donc nos dogmes avec ces fables crues religieusement, non avec ces mêmes

taines bornes dans de semblables arguments. J'en ai vu encore qui disaient que, si l'on trouve tout dans les livres des païens, on reprochera au christianisme de n'avoir rien appris au genre humain[7]. Voilà, Monseigneur, ce qu'on peut vous objecter de plus raisonnable. Je crois voir à peu près ce qu'on y pourrait répondre ; mais je tiendrai à honneur d'y être confirmé par vous-même à votre grand loisir. Au reste, je fais profession d'être approbateur et dé-fenseur de vos ouvrages, comme d'être toujours, Monseigneur, avec un respect sincère, votre très humble et très obéissant serviteur.

J. Bénigne, é. de Meaux.

---

646. — A Mme d'Albert.

A Germigny, 24 octobre 1691.

Votre lettre du 23, ma Fille, me marque le con-tentement que vous avez, Mme votre sœur et vous, de l'ouvrage[1] qu'on vous a envoyé de ma part : Dieu soit loué. Il y avait plusieurs [jours] que j'enfantais, ce me semblait, quelque chose pour vous, quand

fables rejetées. Porphyre et Celse les ont défendues contre les chré-tiens, et jusqu'à leur mort » (*Note de Huet*).

7. « Sur la troisième objection, je ne prétends point qu'on trouve tout dans les livres des païens : il me suffit qu'on y trouve des dogmes pareils ou moins croyables. D'ailleurs, quand je dirais qu'on y trouve les mêmes dogmes, les causes et les motifs qui nous les font recevoir, et les fins pour lesquelles ils nous sont proposés sont bien différents des effets et de l'institution... » (*Note de Huet*).

Lettre 646. — L. a. s. Collection H. de Rothschild.

1. Quelque opuscule spirituel.

vous m'avez exposé les désirs de Mme de Harlay[2].
Tout ce que je méditais y revenait fort, et il n'y aura
qu'à le tourner au renouvellement des vœux[3] et de
la retraite. Ainsi cela se fera, s'il plaît à Dieu, au premier jour, et peut-être cette nuit[4], si Dieu le permet.

Je suis bien aise que M. Le Blond[5] vous demeure :
je lui écris pour l'y exhorter. Je n'ai pu aller à
Jouarre pendant que vous étiez indisposée ; je serais
entré sans hésiter pour vous voir. J'ai demain une
conférence à Meaux. Si M. l'Intendant y vient[6], ce
sera un retardement pour mon voyage ; mais il se
fera certainement, s'il plaît à Dieu. Le congé que
j'ai donné à Mme votre Abbesse est de deux mois, à
compter depuis le jour de son départ de Jouarre[7].

Les confesseurs des religieuses, soit ordinaires ou
extraordinaires, n'ont pas les cas réservés[8], si on ne
les leur donne expressément ; mais aussi n'y man-
que-t-on pas pour l'ordinaire.

2. Voir p. 161.

3. Le renouvellement des vœux projeté pour le 21 novembre. Voir
(p. 343) la lettre du 5 novembre, aux religieuses de Jouarre.

4. On sait que Bossuet avait l'habitude de se lever au milieu de la
nuit pour réciter l'office de Matines et Laudes, et se mettait ensuite au
travail jusqu'à ce qu'il se sentît fatigué (Ledieu, t. I, p. 213).

5. Sans doute un des confesseurs de l'abbaye.

6. Vient, non pas à la conférence des ecclésiastiques, mais à
Meaux.

7. Mme de Lorraine, sur les sommations de Bossuet, était revenue
le 25 septembre dans son abbaye, mais en était sortie deux jours
après, avec un congé régulier pour aller aux eaux ; ce congé expiré,
elle n'en resta pas moins à Paris (Biographie manuscrite de Bossuet,
attribuée à Le Roy ou à Pérau. Collection E. Levesque).

8. *Cas réservés*, péchés plus particulièrement graves, dont l'évêque
ou le pape se réserve l'absolution : les confesseurs ordinaires ne
peuvent en absoudre qu'avec une autorisation expresse de l'autorité
supérieure.

Vous me montrerez au premier voyage l'image
que vous a donnée M. de la Trappe, afin que je vous
en donne une semblable et à Mme de Luynes[9].

Vous avez déjà vu qu'il me sera fort facile de
tourner quelque chose que je vous destinais, à la
retraite et au renouvellement des vœux ; et ainsi vous
serez contente, tant pour vous que pour elle[10], s'il
plaît à Dieu. Il s'agit d'un acte d'abandon que je
crois spécialement nécessaire à votre état, suivant
que je vous l'ai déjà dit. Je n'y dirai rien qui ne
puisse paraître commun à tout chrétien dans le
fond[11].

Je suis bien éloigné de croire que votre santé me
soit présentement inutile. Vous savez combien de
choses nécessaires j'apprends tous les jours de vous.
C'est vous qui m'avez fait connaître les sujets ; et je
ne trouve la dernière certitude sur laquelle il faut
que je m'appuie dans les affaires, que dans le concert de vous deux[12] avec Mme de Lusancy. Car sa
fidélité me la fait mettre en tiers, et je reconnais
encore que vous lui êtes fort nécessaire, pour lui
inspirer le courage qu'elle a besoin de renouveler à
chaque moment. Au surplus, il n'est pas question
avec vous de m'être ou ne m'être pas nécessaire.
Vous m'êtes chère par vous-même, et c'est Dieu
même qui a fait cette liaison. Ainsi vous devez, sans

9. Cette phrase a été omise dans les éditions.

10. *Elle*, Mme de Harlay ou Mme de Luynes, dont le nom est
venu en tête de la lettre.

11. C'est le *Discours sur l'acte d'abandon à Dieu*, publié parmi les
opuscules spirituels de Bossuet.

12. Mme d'Albert et Mme de Luynes.

hésiter, me dire ce scrupule ou cette peine, comme vous voudrez l'appeler, à notre premier entretien (et dès à présent je vous l'ordonne), et de me découvrir tout ce dont le retour vous pourra faire de la peine, quand même vous vous seriez calmée là-dessus, à la réserve des choses dont je vous ai défendu de me plus parler[13], de peur de nourrir une inquiétude que je veux calmer et déraciner, s'il se peut.

Ne dites pas que votre état nuise à votre perfection; dites plutôt avec saint Paul : *Nous savons que tout coopère à bien à ceux qui aiment Dieu* (Rom. VIII, 28). Or il n'y a nul état qui empêche d'aimer Dieu, que celui du péché mortel. Il n'y a donc nul état, excepté celui du péché mortel, qui, loin d'être un obstacle au bien des fidèles, ne puisse, avec la grâce de Dieu, y concourir. Je veux donc bien que vous demandiez avec cet Apôtre qu'il vous délivre de cet ange de Satan[14], quand vous seriez assurée que c'en est un, mais non pas qu'il vous empêche de bien espérer de votre perfection.

Je vous parle fort franchement, et nullement par condescendance : je suis incapable de ce rebut[15] que vous craigniez; et le plus sensible plaisir que vous me puissiez faire, c'est non seulement de ne m'en parler jamais, mais d'agir comme assurée qu'il n'y en a point.

Vous voyez, par cette réponse, que j'ai reçu la

---

13. Deforis : de me parler davantage.

14. II Cor., xii, 8. L'Apôtre avait appelé ange ou envoyé de Satan une maladie qui faisait parfois obstacle à son ministère. Voir p. 324.

15. Mme d'Albert redoutait que Bossuet se rebutât du soin de la diriger.

lettre que vous m'avez adressée par la poste. Je vous
prie de dire à Mmes Gobelin, d'Ardon [16] et Dumans,
que j'ai aussi reçu leurs lettres, et que je n'ai nul
loisir de leur répondre. A vous de tout mon cœur.

　　　　　　　J. Bénigne, é. de Meaux.

Sans oublier Mme de Luynes [17].

---

647. — Barbezieux a Bossuet.

A Versailles, le 29 octobre 1691.

Monsieur, MM. du Chapitre de Metz m'ont écrit qu'ils vous
enverraient incessamment divers papiers et mémoires sur le
différend qu'ils ont avec M. de Metz [1]. Je vous supplie de
les examiner et de me mettre en état d'en rendre compte au
Roi avec votre avis [2]. Je suis...

16. Le nom de Mme d'Ardon ou Dardon reviendra dans une lettre
du 17 janvier 1692. Nous ne possédons d'ailleurs aucun renseignement sur elle. Elle était probablement la même que la Sœur de Saint-
Ignace, qui mourut au mois de mai 1692.

17. Les éditeurs ont mis ce post-scriptum avant la signature.

Lettre 647. — Inédite. Archives du Ministère de la Guerre,
t. 1038, p. 247. Minute.

1. Peu de temps après l'élévation de G. d'Aubusson de La Feuil-
lade au siège de Metz, des difficultés s'élevèrent entre lui et les
chanoines de sa cathédrale, qui l'accusaient de porter atteinte à leurs
droits et privilèges. Au bout d'une vingtaine d'années, l'accord ne
s'était pas fait, et le Roi, avant de porter un arrêt définitif, nomma
pour étudier l'affaire une commission dont fit partie Bossuet. Les
chanoines avaient lieu de s'attendre que leur ancien confrère leur
serait favorable et trouverait là une occasion de leur donner une preuve
de la sympathie qu'il leur avait promise (Voir notre tome I, p. 192).
Mais la conduite tenue par l'évêque de Meaux à l'égard de l'abbaye de Jouarre, leur inspira des craintes, et ils s'empressèrent si peu
de lui communiquer les pièces du procès, que Barbezieux dut les leur
réclamer en les menaçant de faire arrêter les plus opiniâtres d'entre
eux (Lettre du 12 octobre 1691, dans la *Revue Bossuet* du 25 juillet
1903). C'est alors seulement qu'ils s'exécutèrent.

2. Bossuet conclut en faveur de l'évêque de Metz. Le mémoire

648. — Aux Religieuses de Jouarre.

A Meaux, 5 novembre 1691.

J'ai reçu, mes Filles, ma béatitude[1]. Si j'ai cette faim et cette soif de la justice, je l'aurai pour moi et pour les autres, ce qui est le devoir d'un pasteur ; et, si je suis rassasié, vous serez toutes heureuses. La terre qui nous est promise[2], est la terre des vivants ; et la douceur qui nous est donnée comme le moyen d'y arriver, est la fleur de la charité.

Ma Sœur Dumans, qui a les larmes en partage, a aussi la consolation qui les accompagne[3] : qu'elle

qu'il rédigea à cette occasion a été imprimé dans la *Revue Bossuet* (*loc. cit.*). A cette consultation les chanoines répondirent par un mémoire reproduit en partie dans la *Revue Bossuet* et in-extenso par M. E. Jovy (*Études et recherches sur J. B. Bossuet*, Vitry-le-François, 1863, in-8, p. 118-160) en même temps que toutes les délibérations prises par le chapitre au cours de ce procès. L'affaire prit fin, non par un nouvel arrêt, mais par la volonté de Louis XIV en personne, enjoignant au chapitre de se soumettre à l'évêque. Les chanoines prirent donc, le 1er août 1693, une délibération conforme aux ordres du Roi.

Lettre 648. — Nous ne possédons plus l'original de cette lettre, mais il s'en trouve une copie de la main de Ledieu dans la collection Saint-Seine. Il est probable que Bossuet s'adresse ici, non pas à toutes les religieuses de Jouarre, mais seulement à celles qui faisaient partie de la « petite troupe élue », c'est-à-dire qui étaient particulièrement dévouées à l'évêque.

1. « On tirait tous les mois à Jouarre, selon le pieux usage de plusieurs monastères, des sentences de l'Écriture au sort, pour chacune des religieuses, et il y en avait une pour le prélat, intimement uni à ces saintes filles. » Quoi qu'il en soit de cet usage, dont parle Deforis, il est sûr qu'ici il est question des versets de l'évangile de la messe de la Toussaint, qui est celui des béatitudes (Matth., v, 3 et sq.). La béatitude échue à Bossuet est ainsi énoncée : *Beati qui esuriunt et sitiunt justitiam, quoniam ipsi saturabuntur.*

2. *Beati mites, quoniam ipsi possidebunt terram.*

3. *Beati qui lugent, quoniam ipsi consolabuntur.*

pleure aux pieds du Sauveur par pénitence, et qu'elle y laisse à jamais tout ce qui est ou superflu ou délicat. Ma Sœur de Saint-Michel sera vraiment pauvre[4], si, pénétrant jusqu'au plus intime de son cœur, elle n'y laisse que Dieu et met en lui tout son trésor : où sera son trésor, là sera son cœur[5].

En général, mes Filles, renouvelez-vous tous les jours. L'ouvrage est pénible, mais la récompense est grande. Et qu'est-ce qu'un vrai et sincère amour n'adoucit pas? Regardez l'attention qu'on a sur vous, comme un continuel avertissement qu'on vous donne de vous avancer à la perfection de votre état, qui est celle du christianisme.

Prenez garde qu'on n'aille pas s'imaginer que je vous aie obligées à renouveler vos vœux, comme si je jugeais ou insuffisants ou imparfaits ceux que vous avez faits avant moi. Car il y aurait peut-être des esprits assez malins pour tourner si mal les choses, et vous en voyez la conséquence. Du reste, je ne vois pas qu'il y ait de façons à faire sur un renouvellement qui se fait tous les ans dans tous les monastères[6], ni sur la foi que vous aurez eue en la grâce du ministère épiscopal, en le faisant entre mes mains.

La grâce de Notre-Seigneur soit avec votre esprit, mes Filles.

J. Bénigne, é. de Meaux.

Suscription: A mes chères Filles, les Religieuses de l'abbaye de Jouarre.

---

4. Beati pauperes spiritu, quoniam ipsorum est regnum cælorum.
5. Ubi enim thesaurus vester est, ibi et cor vestrum erit (Luc., xii, 34).
6. Il se fait d'ordinaire le jour de la Présentation, 21 novembre.

649. — A Mme D'ALBERT.

A Meaux, 5 novembre 1691.

J'ai reçu, ma Fille, vos lettres du 30 octobre, du
1, 2 et 4 novembre avec ma béatitude[1], qui est celle,
en vérité, que j'aime le plus, quoique la dernière[2]
soit constamment[3] la plus parfaite, et celle sur laquelle le Sauveur appuie le plus : mais celle-ci y
prépare, et le cœur, pour être pur, doit être mis
dans le feu de la souffrance. Mais hélas ! je n'en ai
pas le courage : priez Dieu qu'il me le donne.

Vous vous préparez beaucoup de peine, si vous
ne vous attachez constamment[4] à la pratique que je
vous ai ordonnée sur ces matières pénibles. Ce que
vous diront sur cela les confesseurs sera bon, solide,
véritable, mais peu convenable à votre état, et capable de vous détourner de cet esprit de dilatation
et de confiance où vous avez besoin d'être conduite.
Soyez une fois persuadée que ces sentiments qui
vous viennent par des choses d'ailleurs innocentes,
ne vous obligent point à la confession, et qu'il n'y a
que l'assurance du consentement exprès et formel
au péché mortel qui vous y oblige dans l'état où
vous êtes. Remettez toutes ces peines à mon retour,
et tenez-vous en repos. Toute l'inquiétude que vous

Lettre 649. — 1. Voir la lettre précédente.

2. *Beati estis cum maledixerint vobis et persecuti vos fuerint,* etc.
(Matt., v, 11).

3. *Constamment,* de l'aveu de tous.

4. *Constamment,* sans cesse.

vous donneriez sur ce sujet ne serait qu'un empêchement à l'œuvre de Dieu; et vous croirez toujours
que vous ne vous êtes pas assez expliquée à moi,
quoi que vous fassiez et quoi que je puisse vous
dire. Je vous renouvelle donc toutes les défenses que
je vous ai faites sur ce sujet-là, sans dessein de vous
obliger à péché quand vous y contreviendrez par
faiblesse et par scrupule.

Vous avez parfaitement bien pris l'esprit des sentences que je vous ai données. Mais ce que vous
ajoutez sur votre mélancolie, que vous croyez incompatible avec cette joie, n'est pas véritable.
Croyez-vous que le saint homme Job n'ait pas ressenti cette tristesse, qui nous fait voir un Dieu armé
contre nous[5]? Vous savez bien le contraire. Et Jésus-
Christ n'a-t-il pas été lui-même plongé dans l'ennui[6]
et dans la tristesse jusqu'à la mort[7]? Croyez donc
que ces tristesses, quelque sombres et quelque noi-
res qu'elles soient, et de quelque côté qu'elles viennent, peuvent faire un trait de notre ressemblance
avec Jésus-Christ, et peuvent couvrir secrètement
ce fond de joie, qui est le fruit de la confiance et de
l'amour.

Je vous reconnais toujours pour ma première
Fille, et dès le temps de votre profession et depuis
mon installation à Jouarre; et cela vous est bon pour
vous.

5. Job., x, 1-17.

6. *Ennui.* Ce mot a souvent, au xviiᵉ siècle, le sens de profonde
tristesse.

7. Matth., xxxvi, 38; Marc., xiv, 34.

650. — A Mme CORNUAU.

5 novembre 1691.

Vous n'avez point, ma Fille, à vous inquiéter sur votre vœu de pauvreté, dans les choses que je vous ai permises. Je vous ai permis, ma Fille, ces petits présents ; je vous permets ces petits travaux[1], jusqu'à ce que je sache en présence[2] plus particulièrement ce que c'est. S'il vous vient quelque[s] difficulté[s] sur vos vœux, ou sur quelque autre peine de conscience, vous pouvez me les réserver à mon retour, et, en attendant, demeurer en repos, à moins que ce ne fût des transgressions manifestes ; ce que j'espère qui ne sera pas.

Je vous permets de passer la nuit après la Préseutation[3] en prières devant le saint Sacrement, à condition que le sujet principal de vos gémissements et de vos prières seront les besoins de la religion, de l'État et du diocèse, principalement les deux premiers[a].

a. Cette phrase a été transcrite par Ledieu.

Lettre 650. — Vingt-sixième dans Lachat ; huitième dans l'édition de 1746, comme dans les meilleurs manuscrits. Date primitivement donnée par Mme Cornuau : novembre 1687. Date rectifiée par Ledieu : 5 novembre 1691. Les éditions donnent généralement : A Meaux, 5 novembre 1691. Le ms. Na n'a ni lieu ni jour.

1. Le vœu de pauvreté, entendu dans toute sa rigueur, exclut toute possession en propre, et par conséquent la possibilité de faire des présents et de retenir le fruit de son travail manuel. Mais, dans la pratique, on use de tolérance à l'égard de quelques menus objets.

2. En présence, lorsque nous serons en présence l'un de l'autre.

3. La Présentation de la sainte Vierge au Temple, qui se célèbre le 21 novembre.

Il ne me vient point à présent de chapitre de l'Évangile, ni de psaume que je puisse vous recommander en particulier : tout y est bon, et vous ne sauriez mal choisir.

Vivez détachée de tout, jusqu'aux moindres choses : Dieu demande cela de vous ; là est votre perfection.

Je pars pour Dammartin [b], où je vais faire la visite [4] ; j'écrirai de là à votre Communauté sur les livres et sur quelques autres choses que je crois importantes.

Notre-Seigneur soit avec vous, ma Fille.

***

651. — A Mme D'ALBERT.

A Dammartin, 5 novembre 1691.

Vous n'avez rien, ma Fille, à confesser davantage sur la matière dont vous me parlez, ni à vous inquiéter de vos confessions passées. Vous n'avez rien à dire sur cela qu'à moi, pour les raisons que vous aurez pu voir dans ma lettre de ce matin, et pour d'autres encore plus fortes, qui ne se peuvent pas

b. Leçon de Ledieu, qui a transcrit ce passage depuis : *Vivez détachée.* Na, suivi par presque tous les éditeurs : *Vivez détachée... Votre perfection, que vous désirez, est là dedans. Je pars pour Dammartin.*

4. *L'Extrait des procès-verbaux* des visites de Bossuet ne contient rien par rapport à celles de 1691 (*Revue Bossuet* de juillet 1902, p. 173).

Lettre 651. — L. a. s. Collection de M. Henri Fatio, banquier à Genève, collationnée par M. A. Vogt, professeur à l'Université de Fribourg. — Pendant cette journée du 5 novembre, Bossuet, après avoir écrit à Mme d'Albert (voir p. 344), avait dû recevoir une nouvelle lettre, à laquelle il répondit sur-le-champ.

écrire si aisément. Je vous entends très bien, et vous
pouvez vous reposer sur ma décision. Ne voyez-vous
pas bien que mon âme répond pour la vôtre, si je vous
induis en erreur, et que toute[la] faute en serait à
moi? Puis donc que je suis à repos, soyez-y aussi[1].

C'est à l'heure de la mort qu'il faut le plus suivre
les règles que je vous ai données, parce que c'est
alors qu'il faut le plus dilater son cœur par un abandon à la bonté de Dieu. C'est alors, dis-je encore
un coup, qu'il faut le plus bannir les scrupules.
Mettez-vous donc en repos pour une seconde fois.
Ne croyez point que vous me fatiguerez jamais[2] : toute
ma peine est pour vous ; et je ne veux point, si je
puis, laisser prévaloir la peine ; ce qui ne manque
point d'arriver quand on s'accoutume à revenir aux
choses déjà résolues. Tenez-vous donc ferme, ma
Fille, à ce que je vous décide, et ne vous laissez
ébranler ni à la vie ni à la mort. Y a-t-il quelqu'un
sur la terre qui doive répondre de votre âme plus
que moi? Vous reconnaissez que je vous ai enfantée
par la divine parole ; vous êtes la première qui vous
êtes soumise à ma conduite à l'extérieur et à[3] l'intérieur : que sert tout cela, si vous ne croyez pas à
ma parole? Tenez-vous donc, pour la troisième fois,
à ma décision.

Nous sommes affligés au dedans et au dehors par
la tentation ; mais nous ne sommes pas angoissés[4],

---

1. Ces deux dernières phrases ont été omises par les éditeurs.
2. Deforis : fatiguiez.
3. Deforis : dans l'intérieur.
4. Tout ce paragraphe est inspiré de II Cor., iv, 8 et 9 ; et vi, 12.

c'est-à-dire resserrés dans notre cœur ; mais nos entrailles sont dilatées par la confiance. Nous sommes agités par des difficultés, où il semble que l'on ne voie aucune issue ; mais nous ne sommes point abandonnés ; et la main qui seule nous peut délivrer, ne nous manque pas. Nous sommes abattus jusqu'à croire, en nous consultant nous-mêmes, qu'il ne nous reste aucune ressource ; mais nous ne périssons pas, parce que celui qui a en sa main la vie et la mort, qui abat et qui redresse, est avec nous.

C'est, ma Fille, ce que je veux que vous alliez dire à Dieu au moment que vous aurez lu cette lettre.

J. Bénigne, é. de Meaux.

---

652. — A Mme d'Albert.

A Paris, 9 novembre 1691.

J'arrive en bonne santé, Dieu merci, ma Fille, et on me rend vos lettres du 7 et du 8.

Il ne faut point s'embarrasser des confessions passées, pour les cas réservés [1]. Je vous avoue qu'à

Lettre 652. — L. a. incomplète. Collection de M. H. de Rothschild. — La sixième page de l'autographe finit avec une phrase inachevée ; la dernière feuille a été enlevée, peut-être par Mme d'Albert elle-même, parce qu'elle contenait sans doute des détails trop intimes. Ni le ms. Bresson, ni Deforis n'ont la finale de cette lettre : ils ont même omis la phrase incomplète qui termine la partie conservée de l'autographe.

1. La lettre du 24 octobre regarde les cas réservés en général, concernant à la fois les séculiers et les réguliers. Mais il y a des ré-

la vérité, je ne sais pas bien si la réserve a lieu à
l'égard des religieuses ; et si, en cas qu'elle ait lieu,
leurs confesseurs sont censés avoir les cas réservés
à leur égard. Mais, quoi qu'il en soit, il est constant
que la bonne foi suffit dans les uns et dans les autres, et qu'il ne faut point songer à recommencer
les confessions. Depuis que le doute est levé, et
qu'ainsi la bonne foi n'y pourrait pas être, je déclare
que mon intention est que tous ceux qui confesse-
ront à Jouarre puissent absoudre de tout cas ; et
ainsi on est assuré, et pour le passé par la bonne foi,
et pour l'avenir par ma permission expresse, que
j'envoie à Mme la Prieure.

A votre égard, je vous défends de réitérer vos
confessions, sous prétexte d'omission ou d'oubli, à
moins que vous ne soyez assurée, premièrement,
d'avoir omis quelque péché ; et secondement, que
ce péché soit mortel ; ou, si c'est une circonstance,
qu'elle soit du nombre de celles qu'on est obligé
de confesser ; et je vous défends sur tout cela de
vous enquérir à personne, et vous ordonne de
passer outre à la communion en plein abandon et
confiance, à moins que par vous-même vous soyez
entièrement assurée de ce que je viens de vous dire.
Pour le surplus, vous devez être très assurée que je
vous entends, parce que, sachant très bien tous les
côtés d'où peut venir cette peine, je vois que la résolution et l'ordre que je vous donne ne peut être

serves spéciales aux réguliers, et Bossuet parle ici particulièrement
des moniales, ou religieuses. La Constitution d'Urbain VIII, du 26
mai 1693, règle les cas réservés chez les religieux.

affaibli ou changé par quelque côté que ce soit. Tenez-vous-en donc là, et ne vous laissez point troubler par toutes ces peines. M. de Sainte-Beuve[2] avait raison, et il y a plutôt à étendre qu'à rétrécir ces défenses ; car il faut établir surtout l'abandon entier à la divine bonté, qui est un moyen encore plus sûr et plus général d'obtenir la rémission des péchés que l'absolution, puisqu'il en renferme toujours le vœu et en contient la vertu.

Au reste, je n'oublie point de prier pour obtenir la délivrance de ce noir chagrin ; mais je ne veux point que votre repos dépende de là, puisque Dieu seul et l'abandon à sa volonté en doit être l'immuable fondement. C'est l'ordre de Dieu ; et ni[3] je ne puis le changer, puisque c'est l'annexe inséparable de sa souveraineté ; ni je ne le veux, parce qu'il n'y a rien de plus aimable ni de meilleur que cet ordre, dans lequel consiste toute la subordination de la créature envers Dieu.

Vous pouvez envoyer à Mme de Harlay ce qui regarde l'intention : je vous envoierai le reste quand il me sera donné. Je ne crains aucun verbiage de votre côté, et vos lettres, quelque longues qu'elles soient, ne me feront jamais la moindre peine, pourvu seulement que vous n'épargniez point le papier, et que vous vouliez prendre garde à ne point presser sur la fin des pages vos lignes et votre écriture, car au reste elle est fort aisée. Venons maintenant à

---

2. Il a été parlé de ce docteur dans notre tome Ier, p. 489.

3. *Ni... ni.* La répétition de cette conjonction non encore précédée d'une négation, est un latinisme. On dirait aujourd'hui : et je ne puis le changer, ni je ne le veux.

l'endroit de Mme de Lusancy : ce n'est pas moi qui
ai donné l'ordre de .... [4].

... Mon Dieu, vous êtes la bonté même, j'adore
cette bonté ; je m'y unis ; je m'appuie sur elle, plus
encore en elle-même que dans ses effets. Je ne sens
en moi aucun bien, aucune bonne œuvre faite dans
l'exactitude et la perfection que vous voulez, ni rien
par où je puisse vous plaire. Aussi n'est-ce pas en
moi, ni en mes œuvres que je mets ma confiance,
mais en vous seule, Bonté infinie, qui pouvez en un
moment faire en moi tout ce qu'il faut pour vous
être agréable. Je vis en cette foi, et je remets, durant
que je vis et au dernier soupir, mon âme, mon salut,
ma volonté entre vos mains. O Jésus, fils du Dieu
vivant, qui êtes venu au monde pour chercher mon
âme, je vous la remets ; je mets votre sang, vos
plaies et votre mort et passion entre la justice divine
et mes péchés. Je vis en la foi du Fils de Dieu, qui
m'a aimé et s'est donné pour moi [5], maintenant et
aux siècles des siècles.

Ne craignez rien, ma Fille [6], avec cet acte qui

4. Les éditions n'ont point cette dernière phrase inachevée, ni la
suite de la lettre. Nous y rattachons un fragment sans date qui est
de la même époque et pourrait bien avoir fait partie de cette suite.
Vers la fin de cette année, en effet, Bossuet avait promis plusieurs
fois d'envoyer un écrit assez développé sur l'acte d'abandon à Dieu
pour la retraite et le renouvellement des vœux (Voir p. 339 et p. 358).
En attendant, il en résume la pensée dans une courte formule qu'i
adresse à Mme d'Albert, à qui il recommandait spécialement cet
abandon (p. 339, 351). Cette formule se trouve jointe à un fragment
de lettre dans le ms. fr. 15181.

5. Galat., II, 20.

6. Lachat (t. VII, p. 545) supprime ces deux mots qui indiquent
bien que ces dernières lignes sont un fragment d'une lettre adressant

efface les péchés en un moment ; faites-le vous lire dans vos peines[7]. Tenez-le, tant que vous pourrez, en votre main, quand vous croirez ne le pouvoir plus produire. Tenez-en le fond et incorporez-le en votre cœur.

---

653. — AUX FILLES CHARITABLES DE LA FERTÉ-SOUS-JOUARRE.

A Dammartin, 10 novembre 1691.

Je vous envoie, mes chères Filles, une Instruction[1] qui pourra vous être utile, pour bien faire et pour profiter de la lecture de la sainte Écriture. Je n'ai rien à dire sur les autres livres, dont ma Sœur Cornuau m'a envoyé le mémoire. Il y en a un grand nombre que je reconnais pour très bons : il y en a quelques-uns que je ne connais pas, qu'on peut supposer bons à cause de l'approbation, jusqu'à ce qu'on

à Mme d'Albert l'acte d'abandon qui précède. Le ms. 15181 intitule ceci : *Extrait d'une lettre.*

7. On sait que Mme d'Albert avait souvent mal aux yeux.

Lettre 653. Vingt-huitième dans Lachat ; dixième dans la première édition comme dans les meilleurs manuscrits. Date fournie par Ledieu : 10 novembre 1691. Les éditions portent : A Dammartin, 10 novembre 1691. Le ms. Na ne donne point de lieu. Cette lettre a été transcrite en entier par Ledieu. Les éditions placent, soit avant, soit après celle-ci, une lettre adressée à Mme Cornuau, de Dammartin, 10 novembre 1691. Nous la reportons, d'après les indications de Ledieu, au 22 février 1692.

1. « J'ai parmi mes autres papiers l'Instruction dont il est ici parlé. » (*Note de Ledieu*). Cette Instruction se trouve aussi dans le ms. Na, p. 669. On peut la voir dans Lachat, t. I, p. 3 à 7, sous le titre d'*Instruction sur la lecture de l'Écriture sainte pour les religieuses du diocèse de Meaux.*

y ait reconnu quelque erreur ou quelque surprise.
Je n'ai donc rien à vous dire sur ceux-là. Je vous
avertis seulement de prendre garde, dans les écrits
de certains mystiques, à des expressions un peu
fortes, qui semblent dire qu'on n'agit pas dans la vie
contemplative, qu'on y est parvenu à un parfait renouvellement, ou qu'il n'est pas permis de s'y exciter aux actes de piété. Tout cela serait fort mauvais,
si on entendait autre chose, par ce qu'on appelle
inaction, que l'exclusion des actes humains et em-
pressés ; ou, par cette perfection de renouvellement
intérieur, autre chose que la perfection selon qu'on
la peut atteindre en cette vie ; ou enfin, par cette défense de s'exciter aux actes de piété, autre chose
que l'exclusion des manières trop empressées de s'y
exciter. Avec ces modérations[2], vous pouvez profiter de ces livres, s'ils vous tombent sous la main, ou
qu'on vous les donne[a] ; mais faites grande réflexion
sur le peu que je viens de vous observer[b].

Au surplus, mes Filles, croissez en Jésus-Christ,
soyez fidèles à votre vocation. Souvenez-vous de ce
que vous devez au prochain par votre état ; n'oubliez
rien pour ce qui regarde vos classes, et soutenez-en
toujours les saints exercices sans vous relâcher en
rien du monde[c] ; car c'est là votre vocation particulière, à laquelle si vous manquiez, tout le reste s'en
irait en fumée. Surtout soyez fidèles à l'obéissance :
songez toujours que la supérieure que je vous ai

---

a. Cette fin de phrase manque partout, sauf dans Ledieu. — b. Les éditeurs
corrigent : *faire observer*. — c. Presque tous les éditeurs : *en rien*.

2. *Modérations*, tempéraments apportés aux théories des mystiques.

donnée[3] m'a été donnée à moi-même comme à vous, par Mme de Tanqueux, votre chère Mère, et que la conservation de votre communauté dépend de là.

Vous voyez, mes Filles, que je songe à vous absent et présent ; que cela vous invite à songer de plus en plus vous-mêmes à vous-mêmes.

Je prie Notre-Seigneur qu'il soit avec vous.

J. Bénigne, é. de Meaux.

---

654. — A P. Daniel Huet.

A Versailles, 12 novembre 1691.

J'arrivai ici samedi[1] au soir, Monseigneur, et, dès le lendemain matin, j'eus l'honneur de présenter au Roi votre *Paradis terrestre*[2]. Il le reçut parfaitement bien et voulut que je lui expliquasse le sujet du livre. C'était une chose fort peu nécessaire de l'entretenir du mérite de l'auteur et de l'ouvrage. Je le fis néanmoins de tout mon cœur, et je fus bien écouté pour l'amour de vous. Vous eûtes la même réception chez Monseigneur ; et M. de Reims[3], qui reçut ensuite son présent, m'a chargé de remerciements pour vous.

J'ai commencé la lecture, que je fais avec beau-

3. Mme de Beauvau.

Lettre 654. — L. a. s. Bibl. Laurenziana. Publiée pour la première fois par M. Guillaume et par M. Verlaque. L'édition Guillaume nous donne, par une faute d'impression, la date de 1695 au lieu de 1691.

1. C'était le 10 novembre.
2. Voir lettre du 16 octobre, p. 335.
3. Ch. Maurice Le Tellier.

coup de plaisir, et qui sera bientôt finie, puisqu'il n'est pas permis de s'arrêter dans un ouvrage dont les liaisons sont si naturelles. J'espère, Monseigneur, avoir bientôt l'honneur de vous voir. Je vous supplie, en attendant, de recevoir de M. Anisson[4] le présent que je vous fais de la Conclusion de mes *Avertissements*[5].

Je suis avec respect, Monseigneur, votre très humble et très obéissant serviteur.

J. Bénigne, é. de Meaux.

---

655. — A Mme Cornuau.

14 novembre 1691.

Quelque longue que soit votre lettre du 12, que j'ai reçue aujourd'hui, elle ne contient rien d'inutile, et vous avez bien fait, ma Fille, de me représenter toutes choses comme vous avez fait : je profiterai dans le temps[1] de tout ce que vous m'apprenez.

Si je ne vous parle plus de vos peines et de vos désirs pour la vie religieuse, c'est, ma Fille, que je n'ai rien de nouveau à vous dire sur cela ; et vous

---

4. J. Anisson, directeur de l'Imprimerie royale, éditeur de Bossuet.

5. *État présent des controverses et de la religion protestante ; troisième et dernière partie du sixième Avertissement.* Paris, 1691, in-4. Achevé d'imprimer le 22 juillet 1691.

Lettre 655. — Dixième dans Lachat ; treizième dans la première édition comme dans les manuscrits. Date donnée d'abord par Mme Cornuau : 1688. Date rectifiée par Ledieu : 14 novembre 1691. La plupart des éditions : A Meaux, 3 novembre 1688.

1. *Dans le temps*, en temps opportun.

devez juger de même de toutes les autres choses où je garde le silence.

J'ai toujours oublié, et ç'a toujours été mon intention, de vous faire rendre les ports des lettres que je vous adresse [2] pour Jouarre : je veux absolument et sans réplique que vous en fassiez un mémoire exact, afin que je vous les fasse rendre. Je ne vous permets là-dessus aucune réponse, que pour me dire que vous le ferez comme je vous le prescris : sinon vous me fâcheriez tout à fait, et croyez que je le dis fort sérieusement.

Je vous permets, quand vous aurez quelque lettre de conséquence à écrire, d'en prendre le temps sur votre sommeil, à condition que cela n'arrivera pas souvent.

Quant aux pratiques que vous me demandez pour l'Avent, c'est une grande pratique que d'entrer dans l'esprit et la dévotion de l'Église et de l'Office divin, et on ne doit rechercher des pratiques particulières que quand il y a des raisons particulières pour s'y appliquer ; au surplus, il n'y a rien de meilleur que de se conformer à l'intention de l'Église [a]. Je serai en esprit avec vous devant le saint Sacrement, la nuit de la [b] Présentation [3].

Je prie Dieu, ma Fille, qu'il soit avec vous.

a. Cette phrase a été transcrite par Ledieu. — b. Leçon de Na, Nb, Ma ; T : *la nuit qui suivra la Présentation.*

2. D'ordinaire, c'était le destinataire qui acquittait les frais de poste.
3. Voir la lettre du 5 novembre.

656. — A Mme D'ALBERT.

A Versailles, 14 novembre 1691.

J'ai reçu, ma Fille, votre lettre du 12. Je vous envoie l'écrit pour la retraite [1] : vous en pouvez laisser tirer des copies, non seulement pour Mme de Harlay [2], mais encore à nos chères Sœurs et à ma Sœur Cornuau. Vous me ferez plaisir après cela de me renvoyer l'original, parce que j'en veux envoyer autant aux Filles de Sainte-Marie de Meaux.

J'ai une grande consolation de ce que vous me mandez de ma Sœur de La Guillaumie [3] et de ses

---

Lettre 656. — L. a. s. des initiales. Bibl. d'Avignon, autographes, n° 1342. De plus, nous avons de cette lettre une copie très exacte dans le manuscrit Bresson.

1. C'est l'écrit annoncé pour la retraite préparatoire au renouvellement des vœux. Il se trouve dans l'édition Deforis, t. VIII, p. 463 et dans l'édition Lachat, t. VII, p. 533, sous le titre de *Discours sur l'acte d'abandon à Dieu.* Voir plus haut p. 352.

2. Sur Mme de Harlay, voir p. 161.

3. Il y avait alors à Jouarre deux religieuses, Marie et Madeleine de La Guillaumie. Elles étaient filles de Jean de La Guillaumie, greffier du Conseil privé, mort au mois de novembre 1685, et de Catherine Lallemant, décédée le 11 septembre 1676. L'une de ces deux sœurs, peut-être la plus âgée, est appelée par Bossuet Mme de Sainte-Madeleine ; nous ignorons le nom de religion de l'autre. C'est sans doute aussi l'une de ces deux sœurs qui est désignée dans un acte de 1711 sous le nom de Geneviève de La Guillaumie, dépositaire du couvent (Toussaints Duplessis, t. II, p. 439.). Une Sœur de La Guillaumie vivait encore en 1724, comme on l'apprend par le testament du P. Noblet d'Auvilliers. Mme de La Guillaumie, comme on le verra, était une copiste habile, et à ce titre était chargée de transcrire les opuscules de Bossuet (Bibliothèque Nationale, Pièces originales, et Dossiers bleus, aux mots La GUILLAUMIE et NOBLET ; E. Griselle, *Lettres re-*

compagnes, aussi bien que de nos dernières pro-
fesses. Ce m'est en vérité une grande joie d'avoir
mis la dernière main à leur [consécration]. J'espère
que Dieu leur fera sentir du fruit de la conduite
épiscopale, à laquelle elles se sont soumises d'abord ;
et je les exhorte à y demeurer.

Quant à ces peines[4], elles ne doivent non plus
vous arrêter, quand elles arrivent à la communion,
que dans un autre temps ; autrement le tentateur
gagnerait sa cause. Car, comme vous le remarquez,
il ne demande qu'à nous tirer[5] des sacrements et de
la société avec Jésus-Christ. Vous avez donc bien
fait de passer par-dessus et de ne vous en confesser
pas. La bonne foi et l'obéissance vous mettraient
absolument à couvert, quand vous vous seriez trom-
pée. Mais loin de cela, vous avez bien fait, et plût
à Dieu que vous fissiez toujours de même ! Il n'y a
point eu d'irrévérence dans votre communion, ni de
péché à être[6] par-dessus la pensée que vous faisiez
mal, parce que c'est précisément ces sortes de
pensées scrupuleuses et déraisonnables qu'il faut
mépriser. Je ne veux point que vous vous confessiez
à M. le Curé[7], non plus qu'aux autres, de semblables peines.

visées, p. 53 et 54). On trouve dans les éditions sept lettres à Mme de
La Guillaumie ; nous savons par Ledieu qu'elles ont toutes été adressées à Mme de Sainte-Madeleine (Le chanoine Thomas, dans la Revue Bossuet, 25 juin 1905, p. 20 à 22).

4. Deforis : peines dont vous me parlez.

5. Tirer, détourner, retirer.

6. Deforis : à vous être élevée.

7. Jacques Bernage, docteur en théologie, fut curé de Jouarre, de

Je veux bien, ma Fille, que vous m'en rendiez compte, quand vous ne pourrez pas les vaincre sans cela ; mais le fond le meilleur serait de ne plus tant consulter sur des choses dont vous avez eu la résolution ou en elles-mêmes, ou dans d'autres cas semblables. Ces consultations entretiennent ces dispositions scrupuleuses et empêchent de parler de meilleures choses. Ne vous étonnez donc pas si je tranche dorénavant en un mot sur tout cela ; car je pécherais en adhérant à ces peines.

Je ne vous ai parlé de prévenir [8] nos chères Sœurs, que parce que la charité est prévenante. Je fais réponse à Mme de Lusancy [9] pour les affaires [10], et je vous prie de la bien assurer que je ne serai jamais prévenu [11] contre elle.

Je n'ai pas ouï dire qu'on dût parler au Roi de Mme de Fiesque [12], et je suis bien sûr qu'il n'aura rien témoigné qui puisse choquer,

Je salue Mme votre sœur et Mmes de La Grange,

1677 à la fin de novembre 1696 ; il demeura ensuite chanoine de Jouarre, et il figure encore en cette qualité en 1711.

8. *Prévenir*, faire des avances (Cf. Honore invicem prævenientes. Rom., xii, 10).

9. Sur Mme de Lusancy, voir p. 154.

10. Les affaires de Jouarre.

11. *Prévenu*, qui a de la prévention.

12. Le nom qui est raturé sur l'autographe se lit cependant bien. Le ms. Bresson le porte. Catherine-Marguerite de Fiesque, née en 1648, de Charles-Léon, comte de Fiesque, et de Gillone d'Harcourt ; elle avait fait profession à Jouarre en 1665, où elle était première prieure lorsqu'elle fut mise, en 1693, à la tête de l'abbaye de Notre-Dame de Soissons. Elle mourut en 1737, dans sa quatre-vingt-dixième année (Cf. Ledieu, t. III, p. 172 et 265).

Faure et Béguin[13]. Je n'ai pas encore vu Mme de Chevreuse[14].

Je prie Dieu, ma Fille, qu'il soit avec vous.

J BÉNIGNE, é. de Meaux.

---

657. — A Mme D'ALBERT.

A Versailles, 15 novembre [1691].

L'écrit que je vous envoie[1] est plus long que je ne pensais ; mais c'est que j'ai voulu rendre tout ce que Dieu me prêtait. Je prévois qu'il sera assez difficile qu'on l'ait décrit[2] assez tôt pour me donner le loisir de l'envoyer à nos Sœurs[3] de Meaux avant la Présentation, qui, ce me semble, est le 21. Cela se pourra pourtant, si ma Sœur de La Guillaumie veut bien, pour l'amour de moi, puisque je l'en prie, faire un peu de diligence pour la première copie et pour celle de Mme de Harlay. Quant à nos autres Filles, je laisse la distribution à votre discrétion, et pour cause.

13. C'est la seule fois que cette dernière religieuse figure dans la Correspondance de Bossuet. Elle était peut-être parente du P. Claude Béguin (Cf. p. 258).

14. Ces deux alinéas manquent dans les éditions.

Lettre 657. — L. a. n. s. Grand Séminaire de Meaux.

1. Le *Discours sur l'acte d'abandon.* Cf. p. 339, 358, 362.

2. *Décrit.* « Ce mot, pour dire *transcrire,* ne se dit pas parmi les gens qui parlent bien » (Richelet). Cependant le *Dictionnaire de l'Académie* (1694) le reçoit avec ce sens. « Pardonnez-moi les ratures que je fais à chaque bout de champ dans mes lettres, qui m'embarrasseraient fort s'il fallait que je les décrivisse » (Boileau à Brossette, édit. Laverdet, Paris, 1858, in-8, p. 30).

3. De la Visitation. Voir lettre du 20 novembre.

658. — A Mme D'ALBERT.

A Versailles, 20 novembre 1691.

Je viens, ma Fille, de recevoir votre lettre du 19 avec les paquets inclus. J'ai fait partir en même temps celui de Mme de Harlay après l'avoir fermé. Je n'y ai rien ajouté. Elle ne l'aura qu'après-demain. Mon exemplaire[1], que je destinais aux Filles de Sainte-Marie[2] de Meaux, ne pouvant plus y arriver qu'après la fête[3], rien ne presse : vous le garderez tant qu'il vous plaira. J'admire la diligence[4] : j'en remercie nos chères Sœurs, et en particulier ma Sœur de La Guillaumie[5].

Écrivez-moi sans hésiter cette pensée que vous ne voulez me dire que par mon ordre. J'ai répondu à tous vos doutes : c'est pour vous plutôt que pour moi que je vous défends de répéter.

Je salue Mme votre sœur de tout mon cœur. Mon entretien avec Mme[6] n'a pas plus opéré que les

---

Lettre 658. — L. a. s. Bibliothèque de Rouen, collection Duputel, n° 283. Publiée incomplètement par Deforis ; donnée sur l'orinal par M. A. Gasté, dans *Bossuet, lettres et pièces inédites*, Caen, 1893, p. 23, et par M. Eug. Griselle, *Lettres revisées*, p. 52.

1. Bossuet parle d'un écrit « pour la retraite et le renouvellement des vœux », dont il avait annoncé l'envoi dans les lettres du 24 octobre, du 14 et du 15 novembre. C'est le *Discours sur l'acte d'abandon*, voir p. 339, 358 et 361.

2. Les religieuses de la Visitation.

3. La Présentation de la sainte Vierge, qui tombe le 21 novembre.

4. La diligence qu'ont mise les Sœurs à transcrire l'opuscule de Bossuet (Voir la lettre du 15 novembre 1691).

5. Tout ce début manque à Deforis.

6. Mme l'Abbesse de Jouarre.

autres ; mais ce n'est pas là que je mets ma confiance, et soit qu'elle retourne[7], soit qu'elle demeure en ce pays, j'espère établir une conduite uniforme et certaine.

Dieu soit avec vous.

J. Bénigne, é. de Meaux.

Je remercie aussi Mme de Rodon, et je suis bien aise que vous en soyez contente.

Suscription : Pour Mme d'Albert.

---

659. — A Mme d'Albert.

A Paris, 24 novembre 1691.

Vous avez très bien fait de communier sans vous confesser de ces peines. M. le Curé a toujours les mêmes approbations[1] ; mais je vous ai défendu et je vous défends de vous confesser de ces peines à lui ou à d'autres, à moins que vous ne soyez assurée, jusqu'à en pouvoir jurer, s'il était besoin, que vous avez consenti à un péché mortel. Si c'en est un, ou si ce n'en est pas un, je ne veux point que vous consultiez autre que moi[2], ni que vous me consultiez par écrit. Tout ce que je puis faire, c'est de souffrir que vous m'en parliez de vive voix, en-

7. Dans son abbaye.

Lettre 659. — Nous avons de cette lettre une copie dans le ms. Bresson.

1. Pour la confession des religieuses.

2. Deforis : consenti à un péché mortel, si c'en est un ; ou, si ce n'en est pas un, je ne veux point que vous consultiez sur cela d'autre que moi.

corene vous le permettrai-je **que** par condescendanc.

Jevous défends tout empressement et toute inquiéde pour cette consultation, **que** vous pourrez me ïire à moi-même, remettant la chose à **mon** grand loisir. Vous voyez bien après cela, ma **Fille**, que ïe demander des règles pour distinguer le sentimet d'avec le consentement, et en revenir aux autre choses dont vous parlez dans vos lettres, c'est recommencer toutes les choses que nous avons déjà traites, et je ne le veux plus, parce que c'est trop adh器 à vos peines. Ainsi je vous déclare **que** voicila dernière fois que je vous ferai réponse sur ce siet : et dès que j'en verrai le premier mot dans vos ïtres, je les brûlerai à l'instant sans les lire seulment : ce que je vous dis, n'est ni par lassitude[3], ni pr dégoût de votre conduite[4], mais parce que je vois i conséquence de vous laisser toujours revenir à de ls embarras sous d'autres couleurs.

J'ï reçu agréablement les reproches de Mme votre sœur je n'ai pas le loisir d'y répondre, et j'en suis fâche

Qant à mon écrit[5], votre correction n'est pas mauuise : mais vous avez trop deviné. La premièr ligne naturellement ne signifiait rien, sinon que ï sens était complet à cet endroit : et la second que c'était la fin de tout le discours. Le changemet que vous avez fait n'altère rien dans le sens :

---

3. Ibersï : ce que je ne vous dis ni par lassitude.
4. ïparce que je me dégoûte de vos conduire.
5. Ca. ïa renouvellement des vœux.

mais je l'aime mieux comme il était : mon **intetion**
a été que les paroles de l'Apocalypse **fussen** une
conclusion du tout⁶.

Il faut bien encourager Mme de Lusancy⁷, **qu**agit
à la vérité avec un courage qu'on ne **peut** ssez
louer. On s'élève beaucoup, et très **injustement**,
contre elle ; je n'oublierai rien pour la **souteni**

---

660. — A Mᵐᵉ CORNUAU.

[A Paris,] 24 novembre 169

L'écrit que vous avez reçu de Jouarre **vous** été
envoyé, ma Fille, par mon ordre exprès, **et je vous**
ai mandé à vous-même qu'il y avait **quelque** hose
pour vous dans le paquet dont je vous **charg**ais ;
quoiqu'il soit fait à la prière de quelques **religieses**¹,
le fond en est commun à tous les chrétiens. Ainsi,
ma Fille, vous pouvez le communiquer **aux** personnes qui vous le demandent, et à toute **per**nne
faisant profession de piété et de retraite. **J'e** dis
autant d'autres écrits, et, excepté ce qui **regare** ou
la conscience ᵃ ou les particulières disposition des

a. Leçon des mss. Lachat : *la communaaté.*

6. Le *Discours sur l'acte d'abandon* finit par ces paroles de Apocalypse : « Venez, Seigneur Jésus, venez. La grâce de Notre-Seigneur
Jésus-Christ soit avec vous » (Apoc., XXII, 20 et 21).

7. Ce nom a été remplacé par des points dans la copie Breon.

Lettre 660. — Trente-quatrième de Lachat et des meilleu ma-
nuscrits. Date fournie par Mme Cornuau : A Meaux, 4 avril 692.
Date rectifiée par Ledieu : 24 novembre 1691. A cette dernière date,
Bossuet se trouvait à Paris.

1. C'est le *Discours sur l'acte d'abandon*; voir p. 339, 358, 361 362.

core ne vous le permettrai-je que par condescendance.

Je vous défends tout empressement et toute inquiétude pour cette consultation, que vous pourrez me faire à moi-même, remettant la chose à mon grand loisir. Vous voyez bien après cela, ma Fille, que me demander des règles pour distinguer le sentiment d'avec le consentement, et en revenir aux autres choses dont vous parlez dans vos lettres, c'est recommencer toutes les choses que nous avons déjà traitées, et je ne le veux plus, parce que c'est trop adhérer à vos peines. Ainsi je vous déclare que voici la dernière fois que je vous ferai réponse sur ce sujet ; et dès que j'en verrai le premier mot dans vos lettres, je les brûlerai à l'instant sans les lire seulement ; ce que je vous dis, n'est ni par lassitude[3], ni par dégoût de votre conduite[4], mais parce que je vois la conséquence de vous laisser toujours revenir à de tels embarras sous d'autres couleurs.

J'ai reçu agréablement les reproches de Mme votre sœur ; je n'ai pas le loisir d'y répondre, et j'en suis fâché.

Quant à mon écrit[5], votre correction n'est pas mauvaise ; mais vous avez trop deviné. La première ligne naturellement ne signifiait rien, sinon que le sens était complet à cet endroit ; et la seconde, que c'était la fin de tout le discours. Le changement que vous avez fait n'altère rien dans le sens ;

3. Deforis : ce que je ne vous dis ni par lassitude.
4. Ni parce que je me dégoûte de vous conduire.
5. Celui du renouvellement des vœux.

mais je l'aime mieux comme il était : mon intention
a été que les paroles de l'Apocalypse fussent une
conclusion du tout[6].

Il faut bien encourager Mme de Lusancy[7], qui agit
à la vérité avec un courage qu'on ne peut assez
louer. On s'élève beaucoup, et très injustement,
contre elle ; je n'oublierai rien pour la soutenir.

---

660. — A Mme CORNUAU.

[A Paris,] 24 novembre 1691.

L'écrit que vous avez reçu de Jouarre vous a été
envoyé, ma Fille, par mon ordre exprès, et je vous
ai mandé à vous-même qu'il y avait quelque chose
pour vous dans le paquet dont je vous chargeais ;
quoiqu'il soit fait à la prière de quelques religieuses[1],
le fond en est commun à tous les chrétiens. Ainsi,
ma Fille, vous pouvez le communiquer aux personnes qui vous le demandent, et à toute personne
faisant profession de piété et de retraite. J'en dis
autant d'autres écrits, et, excepté ce qui regarde ou
la conscience[a] ou les particulières dispositions des

---

a. Leçon des mss. Lachat : *la communauté,*

6. Le *Discours sur l'acte d'abandon* finit par ces paroles de l'Apocalypse : « Venez, Seigneur Jésus, venez. La grâce de Notre-Seigneur
Jésus-Christ soit avec vous » (Apoc., XXII, 20 et 21).

7. Ce nom a été remplacé par des points dans la copie Bresson.

Lettre 660. — Trente-quatrième de Lachat et des meilleurs ma-
nuscrits. Date fournie par Mme Cornuau : A Meaux, 4 avril 1692.
Date rectifiée par Ledieu : 24 novembre 1691. A cette dernière date,
Bossuet se trouvait à Paris.

1. C'est le *Discours sur l'acte d'abandon* ; voir p. 339, 358, 361 et 362.

personnes, je n'écris rien que je veuille être secret. Il faut seulement prendre garde de ne pas divulguer de tels écrits aux gens profanes et mondains, qui prennent le mystère de la piété et de la communication avec Dieu pour un galimatias spirituel[b].

Vous avez plus sujet de craindre d'offenser Dieu en me taisant les choses, ou en ne me les disant pas assez à fond, qu'en m'en découvrant quelque chose[c] : vous devez être bien persuadée que je ne me laisserai pas prévenir[2], ni ne condamnerai ou soupçonnerai personne sans preuves.

Entendez le sermon, quoi qu'il vous en coûte de peines et de répugnances[d].

Je loue vos transports envers Jésus-Christ caché au saint Sacrement, et ceux de vos chères Sœurs : je le donnerai quand il faudra, et quand j'aurai prévenu certaines noises que je dois éviter[3].

Voilà la lettre que j'écris sur ce sujet à votre Communauté.

---

661. — A la Communauté de La Ferté.

[24 novembre 1691.]

J'ai reçu vos vœux et vos soupirs, mes Filles. Dans les bienfaits communs, c'est un commence-

---

b. Tout ce début a été transcrit par Ledieu. — *c.* Leçon des meilleurs mss. Édition de 1746 : *qu'en me les découvrant trop,* — *d.* Nous adoptons la leçon des mss. Na, Ma et So. Le ms. T et l'édit. de 1746 : *quoi qu'il vous en coûte.*

2. *Prévenir,* inspirer des préventions, gagner l'esprit de quelqu'un.

3. Les Filles charitables désiraient vivement que le saint Sacrement fût conservé dans leur chapelle. Bossuet craignait sans doute, en cédant à leurs instances, de mécontenter le clergé paroissial.

Lettre 661. — Annoncée à la fin de la lettre précédente.

ment de possession que d'avoir la liberté de souhaiter, puisque les souhaits font naître des prières ardentes, et qui arrachent tout des mains de Dieu. C'est à lui qu'il faut s'adresser pour obtenir l'accomplissement de vos saints désirs. Je serai attentif à sa voix, et toujours disposé à vous satisfaire.

Souvenez-vous, mes Filles, sur toute chose[1], de l'union et de la régularité, qui sont fondées l'une et l'autre sur l'obéissance : ce sont là les grands attraits qui attirent[a] chez vous l'Époux céleste, en qui je suis à vous de tout mon cœur.

---

662. — A Mme CORNUAU.

29 novembre 1691.

J'ai reçu, ma Fille, votre lettre du 26.

Ne craignez point de vous charger de m'écrire de la part de la Communauté, quoique vous ne disiez là que ce que tout le monde saura. J'irai d'une chose à l'autre, et à la fin tout viendra : je veillerai[a] sur tout ce que vous me mandez. Je suis très content du billet, de ce que vous me répondez sur Jouarre.

Quand ma marche[b] sera réglée, je vous en aver-

---

a. Leçon du ms. Na. Édit. de 1746 : *ce sont là les moyens les plus efficaces que vous puissiez employer pour attirer à vous.* Ailleurs : *qui attireront.*

a. Leçon des meilleurs manuscrits et de la première édition ; ailleurs : *je veille.* — b. Deforis : *ma marche pour mes visites.* ·

1. Par-dessus toute chose, surtout. Cf. plus haut, p. 244.

Lettre 662. — Douzième de Lachat ; quinzième de la première édition et des meilleurs manuscrits. Date fournie par Mme Cornuau : A Meaux, 4 février 1689. Date corrigée par Ledieu : 29 novembre 1691.

tirai. Je ne vous commettrai *c* jamais en rien, ma
Fille ; vos lettres ne me donnent lieu que de m'im-
former par moi-même : c'est pour réponse au plus
petit de vos billets. Pour réponse au *d* grand, les
paroles de ma lettre, dont vous êtes en peine, regardent les permissions que vous m'avez demandées.
Je n'ai rien trouvé à dire aux pieuses saillies du billet : je vous permets aisément d'en écrire de semblables, même à N*** ; je veux donc bien que vous
écriviez ce qui sera nécessaire, pour votre repos et
pour vous faire toujours mieux connaître *e*, sans que
cela vous empêche de craindre l'amusement ; ce
que vous connaîtrez aisément *f*.

Je suis très édifié du respect qu'on a rendu à la
paroisse ; et j'entre en part du bon exemple et de la
consolation que cette action a donnée à toute la ville.
Dites à ma Sœur B*** [1] que je la porte devant Dieu,
et que je lui donne de bon cœur ma bénédiction.

---

663. — A Mme D'ALBERT.

A Versailles, 29 novembre 1691.

J'ai lu, ma Fille, la petite lettre qui était incluse
dans celle de Mme de Lusancy. Offrez vos peines à

c. Leçon des meilleurs mss. et de l'édition de 1746 ; ailleurs : *je ne vous
commettrai en rien.* — d. Leçon des meilleurs manuscrits ; ailleurs : *au plus
grand.* — e. Leçon de Ledieu, qui a transcrit cette phrase jusqu'ici. Partout
ailleurs manquent les mots : *pour votre repos* jusqu'à *mieux connaître.* —
f. Leçon des meilleurs manuscrits ; ailleurs : *vous pourrez connaître.*

1. Peut-être la Sœur Claude Baudequin, qui était l'une des
Filles charitables de La Ferté.

Lettre 663. — L. a. s. Grand Séminaire de Meaux. Cf. E. Griselle, *Lettres revisées,* p. 55.

Dieu, pour en obtenir la cessation, ou l'adoucissement, et la conversion des pécheurs. Je vous assure qu'il n'y a point eu de péché mortel dans tout ce que vous m'avez exposé, ni aucune matière de confession ; ce que vous me proposez en dernier lieu est de même nature. A quoi songez-vous, ma Fille, de chercher à calmer ces peines par des résolutions à chaque difficulté ? C'est une erreur : elles croîtront à mesure qu'on s'appliquera à les résoudre, et il n'y a de remède que celui de l'obéissance et de l'abandon, qui tranche le nœud.

Je vous défends encore une fois de vous tourmenter à chercher la différence du sentiment et du consentement. Tenez-vous-en à mes décisions précédentes, et surtout à celles de la dernière lettre, qui comprend tout. Je sais mieux ce qu'il vous faut que vous-même. Si vous étiez autant fidèle et obéissante qu'il faudrait, vous ne diriez jamais un mot à confesse de toutes ces peines ; vous faites de grands efforts pour vaincre vos peines, et puis vous en revenez à la même chose.

Vous ne m'avez pas entendu quand je vous ai dit que le consentement à une certaine chose était péché mortel. Je m'expliquai après, et je vous assure qu'il n'y en a point dans tout ce que vous m'exposez[1]. Vous vous tendez des pièges à vous-même, et vous êtes ingénieuse à vous chercher des embarras. La vivacité de votre imagination est justement ce qui a besoin des remèdes que je vous donne. Ainsi déci-

---

1. Deforis : dans ce que vous m'exposiez.

sivement ce sera la dernière fois que je répondrai à
de telles choses. Il n'y a nul péché dans ces peines
que celui d'y adhérer trop et d'y trop chercher des
remèdes[2]. Si ceux que je vous donne ne vous apai-
sent pas, il n'y a plus qu'à s'abandonner à la divine
bonté.

Je prie Notre-Seigneur qu'il soit avec vous.

J. Bénigne, é. de Meaux.

---

664. — A Mme Cornuau.

A Paris, 5 décembre 1691.

J'ai reçu votre lettre[a] du 29 et les autres. Les
choses se régleront pour votre Supérieure à mesure
qu'elle s'ouvrira à moi, et il n'y a qu'à l'encourager
à commencer. Pour vous, ma Fille, agissez toujours avec elle avec beaucoup de soumission. Par-
lez-lui franchement et discrètement, en sorte qu'elle
ressente que vous ne lui dites rien par rapport à
vous, ni par humeur, ni pour votre satisfaction particulière, mais pour elle et pour la maison[b].

Vous eussiez mieux[c] fait de me marquer ce que
c'est qui donne lieu à la division et à la contradiction. Il faut tout dire aux supérieurs : les demi-

---

a. Leçon de la première édition et des mss. Ma, So ; ailleurs : *vos lettres.*
— b. Leçon de la première édition et des mss. Nc, T, V ; ailleurs : *pour le
bien de la maison.* — c. Leçon de Deforis et du ms. Na ; ailleurs : *bien.*

2. Deforis : *de remèdes.*

Lettre 664. — Vingt-neuvième de Lachat, comme de la première
édition et des meilleurs manuscrits. Date fournie par Mme Cornuau
et acceptée par Ledieu : A Paris, 5 décembre 1691.

explications ne font qu'embarrasser les affaires et donner lieu à des mouvements irréguliers.

Je vous permets les liaisons que vous voudrez avec nos Filles de Jouarre que vous me nommez dans votre lettre[1] : mais que tout cela soit dans la grande règle de la charité, et loin des petits mystères assez ordinaires aux filles[d].

J'approuve votre silence durant ce saint temps[2], et la permission que vous en avez demandée à votre Supérieure est de bon exemple, et satisfaisante pour elle. Agissez toujours comme cela, ma Fille, par esprit d'obéissance et pour le bien de la paix.

Le sermon[e] m'a surpris : j'approfondirai cette affaire aussitôt que je serai de retour.

Ce n'est point du tout mon intention que vous me

---

d. Leçon de Ledieu, qui a transcrit cette seule phrase de la lettre ; ailleurs : *entre filles.* — e. Leçon des éditions et de So, T ; Na, Ma : *le sermon dont vous me parlez.*

1. « Les Sœurs de Rodon de Saint-Michel et Dumans de l'Assomption » (Note de Ledieu, qui a ajouté après coup : Renard, Lusancy, Mmes de Luynes et de Fiesque).

A la suite de cette phrase, Ledieu ajoute cette observation : « Cet extrait fait voir le commencement de la liaison de Sœur Cornuau à Jouarre, qui vint ensuite au point qu'elle alla demeurer dans ce monastère et se flatta d'y être religieuse, ce qui n'arriva pourtant point. Mais cette liaison a donné occasion de communiquer aux autres Filles les belles instructions que Sœur Cornuau avait reçues seule jusque-là de M. de Meaux ; et, par ce moyen, cette direction s'étendit à Jouarre insensiblement. Par les Sœurs de Rodon et du Mans, Mmes de Luynes et d'Albert connurent Sœur Cornuau et se l'attachèrent tout à fait, et particulièrement Mme d'Albert, qui eut besoin d'elle pour écrire toutes ses consultations à M. de Meaux. Cette Sœur suivit donc ces Dames à Torcy, où elle a été enfin reçue religieuse, y a vu mourir Mme d'Albert entre ses bras, et persévère dans son attachement à Mme de Luynes. »

2. Le temps de l'Avent, préparatoire à la fête de Noël.

demandiez permission de m'écrire ; c'est multiplier les lettres sans nécessité et allonger les affaires. Écrivez-moi pour la maison ce que vous trouverez nécessaire, de même sur ce qui vous touche : ce n'est pas cela que je veux empêcher, mais l'amusement.

Notre-Seigneur soit avec vous, ma Fille.

---

665. — A Pierre Nicole.

A Meaux, 7 décembre 1691.

J'ai toujours, Monsieur, beaucoup de joie quand je reçois des marques de votre amitié et de votre

Lettre 665. — L. a. s. Communiquée par M. N. Charavay. Publiée par Deforis, « d'après l'original récemment découvert » à la Bibliothèque du Roi.

Pierre Nicole, né à Chartres le 19 octobre 1625, étudia au collège d'Harcourt, à la Sorbonne et à Navarre, soutint sa tentative le 17 juin 1649 ; mais, pour ne pas se soumettre aux règlements de la Faculté contre le jansénisme, n'entra pas en licence et se retira à Port-Royal. Il mena, pour échapper aux poursuites, une vie errante jusqu'à la paix de Clément IX. Il resta simple acolythe, sans avancer dans les ordres. Il aida Arnauld et Pascal dans leurs polémiques, puis se tourna contre les protestants. Craignant d'être inquiété après la mort de la duchesse de Longueville (1679), il alla rejoindre Arnauld en Belgique, mais plus tard il fit sa soumission à l'archevêque de Paris (1681) et obtint la permission de séjourner dans la capitale (1683). Il consacra ses derniers efforts à combattre les quiétistes, et mourut à Paris le 16 novembre 1695. D'un naturel modéré et même timide, il apporta des adoucissements aux idées jansénistes dans son *Traité de la grâce générale* (1715, 2 vol. in-12). Il prit une large part à la *Logique de Port-Royal*. Sous le pseudonyme de G. Wendrock, il publia une traduction latine des *Provinciales* (Cologne, 1658, in-8). Il a aussi écrit dix *Lettres sur l'hérésie imaginaire* (1664-1665), huit lettres connues sous le nom de *Visionnaires* (1666) contre Desmarets de Saint-Sorlin, adversaire des jansénistes ; la *Perpétuité de la foi de l'Église catholique touchant l'Eucharistie* publiée sous le nom d'Arnauld

approbation. L'une de ces choses me fait grand plaisir, et l'autre m'est fort utile, parce qu'elle me fortifie, mais surtout à l'occasion du dernier ouvrage [1]. J'ai été très aise de vous voir appuyer particulièrement sur une chose que je n'ai voulu dire qu'en passant, pour les raisons que vous aurez aisément pénétrées, et que néanmoins je désirais fort qu'on remarquât. C'est, Monsieur, sur le triste état de la France, lorsqu'elle était obligée de nourrir et de tolérer, sous le nom de Réforme, tant de sociniens cachés, tant de gens sans religion et qui ne songeaient, de l'aveu même d'un ministre [2], qu'à reuverser le christianisme. Je ne veux point raisonner sur tout ce qui [est] passé en politique raffiné : j'adore avec vous les desseins de Dieu, qui a voulu révéler par la dispersion de nos protestants ce mystère d'iniquité, et purger la France de ces monstres. Une

---

(1669-1674, 3 vol. in-4) ; les *Préjugés légitimes contre les calvinistes* (1671, in-12), etc. Il est surtout connu par ses *Essais de morale*, petits traités publiés à différentes époques, de 1671 à 1678, et qui forment 4 vol. in-12, auxquels on a ajouté deux volumes de lettres. Outre les autèurs qui ont écrit sur Ant. Arnauld, il faut consulter sur Nicole les *OEuvres* d'Arnauld ; les *Mémoires* de Fontaine, Utrecht, 1736, 2 vol. in-12 ; Racine, *Diverses particularités concernant Port-Royal*, Grands écrivains, t. IV, p. 621 ; Goujet, *Vie de Nicole*, Luxembourg, 1732, 2 vol. in-12 ; Niceron, t. XXIX ; l'abbé de Saint-Pierre, *Ouvrages de politique et de morale*, t. XII, Amsterdam, 1736, in-12 ; Besoigne, *Histoire de Port-Royal*, Cologne, 1752, in-12, t. V ; les *Mémoires* d'Hermant et de Rapin ; Sainte-Beuve, *Port-Royal*, t. IV ; Urbain et Jamey, *Études sur les classiques français*, 12e édit., Lyon, 1898, in-12, t. II, p. 496.

1. Le sixième *Avertissement aux Protestants*, publié en deux fois, le 12 et le 22 juillet 1691, in-4.

2. Jurieu, *Tableau du Socinianisme*, Lettre I, p. 8. Cf. Bossuet, *État présent des controverses, troisième et dernière partie du sixième Avertissement*, p. 637.

dangereuse et libertine critique se fomentait parmi nous ; quelques auteurs catholiques s'en laissaient infecter ; et celui qui se veut imaginer qu'il est le premier critique de nos jours [3], travaillait sourdement à cet ouvrage. Il a été depuis peu repoussé comme il méritait [4] ; mais je ne sais si on ouvrira les yeux à ses artifices. Je sais en combien d'endroits et par quels moyens il trouve de la protection ; et, sans parler des autres raisons, il est vrai que peu [5] de gens, qui ne voient pas les conséquences, avalent sans y prendre garde le poison qui est caché dans les principes. Pour moi, il ne m'a jamais trompé ; et je n'ai jamais ouvert aucun de ses livres où je n'aie bientôt ressenti un sourd dessein de saper les fondements de la religion : je dis sourd, par rapport à ceux qui ne sont pas exercés en ces matières, mais néanmoins assez manifeste à ceux qui ont pris soin de les pénétrer.

Je finis en vous assurant de tout mon cœur de mes très humbles services, et en priant Dieu qu'il vous conserve pour soutenir la cause de son Église, dont vos ouvrages me paraissent un arsenal.

J. Bénigne, é. de Meaux.

3. Richard Simon, qui « se regardait sans peine comme le premier savant de tous les temps et de tous les pays », dit Bernus, *Richard Simon et son Histoire critique du Vieux Testament,* Lausanne, 1869, in-8, p. 120.

4. Bossuet fait-il ici allusion à une réfutation de Simon par Ant. Arnauld : *Difficultés proposées à M. Steyaert* (Cologne, 1691, in-12)?

5. *Peu.* C'est bien ce que porte l'autographe, quoique le sens exige *beaucoup.*

666. — A Mme DE BERINGHEN.

A Meaux, 9 décembre 1691.

La lettre que vous m'écriviez à Paris, Madame, m'a été renvoyée, et je l'ai reçue ce matin, incontinent après le départ de mon messager. Je consens que vous preniez le P. Gardien[1] pour confesseur extraordinaire[2] et qu'il continue à vous prêcher[3] : on m'en a dit beaucoup de bien.

J'avoue que j'aurai beaucoup de joie de toutes les mesures que vous pourrez prendre pour rétablir à Faremoutiers la beauté du chant, qui est la seule chose qui manque au service, tout plein d'ailleurs de piété.

Suscription : A Madame l'Abbesse de Faremoutiers, à Faremoutiers[4].

Lettre 666. — L. a. n. s. Collection de M. Richard. Inédite, sauf pour la dernière phrase.

1. Le P. Gardien des Capucins de Coulommiers, qui était, depuis le mois de septembre 1690 jusqu'au 15 octobre 1694, le P. Pierre Chrysologue de Paris (Voir plus haut, p. 71 et 238).

2. Les religieuses doivent, quatre fois l'an, s'adresser à un confesseur autre que le confesseur ordinaire du couvent.

3. Il prêchait la station de l'Avent.

4. Cette suscription est de la main de Ledieu.

667. — Au P. Marc de la Nativité.

[A Meaux, 15(?) décembre 1691.]

Le serviteur de Dieu[1] s'en est donc allé en paix !
J'ai été bien inspiré de l'aller voir avant mon départ[2] ;

Lettre 667. — Fragment publié dans un article nécrologique du *Mercure* (décembre 1691), consacré au P. René de Saint-Albert. — Le P. Marc de la Nativité, dans le monde Marc Genest, était né à Cunault, près de Saumur, le 10 janvier 1617. Entré chez les carmes en 1632, il remplit à diverses reprises et en plusieurs couvents les charges de maître des novices et de prieur. Il fut prieur du couvent de la rue des Billettes, à Paris, de 1690 à 1693. Il mourut au monastère de Tours le 23 février 1696. Il a publié plusieurs ouvrages ascétiques, tels que les *Directoires des novices ou traité de la conduite spirituelle des novices pour les couvents réformés de l'Ordre de N.-D. du Mont-Carmel.* Paris, 1650, 4 vol. in-12. Après sa mort, on a imprimé son *Traité de la componction* avec sa Vie par le P. Michel-Joseph de Saint-Marc, Tours, 1696, in-8 (Sur lui, on peut consulter la *Morale pratique des jésuites,* t. VIII, part. 1, et le P. Cosme de Villiers, *Bibliotheca carmelitana,* Orléans, 1752, 2 vol. in-fol., t. II, col. 312-330).

1. Le P. René de Saint-Albert, qui venait de mourir le 13 décembre 1691 aux Carmes des Billettes, à l'âge de quatre-vingt-deux ans. Ce religieux, fils de René Lecorvaisier, procureur du Roi au présidial de Rennes, et de Perrine Monnerais, était né sur la paroisse Saint-Aubin, le 8 août 1610. Il était l'oncle du marquis de Tizé, de la présidente de Cornuliers, de la comtesse de Nétumières et de Sébastien de La Villegontier, sénéchal de Fougères. Il avait fait profession le 11 avril 1627 chez les Carmes de Rennes et avait été successivement maître des novices, prieur de divers couvents et même provincial en 1665. Le 17 mai 1669, il fut nommé prieur du couvent des Billettes de Paris. Dans cette ville, il se fit connaître comme directeur des âmes, et Bossuet le choisit pour confesseur (Le *Mercure* de décembre 1691 ; le P. Cosme de Villiers, *Bibliotheca carmelitana,* Orléans, 1752, 2 vol. in-fol., t. II, col. 676 ; Picot, *Essai sur l'influence de la reli gion au XVIIe siècle,* Paris, 1824, 2 vol. in-8, t. II, p. 583 ; P. Levot, *Biographie bretonne,* Vannes, 1852-57, 2 in-8 ; Frain, *Mémoires généalogiques,* Vitré, 1890, in-8 ; Archives de l'Ille-et-Vilaine H. 28 ; *Revue Bossuet* du 25 décembre 1906, p. 244).

2. Bossuet était encore à Paris le 5 décembre ; le 19, il venait de

et, en lui disant le dernier adieu, j'ai reçu les dernières marques de son amitié et les derniers conseils
de sa prudence consommée. C'était un homme qui
ne travaillait qu'à s'unir à Dieu et à y unir tous
ceux qui l'approchaient[3]. Ce fruit était mûr pour le
ciel.... [4]

-----

668. — Leibniz a Bossuet.

[17 décembre 1691].

Monseigneur, vos lettres, dont Mme de Brinon nous a fait
part, marquent tant de bonté pour moi que je souhaitais
d'abord l'occasion de vous en témoigner ma reconnaissance.
Car de vous importuner par des lettres de rien, cela me paraissait contraire au respect qu'on vous doit, et il me semblait
fort inutile de vous parler de la vénération[1], qui se suppose
partout où l'on est raisonnable. J'ai donc attendu que M. l'abbé

rentrer à Meaux après avoir fait une visite à Jouarre (Lettres à
Mme Cornuau, du 5 et du 19 décembre).

3. On peut voir dans la *Revue Bossuet*, 25 décembre 1906, p. 244,
des notes de Bossuet sur l'Oraison, inspirées sans doute du P. de
Saint-Albert.

4. *Mûr pour le ciel,* expression fréquente chez les écrivains mystiques :

> Ces fruits à peine éclos déjà mûrs pour les cieux.
>   (Rotrou, *Saint-Genest,* II, vii.)

Le P. René de Saint-Albert lui-même, écrivant au sujet de la mort de
la Sœur Agnès d'Andigné, décédée à la Visitation de Nantes, employait
la même expression : (elle) *était un fruit mûr pour l'éternité.*

Lettre 668. — Minute autographe chargée de ratures, conservée à
la Bibliothèque de Hanovre (*Theolog.,* t. XIX, *Irenica,* fol. 569.) Publiée pour la première fois, d'après l'autographe, et non sans inexactitudes, par Foucher de Careil en 1859, t. I, p. 221 (2ᶜ édit. p. 293).
La minute n'a ni souscription ni signature. Cette lettre non datée
fut envoyée par Leibniz le 17 décembre 1691 à Mme de Brinon (*Ibid.,*
p. 285).

1. Foucher : de ne vous parler que de la vénération.

Molanus[2] m'eût fourni de quoi vous entretenir, et je vous envoie maintenant une partie de son écrit[3], où il comprend et éclaircit ce qui a été traité autrefois avec M. l'évêque de Neustadt, avec lequel on est convenu que de tels projets ne doivent être publiés que de concert. C'est pourquoi vous aurez la bonté de le faire ménager[4] ; quant à moi, je ne désespère pas qu'une partie des difficultés qui semblent rester ne s'évanouisse après vos éclaircissements.

La modération de M. l'Abbé et l'érudition très grande qu'il possède lui font estimer infiniment tout ce qui vient de votre part. Et vous savez, Monseigneur, qu'on peut honorer encore ceux qui ne sont pas en tout de notre avis. Je finis par le principal : c'est que Mme la Duchesse m'a donné ordre de vous marquer de sa part qu'elle se tient honorée des sentiments favorables que vous avez pour elle. Aussi votre mérite est si relevé que votre jugement ne saurait être indifférent à qui que ce soit. Ce n'est pas qu'elle reconnaisse les éloges, et tout ce dont elle se sait le plus de gré est cette modération d'esprit qui lui fait toujours donner place à la raison. Mais, à mon avis, vous lui rendez plus de justice qu'elle ne se rend

2. Gérard Wolter van der Muelen, connu sous le nom de Molanus (1633-1722), abbé de Lockum et surintendant des Églises protestantes du duché de Lunebourg. On s'accorde à louer l'étendue de ses connaissances et la modération de son caractère. Son nom reviendra souvent dans les lettres relatives à la réunion des luthériens avec l'Église romaine (Bausset, *Histoire de Bossuet*, l. XIII ; Tabaraud, *Histoire de la réunion des communions chrétiennes*, Paris, 1824, in-8 ; J. Just von Einem, *Das Leben Molani*, Magdebourg, 1734, in-8 ; Strieder, *Grundlage zu einer hess. Gelehrten und Schriftstellergeschichte*, Cassel, 1780-1806, 13 vol. in-8, t. IX, p. 103 ; Dolle, *Lebensbeschreibung aller Professorum Theol. zu Rinteln*, Hanovre, 1752, 2 vol. in-8, t. II).

3. *Cogitationes privatæ de methodo reunionis Ecclesiæ protestantium cum Ecclesia Catholica Romana a theologo quodam Augustanæ Confessioni sincere addicto*. Cet écrit de Molanus se trouve, suivi de sa traduction, dans les Œuvres de Bossuet, sous le titre de *Pensées particulières*, etc. (Versailles, t. XXV, p. 314).

4. C'est-à-dire de ne le pas communiquer à toute sorte de personnes, mais d'en user avec discrétion.

elle-même. Et cette grande princesse n'est pas seulement capable de recevoir aisément des lumières qui lui viennent du dehors, il lui en naît assez de son propre fonds et elle en peut répandre sur ceux qui ont l'honneur de l'approcher ; c'est ce que j'éprouve tous les jours, et bien d'autres avec moi. Les vôtres sont d'une nature à s'étendre par toute la terre par les excellents ouvrages que vous donnez au public. Il eût été à souhaiter que l'Histoire de la réformation d'Allemagne que M. de Seckendorf vient de publier eût paru plus tôt [5]. Quelque habile que soit M. Burnet [6], je trouve que les protestants d'Allemagne n'ont plus sujet de porter envie aux Anglais. L'auteur, qui a été autrefois premier ministre d'un duc de Saxe [7], nous donne là-dedans la connaissance d'une infinité de faits importants qu'il a tirés des archives. Il m'écrit lui-même d'y avoir employé plus de quatre cents volumes manuscrits. Il est difficile de dire s'il y a plus d'érudition ou plus de juge-

5. Guy-Louis de Seckendorf (1626-1692) remplit différents emplois à Darmstadt, à Iéna, à Gotha, et finalement fut chancelier du duché d'Altenbourg. Il a laissé de nombreux écrits d'histoire, de politique, etc. Le plus célèbre est celui dont parle ici Leibniz : d'abord publié en 1688 et 1689, in-4, puis complété sous ce titre : *Commentarius historicus de Lutheranismo....., in quo, ex Lud. Maimburgii Jesuitæ hist. Lutherana an. 1680, Parisiis gallice edita libri tres ab an. 1517 ad an. 1546 latine versi exhibentur, corriguntur et ex manuscriptis aliisque rarioribus libris plurimis supplentur, simul et aliorum quorumdam scriptorum errores aut calumniæ examinantur*, Francfort et Leipzig, 1692, in-fol. L'auteur avait donné dans les *Acta eruditorum*, Lips., 1691, un résumé de cet ouvrage, qui a été abrégé par Junius et Roos et traduit en français par J.-Jacques Paur, *Histoire de la réformation de l'Église chrétienne*, Bâle, 1784-85, 5 vol. in-8. — Sur Seckendorf, consulter Niceron, t. XXIX ; Dan. God. Schreber, *Historia vitæ Viti Ludovici a Seckendorf*, Leipzig, 1733, in-4 ; Jean-Mathias Schrœckh, *Lebensbeschreibungen berühmter Gelehrten*, 2e part., Leipsig, 1790, in-8, p. 285 ; J.-J. Breithaupt, dans H. Pipping, *Sacer decadum septenarius memoriam theologorum nostræ ætatis renovatam exhibens*, Leipzig, 1705, in-8 ; Rébelliau, *Bossuet historien du protestantisme*, Paris, 1909, in-8.

6. G. Burnet a été mentionné, t. III, p. 359.

7. Seckendorf avait été chancelier du duc Maurice de Saxe-Zeitz, puis avait été nommé chancelier d'Altenbourg par Frédéric, duc de Saxe-Gotha.

ment. Ce n'est pas qu'il n'y ait rien où l'on puisse trouver à
redire dans un si grand ouvrage, ni que l'auteur soit sans
aucune prévention ; mais du moins je crois qu'il est difficile
qu'un auteur qui prend parti hautement puisse écrire avec
plus de modération. Je parle de cet ouvrage, parce qu'il se
peut que vous ne l'ayez pas encore vu.

Je suis avec respect, Monseigneur, votre très humble et très
obéissant serviteur.

Leibniz.

---

669. — A Mme Cornuau.

A Meaux, 19 décembre 1691.

J'écris à Madame B***[1] ce qui me paraît nécessaire pour établir la confiance entre elle et vous.
Pour lui mettre l'esprit en repos du côté de Jouarre[2],
je lui dis que j'ai permis votre commerce, et que
vous n'y emploierez ni vos novices ni trop de temps.
Vous pouvez lui dire que la proposition de la Sœur
N*** n'est qu'un discours en l'air, et qu'il n'y a
rien à compter là-dessus.

Puisqu'en arrivant de Jouarre[3], je me trouve[a] assez

a. Leçon de la première édition. Na, V : *Puisque je me trouve.*

Lettre 669. — Trentième dans Lachat comme dans la première
édition et les meilleurs manuscrits. Date fournie par Mme Cornuau et
déclarée vraie par Ledieu : A Meaux, 19 décembre 1691.

1. Mme de Beauvau, supérieure des Filles charitables.

2. La Supérieure pouvait s'inquiéter des relations fréquentes entre-
tenues par une de ses Filles avec des membres d'une communauté
étrangère.

3. Bossuet, ce jour même, était revenu de Jouarre, où il avait fait
pendant trois jours la visite et rendu une nouvelle ordonnance, enjoignant à l'Abbesse de rentrer dans son monastère sous peine d'excommunication (Voir Appendice V, p. 506).

de loisir, je m'en vais répondre aux demandes de votre billet.

Sur la première, je suis étonné, ma Fille, du scrupule que vous avez de m'avertir, et de la crainte que vous avez d'y blesser la charité, puisque je vous ai tant dit de fois le contraire.

La différence d'un premier mouvement et d'un acte délibéré est trop sensible pour mériter qu'on se tourmente à l'expliquer, puisqu'un premier mouvement est une chose dont on n'est pas le maître, et qu'on l'est de l'acte délibéré. Il n'y a qu'à bien écouter le fond de sa conscience, pour en connaître la différence. L'acte délibéré est suivi d'un secret remords ; le mouvement indélibéré peut troubler et humilier l'esprit, mais n'excite pas ce remords, qui fait sentir à la conscience qu'elle est coupable.

Il n'est pas nécessaire de faire un acte de contrition sur chaque péché en particulier, pourvu qu'on les déteste tous et tout ce qu'on a fait qui déplaît à Dieu, de tout son cœur.

Je ne sais, ma Fille, pourquoi vous demandez tant qu'on vous distingue ce qui peut être de mortel parmi vos péchés : ce n'est pas là ma pratique, et j'ai de bonnes raisons pour cela.

Vous ne sauriez rien faire de mieux la nuit de Noël, que de bien méditer devant Dieu ce qui est dit de l'Enfant Jésus aux versets 34 et 35 du chapitre II de saint Luc, en le joignant au verset 16 du ch. XXVIII d'Isaïe, cité par saint Pierre, 1re Ép., chap. II, versets 6, 7, 8, et saint Paul aux Romains, IX, 33, et à la parole de Jésus-Christ même, Matt., xi, 6. Offrez-moi à Dieu, afin que, s'il me l'inspire, je traite dignement un si grand sujet le jour de Noël[4], et que je fasse trembler ceux à qui Jésus-Christ est un sujet de contradiction et de scandale. Commencez par lire tous ces endroits-là au premier loisir, et donnez-vous à Dieu pour en être pénétrée durant la nuit de Noël. Chantez-y de cœur le psaume LXXXVIII[b].

Je veux bien recevoir le présent que vous me destinez, pour cette fois seulement[c].

Vous avez bien fait de m'exposer cette peine sur votre santé. Il faut dire, toutes les fois qu'elle reviendra : *Retire-toi de moi, Satan*[5].

Dieu soit avec vous, ma Fille ; je vous bénis en son saint nom.

---

670. — A Mme D'ALBERT.

A Meaux, 26 décembre 1691.

Je ne doute point, ma chère et première[1] Fille, que vous n'ayez une joie particulière de la grâce

---

b. Ici s'arrête la transcription de Ledieu, qui commence au quatrième alinéa de cette lettre. — *c.* Leçon de Na. La première édition et T : *pour cette seule et unique fois.*

4. Il y a, en effet, un sermon de Bossuet sur Jésus, objet de scandale (édition Lebarq, t. VI, p. 439). Le prélat n'en avait d'abord rien écrit ; mais il le dicta à Ledieu, étant à Versailles, pour l'envoyer à Mme de Lusancy, religieuse de Jouarre (Voir sa lettre du 8 janvier 1692).

5. Marc., VIII, 33.

Lettre 670. — L. a. s. Bibl. de Lille ; cf. E. Griselle, *Études religieuses* du 5 juin 1898.

1. Nous avons expliqué ce qualificatif p. 65.

que le Roi vient de faire à mon neveu[2]. L'abbaye est considérable, proche de Lyon, de 7 000 ʰ de rente[3] ; de beaux droits, de belles collations, tout ce qu'on peut souhaiter. Vous jugez bien qu'après cela, je ne pouvais retarder mon départ[4].

Je n'ai reçu votre lettre, qui est venue par la poste, que fort tard et dans un temps où il eût été difficile d'y faire réponse. Je crains bien cependant que cela ne vous ait causé de l'embarras dans vos dévotions ; il n'y en a pourtant point de sujet. Pour le passé, la revue[5] que vous m'avez faite a été bien faite de votre part et très bien entendue de la mienne. La répétition que vous en avez faite à votre dernière confession m'a suffisamment remis les choses que vous m'aviez dites, et assez pour donner matière à l'absolution. Ainsi je vous défends tout retour et toute inquiétude sur cela, et de vous en confesser de nouveau ni à moi ni à d'autre.

L'autre peine que vous m'expliquez ne doit non plus vous embarrasser, après les résolutions que vous avez eues sur cela de M. l'Abbé de la Trappe et de moi. A la vérité, je ne voudrais pas exciter ces tendresses de cœur directement[6] ; mais, quand elles viennent ou par elles-mêmes, ou à la suite d'autres

---

2. Le Roi avait donné l'abbaye de Savigny, diocèse de Lyon, à l'abbé Bossuet le 24 décembre 1691 (A ce propos, le *Mercure*, janvier 1692, fait l'éloge de l'abbé et de l'évêque de Meaux).

3. Dangeau dit huit mille.

4. Pour aller rendre grâces au Roi. — Tout ce début a été omis par les éditeurs.

5. *Revue*, sorte de confession générale. Voir p. 294.

6. Il paraît par là que Mme d'Albert se reprochait de trop aimer son directeur. On peut voir encore la lettre du 16 octobre 1693.

dispositions qu'il est bon d'entretenir et d'exciter, comme la confiance et l'obéissance, et les autres de cette nature, qui sont nécessaires pour demeurer ferme et avec un chaste agrément sous une bonne conduite, il ne faut nullement s'en émouvoir, ni s'efforcer à les combattre ou à les éteindre, mais les laisser s'écouler et revenir comme elles voudront.

C'est une des conditions de l'humanité, de mêler les choses certainement bonnes avec d'autres qui peuvent être suspectes, douteuses, mauvaises même si l'on veut. Si, par la crainte de ce mal, on voulait ôter le bien, on renverserait tout et on ferait aussi mal que celui qui, voulant faucher l'ivraie, emporterait le bon grain avec elle[7]. Laissez donc passer tout cela, et tenez-vous l'esprit en repos dans votre abandon. Je vous défends d'adhérer à la tentation de quitter[8], ou à celle de croire qu'on soit fatigué ou lassé de votre conduite[9], puisqu'en effet on ne l'est pas et on ne le sera jamais, s'il plaît à Dieu ; car il ne faut jamais abandonner ni se relâcher dans son œuvre.

Pour vous dire mes dispositions, autant qu'il est nécessaire pour vous rassurer, je vous dirai qu'elles sont fort simples dans la conduite spirituelle. Je suis conduit par le besoin : je ne suis pas insensible, Dieu merci, à une certaine correspondance de sentiments ou de goûts ; car cette indolence me déplaît

---

7. Souvenir de la parabole évangélique.(Matth., XIII, 25 et seq.).
8. De quitter votre directeur.
9. De vous conduire.

beaucoup, et elle est tout à fait contraire à mon humeur ; elle ferait même dans la conduite une manière de sécheresse et de froideur, qui est fort
mauvaise. Mais, quoique je sente fort ces correspon-
dances[10], je ne leur donne aucune part au soin de la
direction, et le besoin règle tout. Au surplus, je suis si
pauvre, que je n'ai jamais rien de sûr ni de présent.
Il faut que je reçoive à chaque moment, et qu'un
certain fond soit excité par des mouvements dont je
ne suis pas tout à fait le maître. Le besoin, le besoin,
encore un coup, est ce qui détermine. Ainsi tout ce
qu'on sent par rapport à moi, en vérité ne m'est rien
de ce côté-là, et il ne faut pas craindre de me l'exposer, parce que cela n'entre en aucune sorte dans
les conseils, dans les ordres, dans les décisions que
j'ai à donner.

Je vous ai tout dit ; profitez-en et ne vous laissez
point ébranler : ce serait une tentation trop dangereuse, à laquelle je vous défends d'adhérer pour peu
que ce soit. Je prie Dieu, ma chère Fille, qu'il soit
avec vous.

J. Bénigne, é. de Meaux.

Suscription : A Madame, Madame d'Albert.

---

671. — A Mme Cornuau.

A Meaux, 27 décembre 1691.

Je n'ai de loisir, ma Fille, que pour vous dire que

10. *Correspondance,* réciprocité.
Lettre 671. — Vingt-deuxième dans Lachat ; vingt-cinquième de

vous demeuriez en repos sur mon sujet, assurée que, jusqu'au dernier soupir, je ne cesserai de prendre soin de votre âme[a]. Je vous répète encore que vous n'ayez point à vous embarrasser de toutes les dispositions où vous pouvez être à mon égard, parce que le fond d'obéissance que Dieu vous met dans le cœur, n'en est pas moins entier, pour ce que la peine ou la nature y peut mêler[b].

Pour les paroles de saint Jean[c], il faut ou n'en rien dire, ou en dire beaucoup; peut-être quelque jour je vous envoyerai quelque écrit[1], où il sera parlé d'un si haut mystère.

Je ne trouve rien à redire à la sainte amitié que vous demande[d] cette bonne Sœur de la Visitation.

C'est dans un de mes Avertissements contre Jurieu[2] que vous trouverez quelque chose sur le mystère de la Trinité, qui peut-être sera capable de vous élever à Dieu[e]. Je le prie, en attendant, qu'il fasse par la foi simple tout ce qu'il veut faire en vous; je le prie, ma Fille, qu'il vous bénisse.

a. Ledieu a transcrit cette phrase, après avoir ainsi résumé ce qui précédait : « Encore par rapport à la Communauté ». — b. Première édition : *n'en est pas moindre, quoique vous ressentiez de la peine à obéir, et que la nature veuille résister.* — c. Le premier éditeur ajoute : *sur la naissance éternelle du Verbe.* — d Leçon de la première édition et de Na. Ailleurs : *que vous demandez à,* leçon fautive, car Mme Cornuau ne se serait pas permis d'adresser une pareille demande, sans avoir préalablement consulté son directeur. — e. Phrase transcrite par Ledieu.

la première édition et des meilleurs manuscrits. Date donnée par Mme Cornuau : A Meaux, 10 novembre 1690. Date vraie, suivant Ledieu : 27 décembre 1691. La première partie de cette lettre, telle qu'elle est donnée dans les éditions, n'a certainement pas été écrite ce jour-là. Son contenu indique, comme nous l'avons vu plus haut, p. 226, qu'elle a dû être envoyée vers le 1er juin.

1. Sans doute les *Élévations sur les mystères.*
2. Sixième avertissement, article IV et suiv.

672. — A Mme D'ALBERT.

A Meaux, 27 décembre 1691.

J'ai reçu toutes vos lettres, et entre autres celles qu'un capucin m'a rendues. Vous avez fort bien fait de passer par-dessus vos dernières peines ; et je vous défends de vous y arrêter jamais, ni de vous confesser de ne les avoir point confessées. Si vous continuez de cette sorte à entrer dans les pratiques que je vous ai marquées, vous vous faciliterez beaucoup la réception des sacrements, et vous y trouverez la consolation qu'y doit trouver une âme chrétienne, c'est-à-dire une âme confiante.

Je prie Dieu, ma Fille, qu'il soit avec vous ; je le prierai de tout mon cœur pour Mme la comtesse de Verrue[1] ; on la disait morte à Versailles ces jours

---

Lettre 672. — 1. Deforis : de Verve. — L'abbé de Choisy écrivait à Bussy le 26 décembre : « Mme de Verrue a failli mourir de la petite vérole. » Jeanne-Baptiste d'Albert, comtesse de Verrue, était sœur consanguine de Mme d'Albert, étant née le 18 septembre 1670, de Louis-Charles d'Albert de Luynes et de sa seconde femme, Anne de Rohan-Monbazon. Elle avait épousé, au mois d'août 1683, Joseph-Ignace-Auguste Mainfroi Jerôme de Scaglia, comte de Verrue, originaire du Piémont, qui abandonna son prince pour se mettre au service de Louis XIV. Après avoir été la maitresse de Victor Amédée II, elle fut l'amie de Voltaire et se rendit célèbre par son amour des plaisirs et des beaux-arts. On l'appelait Dame Volupté. Elle mourut fort peu chrétiennement, le 18 novembre 1736. Elle était liée avec la belle-sœur de Bossuet (Voir les *Mémoires de Messire Jean-Baptiste de La Fontaine, sieur de La Savoie* [par Courtilz de Sandras] Cologne, 1699, in-8 ; Mme de Sévigné, Grands écrivains, t. XI, p. 267 ; les *Mémoires* de Saint-Simon, passim ; le comte Clément de Ris, dans le *Bulletin du Bibliophile*, année 1863 ; les *Mélanges publiés par la Société des bibliophiles français*, 1867, in-8, p. 17).

passés ; j'en serais fâché, et je voudrais autre chose
d'elle auparavant[2]

J. BÉNIGNE, é. de Meaux.

---

673. — LEIBNIZ A BOSSUET.

A Hanover, ce 28 décembre 1691.

MONSEIGNEUR,

Je ne doute point que vous n'ayez reçu la première partie
de l'éclaircissement que vous aviez demandé, touchant un
projet de réunion qui avait été négocié ici avec M. l'évêque
de Neustadt[1] ; car je l'avais adressé à Mme de Brinon, avec
une lettre que j'avais pris la liberté de vous écrire, pour me
conserver l'honneur de vos bonnes grâces, et pour vous
témoigner le zèle avec lequel je souhaite d'exécuter vos ordres.

Je vous envoie maintenant le reste de cet éclaircissement,
fait par le même théologien[2], qui vous honore infiniment,
mais qui désire avec raison, comme j'ai déjà marqué, que
ceci ne se publie point, d'autant qu'on en est convenu ainsi
avec M. de Neustadt. Nous attendrons votre jugement[3], qui
donnera un grand jour à cette matière importante. Au reste,
je me rapporte à ma précédente, et je suis avec respect,
Monseigneur, votre très humble et très obéissant serviteur.

GEOFFROY-GUILLAUME LEIBNIZ.

Je prie Dieu que l'année où nous allons entrer vous soit

---

2. C'est-à-dire qu'elle changeât de conduite.

Lettre 673. — Publiée par Deforis, sans doute sur la copie de
Ledieu que nous avons retrouvée dans la collection H. de Rothschild.
Foucher de Careil dit qu'il la donne d'après l'original autographe,
mais sans indiquer le lieu où il l'a vu. La minute ne paraît pas être à
la Bibliothèque de Hanovre.

1. Les *Cogitationes privatæ*. Cf. plus haut, p. 378, note 2.

2. Molanus. Cf. p. 378, note 1.

3. Ce jugement, écrit à Meaux, du mois d'avril au mois de juillet
1692, se trouve en latin et en français dans les Œuvres de Bossuet
(Édit. Lachat, t. XVII, p. 548).

heureuse, et accompagnée de toutes sortes de prospérités, avec la continuation *ad multos annos.*

Suscription : A Mgr l'év. de Meaux.

---

674. — A Mme D'ALBERT.

[A la fin de 1691.]

L'acte de contrition nécessaire au sacrement de pénitence ne demande pas un temps précis et ne consiste pas dans une formule qu'on se dit à soi-même dans l'esprit. Il suffit de s'y exciter quelques heures avant la confession : quelquefois même l'acte qu'on excite longtemps devant est si efficace que la vertu en demeure des journées entières. Je ne croirais pas qu'un acte pût subsister en vertu, quand le sommeil de la nuit ou quelque grande distraction est intervenue ; à plus forte raison quand le péché mortel, qui est une rétraction trop expresse de l'acte d'amour, [se trouve] entre l'acte et la confession ou l'absolution. Il ne faut donc point s'inquiéter si l'on a répété cet acte ou immédiatement devant l'absolution, ou à la confession de quelque péché ou-

---

Lettre 674. — L. a. n. s. British Museum, ms. 24421. Cette lettre non datée a été assignée par Deforis à la fin de l'année 1691. Dans une lettre du 30 septembre, Bossuet avait traité à fond la question de l'intention virtuelle (voir p. 306) ; le 9 novembre, il promettait de compléter ces avis pratiques. Notre lettre ne doit pas être bien éloignée de cette époque. Mais faut-il la placer antérieurement, comme une première ébauche d'avis plus complets, ou plutôt faut-il la placer quelque temps après ? Quelque précis que fussent les avis sur l'intention en général, une difficulté spéciale pouvait surgir dans l'esprit de Mme d'Albert, relativement aux conditions requises pour la réception des sacrements.

blié : il suffit qu'il n'y ait pas eu d'interruption ou
de rétractation, selon les manières que je viens de
dire. Au reste, il faut tâcher de former en soi une
habitude si forte et si vive des vertus et des sentiments de piété, qu'ils naissent comme d'eux-mêmes
et presque sans qu'on les sente, du moins sans
qu'on y réfléchisse.

Je n'ai rien à ajouter à mon *Catéchisme* sur les
actes de contrition et d'attrition.

Il est inutile de savoir si les sacrements opèrent
physiquement ou moralement[1] ; ce qui est très
assuré, c'est que ce physique tient bien du moral,
et que ce moral, par sa certitude, sa promptitude et
son efficace[2], tient bien du physique : et c'est peut-
être ce que veulent dire ceux qui leur attribuent
une opération physique. Il suffit de savoir que l'opération du Saint-Esprit qui s'applique et se développe,
pour ainsi parler, dans les sacrements, est très réelle
et très physique, et qu'elle sort, pour ainsi parler, à
la présence du sacrement, comme d'un signe qui la
détermine en vertu de la promesse de Dieu très
infaillible. Adorez cette grâce, admirez cette opération, croyez en cette puissance, conformez-vous à
cette efficace[2] par une volonté vive, qui s'accommode
à l'impulsion et à l'action d'un Dieu.

1. Une controverse s'est élevée entre les théologiens sur le mode de
causalité des sacrements. Pour les uns, les sacrements sont des causes
instrumentales, qui produisent directement et immédiatement la grâce
dans le sujet qui les reçoit. Selon les autres, les sacrements ne font que
solliciter efficacement et infailliblement Dieu à donner sa grâce à ceux
qui les reçoivent avec les dispositions requises (Cf. P. Pourrat, *La
théologie sacramentaire*, Paris, 1908, in-12, p. 166 et suiv.).

2. *Efficace*, efficacité.

675. — A Mme DE BERINGHEN.

A Coulommiers, lundi soir.

Vous croyez bien, Madame, qu'étant proche de vous, je ne m'en écarterai pas sans me donner la consolation de vous voir. Ce sera pour mercredi dès le matin. Vous me donnerez à dîner, si vous l'avez agréable, et après il faudra aller revoir Germigny.

Après la messe, je dirai un mot aux religieuses, à la grille du chœur, et je voudrais bien savoir, en un petit mot, sur quoi vous croyez que je doive insister sans les fâcher.

J. BÉNIGNE, é. de Meaux.

Lettre 675. — Inédite, conservée dans une copie faite par M. Cousin (Bibl. Victor Cousin, à la Sorbonne, ms. 18 : *Copies de lettres de divers personnages, Bossuet,* etc. Ce sont des copies d'autographes provenant pour la plupart de la collection La Jarriette). — Cette lettre est sans indication de mois et d'année. Comme elle ne paraît pas pouvoir s'accorder avec les détails fournis par les *Extraits des procès-verbaux de Visites pastorales* publiés dans la *Revue Bossuet* (avril et octobre 1900 ; janvier et octobre 1901 ; juillet 1902 et avril 1903) sur les passages de Bossuet à Coulommiers, nous croyons devoir la placer en 1691 ou 1692. Car, pour ces années-là, nous n'avons aucun renseignement sur la marche de l'évêque de Meaux dans ses tournées pastorales.

APPENDICES

APPENDICES

I

Cette lettre autographe de Milord Perth, entrée récemment dans la belle collection de M. H. de Rothschild, nous a été obligeamment signalée par M. Émile Picot.

Stirling Castle 11 jan. 89.

My Lord,

I have told Abbot Renaudot that tho' (it may be) that point of honor, and the untainted and uninterrupted loyalty of my family, might have put me here at this time, for my fidelity to my so much injured Master; yet it is your Lordship, who, by the mercyfull and gracious goodness of God to me, are the instrument by the which this suffering is hallowed to me, and made not only tollerable, but sweet and joyfull. Not only for my Master, but for my God I now lye under hardships; and wheras it is noble and highly to be desired to suffer for one's sov'raign alone what must it be to suffer for, and with him, for the catholique Religion and

---

1. Nous la donnons en Appendice, parce qu'elle nous est venue trop tard pour pouvoir être mise à sa place chronologique. On en a vu d'ailleurs plus haut (p. I) la traduction française, faite pour Bossuet par l'abbé Renaudot, et qui seule était connue jusqu'ici depuis la publication de Deforis. Nous avons conservé à cette pièce son orthographe, ses archaismes et ses incorrections, pour lui laisser tout son cachet. Nous avons cependant écrit en entier certains mots abrégés dans l'original, comme Lop pour *Lordship*; wch pour *which*. V est souvent mis pour *w*.

conscience ? For my own part I am one of the weakest of men, and have not one good thing in me to support me ; but I thank God for this mercy, for he does it more than aboundantly. I have had a scruple upon my being so little sensible of what has come upon me ; the particular account of the which your Lordship will gett (if it be worthy of your patience to hear it) from my Brother, and from the Principall of the Scotish Colledge. What turn the affaires of this distracted Kingdome wil take is most uncertain; but I am very sorry that the second impression of your Lordship's History of the variations of the Protestants has so nottable an instance to confirm your doctrine, at this which these Kingdomes affords. And yet if it gains one soul to God, as I hope it wil open the eyes of many, it is worthy of all the temporall loss can happen to any. I doubt not but that your Lordship wil often see the King my dearest Master, no man's eloquence and piety can be more effectuall to administrat consolations to his Majesty (who I belive wil need such as little as any man can do by his naturall temper ; but his sufferings are very great) than your Lordship for Jesus's sake employ both to that end, and above all your holy prayers that our Lord wold restore him to his dominions and his subjects to their witts for a general distraction reigns universally evere where. I am keept very close so that this pacquett is stolen both as to the writting and dispatch of it : but being lyke never to have the means and opportunity of writing to your Lordship again, I have with this to beg your Lordship's blessing and prayers and I hope that our Lord who made your Lordship the good instrument of my being of the true religion, and has brought me (tho' most unworthy) to suffer for it, will hear you in bestowing upon me for our Lord's sake the blessing of a happy death and an eternity of bliss and joy. I sent a letter to your Lordship just in the beginning of these trubles to give your Lordship thanks for your excellent book. It luckylie escapt the rabbles hands when my lodgings were plundered by them ; but they burnt a crucifix, the Kings picture, your Lordship's and mine all into one fire at the mercat cross of the citty. Your Lordship sees they put mine in too good company.

I have one most humble suit to your Lordship which is that if it please God to permitt that I dye at this time which seems very probable and if my wife pursue her resolution to going to France, that your Lordship wold by your authority and advice further her pious design that you wold be as a father to my son, and a friend to my brother. It is great presumtion in me to be so bold with your Lordship but my circumstances wil plead for my pardon at your hands, be pleased to bestow your blessing (which I prostrate my self to beg of you) upon me all churchmen are now so used they dare not appeare far less, do I hope to see any so all earthly help being removed the prayers of such as your Lordship is are far the more necessary and I hope our Lord who knows how sincerely I value the ordinances in his Holy Church and the blessings she bestows wil supply what I necessarily want by none of my own fault with a far the larger share of his immediate consolations I am, may it please your Lordship, your Lordship's most obedient, most humble and most dutyfull son and servant.

PERTH.

Perth.

LE TEXTE DES LETTRES DE BOSSUET A Mme CORNUAU.

Mme Cornuau possédait plus de deux cent soixante lettres originales, à elle écrites par Bossuet. Elle tenait à grand honneur d'avoir eu un tel directeur, et de bonne heure conçut le projet de livrer ces lettres à la publicité. Elle en fit tout d'abord, et du vivant même du prélat, un recueil d'environ cent soixante lettres, supprimant celles qui traitaient d'affaires ou entraient dans des détails de conscience trop intimes ou trop particuliers [1].

Après avoir été soumis aux abbés Bossuet [2], de Saint-André et Ledieu, ce premier recueil fut présenté par le neveu du grand évêque au cardinal de Noailles [3], à la fin de janvier ou

1. Bossuet l'avait autorisée à montrer ses lettres à l'abbé de Saint-André, qui devait choisir celles qu'elle pourrait conserver pour sa consolation (Lettre du 26 février 1703). Ce premier recueil de la Sœur Cornuau ne nous a pas été conservé.

2. *Revue Bossuet*, juin 1906, p. 221.

3. Voici la lettre écrite à cette occasion à Mme Cornuau par l'archevêque de Paris, de Conflans, le 23 février 1705.

« Ne soyez point en peine de vos lettres, ma chère Fille ; je les ai depuis quelques semaines et les lis avec grande consolation et édification. Je suis ravi de voir les lumières que Dieu a données à ce grand prélat pour la vie intérieure, sur quoi tant de gens lui en croyaient si peu : voilà de quoi les confondre. Ainsi il faudra bien qu'elles paraissent, mais rien ne presse. C'est un bien qui n'est plus pour vous seule ; vous n'en devez point être jalouse, il faut le faire valoir pour la gloire de Dieu et celle de son serviteur. Je vous avertirai quand j'aurai achevé cette lecture, afin de vous faire tenir sûrement

au commencement de février 1705. Il était précédé d'un
Avertissement de la Sœur Cornuau ; mais les lettres y étaient
rangées un peu au hasard et sans autre ordre que celui des
matières. Néanmoins l'archevêque en fut si satisfait qu'en le
rendant, il demanda qu'on lui en fît une copie pour son usage
personnel [4].

La Sœur Cornuau finit par céder aux conseils de Ledieu,
qui lui avait donné l'idée de suivre, dans la disposition des
lettres, non plus l'ordre des matières, mais celui des dates.
Elle se mit à l'œuvre, et, dès le 8 avril 1706, elle lui montrait
sa nouvelle copie, destinée à l'archevêque, où les lettres
se trouvaient dans l'ordre chronologique [5]. D'un autre
côté, cette seconde copie avait été soigneusement revue sur
les originaux, débarrassée de fautes nombreuses qui déparaient
la première. Mme Cornuau y avait ajouté quantité d'extraits de lettres de Bossuet à Mme d'Albert, que cette religieuse lui avait communiquées, des poésies pieuses et d'autres
morceaux de spiritualité dont M. de Meaux était l'auteur.

En tête de ce nouveau recueil, la Sœur Cornuau mit un second Avertissement plus développé que le premier, et, dans
une longue lettre, elle assurait au cardinal la sincérité et
la fidélité de sa transcription. Elle lui proposait même, s'il
le jugeait à propos, de conserver les originaux, non seulement
des lettres indifférentes, mais même de celles où étaient contenues des choses de confession, après y avoir toutefois pratiqué les ratures convenables. « Vous pouvez être persuadé,
Monseigneur, que cette copie est très correcte : j'ai eu mes
originaux en main en la transcrivant, et je l'ai collationnée
dessus ; ainsi j'espère qu'elle sera sans fautes, du moins
considérables, car il peut encore en être échappé quelques-
unes à mon attention, malgré celles que j'ai trouvées. Après

vos lettres. Priez toujours Dieu pour moi ; je le prie de vous bénir de
plus en plus. † L. A. C. DE NOAILLES, ar. de Paris. » (Ms. f. fr. 12842).

4. Ledieu, t. III, p. 206, 5 janvier 1705 ; p. 276, 17 août 1706 ;
p. 303, 17 octobre ; p. 324, 6 novembre 1705.

5. Ledieu, t. III, p. 363 et 364.

cela, comme il y a dans bien de mes originaux des choses de confession, parce que quelquefois je mandais ma confession à ce prélat, qui l'envoyait querir par un exprès, et qu'il me renvoyait de même les réponses ; comme donc, Monseigneur, il y a des choses de cette conséquence dans mes originaux, j'ai dessein de brûler ceux-là en gardant seulement les autres. Je ne le ferai pas néanmoins, Monseigneur, que vous ne me disiez ce que vous trouvez bon que je fasse ; mais c'est qu'enfin la mort peut me surprendre, sans que je puisse avoir le temps de brûler mes originaux qui me peinent, et dont je ne puis rayer tous les endroits qui ne doivent point être vus. »

D'un autre côté, elle terminait ainsi son second Avertissement : « Il ne faut pas être étonné s'il y a plusieurs lettres où l'endroit et le jour du mois ne sont pas marqués à la date : quelquefois ce saint prélat l'oubliait quand il était pressé, ou bien souvent c'est qu'il écrivait à cette personne quand elle était près de lui, faisant ses retraites, et souvent même avant ou après lui avoir parlé. »

A voir de telles préoccupations et de tels scrupules chez la religieuse de Torcy, qui ne croirait à sa sincérité absolue ? Cependant elle ne mérite pas une confiance aveugle. Son recueil, il est vrai, ne contenait que des lettres de Bossuet (elle le dit trop catégoriquement pour que nous en doutions)[6] ; mais il y a lieu de se demander si toutes les lettres qu'elle nous a conservées nous ont été transmises par elle sous la forme même où elles sont sorties des mains de Bossuet ; si toutes ces lettres lui ont été adressées à elle-même, ou s'il ne s'en trouve point dans le nombre quelques-unes qui, écrites à d'autres personnes, lui avaient été communiquées par leurs destinataires.

6. Après avoir eu communication des originaux et s'en être servi pour vérifier les extraits qu'il avait pris de la copie exécutée par Mme Cornuau, Ledieu nous assure que ces « extraits sont fidèles et que ce sont autant de maximes prononcées certainement par feu M. de Meaux ».

En effet, dans plusieurs de ces lettres du recueil de Mme
Cornuau, nous lisons des passages qui se retrouvent identiques en des lettres écrites, à des dates différentes, à Mme
d'Albert ou à quelque autre religieuse [7]. Pour expliquer ce
phénomène, supposera-t-on que Bossuet tirait copie de ses
lettres, et qu'à plusieurs années d'intervalle, il les reproduisait
en partie en s'adressant à d'autres personnes ? Évidemment
non. Reste donc à dire que Mmc Cornuau a, d'une certaine
façon, retouché la correspondance de son directeur. Si, comme
c'était son droit, elle en a retranché des détails trop intimes et
trop particuliers, elle y a en revanche ajouté, du moins pour
certaines lettres, des fragments tirés d'autres lettres, et alors
même que celles-ci ne lui avaient pas été écrites à elle-même.
Il est telle lettre, l'une des plus longues du recueil (celle qui,
dans les éditions, porte la date du 29 mars 1695), qui est
presque en totalité formée de passages empruntés mot à mot à
d'autres lettres de provenance étrangère [8].

7. Dans la lettre du 17 janvier 1692, l'alinéa : *La pureté de l'amour
consiste...* vient d'une lettre du 12 octobre 1695, à Mme d'Albert.
Cette même lettre du 12 octobre a encore fourni à la lettre du mois
de mai 1693 du recueil de Mme Cornuau l'alinéa : *Jésus-Christ
nous a donné une vraie idée de ses dispositions...* A la suite de la
lettre du 21 décembre 1692, Mme Cornuau a joint le post-scriptum
de celle qui fut écrite à Mme d'Albert le lendemain, et elle y a pratiqué des retranchements de nature à faire croire que ce post-
scriptum lui était destiné, et à elle seule. Or, Bossuet écrit en propres termes à Mme d'Albert qu'il n'en a rien dit à Mme Cornuau
(Voir les réflexions de M. E Griselle, *Lettres revisées*, Arras et Paris,
1899, in-8, p. 58 et 59). C'est aussi à la correspondance de Mme d'Albert (lettres du 23 avril 1692 et du 15 mai 1694) que la Sœur Cornuau, pour ses lettres du 15 mai et du 4 décembre 1694, a emprunté
les passages : *Le mystère de l'Ascension...* et *Il n'est pas vrai que la
tristesse ne puisse venir de Dieu...* De même, dans la lettre du 10 mai
1694, Mme Cornuau s'est approprié une demi-page d'une lettre écrite
à Mme de La Guillaumie le 8 juin de la même année (*Ce n'est point par
goût, et encore moins par raison...*).

8. L'alinéa : *La foi, qui est le principe et le fondement de l'oraison*,
vient de la lettre du 15 novembre 1694, à Mme de La Guillaumie. Une
lettre du 10 octobre 1694, à Mme d'Albert, a fourni le passage : *Quelquefois on aime sans savoir qui ni pourquoi...* Enfin, d'une même lettre,

De plus, dans le recueil de Mme Cornuau, il y a une longue lettre [9], datée du « lundi matin, au mois d'avril 1695 », qui ne figure pas dans les éditions, sans doute parce que Deforis, encore qu'il n'en ait rien dit, s'était aperçu de la supercherie. Or cette lettre, sauf peut-être six ou sept lignes dont nous n'avons pas reconnu l'origine, est entièrement fabriquée avec extraits de lettres écrites par Bossuet à Mme d'Albert [10].

En achevant la transcription de cette lettre factice, Mme Cornuau ajoute la remarque suivante : « C'était les premiers jours d'avril que cette lettre fut écrite, et ce prélat en écrivit aussi une à feu Mme d'Albert sur le même sujet à peu près, parce que cette dame et cette personne avaient écrit chacune leurs difficultés à ce prélat. Cette lettre est à la page 839 ». En effet, elle donne (non pas à la page 839, mais à la page 749 de son recueil), un extrait de lettre à Mme d'Albert, en tête duquel elle a écrit : « Cet extrait est tiré d'une lettre que ce saint prélat écrivit à Mme d'Albert au mois d'avril 1695. Elle et la personne qui transcrit ces extraits avaient fait à ce prélat des questions sur ces matières et il leur répondit à chacune. Mais néanmoins il voulut que le tout fût commun pour elles deux. Ainsi si l'on veut voir les lettres de cette personne en voyant cet extrait, elles sont aux pages... » Or, en réalité, cette lettre ne fut pas écrite à Mme d'Albert au mois d'avril 1695, comme le dit la Sœur Cornuau, mais le 26 octobre 1694, et nous la donnerons à cette dernière date.

du 25 octobre 1693, à Mme de Baradat, viennent les quatre alinéas : *La méditation de Jésus-Christ en tant qu'homme...* ; *Ce sont de faux spirituels...* ; *Dieu semble nous échapper...* ; *Où le péché a abondé...*

9. Elle porte, dans le ms. fr. 12842 de la Bibliothèque Nationale, p. 283-296, le n° 98.

10. Dans la lettre à Mme d'Albert, du 31 octobre 1693, on retrouvera les alinéas : *Pour moi, je ne sais point tant de finesse...* ; *Les nouveaux spirituels...* ; *Je ne sais où l'auteur...* ; *Pour ce qui est du raisonnement exprès...* ; *Pour ce qui est de l'autre partie...* ; *Je vois dans les spirituels...* ; *Il n'y a rien de si certain..* A la lettre du 3 novembre 1693 ont été empruntés les passages : *Cette présence de Dieu indéfiniment en toute chose...* ; *Si méditer, c'est faire des raisonnements...* Enfin, de la lettre du 10 octobre 1694 viennent les alinéas : *Tous les mys-*

Ce fait suffirait à nous mettre en défiance au sujet des dates assignées par Mme Cornuau aux lettres dont elle a composé son recueil. Mais nous savons par ailleurs que plusieurs de ces dates sont fausses et que, de la part de la bonne Sœur, cette inexactitude n'a pas été involontaire.

Dans la première copie faite pour le cardinal de Noailles, elle avait supprimé dans les dates l'indication du jour. Ledieu s'en était aperçu. « Je ne sais si elle y entend finesse ; je le saurai d'elle », écrivait-il. Or voici ce qu'en cherchant à éclaircir ce point, il a pu apprendre. « Cette religieuse m'a avoué, dit-il, que, voulant faire son recueil, elle avait cru le devoir commencer dès 1686, au temps de sa confession générale, et le faire ainsi continuer jusqu'à la mort du prélat, afin de faire ainsi paraître une suite de lettres et une suite de direction. Cependant le fait est que le prélat n'a commencé à lui écrire qu'en 1689. Pour donc remplir les années précédentes, elle a, dit-elle, choisi celles de ses lettres qui traitaient des commencements de l'oraison, et elle leur a donné des dates à son gré, de 1686, 1687 et 1688..... Elle a souvent fait une composition de plusieurs lettres en une seule, joignant ensemble celles qui traitaient d'une même matière, afin, dit-elle, de faire des lettres d'une plus juste longueur. »

En cela, Mme Cornuau a-t-elle été mue seulement par le désir d'offrir aux âmes pieuses une sorte de méthode graduée et progressive de spiritualité ? N'a-t-elle pas en même temps cédé à une pensée de vanité, et voulu nous faire croire que, tout aussitôt après avoir reçu sa confession, Bossuet avait jugé qu'elle valait la peine qu'il consacrât un temps précieux à lui écrire de longues lettres ? Quoi qu'il en soit, tous les éditeurs ont été dupes de son artifice, et nous l'eussions été comme eux, si une bienveillante communication, dont nous ne saurions être trop reconnaissants à M. le vicomte Raoul de Saint-

---

tiques que j'ai vus... ; *Que la foi nue commence seulement alors...* ; *Ce rayon que met votre auteur* (C'est de cette dernière lettre que Mme Cornuau a tiré, pour le faire servir ailleurs, le développement visé plus haut : *Quand on aime sans savoir qui ni pourquoi*).

Seine, ne nous avait fait connaître les précieux extraits tirés par Ledieu du recueil de Mme Cornuau et revus par lui sur les originaux.

Grâce à Ledieu, qui a pris sur les autographes les véritables dates des lettres, nous pourrons éviter les erreurs où ont été induits nos devanciers.

Il est regrettable seulement que l'ancien et dévoué secrétaire de Bossuet n'ait pas cru devoir copier intégralement les lettres originales mises sous ses yeux [11]. Nous serions sûrs alors d'en avoir le texte absolument authentique ; nous pourrions de plus savoir jusqu'à quel point Mme Cornuau en a, dans le sens que nous avons dit, modifié l'ordre et la disposition des idées, et il nous serait permis de les rétablir dans leur forme primitive. Mais, en l'absence des originaux, on ne saurait déterminer dans quelle mesure Mme Cornuau a *collaboré* aux lettres de son directeur, telles que nous les possédons.

Et il est bien étrange qu'on ait aujourd'hui encore un si grand nombre de lettres autographes écrites par Bossuet à d'autres religieuses, et que de celles que reçut de lui Mme Cornuau, aucune ne soit venue jusqu'à nous. Faudrait-il donc en imputer la destruction au cardinal de Noailles, au jugement de qui cette bonne Sœur semblait, comme on l'a vu, s'en rapporter ? Mais, après ce que nous avons dit des procédés de Mme Cornuau, sa parole n'est peut-être pas une raison suffisante de le penser.

Le premier recueil de la Sœur Cornuau a disparu sans lais-

---

11. « Mon dessein, dit-il, est de faire un simple extrait des maximes spirituelles et des règles de conduite que je trouverai dans ces lettres, sans oublier les décisions des difficultés particulières et les réponses à diverses questions. Tout cela servira à faire voir ce que dit Saint-Bénigne dans son avertissement mis avant ses lettres: le zèle et la charité de ce pasteur pour le salut d'une âme que Dieu avait mise entre ses mains ; sa patience, sa vigilance et son application conti, nuelle pour elle, et même, ajoute-t-elle, l'humilité de ce grand prélat qui, au milieu de ses grands emplois, ne refusa pas ses soins à une personne, comme elle dit en propres termes, sans mérite, sans vertu et sans naissance. » (Ms. Saint-Seine).

ser de traces. Au contraire, il existe du second une dizaine de copies manuscrites de valeur inégale [12].

Celle qui avait été faite pour le cardinal de Noailles ne se trouve plus. En effet, cette copie, contenant, outre les lettres adressées à Mme Cornuau, des extraits de lettres à Mme d'Albert, des pièces de vers, etc., était de la main de cette religieuse, et, comme elle l'avoue elle-même, assez mal écrite [13]. Or aucun des manuscrits que nous possédons ne répond à ce signalement. Voici la description sommaire de ces manuscrits.

1º Celui d'entre eux qui mérite le plus de confiance se trouve à la Bibliothèque Nationale (f. fr. 12842) et porte

12. Dans le *Correspondant,* t. XXIV (1849), p. 500, Dom Pitra signalait un manuscrit alors conservé à la Bibliothèque de la ville de La Flèche (A, 99) et contenant des variantes intéressantes. Malheureusement cette copie est aujourd'hui perdue. Des notes de D. Pitra, que nous a obligeamment communiquées D. Dubourg, il ressort qu'elle ressemblait fort au ms. Ne. Elle avait été donnée, le 5 avril 1734, à la marquise de Tresnel par Hattingais, alors diacre de Meaux, sans doute le même qui fut curé de La Ferté-sous-Jouarre, de 1737 à 1777, et mourut à Meaux en 1779.

13. « Permettez, Monseigneur, je vous supplie, que je vous fasse mes très humbles excuses de ce que cette nouvelle copie n'est pas écrite aussi correctement qu'elle le devrait pour être digne de vous être présentée : quelques soins que j'aie pris, j'ai encore retrouvé des fautes en la relisant ; ce qui m'a obligée de rayer des mots, d'ajouter ce qui manquait. J'avais pensé d'en écrire une autre ; mais j'ai cru que cela ferait trop attendre Votre Éminence. Avec cela, comme mes obédiences m'empêchent de pouvoir écrire de suite, il se pourrait possible faire que je ferais encore des fautes si je la récrivais. Ainsi, Monseigneur, j'ai cru qu'il fallait mieux vous l'envoyer telle qu'elle est, espérant que tout ce que renferme cet ouvrage vous fera pardonner tout ce qui vient de ma plume. » Il semble que tout d'abord Mme Cornuau avait voulu offrir à l'archevêque une copie bien calligraphiée. En effet, elle écrivait, le 18 août 1706, à l'abbé Bossuet: « Permettez-moi, Monsieur, de vous demander si vous faites travailler à la copie de mes lettres et dans quel temps elle pourra être achevée. J'avais à écrire à Mgr le cardinal de Noailles ; je voudrais attendre pour pouvoir lui dire que cette copie est achevée, n'osant lui écrire sans lui parler de cela » (Dans la *Revue Bossuet* du 25 juin 1906, p. 228).

cette mention : *Ce manuscrit appartient à M. l'évêque de Troyes, ce 22ᵉ juin 1722.* Il contient, à l'exception des poésies, qui en ont été enlevées après coup, toutes les pièces mentionnées par Mme Cornuau, et de plus la lettre d'envoi au cardinal de Noailles et les deux Avertissements de cette religieuse. Les lettres y sont au nombre de cent soixante-six, dont deux de Mme Cornuau elle-même, sans compter une collection finale d'extraits de différentes autres lettres. Pour plus de commodité dans les citations et les références, nous désignerons ce manuscrit par les lettres Na.

2° Un manuscrit de la Bibliothèque Mazarine (n° 1222) superbement exécuté, et revêtu d'une riche reliure. Il contient aussi cent soixante-six lettres, mais non la lettre d'envoi de Mme Cornuau. Il donne en revanche la *Relation de la maladie et de la mort de M. Bossuet* par l'abbé de Saint-André, qui manque à tous les autres. Nous le désignerons par les lettres Ma.

3° Un manuscrit conservé dans la Bibliothèque de la Sorbonne (n° 758), contenant cent soixante-cinq lettres, auxquelles on a joint un fragment de l'Avertissement de Mme Cornuau, une paraphrase en vers du *Silentium tibi laus,* des extraits de lettres à une religieuse, et un *Discours sur l'épître du samedi saint, prononcé en 1692, au temps de Pâques* [14]. On n'y trouve ni la lettre d'envoi au cardinal de Noailles, ni les Avertissements, sauf un extrait rejeté à la suite des lettres. Ce sera pour nous le manuscrit So.

4° Un manuscrit incomplet de la Bibliothèque Nationale (f. fr. 15179). Il contient, avec la lettre d'envoi, les deux Avertissements et les quatre-vingt-dix-sept premières lettres, mais avec des lacunes ou des suppressions. C'est lui que nous indiquerons par les lettres Nb.

5° Un manuscrit intitulé : *Lettres spirituelles de Monseigneur l'Illustrissime et Révérendissime Messire Jacques Bénigne Bossuet,* etc., et portant la mention suivante : « C'est M. de

---

14. C'est l'écrit connu sous le titre de *Discours sur la vie cachée en Dieu,* composé pour Mme de Luynes.

Saint-André qui a donné ce manuscrit à D. Benoît, prieur de la Trappe. Ces lettres n'ont pas encore été imprimées. » Il appartient aujourd'hui à M. le vicomte Raoul de Saint-Seine, qui l'a gracieusement mis à notre disposition. M. le chanoine Thomas, curé de Notre-Dame de Dijon, avait déjà signalé ce manuscrit et en avait fait ressortir toute l'importance, dans la *Revue Bossuet* du 25 octobre 1904. En tête, on lit une *Manière d'avertissement*, mais non la lettre d'envoi ni le second Avertissement de la Sœur Cornuau. Les lettres de Bossuet y sont au nombre de cent soixante et une. Nous le désignerons sous le nom de manuscrit de la Trappe ou par la lettre T.

6° Un manuscrit provenant de l'ancienne Visitation de Meaux et portant, avec la date de 1718, la mention : « *Pour demeurer au chœur.* » Il se trouve à la Bibliothèque Nationale (f. fr. 12841) et nous le désignerons par le sigle Nc. Il renferme cent soixante et une lettres, à la suite desquelles on trouve une *Manière d'avertissement*, sans la lettre d'envoi ni le second Avertissement. On y a joint une allocution de Bossuet et quelques autres pièces relatives à la Visitation.

7° Un manuscrit intitulé *Recueil de lettres sur divers sujets de piété par Mgr. J. B. Bossuet, évêque de Meaux, transcrites en l'année 1726*. Il appartenait jadis à la Communauté de Fontaines[15], et est aujourd'hui à la Bibliothèque Nationale (f. fr. 12843). On y trouve cent soixante lettres, dont la première (et cette particularité est propre à ce manuscrit) est celle du 26 février 1703, par laquelle Bossuet recommande à la Sœur Cornuau de consulter l'abbé de Saint-André sur les lettres qu'elle pourra conserver. Ce manuscrit est de deux mains différentes. De la première viennent les lettres I à XXXII, avec des suppressions et des transpositions ; le reste vaut beaucoup mieux. Nous désignons ce manuscrit par le sigle Nd.

8° Un manuscrit appartenant au monastère de la Visitation de Meaux, actuellement réfugiée en Belgique. Nous le dési-

---

15. Prieuré de Fontaines-les-Nonnes, de l'Ordre de Fontevrault, sur la paroisse de Douy-la-Ramée, au diocèse de Meaux.

gnerons par la majuscule V. Il a été exécuté en 1738. C'est l'un
des moins bons : on y relève de nombreuses omissions dues à
l'inattention du copiste et même des non-sens. Il offre beaucoup
de ressemblances avec le ms. fr. 12841 ou Nc ; cependant des
différences assez sensibles prouvent qu'il n'a pas été fait sur lui.

9° Un manuscrit acheté à Nancy par M. E. Levesque, bi-
bliothécaire au Séminaire Saint-Sulpice, et que nous désignerons par l'abréviation Su. Le texte ressemble beaucoup à
celui de l'édition de 1748, dont nous parlerons plus loin. Il
contient cent cinquante-deux lettres, dont la seconde ne se
retrouve nulle part ailleurs. Aucune lettre n'y est datée.

10° Un manuscrit du Séminaire de Meaux, exécuté au
xviiie siècle, mais sensiblement postérieur aux précédents, et
intitulé : *Lettres de piété et de direction de M. Bossuet, évéqae
de Meaux, depuis 1686 jusqu'en 1702*. Il ressemble aussi beaucoup à l'édition de 1748. Les lettres y sont au nombre de
cent cinquante et une. Il ne donne ni la lettre d'envoi ni les
Avertissements de Mme Cornuau. Nous le désignerons par la
majuscule M.

11° Un manuscrit des premières années du xviiie siècle
et qui, après avoir appartenu au cardinal Fesch, fait aujour-
d'hui partie de la Bibliothèque d'Ajaccio. Il ne contient ni
la lettre d'envoi ni les Avertissements de la Sœur Cornuau,
ni les poésies de Bossuet, mais seulement cent soixante-trois
lettres. Pour le texte, il ressemble fort au manuscrit de la
Sorbonne. Nous le désignerons par la lettre A.

12° Un manuscrit de la Bibliothèque Nationale (f. fr.
15181), contenant, sans aucun ordre, des maximes et réflexions spirituelles tirées des lettres de Bossuet à Mme Cornuau et à Mme d'Albert. Le texte en est excellent. Nous désignerons ce manuscrit par les lettres Ne.

13° Un manuscrit dont nous avons parlé plus haut, faisant
partie de la collection de M. le vicomte de Saint-Seine, et
dans lequel l'abbé Ledieu, indiquant le sujet de chaque lettre,
et en rectifiant la date, a tiré du recueil de Mme Cornuau ce
qui lui semblait utile pour la connaissance de la doctrine spirituelle de Bossuet. Ces extraits de Ledieu sont précieux non

seulement à cause des notes instructives qui les accompagnent, mais encore parce que, Ledieu les ayant revus sur les originaux, ils doivent reproduire les lettres de Bossuet exactement, soit pour les pensées, soit pour les expressions.

14° Six cahiers détachés d'une copie du xviiie siècle, qui, en 1744, appartenait à J.-B. Cadet Caillot, de Coulommiers. Ces cahiers sont aujourd'hui dans la collection Saint-Seine. Le texte qu'ils offrent n'est pas très bon ; ils peuvent servir néanmoins à confirmer certaines leçons d'autres manuscrits. Nous les désignons sous l'abréviation Ss.

Les lettres de Bossuet à Mme Cornuau ont été imprimées pour la première fois par un éditeur anonyme, sous le titre de *Lettres spirituelles de Messire Jacque-Benigne Bossuet, évêque de Meaux, à une de ses pénitentes*, Paris, Desaint et Saillant, 1746, in-12, de xxiv-406 pages. Ce volume contient cent soixante et une lettres, mais ne donne ni la lettre d'envoi ni les Avertissements. Les lettres, excepté la première, n'y sont pas datées : on a seulement indiqué en marge l'année où elles furent écrites. La correspondante de Bossuet y est appelée Mme de Corneau. Le texte a été souvent altéré ; cependant il présente moins de lacunes que celui de la seconde édition. Le premier éditeur n'indique pas la provenance de ces lettres, pas plus qu'il ne révèle sa personnalité.

Nous rangerons sous une dénomination commune et nous appellerons seconde édition deux publications d'aspect différent et parues à une année d'intervalle. En effet, les lettres à Mme Cornuau ont trouvé place dans la première collection d'*Œuvres* de Bossuet, celle qui fut donnée par l'abbé Pérau (Tome XI, Paris, Antoine Boudet, 1747, in-4, p. 171 à 484, *sic* pour 384). Elles y portaient le titre de *Lettres de piété et de direction de M. Bossuet, évêque de Meaux, depuis 1686 jusqu'en 1702*, sous lequel on les voit paraître de nouveau l'année suivante, et en vertu du même privilège, dans le tome premier des *Lettres et opuscules de M. Bossuet, évêque de Meaux* (Paris, Jacques Barrois, 1748, 2 vol. in-12, t. I, xxx-412 pages).

Le privilège, unique pour les deux publications, prouve

qu'elles sont dues au même éditeur. Et, en effet, entre le texte de 1747 et celui de 1748, il y a seulement quelques légères différences pour les dates, la ponctuation et l'orthographe. La pénitente de Bossuet est appelée en 1747, Mme Corneau, mais elle retrouve son vrai nom dans les *Lettres et opuscules* de 1748.

Le texte de 1747 n'est précédé d'aucune note qui en indique l'origine, mais, d'après la préface des *Lettres et opuscules*, il viendrait d'une copie faite sur celle qu'exécuta une religieuse qui servait de secrétaire à Mme Françoise Ignace de Bassompierre, religieuse de la Visitation de Nancy, où elle retourna après avoir été, de 1718 à 1724, supérieure du couvent de son Ordre, à Meaux. En effet, Mme de Bassompierre, fervente admiratrice de Bossuet, s'était donné beaucoup de mal pour rassembler les écrits du grand évêque ayant trait à la vie spirituelle et à la direction des consciences.

Cette seconde édition contient cent cinquante et une lettres. Elles y sont précédées du premier Avertissement de la Sœur Cornuau, ce qui suffirait à nous faire croire que la copie de Nancy avait été faite, non pas, comme le croyait l'éditeur, sur les autographes, dont Mme Cornuau ne se séparait pas volontiers, mais sur une copie de sa main, en tête de laquelle elle avait écrit son premier Avertissement.

Dans cette édition, le style est meilleur, mais les omissions ou suppressions sont plus nombreuses que dans la première.

L'édition des *Lettres et opuscules*, comme celle de 1746, a été attribuée par Barbier (Paris, 1882, t. II, col. 1270 et 1289) à D. Catelinot (1671-1756) [16], bénédictin de la Congrégation de Saint-Vannes. Mais si tant est que ce religieux soit pour quelque chose dans l'édition de 1746, il n'est pas vraisemblable que, sans avertir, il ait publié, dans les *Lettres et opuscules*, un texte si différent du premier.

---

16. On trouve souvent son nom écrit *Cathelinot*, parfois *Cathelineau*; mais, comme on peut le voir au bas d'une lettre autographe datée de Saint-Mihiel, 22 octobre 1738, il signait: D. Ildefonse Catelinot. Cf. *Bibliothèque générale des écrivains de l'Ordre de saint Benoît* (de Dom Jean François), Bouillon, 1777, in-4, t. I, p. 186.

La troisième édition est celle du bénédictin Deforis, qui a imprimé dans sa collection des *OEuvres* de Bossuet (tome XI, Paris, Ant. Boudet, 1778, in-4°, p. 318 à 618, lettres XLIX à CCXIII) les lettres à Mme Cornuau.

Deforis a ignoré les *Lettres et opuscules* de 1748, et a cru à tort que, pour les lettres de Bossuet à Mme Cornuau, l'abbé Pérau avait reproduit le texte de 1746. Pour lui, c'est de cette première édition qu'il s'est servi, mais non sans l'améliorer par la comparaison avec des manuscrits qui lui avaient été communiqués par des maisons religieuses, la Trappe, Saint-Cyr, la Visitation de Meaux, etc. Il avait eu aussi à sa disposition celui qui avait appartenu à l'évêque de Troyes. Sans parler de la lettre d'envoi et des deux Avertissements de Mme Cornuau, il donnait cent soixante-quatre lettres, dont deux de cette religieuse elle-même à son directeur.

L'édition de Deforis réalisait un progrès sensible. Elle n'est pourtant pas sans défauts. Le savant bénédictin, ici comme ailleurs, n'a pas résisté à la tentation de retoucher çà et là le style de son auteur ; il en a fait soigneusement disparaître les tours archaïques, les expressions familières, et tout ce qui, comme les mots répétés à peu d'intervalle, pouvait sentir la négligence et le laisser-aller.

Le texte de Deforis a été reproduit fidèlement dans les éditions postérieures, et en particulier dans celle de Versailles, jusqu'à F. Lachat.

Dans les *OEuvres complètes de Bossuet* publiées par F. Lachat, les lettres à la Sœur Cornuau font partie du tome XXVII (Paris, Vivès, 1869, in-8, p. 410 à 659). Cet éditeur a compris qu'il ne devait pas réimprimer tel quel le texte de Deforis ; mais il n'a pas tiré tout le parti possible des manuscrits qu'il avait sous les yeux. Il lui arrive même d'apporter au texte du bénédictin des corrections peu satisfaisantes: il ne devait pas lui suffire qu'une leçon fût dans un manuscrit pour l'adopter. En l'absence des autographes, il fallait traiter les copies, toutes plus ou moins défectueuses, d'après les procédés d'une critique prudente et circonspecte. Lachat aurait dit aussi établir une comparaison avec les différentes éditions, pour lesquelles d'ailleurs il témoigne un dédain excessif : celle de 1746 lui aurait épargné des fautes regrettables. Enfin, lorsqu'il choisit entre diverses leçons, il ne donne jamais la raison de ses préférences, et lorsqu'il signale de loin en loin quelque variante, il n'en indique jamais la source.

Dans la présente édition, comme nous l'avons dit, ces lettres ne formeront plus un recueil à part : elles reprendront, suivant l'ordre des dates, leur place au milieu des autres lettres de Bossuet. Nous n'indiquerons pas pour chacune d'elles le premier éditeur mais il est bien entendu que, sauf avis contraire, elle a paru d'abord dans l'édition de 1746.

Nous corrigerons les dates à l'aide des rectifications contenues dans les Extraits de LeDieu : les erreurs volontaires de Mme Cornuau sont, comme on le verra, nombreuses pour les premières années de sa correspondance.

Les passages qui se retrouvent identiques dans nos copies et dans les lettres de Bossuet à d'autres personnes, seront considérés comme interpolés et, en conséquence, nous les retrancherons sans hésiter, mais non sans avertir le lecteur.

Nous n'avons pas la prétention chimérique de reconstituer dans son intégrité et dans sa pureté primitives le texte même de Bossuet, dont nous séparent trop d'intermédiaires suspects ; nous nous efforcerons toutefois de nous en rapprocher le plus possible.

Dans l'établissement du texte, nous prendrons pour base le manuscrit de l'évêque de Troyes (Bibliothèque Nationale, f. fr. 12842, désigné par N.) qui est le plus voisin, sinon du texte de Bossuet, du moins de la forme que lui avait donnée Mme Cornuau. Ce n'est pas dire pourtant que nous suivrons de préférence LeDieu pour les passages qu'il a transcrits et ensuite revus sur les originaux.

Nous avons étudié de très près les autres copies aujourd'hui connues : ce sont celles qu'avait eues en main Deforis, et dont plusieurs ont pas servi à F. Lachat[17]. Chacune

17. Par exemple, et éditeur n'a vu ni le manuscrit de la Trappe,

d'elles offre des leçons intéressantes, et lur comparaison permet d'apporter au texte des corrections utiles.

Quant aux variantes, nous ne saurions les rapporter toutes;
nous nous bornerons à celles qui ont quelque importance,
en notant toujours l'édition ou le manuscrit qui les aura
fournies. Lorsque nous nous écarterons de Deforis, nous en
avertirons seulement si son texte est autorisé par quelque manuscrit; dans le cas contraire, en effet, nous sommes fondés
à croire que nous sommes en présence d'une de ces corrections arbitraires dont il est coutumier, et dont il n'y a pas
à tenir compte. Les renvois aux Livres saints, quand ils sont
indiqués dans nos copies, seront conservés dans le texte, parce
qu'il y a lieu de croire qu'ils sont de Bossuet lui-même; les
autres seront rejetés parmi les notes, au bas des pages.

TABLEAU DES SIGNES EMPLOYÉS POUR LES RÉFÉRENCES
AUX MANUSCRITS OU AUX ÉDITIONS.

Manuscrits.

A = Ms. de la Bibl. d'Amiens.
M = Ms. du Grand Séminaire de
Meaux.
Ma = Ms. de la Bibl. Mazarine, 2002.
Na = Ms. de la Bibl. Nationale, f.
fr. 12842.
Nb = Ms. de la Bibl. Nationale, f.
fr. 15179.
Nc = Ms. de la Bibl. Nationale, f.
fr. 12841.

Nd = Ms. de la Bibl. Nationale, f.
fr. 12842.
Ne = Ms. de la Bibl. Nationale, f.
fr. 12842.
So = Ms. de la Bibl. de la Sorbonne,
52.
Ss = Fragment de Saint-Seine.
= Ms. du Séminaire Saint-Sul-
pice.
T. = Ms. de la Trappe.

Éditions.

1748 = 1re édition, donnée en 1748.   Paru en 1750 et en 1748.
1748 = seconde édition, publiée par   D = édition de Deforis.

Depuis Deforis, dans les éditions de Bossuet, la collection
des lettres écrites à Mme Cornuau (ou plutôt de celles dont
elle a voulu donner connaissance au public) est précédée ni

ni celui de la Bibliothèque Mazarine, ni celui du Séminaire Saint-
Sulpice.

dû aussi établir une comparaison avec les différentes éditions, pour lesquelles d'ailleurs il témoigne un dédain excessif : celle de 1746 lui aurait épargné des fautes regrettables. Enfin, lorsqu'il choisit entre diverses leçons, il ne donne jamais la raison de ses préférences, et lorsqu'il signale de loin en loin quelque variante, il n'en indique jamais la source.

Dans la présente édition, comme nous l'avons dit, ces lettres ne formeront plus un recueil à part ; elles reprendront, suivant l'ordre des dates, leur place au milieu des autres lettres de Bossuet. Nous n'indiquerons pas pour chacune d'elles le premier éditeur ; mais il est bien entendu que, sauf avis contraire, elle a paru d'abord dans l'édition de 1746.

Nous corrigerons les dates à l'aide des rectifications contenues dans les Extraits de Ledieu ; les erreurs volontaires de Mme Cornuau sont, comme on le verra, nombreuses pour les premières années de sa correspondance.

Les passages qui se retrouvent identiques dans nos copies et dans les lettres de Bossuet à d'autres personnes, seront considérés comme interpolés et, en conséquence, nous les retrancherons sans hésiter, mais non sans avertir le lecteur.

Nous n'avons pas la prétention chimérique de reconstituer dans son intégrité et dans sa pureté primitives le texte même de Bossuet, dont nous séparent trop d'intermédiaires suspects ; nous nous efforcerons toutefois de nous en rapprocher le plus possible.

Dans l'établissement du texte, nous prendrons pour base le manuscrit de l'évêque de Troyes (Bibliothèque Nationale, f. fr. 12842, désigné par Na), qui est le plus voisin, sinon du texte de Bossuet, du moins de la forme que lui avait donnée Mme Cornuau. Il va sans dire pourtant que nous suivrons de préférence Ledieu pour les passages qu'il a transcrits et ensuite revus sur les originaux.

Nous avons étudié de très près les autres copies aujourd'hui connues : ce sont celles qu'avait eues en main Deforis, et dont plusieurs n'ont pas servi à F. Lachat [17]. Chacune

17. Par exemple, cet éditeur n'a vu ni le manuscrit de la Trappe,

d'elles offre des leçons intéressantes, et leur comparaison permet d'apporter au texte des corrections utiles.

Quant aux variantes, nous ne saurions les rapporter toutes ; nous nous bornerons à celles qui ont quelque importance, en notant toujours l'édition ou le manuscrit qui les aura fournies. Lorsque nous nous écarterons de Deforis, nous en avertirons seulement si son texte est autorisé par quelque manuscrit ; dans le cas contraire, en effet, nous sommes fondés à croire que nous sommes en présence d'une de ces corrections arbitraires dont il est coutumier et dont il n'y a pas à tenir compte. Les renvois aux Livres saints, quand ils sont indiqués dans nos copies, seront conservés dans le texte, parce qu'il y a lieu de croire qu'ils sont de Bossuet lui-même ; les autres seront rejetés parmi les notes, au bas des pages.

Tableau des signes employés pour les références aux manuscrits ou aux éditions.

Manuscrits.

A = Ms. de la Bibl. d'Ajaccio.
M = Ms. du Grand Séminaire de Meaux.
Ma = Ms. de la Bibl. Mazarine, 1222.
Na = Ms. de la Bibl. Nationale, f. fr. 12842.
Nb = Ms. de la Bibl. Nationale, f. fr. 15179.
Nc = Ms. de la Bibl. Nationale, f. fr. 12841.

Nd = Ms. de la Bibl. Nationale, f. fr. 12843.
Ne = Ms. de la Bibl. Nationale, f. fr. 15181.
So = Ms. de la Bibl. de la Sorbonne, 758.
Ss = Fragment de Saint-Seine.
Su = Ms. du Séminaire Saint-Sulpice.
T. = Ms. de la Trappe.

Éditions.

1746 = 1re édition, donnée en 1746.
1748 = seconde édition, publiée par

Pérau en 1747 et en 1748.
D = édition de Deforis.

Depuis Deforis, dans les éditions de Bossuet, la collection des lettres écrites à Mme Cornuau (ou plutôt de celles dont elle a voulu donner connaissance au public) est précédée 1°

ni celui de la Bibliothèque Mazarine, ni celui du Séminaire Saint-Sulpice.

d'une lettre au cardinal de Noailles, dont cette religieuse accompagna la seconde copie qu'elle avait faite pour lui ; 2° d'un « Premier avertissement » rédigé du vivant même de Bossuet, alors que Mme Cornuau avait déjà formé le projet de livrer à la publicité quelque chose des lettres de son directeur ; 3° d'un « Second avertissement », beaucoup plus développé, et composé spécialement à l'occasion de la seconde copie, exécutée pour l'archevêque de Paris.

Nous reproduisons ici ces documents dans leur ordre chronologique : 1° Premier avertissement ; 2° Lettre au cardinal de Noailles et Second avertissement.

Pour eux, comme pour les lettres de Bossuet elles-mêmes, nous suivrons de préférence, à défaut des originaux disparus, le texte du ms. Na (Bibliothèque Nationale, f. fr. 12842) tout en signalant les variantes intéressantes des autres manuscrits.

Du reste, tous les manuscrits ne contiennent pas la lettre de la Sœur Cornuau et ses deux Avertissements. Il en est (par exemple, le ms. fr. 12841) qui ont seulement le premier Avertissement, et d'autres qui ne donnent ni le premier ni le second, ni la lettre de Mme Cornuau, mais seulement les lettres de Bossuet [18].

Premier avertissement sur les lettres suivantes [a].

Elles ont été écrites par ce grand prélat à une âme que Dieu mit entre ses mains, par une conduite toute particulière de ses bontés et de ses grandes miséricordes pour elle, dès l'année 1681, dans une première visite que ce prélat fit, en entrant dans son diocèse, dans une communauté établie pour l'instruction des jeunes filles, où cette personne s'était dévouée depuis quelques mois. Elle était dans des peines inté-

a. Dans les mss. T et Nc, le titre est : *Manière d'avertissement sur ces lettres.*

18. On peut voir dans la *Revue Bossuet* (Supp. III, 25 juin 1906, p. 221 et suiv.) les lettres écrites par Mme Cornuau à l'abbé Bossuet, au sujet du recueil de celles de l'évêque de Meaux.

rieures très grandes, et avait des embarras de conscience ex-
trêmes sur plusieurs choses très considérables, comme on le
verra dans les lettres que ce prélat lui a écrites, et particulièrement sur le vœu qu'elle avait fait, dès qu'elle fut veuve,
d'être religieuse, que ses affaires et la tutelle d'un jeune enfant qu'elle avait l'empêchaient d'exécuter. Car cette personne
avait été engagée très jeune dans le mariage ; et depuis elle
s'est trouvée dans tant de différentes situations, où elle a été
obligée de consulter ce saint prélat et de prendre ses avis,
tant pour elle que pour d'autres personnes, que, quoiqu'elle
eût l'honneur de le voir assez souvent, elle s'est trouvée dans
la nécessité de lui beaucoup écrire ; et ce grand prélat, tout
environné d'affaires, occupé infatigablement à la garde d'Israël, et à empêcher tant d'ennemis si différents, si subtils et
si cachés, d'y faire la moindre brèche, et à les combattre par
ses savants[b] écrits ; malgré donc ces travaux immenses, il
a veillé avec un soin, une charité et une vigilance
presque sans exemple à tous les besoins de cette âme, sans
jamais se rebuter ni de son peu de mérite, ni de ses peines, ni
de l'avoir presque toujours vue une terre ingrate, qui ne lui
rendait que des chardons et des épines pour la bonne semence
qu'il y a infatigablement semée pendant tant d'années. Et il
a toujours fait pour cette âme ce qu'il aurait fait pour celles
qui auraient été non seulement d'une naissance illustre, mais
d'un esprit et d'un génie distingué, d'une vertu, d'une élévation et d'une capacité dignes de son application. Il est arrivé
plusieurs fois à cette âme de lui témoigner son étonnement
là-dessus, et sa crainte qu'enfin il ne se rebutât du peu qu'elle
était et du méchant fonds d'une terre qui lui causait tant de
travaux pour la rendre capable de rapporter, non au cen-
tuple, mais au plus au trentième. Ce saint prélat lui imposait un sévère silence là-dessus, et lui disait avec un amour de
Dieu immense et une charité ardente, « qu'il ne connaissait
de grand dans une âme que cette empreinte divine que Dieu

---

b. Leçon de la seconde édition, préférable à *différents* donné par le ms. Na.

y avait mise ; que c'était là sa noblesse et sa grandeur, que c'était par là que la noblesse de l'homme était illustre et bienheureuse, que, pour la naissance du corps, ce n'était que honte et que faiblesse. » Voilà comme ce saint prélat rassurait cette âme, en qui il ne voulait souffrir aucune crainte ni aucune pensée qu'il pût donner plus de temps aux grands qu'aux petits, aux esprits élevés qu'aux esprits simples ; et il lui disait, avec une humilité profonde, « qu'il ne se regardait que comme un dispensateur de la parole de Dieu, et un canal par où Dieu faisait passer tout ce qui était propre à chaque âme qui lui avait été confiée ; que sa seule attention était de rendre fidèlement à chacune ce qui lui était donné par lui ; qu'il plaisait à Dieu de gratifier quelquefois de très grandes grâces des âmes très imparfaites, et de les soustraire quelquefois à des âmes très parfaites ; mais, comme dit l'Apôtre, *Qui sera son conseiller ? et qui lui dira : Pourquoi faites-vous cela* »[1] ?

L'on rapporte toutes ces choses, afin qu'en voyant tout ce que ce prélat a écrit à cette âme, on n'aille pas la regarder comme une âme bien parfaite. On peut bien la regarder comme une âme que Dieu aime, qu'il a prévenue même de grandes grâces, mais qui, toujours infidèle, n'a pas fait les progrès qu'elle devait faire. Elle doit attirer la compassion et les prières des personnes qui pourront voir ces lettres, et [les porter à] dire avec elle que toute autre serait devenue une grande sainte, et aurait marché à pas de géant dans les plus grandes et plus sublimes vertus avec le secours d'un prélat également saint, charitable, savant, éclairé, zélé, élevé dans la plus pure, plus sûre et plus sainte[2] spiritualité ; tandis qu'elle n'a fait que de faibles pas, pendant un si grand nombre d'années qu'il y a qu'elle a l'honneur d'être sous la conduite de ce prélat.

---

1. Rom., xi, 34, et ix, 21. Ces paroles de Bossuet ont dû être dites de vive voix, et non écrites ; du moins on ne les trouve pas dans les lettres publiées.

2. L'usage actuel exigerait : la plus pure, la plus sûre et la plus sainte.

Ainsi, en lisant ces lettres, on ne doit songer à cette âme qu'avec pitié, et tourner toute son attention vers celui qui les a écrites, et dire que ceux qui lui ont reproché de n'entendre pas les voies spirituelles ne le connaissaient guère ; et toutes les autres choses qu'on lui reproche dans ses écrits[3], et dans la vigilance pastorale avec laquelle il reprend l'erreur et soutient la vérité : encore une fois, ses ennemis ne le connaissent pas du tout, ou plutôt ils ne le veulent point connaître. Possible même que ceux de ses amis qui croient connaître sa vertu, son amour pour Dieu, son humilité, sa sublimité dans l'oraison et dans la vie intérieure et enfin tous ses grands et rares talents, avoueraient, s'ils voyaient ses lettres et ses autres écrits, qu'il s'en fallait bien qu'ils le connussent tel qu'il paraît si naturellement dans des lettres qu'il n'a eu nul dessein de rendre publiques, et qu'il n'a écrites que selon les besoins de cette âme et par le mouvement de l'Esprit-Saint.

Ce sont ces vues qui ont fait condescendre la personne à qui elles sont écrites, à la sollicitation de personnes éclairées et de plusieurs de ses amies, de transcrire celles qui sont contenues dans ce livre, sans prétendre les rendre publiques, du moins qu'après sa mort, si on le juge à propos ; mais seulement, quant à présent, s'il est nécessaire et utile, les faire voir à quelques personnes de confiance, afin que l'on rende à l'illustre prélat qui les a écrites toute la justice et l'équité que les ennemis de l'Église tâchent de lui ravir.

Elle assure [sous les yeux de Dieu] qu'elle a transcrit ces lettres fidèlement, très fidèlement, sans changer ni mots, ni expressions, que ce qui avait quelque rapport à la confession et à des choses qui lui avaient été confiées pour consulter ce prélat ; car, le secret des autres n'étant pas le sien, elle a dû ne les pas faire connaître. Elle n'avait d'abord dessein que de mettre ce qui regardait le spirituel ; mais on lui a représenté que l'on ne laisserait pas de connaître aussi beaucoup, dans des sujets particuliers, la bonté du cœur de ce prélat et son

---

3. La construction est défectueuse, mais l'idée est suffisamment claire.

immense charité, qui se fait tout à tous pour les gagner tous.
Elle en omet néanmoins beaucoup pour les raisons que l'on
vient de dire, et parce qu'il y en a assez pour faire admirer
comment un prélat occupé à la conduite d'un si grand diocèse et à des affaires si importantes ait pu trouver tant de
temps pour une seule âme. Mais que ne peut la charité et le
zèle du salut des âmes ?

Quoique cette personne ait été entièrement sous la conduite
de ce prélat dès l'année 1681, comme elle avait l'honneur,
dans ces premières années, de le voir souvent, elle réservait à
lui parler de vive voix de son intérieur ; mais, en l'année 1686,
elle lui fit une confession générale, qui dans la suite en aug-
mentant encore de beaucoup sa confiance pour ce saint prélat,
lui donna lieu dans la suite de lui écrire autant qu'elle a fait.

Elle finit cette manière d'avertissement par des paroles que
ce prélat lui a dites souvent, quand elle lui faisait connaître
combien elle goûtait ses écrits, et combien elle sentait qu'ils
lui étaient utiles : « Quand vous et les saintes âmes pour qui
je travaille goûtent ce que je fais, je reconnais la vérité de ce
que dit un grand saint du cinquième siècle : le docteur
reçoit ce que mérite l'auditeur[4]. » On trouverait peu de directeurs avec des sentiments si humbles, avec sa douce fermeté,
son zèle, sa vigilance, son attention, sa charité, et qui entrent
dans tout ce qui peut contribuer à l'instruction, au repos et
à la consolation d'une âme, comme l'on verra que ce prélat
est entré, particulièrement dans les états de peines. Cette
âme, qui en avait beaucoup, lui disait quelquefois, dans un
vif sentiment de reconnaissance, qu'elle s'étonnait qu'il donnât tant d'attention aux siennes. Il lui disait « que, quoiqu'il
fût vrai que Dieu permettait souvent qu'il n'y eût aucun sujet dans les peines que l'on ressentait, cependant, dès que Dieu
les faisait ressentir à une âme comme peines, elle en souf-

---

4. *Hoc doctor accipit quod meretur auditor.* Ce texte de saint Pierre
Chrysologue (Serm. LXXXVI) a été cité par Bossuet dans le sermon
sur la Prédication et dans le discours sur l'Unité de l'Église (édit.
Ch. Urbain, p. 192 et 531).

frait ; et qu'ainsi, soit qu'elles fussent vraies ou imaginaires, il fallait y soutenir cette âme, la consoler et la fortifier ; et qu'il n'était pas de son goût que l'on méprisât les peines, et que l'on en raillât. »

S'il était permis à cette personne de rapporter tout ce qu'elle a entendu de ce saint prélat sur tout ce qu'il y a de plus intime, de plus intérieur et dans la vie spirituelle et dans l'amour de Dieu, qu'il lui a laissé voir sans le vouloir, dans les entretiens qu'elle a eu l'honneur d'avoir avec lui, quand elle lui parlait de ses dispositions, on verrait des choses admirables ; mais elle connaît trop les sentiments d'humilité de ce prélat, pour oser parler de choses qu'il ne souffrirait pas ; ainsi elle demeure dans le silence sur ce sujet, pour ne pas lui déplaire, respectant trop tout ce qu'elle sait être du goût de ce prélat si distingué, non seulement par tous ses rares et sublimes talents et par ses héroïques vertus, mais encore par ses grandes lumières et son grand discernement dans la conduite des âmes. S'il était permis à cette personne de dire combien ses avis sont justes et saints, et ses décisions nettes et précises ; et combien ce saint prélat est éloigné des vues humaines, ne se laissant jamais prévenir sur la moindre chose, écoutant toujours Dieu et le consultant sur tout, on serait dans l'admiration et dans un saint étonnement ; mais il faut que cette personne passe tout ce qu'elle sait de lui et tout ce qu'elle a vu et entendu, pour ne pas déplaire à ce prélat.

La Sœur Cornuau à M. le cardinal de Noailles,
sur la copie faite par elle des lettres que Bossuet lui avait écrites.

Voilà la copie que Votre Éminence a souhaité que je lui fisse des lettres que feu Monseigneur de Meaux m'a écrites, pendant les vingt-quatre années que j'ai eu l'honneur^a d'être sous sa conduite. Ce n'est pas sans la dernière confusion que je vous l'envoie, non pas par rapport à vous, Monseigneur,

---

a. Leçon de Na et Nb ; ailleurs : *le bonheur.*

pour qui je n'aurais rien de caché et à qui je dois faire connaître tous les sentiments de mon cœur, mais c'est par rapport à ceux qui pourraient voir ces lettres. Car enfin, Monseigneur, je trouve que, bien éloignée de tirer vanité de ce qu'un aussi grand prélat qu'était feu M. l'évêque de Meaux m'ait fait l'honneur de m'écrire, comme il a fait, je dois en être dans une humiliation profonde, étant avec tant de secours et tant d'instructions restée ce que vous savez bien que je suis, quand toute autre serait devenue une grande sainte. Je tremble, je vous assure, Monseigneur, de ce que j'aurai un jour à rendre compte là-dessus au céleste Époux, qui m'avait par miséricorde donné un si saint guide. Épargnez-moi donc, je vous supplie, Monseigneur, en ne faisant point voir ces lettres, et ne les faisant point imprimer de mon vivant : car je vous avoue, comme à Dieu même, qu'il me serait tout à fait impossible de soutenir de voir ces lettres et toute ma conscience entre les mains de tout le monde. Il faut attendre, je vous conjure, que le céleste Époux ait disposé de moi, ce que je lui demande qui soit bientôt ; ou bien, s'il y allait de la gloire de Dieu et de celle de mon saint père, que ces lettres fussent données au public, il faudrait donc, Monseigneur, que Votre Éminence eût la bonté de me mettre pour le reste de mes jours dans une solitude bien éloignée, où je ne fusse connue de personne ; avec cette précaution [b], je n'aurai plus de peine à consentir que mes lettres soient vues, puisque l'on ne me verra plus, et que je ne verrai plus personne.

Je vous avouerai au reste, Monseigneur, avec toute la confiance que je dois à Votre Éminence, que je n'ai pas été insensible, par rapport à la gloire de mon saint père, à tout ce que vous m'avez fait l'honneur de me dire et de m'écrire sur la beauté et sur la haute et intime spiritualité de ses lettres ; et que la grande approbation que vous donnez à toutes les saintes maximes dont elles sont remplies, et à la saine et pure doctrine qu'elles renferment, est la plus grande consolation que je puisse avoir. Car, peinée de ce que le monde ne connaissait

b. Na : *permission.*

pour ainsi dire de ce saint prélat que ses grandes qualités, qui attiraient, à la vérité, l'admiration, mais qui ôtaient comme l'attention à ce haut degré de spiritualité où il était parvenu, et qu'il ne laissait remarquer qu'aux âmes qu'il conduisait, je suis ravie que Votre Éminence rende à ce grand homme toute la justice qui lui est due, en lui donnant le titre de grand maître de la vie intérieure, qui est seul capable de le faire connaître.

Voilà, Monseigneur, mes véritables sentiments, que j'ai cru que Votre Éminence voudrait bien que je lui disse en lui envoyant cette nouvelle copie, dont j'espère que vous serez encore plus content que de la première : car, à peine avais-je achevé de la transcrire, que l'on me l'arracha des mains, et on la fit relier sans me donner le temps de la collationner sur mes originaux ; de sorte, Monseigneur, que j'ai trouvé beaucoup de choses essentielles oubliées, et bien des mots mal mis. J'ai donc remis toutes choses en ordre, et je l'ai rendue la plus correcte que j'ai pu, et la plus digne de Votre Éminence, l'ayant beaucoup augmentée de choses que je n'avais pas mises dans la première, parce que je les avais écrites séparément ; mais j'ai cru, Monseigneur, que cela vous ferait plaisir que je les misse dans votre copie, comme sont encore quelques endroits de mes lettres que je n'avais pas mis, et quelques écrits, quelques retraites que le saint prélat avait faites pour les âmes qu'il conduisait, et qu'il m'avait donnés, comme je crois qu'il avait fait à d'autres. Il y a aussi un fort bel écrit[1] qu'il avait fait en particulier pour Mme de Luynes, dans le temps qu'elle était à Jouarre, et plusieurs extraits des lettres de feu Mme d'Albert[2], qu'elle m'avait donnés de son vivant, comme je lui en donnais des miennes. L'union que vous savez, Monseigneur, qui était entre cette sainte Dame et moi, comme filles du même père, nous permettait entre nous deux ces communications.

J'ai cru aussi, Monseigneur, que vous seriez très aise de voir les vers que ce saint prélat faisait comme en se jouant,

---

1. *Discours sur la vie cachée en Dieu.* Voir p. 406.
2. Des lettres adressées par Bossuet à Mme d'Albert.

pour ainsi dire, quand nous lui en demandions, feu Mme
d'Albert et moi. Je m'assure que Votre Éminence sera consolée de voir les grands et intimes sentiments de ce prélat, et
combien son cœur était pris et épris du saint amour. Ce sont
ses véritables sentiments qu'il nous donnait, comme il nous
le disait, sans art et sans étude, en nous disant qu'il ne voulait point retirer nos esprits du véritable sens de l'Écriture ;
et qu'il aimait mieux que ses vers fussent moins élégants, et
ne s'en pas détourner pour suivre de plus belles expressions.
Il nous demandait comme du secret sur ses vers, ne voulant
pas qu'on sût qu'il en faisait ; et il n'en faisait, à ce qu'il
nous disait avec confiance, que parce qu'il semblait que Dieu
voulait qu'il contentât nos saints désirs là-dessus. Et il nous
avouait que les sentiments que Dieu lui donnait pour nous,
lui étaient utiles à lui-même ; qu'il se sentait pénétré des
effets de l'amour divin, que Dieu lui mettait au cœur de
nous expliquer dans ses vers. Et il est vrai que, quand il nous
les donnait, ou qu'il nous les lisait, il était quelquefois tout
perdu en Dieu, et parlait du céleste Époux d'une manière
qui nous ravissait[c], qui nous faisait voir, sans qu'il le voulût, qu'il se passait de grandes et intimes choses en lui ; mais,
comme j'ai déjà eu l'honneur de vous le dire, Monseigneur,
il n'a jamais permis que nous ayons parlé de cela, ni que
nous ayons communiqué ses vers, particulièrement ceux sur
le Cantique des cantiques, où l'amour divin est le plus exprimé, non qu'il en fît mystère, mais parce qu'il ne croyait
pas ce langage propre à tout le monde, et que d'ailleurs ses
autres ouvrages ne lui permettaient pas de donner autant
d'attention qu'il eût fallu pour mettre ses vers possible[3] dans
leur dernière perfection ; d'autant plus qu'à peine étaient-ils
sortis de son cœur et de sa plume, que nous lui arrachions[4]
des mains, tant notre empressement était grand sur cela. Il
est vrai qu'il en a retouché quelques-uns ; mais je ne crois

c. Na : *rassurait.*

3. *Possible*, peut-être.

4. Aujourd'hui, il faudrait : nous les lui arrachions.

pas qu'il y ait mis tout à fait la dernière main, ni à tous ceux qu'il a faits. Je sais bien qu'il en avait le dessein, m'ayant fait l'honneur de me le dire ; mais, comme il a eu une santé si languissante et si souffrante les deux dernières années de sa vie, je doute, Monseigneur, que ce saint prélat les ait entièrement revus ; en tout cas, je ne risque rien en vous les envoyant comme ils m'ont été donnés, sur les sujets que j'ai demandés à ce saint prélat, étant persuadée, Monseigneur, que ce ne sera pas les rendre publics, qui⁵ était une chose que ce prélat ne voulait point faire, me l'ayant dit plusieurs fois ; et s'ils ne se trouvent pas dans la perfection où ils devraient être, je suis persuadée que Votre Éminence y trouvera partout que l'amour divin, dont ce saint prélat était si rempli, se fait connaître avec des traits bien vifs et bien capables d'allumer un divin feu dans les cœurs. Il y en a encore sur d'autres sujets, sur des Psaumes, surtout ᵈ le *Beati immaculati* ; mais comme ils ne sont point au net, et qu'il paraît que ce prélat les voulait retoucher, par toutes les marques qui y sont, je n'ai pu les transcrire, et ne suis pas assez habile, Monseigneur, pour pouvoir choisir dans les différentes expressions qui sont marquées celles qui sont les plus belles et les plus nobles. M. l'abbé Bossuet a entre ses mains les originaux de ces vers, et en fera, je me persuade, l'usage convenable ; et je me flatte, Monseigneur, que ce que je vous en envoie présentement ne laissera pas de vous être agréable. J'ai, au reste, été très fidèle à garder les règles que ce saint prélat m'avait prescrites, car, hors Votre Éminence, personne n'en a de copie ; mais je crois n'aller point contre ses intentions de vous les communiquer, Monseigneur, espérant même que cela fera que mes lettres ne seront pas vues, du moins de peu de personnes⁶.

Je dois vous dire aussi, Monseigneur, que j'ai beaucoup augmenté le second Avertissement de choses très essentielles et très véritables, dont j'avais cru qu'il ne me convenait point

---

d. Na et Nb : *et sur d'autres Psaumes et tout.*

5. *Qui,* ce qui.

6. Du moins seront vues de peu de personnes.

de parler ; cependant, comme j'ai vu que Votre Éminence a approuvé ce que j'avais déjà marqué dans ces Avertissements, cela m'a comme enhardie, si je puis me servir de ce terme, pour ajouter des choses que possible on ne saurait jamais, ce saint prélat ayant pris tant de soin de cacher ce qui était si recommandable en lui, à moins que ce ne fût à des personnes à qui cela était nécessaire ; Dieu m'a mis au cœur de vous les communiquer, Monseigneur ; et je le fais toujours avec cette confiance que vous me permettez d'avoir pour Votre Éminence, en vous assurant que je n'avance rien, dans ces Avertissements, dont je n'aie été témoin, ou qui ne m'ait été dit par ce prélat même.

Je me suis trouvée aussi obligée de faire quelques explications par rapport à des peines, et aux conduites et intentions de ce prélat dans la direction, parce que quelques personnes qui les ont vues ont eu l'esprit arrêté sur certaines choses, et ont prié, si cela se pouvait, qu'on expliquât un peu les choses ; ce que j'ai fait, Monseigneur, à la réserve pourtant de ce qui était trop du particulier de ma conscience, et des secrets que je dois garder. Je crois n'aller point contre ce que je dois à la mémoire du saint père que Dieu m'avait donné, de n'en pas dire davantage : on n'en connaîtra encore que trop par rapport à moi ; et je vous avoue, Monseigneur, que l'attention que j'ai été obligée de faire, en vous faisant cette nouvelle copie, m'a remplie de confusion, y trouvant une infinité de choses qui me font trop connaître les conduites de Dieu sur moi ; mais je me console en quelque sorte, dans l'espérance que j'ai que cette nouvelle copie ne sortira point de vos saintes mains pendant ma vie.

Vous pouvez être persuadé, Monseigneur, que cette copie est très correcte : j'ai eu mes originaux en main en la transcrivant, et l'ai collationnée dessus : ainsi j'espère qu'elle sera sans fautes, du moins considérables ; car il peut possible en être échappé quelques-unes à mon attention, malgré celles que j'ai trouvées. Ainsi, après cela, comme il y a dans bien de mes originaux des choses de confession, parce que quelquefois je mandais ma confession à ce prélat, qui l'envoyait querir par un exprès, et qu'il me renvoyait de même les réponses ; comme donc, Monseigneur, il y a des choses de cette conséquence dans mes originaux, j'ai dessein de brûler ceux-là en gardant seulement les autres. Je ne le ferai pas néanmoins, Monseigneur, que vous ne me disiez ce que vous trouvez bon que je fasse ; mais c'est qu'enfin la mort peut me surprendre, sans que je puisse avoir le temps de brûler mes originaux qui me peinent, et dont je ne puis rayer tous les endroits qui ne doivent point être vus.

Au reste, Monseigneur, je vous supplie de regarder cette nouvelle copie comme ce que j'ai de plus cher au monde, et comme un dépôt que je confie à Votre Éminence, pour en faire après ma mort ce que vous trouverez à propos. Mais je crois nécessaire d'avertir Votre Éminence qu'à l'exception de mes lettres, dont je garde les originaux, M. l'abbé Bossuet a tous les autres ouvrages de feu M. son oncle, qui sont ici transcrits, peut-être même dans un état plus parfait. Je suis persuadée qu'il en fera part à Votre Éminence, quand elle le souhaitera, pour prendre dessus une dernière résolution, aussi bien que sur mes lettres, sachant que c'était l'intention de mon saint père que rien ne parût de ses ouvrages, et en particulier de ce qu'il avait fait pour moi, sans sa participation.

Permettez, Monseigneur, je vous supplie, que je vous fasse mes très humbles excuses de ce que cette nouvelle copie n'est pas écrite aussi correctement comme elle le devrait être pour être digne de vous être présentée : quelques soins que j'aie pris, j'ai encore retrouvé des fautes en la relisant ; ce qui m'a obligée de rayer des mots, d'ajouter ce qui manquait. J'avais pensé d'en écrire une autre ; mais j'ai cru que cela ferait trop attendre Votre Éminence. Avec cela, comme mes obédiences m'empêchent de pouvoir écrire de suite, il se pourrait possible faire que je ferais encore des fautes si je la récrivais : ainsi, Monseigneur, j'ai cru qu'il fallait mieux vous l'envoyer telle qu'elle est, espérant que tout ce que renferme cet ouvrage vous fera pardonner tout ce qui vient de ma plume.

J'espère aussi, Monseigneur, que vous ne désapprouverez pas que j'aie mis cette lettre au commencement de cette copie. Mon premier dessein était de me donner l'honneur de vous en écrire une en vous envoyant cet ouvrage ; mais, comme j'ai fait attention à toutes les grâces que je devais demander à Votre Éminence, j'ai cru que je devais plutôt la mettre à la tête de cette copie, afin, Monseigneur, que vous ayez plus présentes dans votre cœur paternel toutes les grâces que j'ose vous demander, et qu'ainsi je sois comme sûre que vous me ferez l'honneur de me les conserver, et, par-dessus toutes, celle de m'honorer toujours de vos bontés et de votre protection, qui est la seule récompense que je demande à Votre Éminence de mon petit travail, si je puis le nommer ainsi ; car véritablement, Monseigneur, j'ai eu bien de la consolation de le faire. Jalouse, à la vérité, de la gloire du saint père que Dieu m'avait donné, j'ai cru que c'était lui en beaucoup procurer que de mettre entre les mains de Votre Éminence ses lettres et les autres écrits qu'il m'a donnés. Je sais mieux que personne jusqu'à quel point il honorait en vous, Monseigneur, non seulement vos qualités illustres, mais vos rares talents et vos éminentes et sublimes vertus : ainsi je crois, Monseigneur, avoir beaucoup travaillé pour ce saint prélat, ayant travaillé pour Votre Éminence, à qui je suis et serai toute ma vie avec un très profond respect, etc.

Sœur C[ornuau] de Saint-B[énigne].

Second avertissement[a] de la même Sœur.

Ce grand prélat étant mort depuis que ses lettres ont été transcrites, la personne à qui elles ont été écrites, qui n'avait osé mettre, du vivant de ce saint prélat, des choses qu'elle savait bien que son humilité n'eût pas souffertes, se croit obligée de les ajouter par ce second[b] *Avertissement,* ne pou-

a. Pour ce « Second avertissement », outre les manuscrits désignés plus haut, nous avons eu à notre disposition une minute autographe communiquée par feu M. l'abbé Denis, chanoine de Meaux, et présentant quelques particularités dignes d'être signalées. Le texte donné par le ms. de la Bibliothèque Mazarine ressemble beaucoup à celui de la minute.
b. Leçon de la minute ; le ms. Na : *par un second.*

vant cacher aux personnes de confiance qui pourront voir
ces lettres des choses qui les édifieront et augmenteront leur
estime et leur vénération pour la mémoire d'un prélat si distingué par tous ses rares talents, par ses sublimes et héroïques
vertus, par ses grandes lumières et son grand discernement
dans la conduite des âmes ; si humble^c, si plein d'amour
pour Dieu, et si rempli de cette ardente charité que saint
Paul demande dans les pasteurs : c'est ce qu'on remarquera
encore plus particulièrement dans ce qu'elle ajoute simplement et naturellement, devant cela à la vérité et à la mémoire d'un prélat à qui elle a des obligations infinies.

Il est arrivé plusieurs fois à cette personne de témoigner à
ce prélat combien de certaines choses qu'il lui avait écrites
l'avaient touchée et pénétrée, et l'utilité qu'elle en avait retirée. Il lui disait avec une humilité profonde : « Mes paroles,
ma Fille, n'en sont pas meilleures pour avoir en vous l'effet
que vous me marquez^d. Dieu bénit votre obéissance, et celui
dont je tiens la place veut se faire sentir. Brûlez et soupirez
pour lui, c'est une marque que ce que je vous ai écrit m'avait
été donné par l'Esprit-Saint ; car ce qui vient de l'homme ne
touche point l'homme, et n'entre point dans son cœur. Ainsi
regardez-le comme venant de Dieu, et non de moi ; et laissez-
vous bien pénétrer de sa sainte vérité, qu'il veut bien vous
faire sentir par son faible ministre, qu'il daigne employer à
de si grandes choses. Je suis, par ma charge, un canal par où
passent les instructions pour les autres : mais que j'ai sujet
de craindre que je ne sois que cela ! Il faut du moins donner
et distribuer ce que l'on reçoit et, autant que l'on peut, tâcher
qu'il nous en revienne quelques gouttes ; demandez bien cela
pour moi au céleste Époux. »

Quand il faisait faire la retraite à cette personne, ce qu'il
voulait qu'elle fît tous les ans, après avoir connu ce qui était
nécessaire à cette âme pour son avancement spirituel, et ce
que Dieu demandait d'elle, il lui donnait pour sujet de sa

c. La minute et Ma : *pour la mémoire d'un prélat si humble.*
d. Leçon de la minute et de Ma ; ailleurs : *dites.*

retraite les chapitres de l'Écriture sainte et les Psaumes qui
convenaient à ses dispositions ; après cela, il laissait le Saint-
Esprit maître de cette âme, et il ne voulait point du tout, à
ce qu'il disait, mêler son ouvrage avec celui de Dieu ; il disait à cette personne, avec une humilité profonde et un amour
de Dieu immense, qu'il ne devait avoir de part à sa retraite
que de lui bien faire écouter Dieu et suivre ses saintes inspi-
rations, que c'était là toute sa charge. Cela n'empêchait pas
qu'il ne vît cette personne tout autant qu'elle en avait besoin
pour son instruction ; mais ses entretiens étaient courts ; et,
après avoir échauffé le cœur par quelques paroles du céleste
Époux, il disait qu'il ne fallait pas interrompre le sacré commerce de ce saint Époux dans une retraite. Il n'improuvait
pas, à ce qu'il disait, la conduite de tant d'habiles directeurs
qui règlent jusqu'aux moindres pensées et affections dans les
retraites, et veulent qu'on leur rende compte jusqu'à un iota
de tout ce qu'on a fait ; mais, pour lui, il ne pouvait goûter
cette pratique à des âmes qui aimaient Dieu, et un peu avan-
cées dans la vie spirituelle. Toutes les pratiques qu'il donnait
dans les retraites étaient de beaucoup prier pour l'Église,
pour le Pape, pour le Roi, pour la maison royale, pour
l'État, pour lui, pour son diocèse et pour les pécheurs ; car
son amour pour l'Église, pour le Roi et pour la famille royale
était bien au delà de ce qu'on en peut penser : il n'accordait
presque jamais de prières ou de communions à cette personne
qu'à ces conditions[e].

Quand elle lui faisait la revue de sa conscience, après avoir
dit[1] la messe à cette intention, quand cette personne appro-
chait de lui, il commençait le plus souvent à se mettre à genoux, en disant le *Veni sancte* avec une dévotion et une élévation d'esprit à Dieu, qui était admirable. Cette personne le
voyait tout pendant qu'elle lui parlait, si pris et si épris de
Dieu, qu'elle sentait qu'il ne lui parlait que par le mouvement de l'Esprit-Saint. Il prêtait une attention si particulière

e. Tout cet alinéa manque à la minute.

1. Après qu'il avait dit la messe.

à ce qu'elle lui disait, et il répondait avec tant de douceur et de bonté, et en même temps avec tant de zèle et d'amour pour Dieu, qu'il était impossible de ne pas se rendre à tout ce qu'il disait, et de ne pas concevoir un nouveau goût de la vertu et une nouvelle haine du vice. Quand il donnait l'absolution, il renouvelait son attention avec une dévotion surprenante et une ferveur qui quelquefois l'emportait comme hors de lui-même ; et demeurait assez de temps ses deux mains levées sur la tête[2] dans un silence profond[f] ; et quand il prononçait les paroles de l'absolution, il semblait que c'était Dieu même qui parlait par sa bouche, tant il en sortait d'onction.

Quand il arrivait à cette personne de lui marquer son étonnement de la douceur avec laquelle il venait de la traiter, après tant de chutes qu'elle lui avait fait connaître : « Dieu est bon, ma Fille, disait ce prélat ; il vous aime, il vous pardonne. Eh ! comment ne le ferais-je pas ? il me souffre bien, moi qui suis son indigne ministre. »

Mais où la charité de ce saint prélat paraissait plus ardente, c'était quand il arrivait que cette personne avait peine à lui dire des choses humiliantes ; il l'encourageait avec une douceur toute sainte, en lui disant : « Hélas ! ma Fille, que craignez-vous ? Vous parlez à un père et à un plus grand pécheur que vous. »

Enfin on peut dire que ce grand prélat était véritablement, pour les âmes qu'il avait sous sa conduite, ce bon et charitable pasteur de l'Évangile ; car il n'oubliait rien pour leur avancement dans la vertu. Il les cherchait infatigablement, quand elles étaient égarées des voies où Dieu les voulait et des règles qu'il leur avait prescrites ; il appliquait à leurs maux tous les remèdes que la tendresse d'un père peut exiger[g], sans néanmoins que cela l'empêchât d'apporter fortement

---

f. Leçon de la minute ; ailleurs : *les deux mains levées dans un silence profond.*

g. Leçon de la minute et des mss. Na et Nb ; ailleurs : *prescrire.*

2. Sur la tête de sa pénitente.

les remèdes nécessaires à leurs plaies, dont il adoucissait l'amertume, qu'il croyait nécessaire, par la douceur [h] de ses paroles et de ses insinuantes et douces manières. Enfin on peut dire, si l'on peut parler [i] de la sorte, qu'il avait des inventions saintement admirables, pour amener les âmes au point qu'il croyait que Dieu voulait [j], mais sans prendre jamais un ton de maître, ni des paroles dures et humiliantes. Ce saint prélat se contentait de dire : « Est-ce aimer Dieu, ma Fille, que d'agir comme vous faites ? Il veut toute autre chose de vous ; il faut le faire ; il vous l'ordonne par ma bouche, et je vous y exhorte. Réparez donc avec courage les faux pas que vous avez faits, et reprenez de nouvelles forces pour courir dans la voie que Dieu vous marque, avec amour et fidélité [k]. »

Quand ce saint prélat connaissait la bénédiction que Dieu avait donnée à ses paroles, et les bons effets que sa douceur avait produits, il disait avec humilité : « Que nous sommes redevables à saint François de Sales, de nous avoir appris les règles de la conduite des âmes ! Que la doctrine de ce grand saint est à révérer ! Je me la veux toute ma vie proposer pour exemple, puisque c'est celle que le Sauveur a enseignée lui-même. » Il n'était point du tout du goût de ce prélat que l'on usât de sévérité ni de répréhension trop vive ; il disait quelquefois que, quand il pensait à l'entretien du Sauveur avec la Samaritaine, et aux saintes adresses dont il se servit pour faire connaître à cette femme pécheresse ses égarements, il se confirmait de plus en plus que la douceur ramenait plus d'âmes à Dieu, et les retirait plus véritablement de leurs

---

h. Leçon de la minute et de Ma ; ailleurs : *l'amertume par la douceur.*

i. Leçon de la minute et des mss. Na et Nb ; ailleurs : *s'il est permis de parler.*

j. Leçon de la minute et de Ma ; ailleurs : *au point qu'il voulait.*

k. Ici, dans la minute, une phrase biffée, qui a été conservée dans Ma. Nous la reproduisons telle quelle, afin qu'on ait une idée de l'orthographe de Mme Cornuau : « Ce st prélat ne se servoit jamais de termes humiliant dans les deffeauts qu'il vouloit detruire et dans les fautes ou on estoit les plus sujette, comme on vient de le marquer, cependant sa douceur et l'onction qui accompagnoit ces paroles faisoient dans le cœur de grandes et salutaires impressions, et quand ce st Prélat .. »

dérèglements que la sévérité, qui ne servait ordinairement qu'à les aigrir et à les soulever contre les avis qu'on leur donnait.

Cette charité immense, que ce saint prélat avait pour les âmes, ne se bornait pas seulement à celles que Dieu avait mises sous sa conduite par des voies particulières ; car, quoiqu'il ne voulait³ pas se trop charger de conduites, il ne refusait pas ses avis quand il croyait que cela était utile. La personne à qui ces lettres sont écrites, en peut rendre sous les yeux de Dieu un grand témoignage, ce prélat ayant bien voulu qu'elle l'ait consulté pour bien des personnes à qui il a bien voulu parler, et ouïr même leurs confessions générales, et leur donner des temps considérables pour leur mettre l'esprit et la concience en repos. Et il donnait autant d'application à celles qui étaient peu éclairées et d'un petit génie qu'à celles qui l'étaient davantage. Cette personne a été témoin qu'il fut une fois trois heures de suite à faire faire une confession générale à une âme pénible à entendre, et encore plus à s'expliquer. Comme elle lui marqua son étonnement de la fatigue qu'il avait bien voulu prendre pour cette âme, il lui dit lui-même avec plus d'étonnement : « Eh ! pour quoi suis-je fait, ma Fille ? Cette âme n'a-t-elle pas été rachetée du sang de Jésus-Christ, et n'est-elle pas l'objet de son amour, comme celle d'une personne d'un esprit et d'une naissance distinguée ? »

Il est arrivé plusieurs fois qu'on a fait beaucoup de peine à la personne à qui ces lettres sont écrites, et qu'on l'a même assez humiliée, en lui disant qu'elle occupait trop ce prélat, qu'elle lui prenait du temps qu'il aurait mieux employé. Quand elle lui faisait connaître cela, en lui avouant qu'elle craignait de le fatiguer et de le rebuter, il lui disait avec une très grande bonté, et avec un zèle ardent pour la gloire de Dieu et le salut des âmes : « Allez, ma Fille ; répondez à ceux qui vous parlent ainsi qu'ils connaissent peu les devoirs de la charge pastorale ; car une des plus grandes obligations d'un évêque est la conduite des âmes ; mais, comme il ne peut pas

---

3. Sur cette construction, voir p. 1.

tout faire, il est obligé de se décharger sur d'autres de ce
soin ; mais il doit s'estimer heureux, quand Dieu permet
qu'il puisse trouver le temps d'en conduire quelques-unes ;
et je vous avoue, ma Fille, que je m'estime très honoré de
ce que Dieu m'en a confié, et qu'il daigne bénir mes travaux
et mes instructions : ainsi n'écoutez point ces gens, et croyez
que rien ne me rebute ; ne vous rebutez donc pas aussi, et
laissez là ces vains discours. »

Ce saint prélat regardait la direction des âmes comme quelque chose de très considérable ; mais il voulait que tout ce
qui sentait l'amusement ou qui y pouvait seulement tendre, en
fût banni. Il disait qu'un directeur tenait à chaque âme, qu'il
avait sous sa conduite, la place de Dieu ; qu'ainsi il fallait de
part et d'autre être unis à Dieu par le fond et par les puissances de l'âme, et que tout fût grave et sérieux.

Toute la conduite de ce grand évêque est digne d'admiration dans la direction des âmes pour les faire aller à Dieu,
examinant avec application et avec une sainte attention les voies
de Dieu sur elles, pour les y faire marcher. Il ne pouvait
goûter que l'on conduisît les âmes selon les vues, quoique
bonnes, que l'on pouvait avoir. Il a dit plusieurs fois en confidence à cette personne, qu'il souffrait une extrême peine
de la violence que l'on faisait à l'Esprit de Dieu sur la conduite des âmes ; et il disait qu'il n'avait jamais été de sentiment qu'il fallût juger de l'état de celles qu'on avait à conduire ; qu'il suffisait de les mettre en assurance sur les voies
qu'elles suivent, en les assurant qu'il n'y a rien de suspect,
et en leur faisant suivre l'attrait de la grâce[4] ; mais qu'on ne
pouvait trop leur inspirer le saint amour, et leur faire goûter
Dieu et sa sainte vérité ; que, quand une fois le cœur était
touché de ce bien unique et souverain, il aspirait sans cesse à
le posséder et à en être possédé ; que ce n'était point son sentiment qu'il fallût attendre de certains états et de certains
progrès, pour parler du divin amour à une âme que Dieu
attirait à lui par cette voie ; qu'il fallait, au contraire, être at-

4. Voir la lettre du 14 juin 1693, à Mme d'Albert.

tentif à seconder les desseins de Dieu, en donnant toujours à
cette âme une pâture propre à augmenter son amour, et avoir
soin de temps en temps de ranimer cet amour par quelques
paroles, qui, en piquant, pour ainsi dire, le fond et les puissances de l'âme, la fissent de nouveau courir et soupirer après
l'objet de son amour[1]; que rien ne lui semblait plus propre
à avancer la perfection d'une âme que cette conduite qui rendait le saint amour maître du cœur, pour y établir son pouvoir souverain et y détruire les passions; qu'il n'était pas du
sentiment qu'on les pût bien détruire par leurs contraires;
que souvent cela ne servait qu'à les aigrir et à les soulever
plus fortement; mais qu'il fallait seulement, par la voie du
saint amour, leur faire changer d'objets; qu'insensiblement
une âme soumise et docile abandonnait le vice pour s'attacher
à la vertu; que ce changement d'objets, sans presque lui
donner de travail, rendait son amour pour Dieu plus ferme
et plus ardent. «Aimez, disait ce saint prélat après saint Augustin[5], et faites ce que vous voudrez, parce que, si vous aimez véritablement, vous ne ferez que ce qui sera agréable au
céleste Époux. » C'est la conduite que ce saint prélat a tenue
sur les âmes dont il a bien voulu se charger, dont il y en a
qui auraient été perdues par une conduite contraire. C'est ce
qu'il a fait l'honneur de dire souvent à la personne à qui ces
lettres sont écrites, qui s'est trouvée dans la situation de consulter beaucoup ce prélat pour des personnes qui l'en priaient.

Néanmoins il faut regarder cela comme choses propres pour
les personnes déjà attirées à Dieu, et non comme une conduite
que ce prélat aurait tenue avec des personnes dans des passions criminelles et avec de grands attachements pour le
monde. Car, quoique sa conduite en général fût très douce
pour les personnes qu'il conduisait, il voulait du travail, et
que l'on fût souple, comme il disait, sous la main qui conduisait. Il voulait bien qu'on lui représentât ses raisons,

---

1. Nous replaçons dans le texte deux lignes qui se trouvent dans la minute
et dans Ma, et que la répétition du mot *amour* à la fin de deux membres de
phrase consécutifs a fait oublier aux copistes.

5. Dilige et quod vis fac (*In epist. Joan.*, tr. VII, 4).

quand ce qu'il ordonnait paraissait pénible ; mais, après cela,
il ne souffrait plus de raisonnement, et doucement il faisait
comprendre qu'il fallait se soumettre, et ne pas se persuader
qu'à force de raisonnements on pût lui faire quitter ses sentiments, quand il les croyait utiles pour l'avancement des
âmes. Il était d'une fermeté étonnante sur ce fait, malgré sa
douceur, qu'il semblait quitter dans ces occasions. La personne
à qui ces lettres sont écrites, outre ce qu'elle sait par elle-
même là-dessus, sait encore ce qui est arrivé à d'autres personnes, dont il y a eu quelques-unes, quoique très parfaites
d'ailleurs et très considérées de ce prélat, dont il a absolument
abandonné la conduite pour avoir apporté trop de retarde-
ments à se soumettre et apporté trop de raisons. Quelques
prières qu'on lui ait pu faire pour ces personnes, jamais
on n'a pu le fléchir pour les reprendre, quoiqu'il ait toujours
continué de les estimer et d'avoir de la considération pour
elles. Cette personne marqua plusieurs fois son étonnement à
ce prélat de sa conduite ; et, comme elle ne put s'empêcher de
lui avouer qu'elle lui paraissait trop sévère, qu'à tout péché
il y avait miséricorde, il lui dit : « Ma Fille, il y a une grande
différence entre pardonner une injure qu'on doit oublier, et
entre ce qui est de direction : car la direction tournerait en
vrai amusement, dès qu'un directeur par mollesse et par complaisance pliera sous la volonté des âmes qu'il dirige, et qu'il
souffrira leurs raisonnements et leur peu de soumission, qui
font que jamais elles ne peuvent avancer dans la perfection.
C'est une vraie perte de temps qu'une telle direction, et je
n'en veux jamais avoir de semblables. »

Il avait à peu près la même conduite pour les scrupules,
hors qu'il portait une grande compassion à celles qui en
étaient travaillées. Il mettait tout en usage pour les guérir,
et son attention et sa vigilance pour en garantir une âme
étaient surprenantes : il prévoyait jusqu'aux moindres choses
qui y pouvaient seulement tendre ; et, sans presque que l'on
s'en aperçût, quand on était soumise et docile, il déracinait
avec une sainte adresse cette imperfection si capable, à ce
qu'il disait, d'empêcher le progrès d'une âme dans la vie

spirituelle. C'est ce qu'on pourra remarquer dans la suite de ces lettres : car la personne à qui elles sont écrites, en aurait été accablée sans le secours de ce saint prélat ; mais il les lui levait aussitôt, et la faisait outrepasser ses réflexions et ses retours. C'est ce que l'on verra particulièrement sur la sainte communion, où cette personne était fort attirée, mais d'où ses scrupules l'auraient fort éloignée ; et, comme il avait connu par une expérience constante que ses communions avaient toujours une bonne suite, il craignait d'affaiblir ou de diminuer l'amour divin dans son âme, en souffrant qu'elle eût le moindre scrupule ; et il voulait d'elle sur cela une entière soumission, comme sur autre chose.

La maxime de ce saint prélat était, en fait de tentations et particulièrement de celles qui regardent la pureté, de ne se pas laisser inquiéter ni agiter par trop de réflexions, et de ne pas souffrir que les âmes que Dieu exerçait par ces sortes d'épreuves fissent trop de retours sur ces peines, quand particulièrement ces âmes avaient toute la fidélité qu'elles devaient pour ne donner aucune prise au tentateur. Et quand on lui avait dit en peu de paroles, ou plutôt à demi-mot, ses peines, ses craintes, ses doutes et ses embarras là-dessus, c'était assez : Dieu lui donnait les lumières dont il avait besoin dans ces sortes d'humiliations, et il ne faisait jamais de questions gênantes sur ce sujet ; au contraire, il aidait, il consolait et encourageait une âme peinée avec une douceur et une compassion qui charmait. Il gémissait au fond de son cœur de la torture où tant de gens mettent les âmes par trop de questions sur cet article (il entendait les âmes timorées et à Dieu). Il n'a rien tant recommandé à cette personne que cette conduite, parce qu'elle s'est trouvée dans la situation d'avoir à instruire des personnes sur ces articles. Il disait qu'il pouvait arriver qu'en pensant à guérir ces sortes de peines et prévenir les suites qu'elles pouvaient attirer, on y faisait tomber les âmes en leur échauffant l'imagination par trop de questions, et pour vouloir trop approfondir ; qu'il fallait, quand on était obligé de parler de ces sortes de peines et de les entendre, ne tenir à la terre que du bout du pied. Mais il ne voulait pas aussi que l'on fût trop craintive là-dessus ; il voulait au contraire que l'on gardât ce milieu que la charité et l'amour de Dieu sait faire trouver, qui fait dire les choses nécessaires et taire les inutiles dans cette matière si délicate. Ce saint prélat a dit en confidence à cette personne, qu'il n'étudiait jamais ces matières ; que cependant Dieu lui donnait les lumières dont il avait besoin dans les cas où il était consulté, qu'après cela il ne savait plus rien. Et cette personne a remarqué dans les entretiens qu'elle a été obligée d'avoir avec ce prélat sur ces articles qu'il était pur comme un ange [m].

L'humilité de ce prélat, quoique si connue, était encore bien au delà de ce qu'on peut en penser. Il a fait l'honneur de dire quelquefois à cette personne, qu'il souffrait d'être obligé par sa dignité de garder une manière de supériorité pour le bien même des personnes, pour les tenir plus dans la soumission et dans l'ordre, mais que c'était un pesant fardeau pour lui.

Cette personne, le voyant si occupé de grandes affaires et ne pas laisser de lui écrire beaucoup, lui disait quelquefois qu'elle ne pouvait comprendre comment il pouvait faire pour trouver tout le temps dont il avait besoin pour tant de différentes choses ; ce saint prélat lui disait bonnement : « Tout ce que j'observe, ma Fille, est de ne me pas laisser accabler, non par crainte d'être accablé, mais parce que l'accablement jette dans l'agitation et la précipitation ; ce qui ne convient point aux affaires de Dieu. Et surtout un homme de ma médiocrité ne pourrait pas suffire à tout, s'il ne se faisait une loi de faire tout ce qui se présente à chaque moment avec tranquillité et repos [6] ; assuré que Dieu, qui charge ses faibles épaules de tant d'affaires, ne permettra pas qu'il ne puisse faire tout ce qui est nécessaire ; et quand les affaires de Dieu retardent les affaires de Dieu, tout ne laisse pas d'aller bien. »

Ainsi ce prélat ne paraissait jamais à cette âme ni empressé, ni pressé, ni fatigué de ce qu'elle lui disait et du

m. Les trois alinéas précédents manquent à la minute et à Ma.

6. Cf. la lettre du 3 juillet 1695, à Mme Cornuau.

temps qu'il était obligé de lui donner ; au contraire, il la rassurait contre la crainte qu'elle en avait, avec une bonté et des manières aussi honnêtes comme si elle eût été une personne de distinction. Il voulait qu'elle agît avec lui comme avec un père, et qu'elle lui dît simplement ses vues, même par rapport à lui ; il disait : « Il faut écouter, et retenir pour soi ce qui convient et ce qui est bon ⁿ. »

Quelquefois il ne répondait pas d'abord aux questions que cette personne lui faisait, mais il lui mandait simplement : « Ma Fille, Dieu ne m'a rien donné sur vos questions ; quand il me le donnera, je vous le donnerai » ; et souvent dès le lendemain il lui envoyait ce qu'elle lui avait demandé, en lui mandant : « Le céleste Époux, ma Fille, a pourvu à ma pauvreté, et dès cette nuit il m'a donné ce que vous me demandez ; je vous l'envoie comme venant de cette divine source. » Il ne cessait d'imprimer dans l'esprit de cette personne de recevoir ses instructions, non comme venant de lui, mais comme lui étant données d'en haut. Il ne s'attribuait assurément aucune chose, et son humilité là-dessus était excessive : c'est ce qui a fait que l'on a si peu connu son élévation dans l'oraison, dans l'amour de Dieu, dans toutes les voies les plus sublimes, et ses rares talents dans la conduite des âmes, qu'il ne laissait paraître qu'à ceux qui en avaient besoin.

S'il était permis à cette personne de parler de l'affaire du quiétisme, elle dirait des choses admirables sur son humilité dans tout ce qu'on a dit de lui, et dans tout ce qu'on lui a reproché si vivement, sur son zèle pour la gloire de Dieu et la saine

---

ⁿ. Ici, un passage biffé dans la minute et conservé dans Ma : « Cette personne aiante une fois entendu blasmé ce Prelat sur sa conduitte par rapport aux soins de ces affaires et de sa maison, elle en ressentie beaucoup de peine le Prelat s'en apperceut et l'obligea de luy dire ce que cestoit, en lui disant « ma fille, Dieu veut se servir de vous pour que ie sache ce que pos- « sible on me dissimule par des respects humains, ne craigné point ie pren- « dré tout par le fond de la verité ». elle obeit en luy disant ce qu'elle avoit aprise, il y avoit des choses fausses, et il y en auoit qui estoit vray en un sens ce s^t Prelat ecouta cela avec un air d'humillité et de ioye qui charma cette personne, en luy auouant qu'on auoit raison de le blasmer, qu'au reste il remersioit Dieu d'auoir permis qu'on eut parlée de ces choses deuant elle afin qu'il en fut auertie et qu'il y mit ordre, ce qu'il fit. Enfin on peut dire que l'humilité... »

doctrine. Car, comme cette personne lui parlait souvent de cette affaire, dans la crainte que le travail que ses écrits lui pouvaient causer n'altérât sa santé, cela l'obligeait souvent à lui dire ses sentiments sur ce qu'on lui reprochait, où elle apercevait un désintéressement si grand par rapport à tout ce qui pouvait le regarder dans cette affaire, qu'elle en était dans l'admiration : on pourra voir dans les lettres xv, xxix, lxxxviii, lxxxix, xcii, xciv, xcix, ci, ce qu'il lui en a mandé quelquefois. Mais où elle a le plus connu ce parfait désintéressement et son amour pour Dieu et son véritable zèle pour le soutien de la vérité, c'est qu'elle sait ce qu'il a sacrifié pour cela, parce que, comme elle avait l'honneur de connaître particulièrement les amis de ce prélat, qu'elle honorait beaucoup, et qu'elle avait été à portée d'être souvent témoin de ses tendresses de père pour les uns et d'une estime particulière pour les autres, elle sait que le cœur de ce prélat a été déchiré mille fois, non des reproches qu'on lui a faits, mais d'être obligé de rompre avec de si intimes amis. Cependant, malgré cette sensibilité, que la bonté de son cœur et sa sincérité lui ont pu faire souffrir, il n'a jamais hésité à soutenir les intérêts de son Maître aux dépens de tout, et même de sa vie ; car il a fort bien connu que cette affaire diminuait sa santé. C'était aussi de quoi l'accabler, que ses immenses travaux dans cette affaire et les grands sacrifices qu'il fut obligé de faire. Enfin on peut dire que l'humilité de ce prélat[o] était presque sans exemple, aussi bien que son zèle pour la gloire de Dieu et sa sainte vérité[p].

Ce saint prélat a bien voulu quelquefois, pour la consolation de cette personne et dans des cas particuliers, lui dire quelque chose de ses dispositions intérieures, quand cette personne l'en suppliait : ce qui lui était toujours très utile.

o. La minute : *l'humilité de ce prélat, principalement quant à l'intérieur.*

p. Cette dernière phrase conclut mal les deux alinéas précédents, où il n'est pas question d'humilité, tandis qu'elle venait fort bien après les lignes supprimées (Voir la note n). C'est ce dont ne s'est pas aperçue Mme Cornuau, lorsqu'elle a remplacé ces lignes par un développement nouveau, qui manque à la minute et au ms. Ma.

Un jour du Saint-Sacrement, le mauvais temps ayant empêché la procession de sortir, on la fit dans l'église : comme elle fut assez longue, cette personne vit plusieurs fois passer le saint Sacrement par l'endroit où elle était, et il lui sembla que le saint prélat, qui le portait, était tout perdu en celui qu'il tenait. Comme elle eut occasion de le voir l'après-dîner, elle le supplia, si ce n'était point lui trop demander, de lui dire où il était pendant qu'il tenait le saint Époux dans ses mains. Il lui avoua bonnement qu'il avait encore plus porté le saint Époux dans son cœur que dans ses mains ; que là, il lui avait dit tout ce qu'un amour tendre et respectueux peut dire, et qu'il avait été si occupé de cette jouissance, qu'il n'avait pas pensé s'il marchait ou non. Mais il lui dit cela d'une manière si naturelle et tout ensemble si élevée, que cette personne en fut toute charmée.

D'autres fois, en lui parlant d'affaires de communautés, pour lesquelles elle allait souvent le trouver, elle le voyait soudainement pris de Dieu d'une manière qui lui faisait dire les choses du monde les plus intimes et les plus enlevantes ; et il lui disait avec un air de joie et de confiance : « Qu'on est heureux, ma Fille, quand on peut parler de Dieu, de ses bontés et de son amour à des âmes qui en sont touchées ! Aimez-le, ma Fille, ce bien unique et souverain ; brûlez sans cesse pour lui d'un éternel et insatiable amour ; mais ce n'est pas assez de brûler, il faut se laisser consumer par les flammes de l'amour divin, comme une torche qui se consume elle-même tout entière aux yeux de Dieu : il en saura bien retirer à lui la pure flamme, quand elle semblera s'éteindre et pousser les derniers élans[7]. »

Il ne voulait pas en général que l'on parlât du fond de ses dispositions intérieures ; mais aussi il ne voulait pas que l'on fît mystère de tout. Ce saint prélat voulait que l'on gardât un certain milieu sur tout ce qui convient absolument aux voies de

7. Ces paroles, que Mme Cornuau dit adressées à elle-même, sont extraites textuellement d'une lettre, du 13 septembre 1694, à Mme d'Albert.

Dieu et à la perfection ; et quoiqu'il ne voulût pas qu'on eût trop d'attention sur son état, il disait : « Dans les grâces que l'on reçoit de Dieu, c'est une fausse humilité et une vraie ingratitude, de ne les pas reconnaître ; mais dès qu'on les reconnaît comme grâces, l'humilité est contente. Autre chose serait d'en parler par estime de son état ; car on doit être fort réservé là-dessus, en s'oubliant soi-même et se laissant telle qu'on est, quand Dieu permet qu'on ait un directeur qui veille sur l'âme pour la garantir de toute illusion. »

Ce saint prélat avait un amour [si grand] pour tout ce qui attachait à Dieu et particulièrement pour les vœux de la religion, qu'il ravissait quand il en parlait à cette personne, à qui il a dit plusieurs fois qu'il tâchait de vivre comme s'il les avait faits, qu'il se regardait dans sa dignité comme ne possédant rien, et que Dieu lui faisait la grâce de ne s'approprier aucune chose, et de ne se servir de ce qu'il avait que pour sa gloire, pour l'Église et pour les pauvres. C'était par cet amour de la pauvreté qu'il avait laissé à son ancien intendant tout le soin de ses affaires et de son revenu, et qu'il n'avait d'argent que pour les charités qu'il faisait ; et quelquefois même son intendant ne lui en donnait pas facilement, ce qui lui donnait en un sens de la joie, le faisant entrer dans l'esprit de la sainte pauvreté. C'est ce qu'il a dit à cette personne en confidence, à l'occasion du vœu qu'elle avait fait d'être religieuse, que ses affaires l'empêchaient encore d'exécuter. Car, comme ce saint prélat croyait que son désir aurait un jour son effet, il voulait qu'elle en pratiquât par avance tous les vœux ; et celui de la pauvreté n'était pas celui pour lequel elle avait plus de goût, mais ce saint prélat sut bien dans la suite lui en faire trouver ; car il voulut qu'elle fît ses vœux n'étant même encore que séculière, après qu'il eut connu que Dieu demandait cela d'elle. Et comme cela fut fort secret, c'était ce prélat qui lui réglait toutes choses sur ce vœu et sur les autres qu'elle avait faits. Il est étonnant dans tout ce qu'il est entré par rapport à ces vœux, pour qu'elle en remplît les devoirs sans embarras et sans scrupule ; ce qui est arrivé, ce prélat ayant pris soin lui-même, jusqu'à ce qu'elle fût entrée en religion, de lui régler toutes choses, et tout cela par l'amour qu'il avait pour la pauvreté.

Il n'avait pas un moindre amour pour tout ce qui tendait à oublier son corps, pour ne songer qu'à son âme : c'était par ce motif qu'il prêtait si peu d'attention à tout ce qui pouvait incommoder. Car, quoiqu'il voulût qu'on eût un soin raisonnable de sa santé, il y avait bien des choses, à ce qu'il disait, où il ne fallait pas être si attentif (il poussait cela trop loin par rapport à lui). Cette personne lui parlait une fois de ses dispositions dans un endroit assez petit, parce qu'il faisait un grand froid. Comme il y faisait une fumée épouvantable, parce qu'il y avait grand feu⁹, elle se trouva mal et lui demanda permission de se retirer. Ce prélat lui dit avec une espèce d'étonnement : « Qu'avez-vous donc, ma Fille » ? Elle lui répondit avec le même étonnement : « Eh quoi ! Monseigneur, ne voyez-vous pas cette horrible fumée ? » — « Ah ! lui dit-il, il est vrai, il en fait beaucoup ; mais je vous avoue, ma Fille, que je ne la voyais pas, et que je la sentais encore moins dans un sens. Dieu me fait la grâce que rien ne m'incommode : le soleil, le vent, la pluie, tout est bon. »

Un jour, cette même personne se promenant avec ce prélat, il vint tout à coup une pluie terrible ; il y avait dans le jardin assez de monde, comme prêtres, religieux et autres. Tout le monde se mit à courir pour gagner la maison, et on lui dit en passant : « Eh quoi, Monseigneur, vous n'allez pas plus vite ! » Il répondit avec un air très sérieux : « Il n'est pas de la gravité d'un prélat de courir ; » et il alla toujours à petits pas. La pluie donnant cependant avec force, il s'aperçut que cette personne était inquiète de le voir tout mouillé ; mais il lui dit avec un air content : « Ma Fille, ne vous inquiétez point : celui qui a envoyé cette pluie saura bien me garantir de toute incommodité » ; et il ne laissait pas pendant ce temps de parler à cette personne avec autant d'attention que s'il eût été très à son aise, et il revint trouver la compagnie avec un air de joie qui était charmant, en disant : « Nous avons été

---

q Ces mots manquent à la minute.

un peu plus mouillés que vous ; mais nous ne sommes pas si las, car nous n'avons pas couru. »

Cette personne ne saurait aussi passer sous silence son amour pour les prières de la nuit : il aurait souhaité que tout le monde eût eu du goût pour ces saintes veilles. Il disait quelquefois à cette personne qu'il était obligé à ses ouvrages, qui souvent dans la nuit le réveillaient plusieurs fois ; et que, comme il se levait aussitôt qu'il lui venait quelque pensée, cela lui donnait occasion de parler un peu au saint Époux. Ce saint prélat disait que l'âme était bien plus disposée à écouter Dieu et à obtenir ses grâces dans le silence de la nuit. Il en avait donné un grand goût à cette personne, et lui avait donné les mêmes pratiques, mais entre Dieu et elle ; car c'étaient des choses où il voulait du secret.

Car, quoique ce prélat eût, comme l'on sait, l'esprit si supérieur et si fait pour les grandes choses, il ne laissait pas d'entrer dans beaucoup de choses qui auraient paru petites aux yeux du monde, mais qui avaient cependant leur mérite devant Dieu. Il faisait état de tout ce qui était bon, de tout ce qui avait rapport à Dieu, et ne marquait jamais ni mépris ni peu d'estime pour ce qu'on lui proposait, ou pour les questions qu'on lui faisait : il voulait qu'on lui dît tout, assurant toujours cette personne que rien ne le fatiguait. Elle avait la liberté de lui demander et des prières et des messes, autant qu'elle voulait, soit pour elle, soit pour des âmes qui lui étaient chères ; ce que ce prélat lui accordait avec une bonté qui a peu d'exemples.

Ce grand prélat avait l'esprit si supérieur, comme il a déjà été dit, que rien ne l'embarrassait. Il s'était accoutumé à faire plusieurs choses à la fois, comme on le pourra voir dans ces lettres, qu'il a écrites à cette personne dans toutes sortes de lieux, d'affaires et d'occupations. Car, soit qu'il fût à la Cour, soit qu'il fût dans le travail de quelques ouvrages, même pressés, quoiqu'il fût dans ses visites, il trouvait toujours du temps pour écrire à cette personne et à d'autres, quand cela était nécessaire ; il avait même soin très exactement d'informer cette personne de ses démarches, afin que, si elle avait nécessité de lui écrire, elle le fit; et même souvent, dans les visites de son diocèse, il lui a envoyé par un exprès ses réponses. Enfin ce grand homme était au-dessus de tout travail et de toutes affaires; et il était toujours le même, toujours tranquille, toujours se possédant, parce qu'il possédait toujours Dieu. Il avait tellement Dieu en vue dans tout ce qu'il faisait, et particulièrement dans la conduite des âmes, qu'il était d'une continuelle attention à tout ce qui pouvait les rendre plus agréables au saint Époux. C'est ce qui a fait que, malgré les grands désirs qu'il voyait à la personne à qui ces lettres sont écrites, pour l'état religieux, qu'elle avait fait vœu d'embrasser dès qu'elle le pourrait, il n'a jamais voulu qu'elle ait été religieuse que son fils ne fût en âge de prendre le maniement de ses affaires, parce que cette personne en avait beaucoup, et qu'elle était sa tutrice*r*.

Ce saint prélat avait envisagé que, si elle se faisait religieuse avant ce temps, son fils n'aurait presque rien, ses affaires passant en d'autres mains; et ainsi il a laissé cette personne pendant près de vingt années dans son désir, parce qu'il avait connu que Dieu voulait qu'elle fût religieuse sans rien ôter à son fils, et il n'a permis qu'elle l'ait été qu'à cette condition. Il disait souvent à cette personne que le céleste Époux voulait qu'elle ne lui apportât pour dot que beaucoup d'humiliations, que c'étaient là les riches parures dont il la voulait voir ornée : aussi eût-il beaucoup coûté à cette personne pour jouir du bonheur qu'elle possède*s*.

Enfin cette personne ne finirait jamais, si elle voulait rapporter toutes les héroïques vertus qu'elle a vues en ce saint prélat, dans les grands entretiens qu'elle a eu l'honneur d'avoir avec lui. Elle n'entreprend pas aussi cet ouvrage si au-dessus de la portée de son génie : elle dit seulement ce qu'elle a vu, et ce dont elle a été témoin ; elle en passe néanmoins beaucoup sous silence, pour ne pas passer les bornes d'un Avertissement. Elle demande par grâce aux personnes

r. Cet alinéa manque à la minute et au ms. Ma.
s. Cet alinéa manque à la minute.

qui verront ces lettres, de prier Dieu qu'il la console d'une si grande perte, sans qu'elle cesse néanmoins jamais de la ressentir vivement, afin de suivre plus fidèlement tous les avis et toutes les règles que ce saint prélat lui a donnés par le mouvement de l'Esprit-Saint, dont il était toujours rempli.

Les vers qu'il a faits, en partie à la prière de cette personne, feront connaître parfaitement ses sentiments et ses saintes dispositions. On s'étonnera sans doute comment [t] il a pu, avec ses grands ouvrages, trouver ce temps ; et on s'en étonnerait encore plus, si l'on savait que souvent il faisait ces vers en un moment, où il exprimait cependant tout ce qu'il y a de plus grand, de plus intime et de plus élevé dans l'amour de Dieu et dans la vie intérieure. Il est vrai que, comme il était plein de toutes ces sublimes pensées, il lui coûtait peu de les tourner en vers. Il disait quelquefois à cette personne qu'il y avait des temps où le langage divin semblait augmenter l'amour pur et céleste ; que du moins cela lui donnait une nouvelle pâture ; que, comme Dieu attirait les âmes à lui par diverses voies, il y en avait à qui les divines ardeurs du divin amour ainsi expliquées leur étaient quelquefois très utiles. C'est ce qui a fait que ce saint prélat n'a presque jamais refusé à cette personne ce qu'elle lui demandait, tant en vers qu'en prose, et non seulement à elle, mais à toutes celles que Dieu avait mises sous sa conduite [u].

Au reste, s'il paraît dans quelques lettres des choses qui ne sont pas toujours si suivies, et que ce prélat passe souvent d'une grande spiritualité à des choses extérieures, il ne faut pas s'en étonner, pour deux raisons : la première, c'est que ce prélat n'écrivait à cette personne que par le mouvement de l'Esprit de Dieu, et ce qu'il lui donnait dans chaque moment sur ce

t. Minute et Ma : *Ces vers qu'il a faits à la prière de cette personne feront connaître parfaitement ses sentiments et, pour ainsi dire les saintes dispositions où elle le voyait quand ce saint Prélat lui parlait. S'il lui était permis de mettre ici tous ceux qu'il a bien voulu lui faire sur différents sujets, on s'étonnerait, encore une fois, comment...*

u. Ici la minute et Ma (ce qui explique les premiers mots de l'alinéa : « Ces vers ») reproduisent la paraphrase du psaume *Silentium tibi laus* par Bossuet, et c'est ainsi que se terminait d'abord le second Avertissement. Tout ce qui va suivre a été ajouté après coup.

qu'elle lui écrivait; l'autre raison, c'est que, comme cette personne était chargée de toutes les affaires d'une communauté où elle était, et que même beaucoup de personnes la priaient de consulter ce prélat pour elles, quand donc elle lui écrivait, elle lui parlait et de son intérieur et de tout ce dont elle était chargée, et sans trop d'attention à mettre les choses par ordre, parce que ce prélat ne lui avait rien tant recommandé que de lui écrire sans façon, comme à un père en qui on a toute confiance, qu'on aime et qu'on respecte pourtant à cause de cette qualité. Il lui avait même ordonné de ne perdre point de papier, de lui écrire au haut des pages, et de supprimer le nom de Grandeur, qui ne convient pas à un père.

S'il paraît comme de différent sentiment dans différentes lettres sur des mêmes sujets, c'est qu'il répondait à cette personne selon les dispositions où elle était, qui n'étaient pas toujours les mêmes dans les mêmes peines. C'est par la même raison que l'on verra plusieurs lettres aussi sur les mêmes sujets, parce que de temps en temps cette personne lui demandait de nouvelles explications, croyant toujours qu'elle ne s'était pas bien expliquée les autres fois, ou que ses peines présentes étaient d'une autre nature, ou qu'elle était dans l'illusion, et que les grâces qu'elle recevait étaient fausses ou suspectes : c'est ce qui l'a tant fait écrire à ce prélat, et ce qui a fait que ce prélat lui a tant écrit. Il ne faut pas être étonné aussi si on voit dans tant d'endroits de ces lettres, que ce prélat assure cette personne qu'il ne l'abandonnera pas, et qu'il prendra un soin particulier d'elle : c'est qu'une de ses grandes peines était la crainte que ce prélat, par ses grandes occupations et ses grandes affaires, ne continuât pas à prendre soin de son âme; et qu'elle envisageait, par toutes les épreuves où Dieu la faisait passer, ce qu'elle pourrait devenir sans un tel secours et sans sa protection. Deux choses si fortes, et dont il paraissait à cette âme que son salut dépendait, l'inquiétaient souvent; et ce prélat, qui ne voulait voir en elle aucune agitation, parce qu'il disait que cela était contraire à l'Esprit de Dieu, lui donnait toutes ces assurances de

temps en temps pour son repos, et avec l'esprit de cette charité dont saint Paul veut que le cœur des pasteurs soit rempli.
C'est cette même charité qui l'a tant fait écrire à cette personne, et quelquefois tant de lettres dans le même temps,
parce qu'il regardait les besoins de cette âme ; et que, quand
il la savait peinée et dans le trouble, il n'épargnait ni temps
ni peines pour la calmer et pour résoudre ses difficultés ;
quand elle était tranquille, il lui écrivait moins.

Elle ne peut taire aussi, en concluant cet Avertissement,
qu'elle a remarqué en plusieurs occasions que, par une inspiration qui lui a toujours paru avoir quelque chose de surna-
turel, ce prélat prévoyait souvent ses plus grandes peines et
prévenait ses plus grands besoins, lui ayant écrit bien souvent
des choses pour la préparer ou à des peines intérieures,
ou à des épreuves du saint Époux ; et souvent dans le
temps qu'elle lui écrivait ses peines, elle en recevait une
lettre où tous les avis et toutes les instructions dont elle
avait besoin étaient expliqués. Et quand il arrivait à cette
personne de lui marquer son étonnement de ce qu'il avait
ainsi connu ses dispositions, il lui disait : « Ma Fille, je ne
sais comment cela s'est fait ; le saint Époux m'a mis au cœur
de vous instruire, de vous soutenir, ou de vous consoler sur
cela : je l'ai fait en lui obéissant ; je n'en sais pas davantage,
sinon que, comme je demande tous les jours à Dieu les lumières qui me sont nécessaires pour les âmes dont il me
charge, je m'appuie tellement sur son bras tout puissant,
que je n'agis que par son mouvement. »

Cette personne se croit obligée, pour un plus grand éclaircissement, d'avertir que, si l'on trouve dans quelques lettres
quelque chose qui arrête l'esprit sur des matières ou obscures, ou
délicates, ou intérieures, qu'on lise avec patience les lettres qui
suivent celles qui ont arrêté l'esprit ; on trouvera l'explication
et le dénouement de tout, ce saint prélat n'ayant rien laissé sans
éclaircissement, lorsqu'il écrivait ensuite à cette personne[v],

---

[v]. Na : n'ayant rien laissé sans éclaircissement de suite ensuite en écrivant
à cette personne.

comme on le connaîtra aisément en lisant ses lettres avec attention.

Il ne faut pas être étonné s'il y a plusieurs lettres où l'endroit et le jour du mois ne sont pas marqués à la date : quelquefois ce saint prélat oubliait cela quand il était pressé, ou bien souvent c'est qu'il écrivait à cette personne quand elle était près de lui faisant ses retraites, et souvent même avant ou après lui avoir parlé.

III

Le texte des lettres de Bossuet a Mme d'Albert.

Dans les éditions, elles forment une classe à part entre les *Lettres de piété et de direction*. Fidèles à notre méthode, nous les replaçons, chacune à sa date, au milieu de la Correspondance de Bossuet.

Elles nous sont parvenues en meilleur état que les lettres adressées par le grand évêque à Mme Cornuau. Pour celles-ci, les originaux ayant été soigneusement détruits par leur destinataire, les éditeurs n'ont eu à leur disposition que des copies, nombreuses à la vérité, mais présentant de sensibles différences et, comme on l'a vu dans l'Appendice précédent, ne méritant pas une confiance entière.

Mme d'Albert conserva, au contraire, les lettres qu'elle recevait de son directeur; et, à sa mort, elles passsèrent aux mains de sa sœur, Mme de Luynes, prieure de Torcy. A peine celle-ci eut-elle expiré, le 13 février 1728, l'abbé de Saint-André fit diligence pour en assurer la conservation et se les faire remettre, suivant la mission que lui en avait donnée Bossuet, l'évêque de Troyes, jaloux de les publier avec toutes celles du même genre que son oncle avait écrites à des religieuses. « Je mande, écrivait dès le 18 février M. de Saint-André, je mande à Mme de Sainte-Marguerite, ancienne confidente de Mme de Luynes, qu'elle doit se souvenir que cette chère défunte m'avait dit, toutes les fois que je lui parlais des lettres de M. de Meaux à elle et à Mme d'Albert, qu'elle ne pouvait se résoudre de les donner avant sa mort, mais qu'elle aurait soin de me les faire remettre après que

Dieu l'aurait retirée du monde. Je prie cette religieuse, comme si j'étais persuadé qu'elle en est la maîtresse, de les mettre à part et de me les envoyer par le porteur, si cela est possible; mais que si elle n'en avait pas le temps, que je les prendrais en passant dans huit ou dix jours pour vous les remettre entre les mains et en faire le discernement avec vous. J'ai écrit en même temps à Mme de La Ferrière, en lui envoyant copie de la lettre que j'ai écrite à Mme de Sainte-Marguerite, et je lui mande en même temps que je lui conseille de mettre le scellé sur tous les effets de Mme de Luynes renfermés dans une même chambre, avec le sceau de l'abbaye ou de la défunte, en présence des conseillères [1]... »

La vigilante précaution de l'abbé de Saint-André eut pour effet de mettre l'évêque de Troyes en possession des lettres auxquelles il tenait tant. Mais ce prélat, distrait sans doute par d'autres soins, mourut en 1743, sans les avoir données au public, ainsi qu'il en avait eu le désir. Elles passèrent alors dans les mains de son neveu, le président Chasot, avec les sermons de l'évêque de Meaux, et elles restèrent dans sa famille jusqu'au jour où elles furent confiées à l'abbé Lequeux et aux Bénédictins chargés de la nouvelle édition des Œuvres de Bossuet entreprise par le libraire Boudet.

C'est donc sur les autographes mêmes que Deforis, aidé de Dom Coniac, son confrère, a donné les lettres de Bossuet à Mme d'Albert, qui, au nombre de deux cent quatre-vingts, forment la première partie du tome XII de son édition, publié en 1778, et d'où elles ont passé telles quelles dans les éditions postérieures [2].

1. Lettre citée par Deforis (t. XII, p. LI-LIII). La date nous en est fournie par une copie qui se trouve dans la bibliothèque de Sir Thomas Philipps, à Cheltenham, avec celle d'une autre lettre écrite le lendemain par M. de Saint-André, rendant compte à l'évêque de Troyes des démarches faites par lui auprès de Mme de Baradat en vue d'obtenir les lettres adressées par Bossuet aux religieuses de Jouarre.

2. Lachat, il est vrai, annonce qu'il les a reproduites « partie d'après les éditions, partie d'après les originaux, qui se trouvent à la bibliothèque du séminaire de Meaux et à la bibliothèque de la rue

La Révolution interrompit l'œuvre de Deforis, et ce religieux, pour avoir refusé le serment à la constitution civile du clergé, périt sur l'échafaud en 1794. Plus tard, le libraire Lamy, successeur de Boudet, après avoir tenté plusieurs fois inutilement de continuer l'entreprise de Deforis, chercha à tirer profit des manuscrits de Bossuet dont il était détenteur. En particulier, les lettres à Mme d'Albert, divisées par lui en plusieurs lots, furent vendues à différents amateurs, si bien qu'elles sont aujourd'hui éparses, suivant le caprice des circonstances, en des dépôts publics, ou dans des collections privées.

Le manuscrit 24421 du British Museum (in-4 relié en maroquin avec le titre : *Original letters of J.-B. Bossuet to Madame d'Albert*), contient cinquante-trois lettres complètes et six fragments ; Mgr Gallard et Mgr Allou en avaient réuni une quarantaine au Séminaire de Meaux ; treize sont conservées à la bibliothèque municipale de Lille ; vingt-huit sont la propriété de M. H. de Rothschild, à Paris ; six font partie des archives de M. le duc de Luynes, au château de Dampierre ; la collection de M. Morrison, de Londres, malheureusement inaccessible depuis quelques années, en contient seize. Dans beaucoup de collections particulières, on en trouve une ou deux, quelquefois trois ; car, avec les lettres à Mme Dumans et à Mme de Beringhen, les lettres à Mme d'Albert sont les autographes de Bossuet qui reparaissent le plus souvent dans les ventes, mais par unités [3].

Richelieu ». En réalité, la Bibliothèque Nationale ne possède aucune lettre originale à Mme d'Albert. Quant au séminaire de Meaux, Lachat, tout compte fait, y a collationné trente-quatre lettres.

3. Les originaux des lettres mis entre les mains de Deforis et de son collaborateur se reconnaissent à la lettre grecque φ, dont ils ont été marqués par D. Coniac, et ils portent très souvent la trace de l'écriture de ce religieux, soit qu'il y ait ajouté la date, soit qu'il y ait rétabli les passages d'abord raturés par les premiers possesseurs. « J'ai écrit hier à Mme de Baradat à Jouarre pour la prier de recueillir toutes les lettres qui pourraient être répandues en différentes mains dans la communauté ; mais comme je sais que les Filles ont de la peine à manifester le moins du monde ce qui peut toucher leur conscience, je la préviens en lui disant que j'ôterai tout ce qui pourrait

Au total, c'est cent quatre-vingt-dix autographes que nous avons pu retrouver, sur deux cent quatre-vingts lettres, et dont nous avons profité pour l'établissement de notre texte. Pour les lettres dont les originaux ont disparu ou nous sont demeurés inconnus, nous y avons, dans une certaine mesure, suppléé à l'aide d'une ancienne copie que nous a obligeamment communiquée M. l'abbé A. Bresson, chanoine de Langres.

Chose étonnante, lorsqu'on songe à la quantité de copies existantes des lettres à Mme Cornuau, ce manuscrit est, à notre connaissance, le seul où on ait transcrit intégralement des lettres à Mme d'Albert[4]! Cette copie vient-elle d'une autre copie, ou bien a-t-elle été faite directement sur les autographes eux-mêmes? nous ne saurions le dire. Mais une chose sûre et qui ressort de la comparaison que nous en avons faite avec les originaux que nous avons pu voir, c'est que cette transcription est fidèle et, pour les lettres dont l'autographe est perdu, a presque la même valeur que l'original. Les noms propres, il est vrai, y sont parfois défigurés, et on y remarque de loin en loin une réflexion ou une explication ajoutée au texte au lieu d'être mise en note; mais on n'y a pratiqué aucune suppression et on n'a pas cherché à en corriger le style. Elle nous permettra, en particulier, de rectifier certaines leçons fautives données par les précédents éditeurs, et surtout de restituer un certain nombre de passages supprimés par eux comme étrangers à l'intention qu'ils avaient de donner des lettres de piété et de faire connaître les principes suivis par Bossuet dans la direction des âmes.

Car c'est là le défaut le plus grave où soit tombé Deforis: au lieu de reproduire dans leur intégrité les originaux qu'il avait sous les yeux, il en a ôté non seulement les traits les plus personnels, mais aussi les faits particuliers, dont nous

---

être personnel, avant de vous les mettre entre les mains... » (Lettre de M. de Saint-André à l'évêque de Troyes, citée par Deforis, t. XII, p. LIII).

4. Le ms. fr. 15181 de la Bibliothèque nationale, n'en contient que des extraits.

sommes au contraire curieux, parce qu'ils font mieux connaître la vie et le caractère des écrivains.

Deforis s'est cru aussi autorisé à retoucher légèrement le
style de son auteur, soit pour rendre les phrases plus claires
par quelques transpositions, soit pour faire disparaître toute
trace de négligence en remplaçant par des synonymes les
mots employés par Bossuet. On s'en rendra compte à la lecture des lettres elles-mêmes ; car, si nous avons respecté scrupuleusement le texte original, nous indiquons néanmoins les
principales variantes adoptées par notre prédécesseur. Mais,
nous tenons à le déclarer une fois de plus, pour juger équita-
blement Deforis, il faut tenir compte des habitudes de son
temps et reconnaître que, malgré tout, il s'est convenable-
ment acquitté de sa tâche[5].

5. Voir Deforis, tome XII, p. LI et suiv. ; E. Griselle, article dans
les *Études* des P.P. Jésuites, 5 juin 1898, et *Lettres de Bossuet revisées sur les manuscrits*, Paris, 1899, in-8 ; *Revue Bossuet,* avril et octobre 1904.

IV

Lettre de Pierre Frotté a Bossuet.

Monsieur,

J'ai demeuré trop longtemps dans votre Église, j'ai été trop longtemps témoin de ses violences et de ses cruautés contre ceux qu'elle nomme injustement hérétiques, pour ne pas comprendre à quel excès de fureur elle se serait portée contre

Imprimée par l'auteur lui-même en tête des *Motifs de la Conversion de Pierre Frotté* (Rotterdam, 1690, in-4) et tirée à part pour « être envoyée plus facilement et plus promptement dans les pays étrangers, et particulièrement en France ». Il en existe à la Bibliothèque de la ville de Genève (Collection Court, nº 18, vol. BB), un exemplaire, peut-être unique, sur lequel M. Ch. Read l'a réimprimée avec ce titre : *Bossuet dévoilé par un prêtre de son diocèse en 1690*, Paris, 1864, in-8, 2e édition, Paris, 1875, in-8. Nous en avons revu le texte sur l'édition originale. M. Lambin (*Rapports de Bossuet avec l'Angleterre*, Paris, 1909, in-8, p. 44) nous apprend que Frotté avait fait de sa lettre une traduction anglaise : *The motives of the conversion of J.-P. Frotté.., in a letter directed to J.-B. Bossuet*, Londres, 1691, in-4. Nous plaçons cette lettre en appendice, et non dans le corps de ce volume, parce qu'elle a le caractère d'un pamphlet plutôt que d'une correspondance proprement dite.

J.-Pierre Frotté, fils de René Frotté, trésorier de France à Bordeaux, et d'Anne Desportes, était né à Paris le 19 mars 1648. Il fit profession, le 29 août 1666, chez les Chanoines réguliers de la Congrégation de France ou Génovéfains. Ordonné prêtre en 1672, il fut envoyé à l'abbaye de Notre-Dame de Ham. En 1684, il devint prieur-curé de la petite paroisse de Souilly (aujourd'hui réunie à celle de Claye), au diocèse de Meaux, où nous constatons sa présence jusqu'au 24 avril 1689. Bossuet, dit Mercier de Saint-Léger, généralement bien informé, lui ayant enlevé sa cure à cause de ses scandales, Frotté était tenu de rentrer dans sa Communauté : « Il

moi, si, après avoir abandonné sa communion, j'avais été
assez malheureux pour retomber sous sa puissance. C'est,
Monsieur, ce qui m'a obligé de quitter tout ce que j'avais én
France pour venir donner gloire à Dieu dans des pays où les
âmes, étant en liberté, peuvent le servir selon la pureté de
l'Évangile. Je n'ignore pas non plus de quelles calomnies votre
même Église a accoutumé de charger ceux qui se séparent
d'avec elle, et surtout quand ils sont de mon caractère. Je
sais qu'elle n'oublie rien pour tâcher de les décrier et de les
noircir. C'est aussi cette raison qui m'a engagé à donner au
public les Motifs véritables de ma conversion, de vous les
adresser et de vous écrire cette lettre, afin de faire connaître
à tout le monde ce que l'on doit attendre des simples prêtres
et des moines, quand on verra qu'un grand prélat, qui m'a-
vait honoré si longtemps de son estime et de sa protection,
est devenu l'un de mes plus grands ennemis, et s'est emporté
contre moi à des invectives et à des outrages, d'une manière
indigne de son caractère, dès qu'il a pu entrevoir que j'étais
dans le dessein de sortir de son Église.

Il est vrai, Monsieur, et je suis obligé de le reconnaître, que
vous m'avez donné mille marques de votre bonté. Je dois à
vos recommandations le favorable accès que j'ai trouvé chez
M. Le Peletier, contrôleur général des finances, et la protection dont m'a particulièrement honoré M. de Menars, intendant de Paris[1]. Quoique ma famille eût l'honneur d'être
connue et même un peu considérée de M. le Chancelier[2], votre

aima mieux apostasier. Il se sauva à Rotterdam, où il embrassa le
calvinisme. Ce misérable fit une fin digne de la vie qu'il avait menée.
Comme il était d'un caractère violent, il eut querelle avec les gardes
d'un temple, qui le tuèrent à coups de hallebardes » (Notes de Mercier, abbé de Saint-Léger, aux archives de Saint-Sulpice ; Bibliothèque Nationale, Cabinet des titres, au mot FROTTÉ ; Bibl. Sainte-
Geneviève, ms. 2971). Un P. Louis Frotté, qui fit profession en
1664 à Sainte-Geneviève, était probablement un parent de notre
réfugié.

1. Claude Le Peletier et l'intendant, M. de Menars, de qui il a été
parlé plusieurs fois.

2. Michel Le Tellier.

crédit ne m'a pas été inutile auprès de lui, pour mettre à la raison les habitants de Souilly, que je n'avais poursuivis que par vos ordres.

Vous m'avez fait prêcher le jour le plus solennel de l'année[3] dans votre cathédrale et en votre présence; mon action[4] fut honorée de votre approbation, et, si je l'ose dire, de votre applaudissement. Vous me faisiez la grâce de me donner un libre accès dans votre maison et de me recevoir à votre table et dans votre carrosse; tout me riait agréablement à votre cour, et vos bontés m'attiraient la jalousie de beaucoup d'honnêtes gens. Enfin, je puis dire que vous étiez si prévenu en ma faveur, que vous ne voulûtes jamais croire ce que diverses personnes vous rapportaient, *que je ne disais plus la messe, que je ne prêchais plus, que j'étais sans cesse avec les gens de la Religion, que je ne les pressais pas d'obéir à vos volontés, que je n'attendais que l'entrée[5] du prince d'Orange[6] en France pour réformer mon Église, et qu'enfin je détruisais par ma conduite, dans le pays, tout ce que votre zèle ardent s'efforçait d'y établir.*

Mes parents, qui craignaient mon changement pour plus d'une raison, vous en ont informé. Mon frère de Lignières[7], colonel, qui a été trois semaines avec son régiment dans votre

3. Le jour de Pâques.

4. *Action*, le discours, et non seulement le débit oratoire. « Les actions publiques du prédicateur Ogier ne sont pas exactement écrites, néanmoins elles lui ont donné beaucoup de réputation, parce qu'il avait l'action belle lorsqu'il prêchait » (Richelet). Le mot *faire* se prenait aussi dans le sens de parler en public. « Le discours fini, ils se réveillent pour dire qu'il a bien fait » (La Bruyère, *de la Chaire*). « Consultez-vous vous-même pour savoir si les orateurs que vous écoutez font bien » (Fénelon, *Dialogues sur l'éloquence*, I).

5. Read : l'arrivée.

6. Le prince d'Orange, gendre de Jacques II, qu'il avait détrôné, était alors en guerre avec Louis XIV.

7. C'était René Frotté, et sans doute le frère aîné de Pierre Frotté. La terre de Lignières lui était venue par sa mère, fille elle-même de Pierre Desportes, seigneur de Lignières. Il était colonel d'infanterie et gouverneur de Château-Porcien, lorsqu'il épousa à Soissons, par contrat du 29 novembre 1699, Élisabeth d'Arery, fille de feu Charles d'Arery, seigneur de Cochery, et de Jeanne d'Aumale.

ville de Meaux, ne vous entretenait d'autre chose ; si, par une permission divine, vous n'aviez été prévenu contre tous ces rapports, qui étaient, comme vous pouvez voir maintenant, assez bien fondés, ce frère dénaturé, qui ne me voulait du mal que parce que je l'ai repris sévèrement de son libertinage, m'eût bientôt envoyé une brigade de ses soldats pour m'enlever, et ne m'aurait pas plus épargné qu'il a fait les pauvres réformés du Dauphiné, lorsqu'il y fut prêcher si efficacement, par une mission extraordinaire, en qualité de capitaine de dragons [8].

Il faut, Monsieur, que j'adore ici profondément la providence de Dieu, qui me conservait au milieu de ces dangers, et qui, ne me donnant [9] pas encore toutes les lumières nécessaires, ni assez de courage pour pouvoir rompre avec vous, me donnait néanmoins l'assurance de rester au milieu de tant d'ennemis, la plupart animés depuis longtemps contre moi. Car il y a plusieurs années que mes parents et les chanoines de Sainte-Geneviève, apprenant de tous côtés la liberté avec laquelle je parlais en particulier et prêchais même quelquefois en public contre les abus de la puissance ecclésiastique, les cultes superstitieux, les hypocrisies pharisaïques des moines et des prêtres, la politique dangereuse de tout le clergé, avaient souvent concerté de me faire déclarer fou et de me traiter comme tel.

Que l'on est heureux, Monsieur, de passer pour insensé dans l'esprit des mondains, puisque, selon saint Paul, cette folie est une sagesse [10] aux yeux de Dieu ! Ce dessein, dis-je, si digne de votre religion, ne m'était pas caché, car plusieurs m'en avaient menacé, d'autres m'en avaient averti.

---

8. L'évêque de Grenoble était loin d'approuver les procédés des convertisseurs militaires. « Ces MM. les gens de guerre, écrivait-il, veulent faire leur cour par ces sortes de violences ; mais je suis persuadé que cela n'agrée point au Roi, et qu'au fond rien n'est plus contraire au dessein qu'on a de les affermir (*les nouveaux convertis*) dans notre religion » (*Lettres de Le Camus*, édit. Ingold, Paris, 1892, in-8, p. 473, lettre du 14 août 1686).

9. Read : donnait.

10. I Cor., III, 19.

Cependant, comme je n'étais pas assez convaincu de toute la vérité que je cherchais, et que je tenais encore par quelque endroit à l'erreur, je demeurais, comme endormi, au milieu de ceux qui méditaient ma perte, et sur le bord d'un précipice : mais j'étais sous la protection du Dieu du ciel, qui savait seul le jour et l'heure qu'il avait destinée à mon salut. Il vous a fermé les yeux, Monsieur, et vous a bouché les oreilles en ma faveur, en sorte que tout ce que mes parents, tout ce que nos chanoines de Sainte-Geneviève et mes paroissiens vous ont représenté, pour vous animer à ma perte, n'a point empêché que, quinze jours avant mon évasion [11], vous ne m'ayez rendu un témoignage d'autant plus avantageux que vous l'avez rendu en présence de personnes illustres.

Le 15 du mois de juillet dernier, vous dîtes à Rambouillet [12] en présence de M. le duc de Montausier, de Mme la duchesse d'Uzès, sa fille [13], et de plusieurs autres personnes de qualité, *que j'étais très honnête homme, et que vous ne trouviez rien à redire à mes mœurs.* M. de Sanlecque, prieur de Garnay [14], très homme de bien, qui était présent, me l'a rap-

---

11. Cette évasion, comme on va le voir, doit être fixée au 1er août 1689.

12. Ce nom de ville a été omis dans le texte primitif et dans l'édition Read, mais nous le rétablissons conformément à l'errata de l'exemplaire de Genève.

13. Marie Julie de Sainte-Maure, fille unique du duc de Montausier et de Julie d'Angennes, avait épousé, le 16 mars 1664, Emmanuel de Crussol, duc d'Uzès. Elle mourut le 14 avril 1695, à quarante-huit ans.

14. Louis de Sanlecque, né à Paris en 1652, fils et petit-fils de célèbres fondeurs de caractères d'imprimerie, entra fort jeune chez les Génovéfains et devint prieur-curé de Garnay, près de Dreux. En novembre 1675, le Roi lui donna le prieuré de Chartrage, au diocèse de Chartres (*Journal des bienfaits du Roi,* fr. 7660). Il s'adonna à la poésie et composa des satires sur les travers des gens d'église et en particulier *Contre les directeurs.* On lit encore avec plaisir son *Poème contre les mauvais gestes.* Il prit parti contre Boileau et Racine dans la querelle soulevée autour de *Phèdre.* Le duc de Nevers, son protecteur, le nomma évêque de Bethléem ; mais, si l'on en croit Saint-Simon, les jésuites l'empêchèrent d'obtenir ses bulles. Il mourut le

porté en ami. Ne soyez pas, Monsieur, en colère pour ce sujet contre lui, car je vous proteste que je ne lui ai jamais communiqué mon dessein. Vous en avez dit autant à M. de Menars, intendant de Paris ; lui-même m'a fait la grâce de me le dire et m'a conseillé de ne pas sortir de votre diocèse, parce que vous aviez de l'affection pour moi. Je vous remercie donc de ce que, me connaissant comme vous faisiez, vous m'avez rendu justice, et de ce que vous avez [15] encore ajouté plusieurs honnêtetés que je ne méritais pas.

Cependant, je vous l'avouerai, vos faveurs m'étaient dangereuses : cette bienveillance, venant d'une personne qui a tant [16] de mérite, imposait à mon cœur et faisait illusion à mon esprit, et je ne sais si la crainte de paraître ingrat envers vous et de vous déplaire n'a point diminué les difficultés que j'avais contre votre religion, et si elle ne m'a pas fait différer un peu de temps de rendre à Dieu ce que je lui devais.

Mais, tandis que vous me défendiez au dehors contre les hommes, Dieu m'attaquait heureusement au dedans, et ruinait [17] par sa grâce tous les obstacles que je formais moi-même à mon salut. Il m'inspirait avec efficace de quitter une Église dans laquelle mon cœur n'a jamais été content et dans laquelle ma conscience a toujours été en peine, tantôt sur un article de foi, tantôt sur l'autre, et quelquefois sur tous les points de controverse.

Enfin cet heureux moment vint, auquel je me sentis assez de lumières et de résolution pour exécuter le dessein, que je méditais depuis plusieurs années, de renoncer à une religion qui me paraissait tenir du judaïsme et du paganisme. Je fis aussitôt transporter à Paris mes meubles pour les vendre et tâcher d'avoir de quoi faire un pèlerinage semblable à celui

---

14 juillet 1714 dans son prieuré. La meilleure édition de ses Œuvres est celle de Harlem, 1726, in-12 (Voir Saint-Simon, à l'année 1714 ; l'article de Durozoir, dans la Biographie Michaud ; Deltour, *les Ennemis de Racine*, Paris, 1859, in-8).

15. Read : ayez.
16. Read : étant.
17. Read : minait.

d'Abraham, lorsqu'il quitta sa patrie pour ne plus communiquer avec les idolâtres qui l'habitaient [18].

Ce transport de meubles fut remarqué par plusieurs personnes. On ne douta plus de mon dessein, et vous-même, en étant convaincu, vous vous joignîtes à mes ennemis, et vous fîtes un complot contre moi [19], vous, l'Abbé de Sainte-Geneviève [20] et quelques-uns de mes parents, par lequel il fut conclu que l'on me ferait signifier promptement certains arrêts [21] que les évêques de France joints au Supérieur général des Chanoines réguliers, ont surpris sur simple requête

18. Jos., xxiv, 2, 14 ; Judith, v, 6-9.

19. Bossuet, sur ce point, contredit Frotté. « Un religieux, curé dans mon diocèse, dont je l'ai chassé, non pas, comme il s'en est vanté, à cause qu'il penchait à la Réforme prétendue, car je ne lui ai jamais remarqué ce sentiment, mais parce que, souvent convaincu d'être incapable de son emploi, il m'a supplié lui-même de l'en décharger : ce curé, ne pouvant souffrir la régularité de son cloître, où je le renvoyais, s'est réfugié dans les bras de M. Jurieu » (*Sixième Avertissement,* IIe partie, cxv). La cure de Souilly n'était pas à la nomination de l'évêque de Meaux : Bossuet ne pouvait donc que demander pour Frotté un autre prieuré à l'abbé de Sainte-Geneviève (ce qu'il n'avait pas voulu faire), ou, pour des raisons graves, le renvoyer dans son abbaye.

20. L'abbé de Sainte-Geneviève était alors François Morin, né à Langeac, diocèse de Saint-Flour, qui avait fait profession le 14 octobre 1640. Elu supérieur général et abbé le 13 septembre 1685, il fut réélu le 14 septembre 1688 et mourut à Sainte-Geneviève le 16 novembre 1691, à l'âge de soixante-douze ans.

21. C'étaient des arrêts du Conseil, du 15 avril et du 1er août 1679, sur lesquels intervinrent des lettres patentes, du mois d'octobre de la même année, portant que, « conformément à l'article V des Statuts généraux des religieux de la Congrégation de France, les Chanoines réguliers de ladite Congrégation pourvus de cures, vicalreries perpétuelles ou prieurés-cures de leur Ordre, puissent, sans aucune monition précédente et sans forme ni figure de procès, être révoqués et retirés de leurs bénéfices et envoyés en des monastères de ladite Congrégation par le Chapitre ou Supérieur général d'icelle, pour fautes par eux commises et scandale connu à l'évêque et à leur supérieur, ou même pour le bien et avantage de l'Ordre, s'il y échet, du consentement toutefois des archevêques ou des évêques dans les diocèses desquels les bénéfices sont situés, et non autrement » (Bibliothèque Nationale, f. fr. 24444, f°s 58 et suiv.).

depuis dix ans pour dominer plus absolument sur les bénéfices réguliers et appesantir leur joug, qui était déjà insupportable.

Ces arrêts, comme vous le savez, Monsieur, leur permettent de révoquer, quand il leur plaît, les pasteurs de leurs paroisses, et de les priver de leurs bénéfices, *sans leur en dire aucune raison*, ce qui est une extrême tyrannie ; ensuite de quoi, le Supérieur général croit qu'il lui est permis, en conscience, de faire piller la maison du bénéficier et de se saisir, s'il peut, du bénéficier même, parce qu'il lui a été vendu dans sa jeunesse par ses parents[22] ; le tout, par une permission de plusieurs papes anciens, renouvelée par les derniers, confirmée par les décrets du concile de Trente, autorisée par une coutume immémoriale de l'Église romaine.

L'avarice et l'ambition, qui sont les deux sources de cette belle jurisprudence, trouvent leur compte à ce brigandage, et le bénéficier y éprouve une extrême barbarie. Je sais ce que c'est que cette persécution, par ma propre expérience, et je puis parler à fond d'une tyrannie que l'on a exercée sur moi dans toute son étendue. Le Pape m'avait revêtu d'un très beau bénéfice dans le diocèse de Reims, il y a dix ans ; mais, parce que j'avais quelque commerce avec un ministre de la religion réformée, dont le temple, nommé Primat[23], était voisin de ma paroisse, on me fit éprouver la rigueur de ces injustes et cruels arrêts. Et comme je fis quelques démarches pour me pourvoir au Conseil, M. l'archevêque de Reims me fit dire par de M. de Termes[24], alors lieutenant de roi[25] de

22. Frotté semble se souvenir avec amertume d'être entré chez les Génovéfains dès sa dix-septième année.

23. L'imprimé donne : *Primas*. — Primat, aujourd'hui dans l'arrondissement de Vouziers. Le ministre devait être Zacharie Billot, fils de Jean Billot, conseiller de police à Sedan, et frère de David Billot, pasteur à Givonne. Zacharie Billot, dans l'acte de son mariage contracté le 24 mai 1679, avec Marie Chéron, est qualifié de ministre à Primat (Dr Jaillot, dans la *Revue d'Ardenne et d'Argonne*, année 1906, p. 224).

24. Roger-Hector de Pardaillan de Gondrin d'Antin, marquis de Termes (1639?-1704), était cousin de M. de Montespan.

25. Read : lieutenant du roi.

Sedan, que, si je résistais, il m'allait traiter comme beaucoup
d'autres ecclésiastiques qu'il avait fait enlever par des dragons.

Je résolus donc de plier, non seulement à cause des menaces
d'un si puissant et si terrible prélat, mais aussi par considération pour mes parents, sur lesquels je craignis d'attirer quelques disgrâces de la part de M. de Reims et de M. de Louvois,
et je souffris pendant quatre ans la privation de mon bénéfice[26], jusqu'à ce que mes propres ennemis, vaincus par ma
patience, me firent obtenir en cour de Rome le prieuré de
Souilly, dont vous prétendiez, Monsieur, à l'imitation de
votre ami, M. de Reims, et pour des raisons semblables, me
déposséder, pour me faire retomber entre les mains de mes
anciens ennemis, aigris et animés de nouveau contre moi,
parce que ma franchise et l'amour que j'ai toujours eue
pour la vérité, n'a pu s'empêcher de démasquer souvent leur
hypocrisie.

Pour me terrasser plus facilement par votre signification
d'arrêt, vous joignîtes à votre nom celui de M. de Reims, qui
m'avait été déjà si fatal. Vous fîtes dire dans le pays que
c'était avec bien de la justice que ce prélat m'avait autrefois
chassé de son diocèse ; ce qui pouvait servir non seulement à
m'épouvanter, mais aussi à détruire la même opinion que
vous aviez donnée vous-même de moi par des témoignages
publics.

Je formai pourtant mon opposition, que je vous fis signifier, comme aussi à l'Abbé de Sainte-Geneviève, non pas que
je prétendisse soutenir ce procès tout au long, mais je pensais seulement à gagner du temps, pour me retirer plus facilement et plus sûrement, comme j'ai fait.

Rappelez en votre mémoire, Monsieur, le dépit que vous

---

26. Cette première disgrâce de Frotté serait donc de l'année 1680,
puisqu'il fut curé de Souilly en 1684. Cependant, si, en 1690, il y avait
dix ans que le Pape l'avait pourvu de son premier bénéfice, comme
il le dit plus haut, sa prise de possession serait de la même année que
sa disgrâce. Frotté fait ici confusion, du moins pour les dates.

causa mon opposition et votre terrible changement à mon
égard, qui m'oblige aussi, malgré moi, de changer au vôtre
et de répondre à vos emportements comme la chose le mérite.
Quoi donc, Monsieur? le 15 de juillet, vous dites de moi des
merveilles, vous assurez devant des témoins illustres et irré-
prochables que je suis un honnête homme, et, le premier jour
du mois suivant, vous faites débiter dans ma paroisse, dans
Claye, dans Lagny et dans Meaux, *que je ne me plais qu'à
monter à cheval, que je suis plus propre à la guerre qu'à l'Église,
que je suis la honte de ma famille, que, depuis longtemps, je n'ai
dit la messe que par manière d'acquit, que je suis un profane et
un hérétique, un fripon et un bandit.*

Quelle étrange palinodie ! Suis-je donc métamorphosé en
quinze jours? Non, Monsieur, je ne suis pas autre que j'étais ;
si vous exceptez le changement d'une religion très corrom-
pue en une très sainte, je suis toujours le même, et, pour
vous faire voir que vous n'avez pas sujet de vous rétracter,
mais que je suis toujours honnête homme, comme vous l'avez
si souvent reconnu, c'est que vous ne pouvez pas ignorer que
je n'eusse pu vendre bien cher mon bénéfice[27], surtout dans
l'état où il vous a plu de le mettre ; plusieurs personnes m'en
ont offert une bonne somme d'argent, mais je n'ai point
voulu vendre le ministère ; la preuve en sera évidente, car
celui à qui vous aurez fait donner ma place[28] ne sera point
troublé dans sa possession.

J'ai voulu, Monsieur, vous donner, en vous quittant, cette
dernière preuve de ma bonne conscience et de mon honneur.
Je ne m'en repens pas, quoique je l'aie fait peut-être trop
scrupuleusement ; car enfin, n'aurais-je pas été excusable, en
sortant de la captivité d'Égypte, d'enlever quelques dépouilles
aux ennemis de Dieu, depuis si longtemps persécuteurs cruels

27. Cependant d'après les règlements cités plus haut (note 21)
cela n'aurait pu se faire.

28. Le P. Perdrigeon, génovéfain (sans doute un parent du P.
Louis Perdrigeon, de l'Oratoire, supérieur de Juilly), signe pour la
première fois en qualité de prieur-curé de Souilly, le 30 août
1689.

de son Israël [29] ? D'autant plus qu'ils m'ont autrefois dépouillé de mes biens et qu'ils ont plus d'une fois trafiqué indignement de mon patrimoine, de ma liberté et de mon salut ?

Mais si je suis toujours le même du côté de l'honneur, que vous êtes changé sur ce chapitre, Monsieur ! De doux, d'affable, d'honnête que vous étiez à mon égard, vous êtes devenu chagrin, emporté, ne pourrais-je pas dire aussi, furieux ! Car vous ne vous contentez pas de me déclarer la guerre par un procès et par des injures atroces, vous en venez aux mains ; vous faites chasser de ma maison mon vicaire, que vous aviez approuvé [30] vous-même ; vous ordonnez que l'on fasse une irruption chez moi, et que l'on pille le reste de mes meubles que je n'avais pas encore fait enlever. Ce n'est pas seulement à ma réputation et à mes biens que vous en voulez, c'est à ma liberté et à ma vie. Vous permettez à M. de Bellon, mon beau-frère [31], de m'envoyer attaquer, premièrement par une troupe de sergents, ensuite par un prévôt des maréchaux et une escouade d'archers armés de votre charité épiscopale et de votre zèle apostolique.

Mais enfin, puisqu'il a plu à Dieu de me tirer de vos mains, et qu'il m'a conduit en des lieux inaccessibles à vos satellites, n'espérez plus que je retombe sous votre tyrannie.

Je suis pourtant bien aise de reconnaître encore une fois votre domination, et, pour lui rendre mes derniers hommages, je suis résolu de vous exposer ici les raisons du changement qu'il a plu à Dieu d'opérer en moi. Vous en verrez plusieurs motifs dans le discours suivant que je vous adresse après l'avoir prononcé publiquement ; mais j'en ai réservé quelques-uns, que je veux vous dire ici en particulier.

Vous avez beaucoup contribué, Monsieur, à ma conversion par votre conduite. Je ne puis le dissimuler, vous m'avez

29. Souvenir de l'Exode, xii, 26.

30. Le curé donnait alors la juridiction à son vicaire, à condition que celui-ci eût reçu l'approbation de l'évêque.

31. Peut-être André de Bellon, aide-major du régiment d'infanterie de Nice, qui était à Lille à la fin de 1691.

édifié par vos scandales. Votre *Exposition de la foi catholique* vous donne tout l'air d'un homme qui ne croit pas ce qu'il prêche et qui retient la vérité en injustice. Ce livre m'avait depuis longtemps donné une fort mauvaise impression [32] de votre doctrine ; je n'ai pu voir vos excès contre les réformés de votre diocèse, sans avoir pitié d'eux et concevoir de l'indignation contre vous. Je n'ai pu comparer votre manière de faire des missions avec votre *Lettre pastorale,* en date du 24 de mars 1686, sans dire en moi-même, comme plusieurs autres, que vous n'êtes pas sincère ; vous vous vantez dans cette lettre qu'aucun de vos prétendus nouveaux catholiques *n'a souffert de violence, ni dans sa personne, ni dans ses biens... et qu'ils sont revenus paisiblement à vous,* vous les en prenez tous à témoin : *Vous le savez,* dites-vous [33]. O Monsieur ! comment pouvez-vous dire cela ? n'ai-je pas vu, de mes yeux, la violence que vous avez exercée vous-même, en personne, contre tous [34] ces gens ; car, si l'on excepte une femme de mauvaise vie, de Lizy (que la charité m'empêche de nommer), que vous avez appelée votre conquête par excellence et que vous avez menée dans votre carrosse, comme en triomphe, pour vous en servir d'appât propre à attirer les autres ; si l'on en excepte, dis-je, cette femme notée, qui a peut-être abjuré volontairement, tous les autres ne l'ont fait que par la crainte des gens de guerre que vous avez fait passer et repasser dans votre diocèse, au temps de vos missions, et par des menaces continuelles que vous leur avez faites, même dans les sermons que vous avez prononcés [35] à Claye, en présence de M. l'Intendant, que vous disiez en chaire être votre second dans cette expédition.

Nai-je pas vu, Monsieur, l'efficace de votre prédication, et comment vous savez honorer le ministère, lorsqu'on amenait par force en notre présence, dans votre palais épiscopal, tous les

32. Read : opinion.
33. Voir lettres du et au P. Johnston, t. III, p. 263.
34. Read : toutes.
35. Read : faits.

protestants des villages de Nanteuil, de Quincy, de Condé[36], etc.? Il est vrai qu'en moins de deux heures, vous les persuadiez de tous les mystères de l'Église romaine ; mais tout ce prompt succès venait de ce qu'ils se voyaient sans ministres qui les soutinssent dans cette controverse, de ce grand éclat, de cette pompe épiscopale et mondaine qui les éblouissait, mais beaucoup davantage de ce qu'ils voyaient toujours à votre côté quelque officier de guerre qui, par sa fière présence[37], répandait sur tous vos discours je ne sais quoi d'énergique et de pathétique, qui les entraînait tout d'un coup dans vos sentiments. Vous leur donniez aussitôt votre bénédiction, avec plein pouvoir de communier à la romaine. Vous les enchantiez[38] ainsi, mais votre charme ne durait qu'un moment. Car tout le monde sait qu'au sortir de votre palais, ces bonnes gens détestaient votre violence ; nous les entendions rétracter publiquement ce que vous leur aviez fait signer dans votre chambre.

Ils témoignèrent assez, ce me semble, leur repentir, puisque, peu de temps après, ils s'assemblèrent vers Nanteuil[39] pour y prier Dieu et lui demander en public pardon de la faute qu'ils avaient faite et du scandale qu'ils s'étaient donné les uns aux autres, en succombant à votre tentation.

36. Nanteuil-les-Meaux, Quincy et Condé-Sainte-Libiaire, paroisses du doyenné de Crécy-en-Brie.

37. *Présence,* contenance, aspect. « L'autorité que donne une belle présence et majesté corporelle » (Montaigne, *Essais,* liv. II, xvii). « Comme il attend ses gens pour passer le pont avec eux, voilà un jeune homme assez bien vêtu, avec un visage d'ange, qui se présente pour prendre la bride de son cheval : cette belle présence lui donne dans les yeux » (Camus, *Relations morales,* Paris, 1631, in-8). « Il me gagna le cœur par une présence agréable et douce et par les bonnes paroles que je lui entendis débiter dans la conversation » (Abbé de Marolles, *Mémoires,* t. I, p. 244).

Et sa présence auguste appuyant ses projets.

(Racine, *Alexandre,* III, iii.)

Ce port majestueux, cette douce présence.

(Racine, *Bérénice,* I, v.)

38. *Enchanter,* ensorceler.

39. Sur cette assemblée de Nanteuil, voir notre tome III, p. 515.

Mais cette occasion montre aussi que vous n'avez pas sujet de vous vanter de votre douceur, puisque votre colère vous poussa à en faire condamner plusieurs à la mort[40]. Il est vrai que, vous disant imitateur de saint Augustin, qui retirait les criminels d'entre les mains des juges ou qui faisait modérer leur peine, vous fîtes ensuite commuer la peine de mort en celle des galères ; mais vous étiez bien éloigné de la charité de ce saint homme. Il ne se contentait pas de demander aux magistrats pour les criminels une simple modération de peines, lorsqu'il pouvait leur en obtenir une pleine et entière décharge. Vous, au contraire, qui faisiez vous-même les jugements, M. l'Intendant ayant ordre de suivre ce que vous jugeriez à propos, au lieu de faire décharger entièrement ces innocents, vous faisiez changer leur peine en une autre plus insupportable, car la peine des galères est pire que la mort[41]. Si ce sont là vous douceurs, quel nom voulez-vous que nous donnions à ce que vous avez fait à Claye, quand de votre part on y défendit à Benjamin Gode, chirurgien, d'exercer sa profession[42], quand on ôta à la veuve Testard[43], le plus grand de ses deux enfants ; quand on enleva par votre ordre la femme nommée Boisseleau, pour cette seule raison qu'elle savait parfaitement son catéchisme et qu'elle encourageait merveilleusement ses compagnes à tenir bon contre vos ten-

40. Rien ne prouve que Bossuet soit intervenu pour les faire condamner à mort.

41. Pourtant il n'est guère de condamné à mort qui ne consente volontiers à une commutation de peine.

42. Benjamin Gode et Madeleine Chupret, sa femme, avaient abjuré le 10 décembre 1685, et on ne voit pas pour quelle raison l'exercice de leur profession leur aurait été interdit. Les registres de la paroisse de Claye nous montrent, au contraire, la femme de Gode, chirurgien, assistant le 21 août 1686, à l'inhumation d'un enfant mort en nourrice chez elle. Il y a donc lieu de n'accepter que sous toutes réserves les accusations élevées par Frotté contre Bossuet.

43. Sans doute Frotté a défiguré ce nom. Il doit avoir en vue la femme de Pierre Pétard, mégissier, ci-devant de la R. P. R., mort pendant la mission de Claye et enterré le 1er avril 1686, en présence des PP. de l'Oratoire (Cf. notre tome III, p. 222 ; État civil de Claye).

tations ; quand, ayant fait venir avec vous à Claye les cuiras-
siers commandés par M. de La Chaise[44], neveu du Père de La
Chaise, vous assemblâtes les protestants de ce lieu chez
M. d'Hérouville[45], maître d'hôtel du Roi, et que vous leur
dîtes que, s'ils ne signaient l'abjuration, vous feriez le lendemain entrer chez eux ces gens de guerre, *qui leur feraient
tourner la cervelle* ?

Accordez ces actions, comme vous pourrez, avec ce que
vous dites, que *pas un des protestants de votre diocèse n'a
souffert de violence, ni dans sa personne ni dans ses biens, et
qu'ils sont revenus à vous paisiblement.*

Est-ce encore une grande modération à vous, Monsieur,
d'avoir fait mettre dans un couvent le sieur Monceau[46], médecin de La Ferté-sous-Jouarre, âgé de quatre-vingts ans, avec
des circonstances tout à fait cruelles ? d'avoir envoyé huit
ou dix dragons chez le sieur Laviron, marchand de bois, du
même lieu ? d'en avoir mis trente dans le château de M. de

44. Antoine Dreux d'Aix, fils de François d'Aix, comte de La
Chaise, fut fait marquis par lettres de 1693. A la mort de son père,
le 20 août 1697, il reçut sa charge de garde du corps de la porte.
Il mourut lui-même en 1723.

45. Antoine de Ricouart, maître d'hôtel du Roi. C'est, en effet,
chez lui qu'était descendu Bossuet lorsqu'il vint à Claye pour la clôture de la mission, le 18 avril 1686 (*Revue Bossuet* du 25 octobre 1900,
p. 235 et 236). Antoine de Ricouart, né vers 1653, était fils de Jacques de Ricouart, seigneur d'Hérouville (paroisse de Villeroy), conseiller au Parlement de Metz, puis maître d'hôtel du Roi, qui avait
épousé en 1651 Angélique-Madeleine Doujat. Il fut maître d'hôtel du
Roi, le 2 novembre 1680, et épousa, le 5 avril 1681, Marie de Noyer,
fille d'un secrétaire du Roi. Sa femme mourut à vingt-cinq ans, le
24 mai 1684, après avoir mis au monde un troisième fils, qui ne
vécut qu'un jour. Son fils aîné, Jacques-Antoine d'Hérouville (1682-
1762) fut un brillant officier et prit pour femme, en 1712, Marie-
Gabrielle Nivelle de La Chaussée, cousine germaine de l'auteur dra-
matique à qui remonte la comédie larmoyante (Bibl. Nationale, Pièces
originales et dossiers bleus ; Saint-Simon, édit. de Boislisle, t. XIV,
p. 82 ; Ansart, *Chronologie historique militaire*, t. V, p. 205 ; G.
Lanson, *Nivelle de La Chaussée*, Paris, 1887, in-8, p. 2).

46. Frotté désigne ainsi Maximilien Demonceaux, dont nous avons
parlé dans notre tome II, p. 494 et 502.

La Sarmoise[47], gentilhomme de Brie? d'avoir fait transporter dans un couvent de Meaux Mme sa femme et Mlle sa fille, et d'avoir séparé, malgré la défense expresse de Jésus-Christ, ce que Dieu avait joint pour l'union la plus étroite? Appelez ces actions comme il vous plaira.

Mais, pour ce que je vous ai vu faire encore à Claye pour pervertir le sieur Isaac Cochard[48], malade à la mort, par-

47. Sans doute pour : de La Charmoie. Ce personnage devait être fils de Salomon Séguier, seigneur de La Charmoys, paroisse de Jouy-le-Châtel, et de Persidde Lhuillier. On ne voit pas que les rigueurs exercées contre lui et sa famille aient été provoquées par Bossuet. On peut, en effet, se reporter à l'extrait du *Journal* de Rochard, dans notre tome III, p. 344.

Ce fut là, au dire de Ledieu, le seul cas de violence employée dans le diocèse de Meaux, et encore semble-t-il en avoir atténué quelque peu le caractère odieux. « C'est un fait certain qu'il n'y eut aucune exécution militaire dans la ville ni dans le diocèse de Meaux, hors dans une seule famille de noblesse, à la campagne, du nom de Séguier, dans la Brie. C'était un vieux gentilhomme avec sa femme, tous deux fort entêtés, chez qui M. l'Intendant envoya dix ou douze soldats en garnison, et qui n'y demeurèrent que cinq ou six jours sans y faire aucun désordre, car, au bout de ce temps, le gentilhomme vint à Meaux avec sa femme. Leur évêque les instruisit lui-même et ils firent leur abjuration très librement » (t. I, p. 189). Quoi qu'il en soit leur conversion ne dura guère. Le secrétaire d'État écrit, en effet, le 9 juillet 1686 à M. de Menars : « J'ai rendu compte au Roi de ce que vous m'avez écrit au sujet des sieurs de La Charmoie et de Fleix et de la Dile du Moulin, et S. M. veut que vous les fassiez mettre en prison. Voici des ordres, en cas que vous en ayez besoin. A l'égard de la Cène qu'on prétend qu'ils ont faite, il est important de suivre cela et de tâcher d'en avoir des preuves pour faire le procès aux coupables » (Archives Nationales O¹30, f° 244). M. de La Charmoie fut enfermé dans les prisons de Provins, d'où il fut tiré pour être envoyé au château de Guise sur un ordre de la Cour, du 22 août suivant. Quant à Mlle du Moulin, elle fut emprisonnée avec Mlles de La Charmoye et de Fleix (Archives Nationales, E. 3372, verso). Elle sortit des Nouvelles catholiques et fut mise en liberté le 13 février 1687 (O. Douen, *L'intolérance de Fénelon*, p. 231).

48. Isaac Cochard, époux de Marie Cochard, était aubergiste ou marchand de vins à Claye et ancien de l'Église réformée de cette ville. Nous n'avons pas le moyen de contrôler ce que Frotté raconte des procédés d'intimidation dont Bossuet aurait usé à l'égard de ce

donnez-moi, Monsieur, et ne m'accusez pas d'emportement si je l'appelle *fureur*. Ceci, je vous le confesse, m'a trop vivement frappé l'imagination et trop sensiblement blessé le cœur ; ceci efface trop bien la fausse idée que vous voulez donner de votre douceur, pour ne vous pas être reproché.

Ce fidèle, voyant la désolation de l'Église et la chute de ses frères, ne craignait rien tant que de succomber avec eux. Il s'encourageait nuit et jour par la parole de Dieu à combattre le bon combat ; il envisageait avec plaisir la mort prochaine comme un port assuré contre l'orage de votre persécution ; il se consolait de se voir prêt à partir de ce monde, pourvu qu'il pût emporter avec lui le sacré dépôt de la foi, et le représenter tout entier à son juge. Vous vous opposâtes à ce pieux dessein, Monsieur, d'une manière bien étrange. Nous vous vîmes entrer chez ce pauvre moribond, accompagné de M. l'Intendant, de M. le Lieutenant général de Meaux, ayant une lettre de cachet à la main ; le Prévôt des maréchaux était assis présent avec ses archers, une charrette était toute prête pour enlever le malade, c'est-à-dire pour le faire mourir.

---

protestant. Celui-ci, après avoir été emprisonné à la demande de l'évêque, s'était converti ; il avait dû dans la suite revenir sur son abjuration ; peut-être était-il l'un des « cinq ou six chefs de parti », qui, à Claye, détournaient les autres nouveaux convertis de pratiquer la religion catholique et provoquaient ainsi une enquête de l'Intendant (Le Secrétaire d'État à M. de Menars, 26 avril 1686. Archives Nationales O¹30, fᵒ 143 vᵒ). Voici les documents relatifs à Isaac Cochard que nous avons rencontrés : « Je vous envoie les ordres du Roi pour faire arrêter le nommé Cochard, de la ville de Claye, et son fils, et les faire mettre, l'un dans les prisons de Meaux et l'autre à l'Hôpital général. Lorsque les ordres auront été exécutés, je vous prie de me le faire savoir » (Le Secrétaire d'État au lieutenant général de Meaux, 19 mars 1686, Archives, *ibid.*, fᵒ 105). « Les nommés Cochard père et fils s'étant convertis, il n'y a qu'à renvoyer les ordres qui avaient été adressés au lieutenant général de Meaux pour les faire arrêter, parce qu'ils n'avaient été expédiés qu'à cause de leur religion, à la prière de M. l'évêque de Meaux » (Le Secrétaire d'État à M. de Menars, 2 avril 1686, *ibid.*, fᵒ 124). On remarquera que ces incidents avaient lieu pendant la mission donnée à Claye cette même année et dont nous avons déjà parlé.

Oh! quel apostolat ! Est-ce là l'équipage d'un prédicateur évangélique ? Vous lui fîtes une controverse pleine d'injures, et le voyant constant dans sa foi, ne criâtes-vous pas à sa porte, tout enflammé de colère, *que, sitôt qu'il serait mort, on le jetât à la voirie comme un chien* [49] ? Vous retournâtes vers lui, vous le tentâtes par promesses et par menaces, vous lui dîtes que vous lui alliez faire enlever son cher fils unique, c'est-à-dire que, subtil et ingénieux tentateur, vous l'éprouvâtes par l'endroit le plus sensible, que vous lui déchirâtes les entrailles. Où sont donc, encore un coup, Monsieur, les douceurs dont vous vous vantez si hautement? En vérité, ce cruel spectacle me convertissait peu à peu.

Quoi ! disais-je, le désir de plaire à la Cour peut-il posséder un évêque jusqu'à ce point de lui faire entreprendre sur les consciences, qui ne relèvent que de Dieu? Quel Apôtre, quel Père de l'Église, quel concile légitime a jamais enseigné que

---

49. J. Basnage a reproduit ce trait : « ... On sait depuis longtemps que sa douceur est feinte et sa modération apparente. On lui a reproché publiquement les violences qu'il a faites dans la mission dragonne, et depuis on l'a vu forcer un malade à profaner les mystères les plus augustes, à recevoir le Sacrement contre sa conscience ; et, irrité de son refus, monter sur un garde-fou et prêcher contre les nouveaux convertis de la manière la plus emportée » (*Histoire de la religion des Églises réformées... pour servir de réponse à l'Histoire des variations des Églises protestantes par M. Bossuet*, Rotterdam, 1690, 2 vol. in-12, t. I, p. 13 et 14). Dans la préface de cet ouvrage dédié à G. Burnet, Basnage y est revenu pour se corriger: « ... Je me contenterai donc de rectifier ici l'action personnelle que j'ai reprochée à M de Meaux, parce que, dans ces sortes de faits, il faut être exact jusqu'au scrupule. Le nombre des violences que ce prélat a faites aux Réformés est assez connu. Mais étant à Claye pour forcer un malade de notre religion à lui sacrifier sa foi, il ne monta pas sur un garde-fou pour répandre ses outrages, comme je l'ai dit ; mais il se contenta de crier au peuple qui l'environnait à la porte de la maison où était le malade, après avoir tâché de le corrompre par toutes sortes de voies : *Jetez cet homme à la voirie comme un chien, quand il sera mort.* » En protestant contre ce récit, Bossuet n'a pas dit si, oui ou non, il a ordonné de jeter à la voirie le corps d'Isaac Cochard (Voir plus loin la note 52).

l'on établisse la foi par force dans les cœurs? L'Église primitive usait de tant de circonspection pour donner les sacrés Symboles aux personnes suspectes ou d'hérésie, ou d'attachement au péché ; elle les éprouvait si longtemps, pour avoir une assurance morale de leur foi et de leur sainteté ; elle ne les admettait pas facilement dans le temple, bien loin de les inviter à la sainte Table, au lieu que M. de Meaux, les armes à la main, force ceux qu'il doit croire, selon ses principes, être des hérétiques, des schismatiques et des profanes, non seulement d'entrer dans son Église, mais même de manger ce qu'il dit être réellement le corps et le sang de Jésus-Christ[50]. Selon sa doctrine, il donne aux chiens ce qu'il y a de plus saint et de plus sacré sur la terre : comme Pilate livra Jésus-Christ aux Juifs par la crainte de César, M. de Meaux livre Jésus-Christ à ses ennemis par complaisance pour son prince. Quand ces hérétiques, disais-je, auront dans leur bouche profane le Sauveur du monde, ils pourront lui insulter par les paroles du même Pilate, et lui dire : *J'ai puissance sur toi, et ce sont tes pontifes et la propre nation qui t'ont livré entre mes mains*[51]. Oh ! que les hérétiques, ajoutais-je, ont bien plus de respect pour les signes sacrés du corps et du sang du Fils de Dieu, que M. de Meaux et les autres évêques semblables à lui, n'en ont pour ce qu'ils disent être Jésus-Christ même[52] !

50. Les avis donnés par Bossuet à ses curés, en son synode de 1686, sont bien différents : « Pour les obliger (*les protestants*) de recevoir le sacrement de nos autels dans un esprit de déguisement et d'hypocrisie, sans foi, sans dévotion, sans respect, il fallait bien s'en donner de garde » (*Revue Bossuet*, octobre 1904, p. 265).

51. Joan., xviii, 35.

52. Bossuet, répondant à tout ce passage, le traite d' « historiette fausse en toutes ses parties » ; toutefois il ne touche en particulier que le reproche de forcer les mourants à recevoir l'Eucharistie. « ... C'est le même (*Frotté*) qui a raconté à M. Jurieu tout ce qu'il rapporte de ma conduite ; c'est le même qui lui a dit encore que je menais les gens à la messe à coups de barre (*Tableau du socinianisme*, lettre VI), car il rapporte dans son libelle qu'il m'a vu en pleine rue menacer et charger d'injures les Prétendus réformés qui ne voulaient pas m'en croire, avec un emportement qui tenait de la fureur. M. Basnage a relevé cette historiette, fausse en

En vérité, Monsieur, cette conduite, approuvée presque de
tous les évêques, vos confrères, devrait finir aujourd'hui
toutes les disputes de religion, et c'est un abrégé de controverses très facile à comprendre à tous ceux qui ont un peu
de sens et de réflexion.

Je vous fais, ce me semble, beaucoup de grâce de croire
que vous n'estimez pas votre Eucharistie un si grand trésor
que vous la faites, et que vous n'y croyez pas la présence de
Jésus-Christ tout à fait si réelle que vous la prêchez, car vous
ne voudriez pas faire manger à des chiens (j'ai horreur en le disant!) le Sacré Corps de votre Rédempteur. Oui, ces violentes
conversions, qui emportent avec elle des communions forcées,
me sont une démonstration invincible de ce que vous pensez
de la présence réelle. Ne vaut-il pas mieux, Monsieur, pour
votre honneur, que je vous prouve ici que vous êtes un peu
hypocrite, que de vous convaincre d'être un profanateur de
vos Mystères les plus sacrés ? Vous ne devez pas trouver
étrange si je n'en crois pas désormais plus que vous, avec
cette différence que je professerai toute ma vie hautement la
religion que vous nourrissez seulement dans votre cœur, où
la crainte et l'espérance, le monde et la chair la tiennent

toutes ses parties, et l'a jugée digne d'être placée dans sa préface à
la tête de sa Réponse aux *Variations*. Il est vrai qu'il se dédit dans
cette préface de la circonstance d'un *garde-fou*, sur lequel, dans le
corps de l'ouvrage, il me faisait monter comme sur un théâtre pour
y crier des injures aux passants qui refusaient de se convertir (Basnage, t. I, 1 part., ch. 1, p. 14). Mais enfin, au garde-fou près, il
soutient le reste comme vrai. *On m'a vu forcer un malade à profaner
les mystères les plus augustes et à recevoir le Sacrement contre sa
conscience*, moi qui n'ai donné les mystères qu'après les épreuves
et les précautions que Dieu sait et que tout le monde a vues. Les
ministres prennent plaisir à exagérer mes violences et ma feinte douceur avec aussi peu de vérité que le reste qu'on vient d'entendre, pour
éloigner, s'ils pouvaient, ceux à qui je tâche, dans l'occasion et lorsque Dieu me les adresse, d'enseigner la voie du salut en toute simplicité ; et tout cela, sur la foi d'un apostat, qui peut-être leur a déjà
échappé et dont, en tout cas, je puis leur répondre qu'ils seront
bientôt plus las que moi, qui l'ai supporté avec une si longue patience » (*Sixième Avertissement*, IIe partie, cxv).

prisonnière. J'ai droit ici, Monsieur, j'ai droit de juger de votre foi par vos œuvres : saint Jacques m'apprend que c'est par les œuvres que la foi se manifeste[53] ; Jésus-Christ lui-même nous fait entendre que c'est par les fruits que l'on distingue les faux prophètes d'avec les véritables[54].

Ne m'accusez pas, je vous prie, d'avoir fait des jugements téméraires de vos actions ; car quoiqu'ils soient assez solidement établis par ce que je viens de dire, je puis les fortifier encore, par ce que j'ai vu de mes yeux dans votre maison de délices, à Germigny. Je vous y ai vu assister à la célébration de la messe en un habit indécent et dans une posture indigne de votre profession de foi. Quoique vous fussiez en parfaite santé et sur le point de bien dîner, vous étiez pourtant à la messe en un déshabillé fort négligé, ou, pour dire plus justement, vous étiez tout débraillé, et dans un état plus propre à aller voir panser vos chevaux qu'à assister à un Sacrifice que vous dites si terrible, qu'il tient dans le respect et dans le tremblement les anges mêmes ! Êtes-vous, en vertu de votre qualité d'évêque, plus familier avec Jésus-Christ que les anges ? Avez-vous reçu de lui un brevet de favori, qui vous accorde ce privilège et cette liberté ?

Certes, vous traitiez votre Dieu bien cavalièrement. Vous étiez étendu sur un carreau[35] bien mollet, vous aviez, tantôt à la main, et tantôt sur la tête un bonnet tout à fait burlesque[56]. Vous étiez vêtu à demi d'une simple robe de chambre ouverte, et sans ceinture, comme un *discinctus nepos*[57], et

53. Jacob., ii, 18.
54. Matt., vii, 15 et 16.
55. *Carreau,* coussin carré pour s'asseoir ou s'agenouiller.
56. Peut-être Frotté fait-il ici allusion à la « calotte à oreilles » dont il est fait mention dans une lettre de Fénelon à Bossuet, du 3 mars 1692.
57.   ... Haud paravero
            Quod aut avarus ut Chremes terra premam,
                Discinctus aut perdam nepos.
                            (Horat., *Epod.* I, 32-34.)
Une ceinture lâche était l'indice de mœurs dissolues.

vous preniez ainsi le frais, pendant qu'un petit prêtre chapelain, *gagé de vous pour louer Dieu* [58], vous faisait au moins un mémorial de la sanglante passion de votre Sauveur.

Vous n'aviez pas assurément, en cette posture, la mine d'un chrétien qui serait prêt de mourir pour la défense du dogme de la transsubstantiation, que vous voulez persuader aux autres par le fer et par le feu [59]. Mais il faut vous faire justice, car il est vrai qu'étant surpris de me voir en votre chapelle, où vous pensiez n'avoir que vos domestiques et vos plus familiers amis, vous fûtes si honteux de paraître devant moi dans un état que vous aviez pourtant jugé digne de la présence réelle du Seigneur, que vous courûtes promptement dans votre cabinet pour vous habiller ; et je connus la délicatesse de votre conscience par la crainte que vous eûtes de m'avoir donné du scandale. Mais ne craignez plus, Monsieur, je vous l'ai déjà dit, vos scandales me sont salutaires, et j'en ai tantôt assez reçu de vous pour me convertir avec la grâce du Ciel.

Je fis encore un petit profit de l'embarras où je vous vis dans l'une de ces conférences que l'on fait en été, tous les quinze jours, dans la chapelle de votre évêché. On vous y fit une objection et une instance sur un point de controverse, qui vous pressa un peu trop ; vous y fîtes une si pitoyable

58. Allusion à Boileau, *Le Lutrin*, ch. I, v. 24.

59. Bossuet s'est inscrit en faux contre ce récit de Frotté : « Parmi les ecclésiastiques que M. Jurieu se glorifie d'avoir reçu entre ses bras, celui-ci, tout misérable qu'il est, a été l'un des plus importants ; et c'est lui qui sous la main de ce ministre a publié un libelle contre moi, où il avance entre autres choses dignes de remarque, *que je ne crois pas la transsubstantiation*, à cause, dit-il, qu'il m'a vu à la campagne, et dans ma chapelle domestique, entendre la messe quelquefois avec un habillement un peu plus aisé que ceux qu'on porte en public, quoique toujours long et régulier, et que ma robe (car il descend jusqu'à ces bassesses) n'était pas assez boutonnée à son gré ; d'où il conclut et répète trois ou quatre fois qu'il n'est pas possible que je croie aux mystères ni à la transsubstantiation. Voilà cet homme de ma communion, qui à son grand malheur n'en est plus ; le voilà, dis-je, celui qui rend un si mauvais témoignage de ma foi ; c'est le même qui a raconté à M. Jurieu tout ce qu'il rapporte de ma conduite... » (*Sixième Avertissement*, IIe partie, cxv).

réponse, que n'en étant pas vous-même content, et en sentant la faiblesse, vous tâchâtes de la renforcer par des injures contre les ministres réformés, que vous appelâtes, en propres termes *des misérables et des coquins.* Ce fut le plus fort de votre solution : ce qui surprit d'autant plus certaines personnes, qu'elles savaient que, la veille, vous aviez repris un prêtre d'avoir appelé un paysan *coquin,* et que vous lui aviez dit fort sagement que cette parole ne devrait jamais sortir de la bouche d'un ecclésiastique. Vous donnez d'excellents préceptes, Monsieur, au-dessus desquels votre Grandeur vous élève. Les princes de l'Église, comme vous, doivent sans doute avoir une autre morale que leurs sujets, et ce serait une terrible chose qu'un évêque fût aussi modeste qu'un simple prêtre.

Tandis que je suis en train de me confesser à vous, je vous avouerai que ce qui a pu encore contribuer à ma conversion, c'est qu'il paraît que tout votre zèle pour la religion romaine est une pure politique et une grande passion de plaire à la Cour, où vous avez de grands engagements et de grandes espérances. Pour moi, quand je considère le manège de la plupart de vous autres, Messieurs les évêques, aussi bien que des autres supérieurs ecclésiastiques, vous me paraissez tous de vrais comédiens, qui faites tel personnage qu'il plaît à la Cour de vous donner, et j'ai sujet de prendre votre religion pour une vraie comédie.

Quand la Cour vous a ordonné de soutenir l'infaillibilité du Pape[60], vous auriez anathématisé tous ceux qui lui auraient disputé ce privilège imaginaire ; quand elle vous a commandé de la lui disputer, vous l'en avez aussitôt dépouillé[61], et nous vous voyons tout prêts[62] à l'en revêtir au premier ordre que vous en aurez.

---

60. Jamais la Cour n'a ordonné de soutenir l'infaillibilité du Pape. Elle a plutôt agi en sens contraire. Peut-être est-il fait ici allusion à l'arrêt du Conseil, du 1er mai 1662, par lequel le Roi exhortait les évêques à faire souscrire le Formulaire sans exception, déclaration ou explication.

61. Allusion à l'assemblée de 1682.

62. Read : prêt.

Mais ceci vous est commun avec d'autres ; j'aime mieux vous parler de ce qui vous est particulier. Avant la révocation de l'Édit de Nantes, M. de Meaux n'était pas un si vigoureux prédicateur contre les réformés ; mais depuis que la Cour s'est expliquée qu'elle ne voulait souffrir en France que la religion romaine, et que la persécution contre les protestants est devenue à la mode, M. de Meaux paraît à la tête des convertisseurs outrés et des persécuteurs les plus cruels. Cependant, du côté de Dieu, vous avez en tout temps les mêmes obligations de travailler au salut des peuples de votre diocèse ; mais vous donnez ce soin à vos vicaires quand il n'y a que Dieu qui vous l'ordonne[63] ; et vous ne travaillez vous-même que lorsqu'il s'agit d'obéir et de plaire à un roi de la terre. C'est alors seulement que vous vous faites un point d'honneur de réussir promptement. Car que dirait-on à la Cour, si M. de Meaux, qui a de si beaux talents pour persuader, n'avançait pas la conversion des réformés plus que les autres ? Si vous ne réussissez pas, vous en êtes honteux, vous vous fâchez, comme si vous vouliez obliger Dieu, seul maître des cœurs, d'y donner un passage libre au poison que vous versez avec tant de charme et d'artifice dans les oreilles.

Ce fut sans doute pour effacer la honte dont vous couvre votre mauvais succès, que, dans cette convocation des protestants que vous fîtes, à Claye, en présence de M. l'Intendant, au temps de votre mission, vous allâtes dire à tous ces gens, au milieu de votre discours, *qu'ils n'étaient pas les seuls entêtés de leur religion, mais qu'ils ressemblaient en cela à tous les autres protestants de France.* Ces paroles ne tombèrent pas à terre. Elles furent soigneusement recueillies par tous les assistants. Une personne de condition ne put s'empêcher de me pousser par le bras et de me dire à l'oreille : *A-t-on jamais dit une plus grande extravagance ? Et peut-on inventer une chose moins propre à persuader ces gens ? Mais,* ajouta-t-il, *c'est que M. de Meaux est honteux d'avancer si peu l'ouvrage*

---

63. Toute la carrière épiscopale de Bossuet proteste contre une pareille insinuation.

des Jésuites et dé la Cour, il se veut justifier en présence de M. l'Intendant, afin qu'il en puisse parler avantageusement et le mettre à couvert de quelque reproche.

Tout de bon, Monsieur, toute cette conduite, tantôt douce par politique, tantôt violente par passion, toujours peu sincère et jamais chrétienne, m'a extrêmement ébranlé la conscience. Mais je vous avoue que je n'ai pas fait si tôt que je devais mon profit de vos missions. Je ne devais pas, après vous avoir connu, m'arrêter un moment avec vous sous prétexte de quelques difficultés légères, qui me restaient, et certes je me mettais dans le péril de perdre la grâce de ma conversion, en différant de l'accepter.

Dieu a permis, Monsieur, tout ceci, peut-être pour nous convertir l'un et l'autre ; il m'a fait la grâce de vous précéder : ne soyez pas honteux de me suivre. Oh ! que votre conversion réparerait abondamment vos scandales ! Je suis si peu considérable dans le monde que la mienne n'y peut produire de grands effets, ni avoir des suites bien éclatantes : son principal, et peut-être son unique fruit sera pour moi. J'ai été élevé par malheur dans une obscurité qui me rend inconnu, j'ai consumé inutilement les plus beaux de mes jours sous la tyrannie des gens que vous connaissez et dont je vous ai assez souvent parlé.

Mais vous, Monsieur, qui paraissez presque au-dessus de tous par votre dignité et par votre bel esprit, par votre grand savoir et par tant d'autres belles qualités qui vous distinguent, vous êtes capable de faire voir de grandes choses en nos jours, si vous voulez employer pour la vérité toute l'adresse dont vous vous servez depuis si longtemps pour la combattre. Votre conversion deviendrait sans doute célèbre par l'agrandissement du royaume du Sauveur, et peut-être par une décadence soudaine de l'empire de l'Antéchrist [64].

Je ne veux pas ici vous représenter tenant en main les clefs du paradis et de l'enfer, et dire qu'il ne tient qu'à vous, en

---

64. Pour les calvinistes, le Pape était l'Antéchrist (Cf. Actes du synode national tenu à Gap le 1er octobre 1603, article V, dans Haag, *la France protestante*, Pièces justific., p. 266).

vertu de vos beaux talents, bien ou mal employés, de damner ou de sauver une multitude infinie de gens. Car je sais que l'on abuse de ces sortes de pensées dans votre Église ; mais je puis pourtant dire que, comme vos livres dangereux tiennent la porte de l'abime ouverte à des millions d'âmes que vous empêchez de se convertir, votre changement de doctrine et de religion, ouvrant les yeux aux chrétiens abusés, leur donnerait entrée au salut.

Voyez quelle puissance Dieu vous a donnée : n'avez-vous point sujet de craindre qu'il vous en redemande un compte sévère, en ce jour terrible où, exposé aux yeux de sa vérité et de sa justice, vous ne trouverez point aux pieds de son tribunal tous ces lâches et intéressés flatteurs qui vous donnent de l'encens pour le poison préparé que vos livres leur présentent ?

Je suis fâché de vous reprocher votre peu de bonne foi, et je crains même que ce reproche ne redouble en vous ce malheureux point d'honneur qui damne tant de gens. Mais, au nom de Dieu, ayez pitié de votre âme, et ne la sacrifiez pas au respect humain. Le temps est court. La mort n'est pas loin, le jugement approche, l'éternité se présente. Si ces choses terribles doivent faire impression sur l'esprit des plus jeunes, quel effet ne doivent-elles point produire dans l'âme d'un prélat qui a plus de soixante et dix ans [65] ! Étouffez-le, ce malheureux point d'honneur. C'est un serpent que vous nourrissez dans votre sein pour votre perte. Ce malheureux honneur, ce crédit dangereux que vous vous êtes acquis dans un mauvais parti, vous doit-il être plus cher que l'intérêt de la vérité, que le salut de votre âme, que la gloire de Dieu ? Il est même certain que, renonçant à ce faux honneur du monde, vous le retrouveriez plus abondamment dans votre conversion : car ceux que vous avez abusés par vos livres, se convertissant avec vous et à votre exemple, vous donneraient

---

65. Alors, Bossuet, né le 27 septembre 1627, était seulement dans sa soixante-troisième année.

des louanges bien plus solides que toutes celles que vous avez reçues jusqu'ici.

Oui, Monsieur, le moment de votre conversion vous serait plus glorieux, même devant les hommes, que tout ce long espace de votre vie qui s'est déjà écoulé. Ce précieux moment sanctifierait et couronnerait tous vos beaux talents. Je prie Dieu qu'il vous inspire ce bon dessein, et qu'il vous en donne, non seulement la volonté, mais aussi l'accomplissement.

Je suis, Monsieur, votre très humble et très obéissant serviteur.

P. FROTTÉ.

Ce 1ᵉʳ jour de février 1690.

V

L'Exemption de Jouarre.

La suppression de l'exemption de Jouarre tenant une place importante dans la Correspondance de Bossuet, on aura intérêt à trouver ici, dans l'ordre chronologique, l'indication des mémoires judiciaires et autres documents relatifs à cette affaire[1]. *Nous donnerons in extenso quelques mémoires de la main même de l'évêque de Meaux, avec plusieurs procès-verbaux de visite qui n'ont pas été recueillis dans les collections d'Œuvres de Bossuet et qui pourtant sont de nature à mieux faire connaître l'état des choses et la procédure suivie.*

I. — Première phase du procès.

1° Pour l'Abbesse, en faveur de l'exemption :

Mémoire pour Mme Henriette de Lorraine, abbesse de Jouarre, de l'Ordre de Saint-Benoît, dépendante immédiatement du Saint-Siège, intimée, demanderesse et défenderesse, contre M⁰ Bénigne Bossuet, *évêque de Meaux, appelant comme d'abus, défendeur et demandeur.* Signé : Mᵉ Antoine Vaillant, avocat, 12 p. in-4 (Bibliothèque Nationale, Thoisy, 41 et f. fr., 15697[2]).

Réponses aux objections proposées de la part de M. l'Évêque

1. Sur l'origine des exemptions, les décrets du Concile de Trente et la jurisprudence royale en cette matière, on peut consulter J. Vendeuvre, *L'exemption de visite monastique*, Paris, 1907, in-8.

2. Ce ms. est de l'ancien fonds de Harlay. Le Premier président de Harlay, qui a réuni ces pièces, fit pour son usage un récit de l'affaire, corrigé de sa main (f. fr. 15708).

de Meaux contre Mme Henriette de Lorraine, abbesse de Jouarre.
Signé : Mᵉ Antoine Vaillant, avocat, 15 p. in-4 (Thoisy 41
et f. fr. 15697).

*Réflexions sommaires sur les moyens de droit qui peuvent
servir à la décision du différend d'entre Mme Henriette de Lorraine, abbesse de Jouarre, et M. l'évêque de Meaux.* Signé :
Mᵉ Antoine Vaillant, avocat, 16 p. in-4 (*Ibid.*).

*Épître décrétale du Pape Innocent III : Dilectis Filiis Lon-
gipontis Suessionensis et Saint-Justi Belvacensis diœcesum
Abbatibus et Magistro G. Archidiacono Suessionensi*, 15 p. et,
à la suite, p. 16 : *Arrêt donné à l'audience de la Grand'Chambre sur la conclusion de feu M. l'Avocat général*; 26 mai 1631
(Thoisy 41 et f. fr. 15697).

2ᵒ Pour Bossuet, contre l'exemption :

*Pièces concernant l'état de l'abbaye de Jouarre,pour Mʳᵉ J.-B.
Bossuet, évêque de Meaux contre Rde Mère Henriette de
Lorraine, abbesse de Jouarre*, 16 p. in-fol. (Thoisy 41 et f.
fr.15697).

*Mémoire pour M. l'évêque de Meaux sur l'article XXVII
de l'ordonnance de Blois et sur le bref de M. l'archevêque de
Paris.* 9 p. in-fol. (Thoisy 41 et f. fr. 15697).

*Réponse de M. l'évesque de Meaux à la sentence arbitrale
du Cardinal Romain.* Signé : M. Nouët, avocat, 10 p. in-fol.
(Thoisy 41 et f. fr. 15697).

Sommaire de la cause pour M. l'évêque de Meaux. 6 p.
in-fol. (Thoisy 41 et f. fr. 15697) [3].

3. Ces quatre pièces in-fol. sont sans date et sans nom d'imprimeur.
D'après Toussaints Du Plessis (*Histoire de l'Église de Meaux*, t. I,
p. 531), le principal moyen que Bossuet opposait aux prétentions de
l'Abbesse était que son seul titre valable, la sentence du cardinal
Romain, de 1225, était abusive, comme renfermant une simonie
manifeste. En réalité, l'évêque de Meaux ne s'appuie pas sur ce motif
de simonie. D'ailleurs, l'auteur, un peu plus loin, p. 534, se réfute
lui-même en reconnaissant que, dans ce détail rapporté par lui sur la
simonie, vraie ou prétendue, du privilège de Jouarre, il s'arrête
« moins aux raisons précises de M. Bossuet qu'à celles de divers mémoires qui furent répandus en ce temps-là sur cette matière ». « Comment, remarque Le Roy en critiquant sur ce point Toussaints Duplessis,

Plaidoyer au sujet de l'exemption de l'abbaye de Jouarre prononcé par M. Talon. Ms. in-4 de 19 pages. (Thoisy 41, p. 145 à 163).

Extrait du Plaidoyer de M. l'avocat général Talon, 8 p. in-fol. Imprimé (Thoisy 41). A la fin, se trouve l'arrêt : « La Cour ordonne », etc. C'est la conclusion de la pièce suivante.

Arrêt de la Cour de Parlement, qui déclare l'abbesse et les religieuses de l'abbaye de Jouarre, le clergé, chapitre, curé, peuple et paroisse dudit lieu sujets à la jurisdiction et visite de l'évêque de Meaux. Du 26 janvier 1690, in-fol., sans nom d'imprimeur. Il a été aussi imprimé chez la veuve de Sébastien Mahre-Cramoisy, 1690, in-4 de 7 pages (f. fr. 15697).

L'Abbesse de Jouarre, se voyant condamnée en Parlement, recourut à Rome. Elle fit écrire, par les Sœurs qui lui étaient dévouées, au Cardinal d'Aguirre, dans l'espérance que cet ancien moine de l'Ordre de Saint-Benoît s'intéresserait à des religieuses du même Ordre, qui imploraient sa protection. Mais elles ne reçurent point de réponse à cette première lettre.

De son côté, Bossuet envoya à Rome un mémoire latin, adressé sans doute au Cardinal secrétaire d'État. On n'a pu retrouver cette pièce au net, mais seulement une copie, corrigée de la main de Bossuet et envoyée à une personne résidant à Rome, chargée de prendre les intérêts de l'évêque de Meaux auprès du cardinal d'Aguirre. C'était vraisemblablement le fameux P. Roslet, que nous retrouverons plus tard dans l'affaire du quiétisme. Il résidait alors au couvent des Minimes de la Trinité-des-Monts ; de la bibliothèque de ce monastère, ce mémoire latin a passé dans celle des religieuses du Sacré-Cœur, qui occupent l'ancienne résidence des Minimes. Ce mémoire[4]

---

comment un historien peut-il préférer le témoignage de mémoires étrangers et imaginaires aux mémoires authentiques produits par les parties ? Les moyens d'opposition produits par Bossuet se trouvent très clairement résumés dans le sommaire de la cause, qui est son œuvre. » (Voir édit. Lachat, t. V, p. 565-573. Cf. *Vie de Bossuet* manuscrite, attribuée à Le Roy ou à Pérau, collection E. Levesque).

4. Il a été publié pour la première fois par le chanoine V. Davin, dans les *Annales Romaines*, ou *Analecta Iuris Pontificii*, Paris, mars 1895, in-4, p. 258.

est postérieur à l'arrêt du 26 janvier 1690 et paraît antérieur à la
visite pastorale qui commença à Jouarre le 26 février.

Mémoire latin.

Abbatissa Jotrensis judicio victa per moniales suas [5] ad
Sedem Apostolicam gravem habet expostulationem de Episcopo Meldensi : primum quod earum exemptionem ac privi-
legia apostolica spreverit, tum quod eas Curiæ sæcularis auctoritate oppresserit ; sed utraque in re fallunt.

Primum nihil necesse fuit Episcopo monasterii Iotrensis
exemptionem sollicitare, cum decreto concilii Tridentini
cautum sit ut monasteria sanctimonialium, etiam Sedi Apo-
stolicæ subjecta, ab episcopis ut ejusdem legatis gubernentur
(Sess. xxv de Regularibus, cap. ix).

Id concilii decretum et ab œcumenico Viennensi concilio
repetitum, ut patet ex Clement. *Attendentes de statu Monach.*
et a Sede Apostolica sæpe confirmatum, et judiciis etiam Romæ editis roboratum et constabilitum fuit, ut notum est.

Cum igitur Abbatissa Iotrensis ac moniales ejus nulli supe-
riori subessent, bona monasterii dissiparent, multa præter
ordinem attentarent ; quodque erat notorium, passim irent,
redirent ; etiam in urbe Meldensi, magno plebis scandalo, vise-
rentur, sæculares personas virilis etiam sexus in septa monasterii introducerent, nulla clausuræ habita ratione, nulla
cujusque licentia impetrata, Episcopus a concilio Tridentino
clausuræ custos datus (Ejusdem sess., cap. v), necesse habuit
sub gravi conscientiæ suæ periculo his incommodis providere
atque ex vi decretorum Viennensium et Tridentinorum gu-
bernare monasterium ; quod et naviter cœpit, nullo respectu
carnis et sanguinis, etsi intelligeret ab Abbatissa Lotharin-
gicæ domus magnis undecumque munita præsidiis, graves
sibi inimicitias imminere.

Cum autem eadem Abbatissa intelligeret nihil sibi ab Apostolica Sede contra Tridentina decreta, totque Pontificum bullas
ac Romæ edita judicia auxilii expectandum, ad sæcularem

---

5. Bossuet avait d'abord écrit : per se vel moniales suas.

Curiam recurrit, Episcopumque auctoritate Concilii ac Pon-
tificia procedentem inhibuit, lata sententia ab ea Curia quam
vocamus *les Requêtes du Palais*, quæ Parlamento Parisiensi
subest : qua sententia et Episcopus ultra procedere gravibus
pœnis vetabatur, et quæcumque ab eo gesta essent, cassa et
irrita haberentur.

Ut igitur injuriam propulsaret, necesse fuit Episcopo ad
Superiorem Parlamenti curiam provocare atque ad exequendos
canones Tridentinos ac Viennenses auxilium brachii sæcularis
quærere. Causa itaque acta est, duorum mensium spatio, in
consessu publico per septem, ut norunt[6], audientias pu-
blicas, præsente et nihil non movente Abbatissa, per consan-
guineos principes atque universam fere aulam; ac demum
prolato judicio, curiæ inferioris repressa injuria est; decre-
tumque a Senatu ut valerent canones, ex scriptis etiam in decreto sacrosanctæ synodi Tridentinæ verbis, quod omnibus
episcopis ad eam synodum exsequendam magno emolumento
esset.

Sane cum causa ageretur atque Abbatissa publice causa-
retur synodum Tridentinam in Gallia non receptam fuisse,
ut eam ludificationem refelleret, demonstravit Episcopus eam
partem synodi, ne tunc de reliquis mentio haberetur, Con-
stitutionibus regiis, præsertim vero ea, quam Blesensem vocamus (*l'Ordonnance de Blois*, art. xxvii) multisque Parlamenti judiciis receptam et executioni mandatam fuisse : quod
etiam decreto sive arresto, ut vocamus, Parlamenti cautum
est.

Multa etiam de privilegiis suis Abbatissa jactabat, tanquam
ab initio exempta fuerit; quod Episcopus falsum esse in-
strumentis docuit : Capitis *Ex parte de priv*. auctoritatem nihil
ad rem pertinere; pluraque ab Abbatissa attentata, quam a
Sede Apostolica concessa esse monstravit; sententiam quoque
ab arbitris olim datam nullius esse ponderis. Quod et Curia
judicavit; verum in eo vis erat totiusque causæ cardo, quod

6. Les mots *in consessu publico* et *ut norunt* ont été ajoutés après
coup, de la main de Bossuet.

concilium Viennense ac Tridentinum decernerent procedendum ab Episcopo non obstantibus quibuscumque.

His itaque perspicuum est nihil ab Episcopo gestum esse, nisi ex canonum Pontificiorumque decretorum sententia, neque ab ipso ad sæculare judicium causam traductam esse, quod moniales obtendunt; quin imo ab ipsis monialibus; Episcopum id tantum egisse in Curia Parlamenti ut se a curiæ inferioris injuria tueretur, ac brachii sæcularis auxilium ad exequendos canones, causa etiam cognita, impetrasse[7]. Itaque a Sede Apostolica, sanctissimoque ac doctissimo Pontifice id expectat Episcopus, eidem Sedi ac Pontifici obsequentissimus atque Ecclesiasticæ disciplinæ per canones Tridentinos sancitæ retinentissimus, non modo ne inauditus damnetur aut pro suspecto habeatur, verum etiam ut suprema illa qua universa Ecclesia utitur auctoritate defensus, sua munia promptius exequatur; quod et Regi futurum erit[8] gratissimum, cum nihil nisi Rege conscio et approbante gesserit.

Dum causa procederet, protulit Abbatissa Breve Apostolicum Innocentii XI datum vii° februarii MDCLXXX, quo, cum in Iotrensi monasterio quædam inordinata essent, quorum causa reformatione in capite et in membris indigeret, archiepiscopus Parisiensis superior ac visitator datus, concessa etiam subdelegandi facultate. Sed postquam constitit id Breve, neque unquam ab Archiepiscopo acceptatum aut monasterio intimatum fuisse, ac per totos annos decem neque unquam susceptam visitationem ullam, neque omnino quidquam ab eodem aut subdelegatis actum, imo ne quidem ullos subdelegatos fuisse, atque omnino Breve illud Apostolicum sine executione mansisse, quin etiam morte Pontificis delegantis, nullius jam esse roboris, ut ipso jure cautum [est], ac post decem annos tandem obtrudi ut Episcopus jussam ac prætermissam reformationem serio aggressus a tam necessario opere prohiberetur, merito judicatum est id Breve neque

7. Davin : impetrare.
8. Davin : sit.

quidquam valere jam, neque ipsi Archiepiscopo curæ aut esse aut fuisse ; quod etiam Archiepiscopus toto causæ decursu sæpe testatus ; neque ab eo quidquam ejus Brevis gratia, causa pendente aut etiam judicata, gestum dictumve est.

Du 25 février au 5 mars 1690, Bossuet fit la visite de l'abbaye de Jouarre. Le procès-verbal et l'ordonnance de visite furent consignés dans le Registre des visites du diocèse de Meaux.

Quelque temps après la soumission de toutes les religieuses (1er avril 1690), Bossuet réunit toutes les pièces qu'il avait produites dans ce procès, déjà imprimées à part et sans date [9], et, en ajoutant les procès-verbaux de visite, il fit paraître le tout sous ce titre : *Pièces et Mémoire touchant l'abbaye de Jouarre pour Mre J. B. Bossuet... contre Re Dame Henriette de Lorraine, abbesse de Jouarre.* Paris, chez la Veuve de Sébastien Mabre Cramoisy, 1690, 67 p. in-4 [10].

Dans son catalogue des Œuvres de Bossuet (collection E. Levesque), Ledieu, au sujet de cet ouvrage, fait la remarque suivante : « Une partie de ce Mémoire est de feu M. Noüet, célèbre avocat. Le sommaire de la cause, p. 34 et suivantes, avec l'ordonnance de visite, est de la façon de M. Bossuet, évesque de Meaux. Et cette ordonnance est très importante. »

« Cependant les religieuses de Jouarre attachées à l'abbesse écrivirent au cardinal d'Aguirre une seconde lettre, qu'elles envoyèrent par la Flandre, en l'accompagnant d'un procès-verbal dressé par le bailli et le procureur fiscal de l'abbaye, qui contenait les statuts et règlements faits par Bossuet dans la visite. Il était signé de neuf religieuses.

« Le cardinal répondit qu'il avait reçu leur lettre par la voie de Mons, remarquant qu'il n'y avait point de date, qu'il avait lu les pièces qui y étaient jointes, qu'il n'en pouvait tirer assez d'éclaircissements pour juger de la bonté des oppositions qu'elles faisaient, qu'il voyait seulement que, quoique leur communauté passât pour très nombreuse, elles n'étaient que neuf de leur sentiment et que tout ce qu'il pouvait leur dire était de voir devant Dieu ce qui pouvait contribuer le

9. Ce sont les quatre pièces ou mémoires signalés plus haut, p. 481, note 3.

10. Ces documents ont été réimprimés dans l'édition Lachat, t. V, p. 495-595.

plus à sa gloire, au bien de leur monastère, à leur propre sanctification, et de le suivre [11]. »

De son côté, Bossuet avait envoyé au P. Roslet un mémoire rédigé en français et destiné au cardinal d'Aguirre.

MÉMOIRE SUR L'EXEMPTION DE JOUARRE [12].

M. l'Évêque de Meaux a vu la copie de la lettre de quelques religieuses de Jouarre, sans date, à M. le Cardinal d'Aguirre, le procès-verbal [13] qu'elles avaient joint à cette lettre et la réponse que leur a faite Son Éminence. Il sera bien aise que ce cardinal soit informé par l'entremise du R. P..., et il lui envoie pour cela un mémoire latin fort court, déjà envoyé à Rome, pour s'en servir en son nom, en cas que l'affaire y fît du bruit. Mais, comme il n'avait pas eu communication de la lettre à Son Éminence, ni de ce prétendu procès-verbal, il ajoutera ici ce qui peut servir de réponse à l'un et à l'autre.

SUR LA LETTRE DES RELIGIEUSES. — Les religieuses se plaignent beaucoup des violences de ce prélat : il y sera répondu en parlant du procès-verbal.

Elles disent que cet évêque a renversé par ses statuts toutes leurs règles et constitutions. Il n'a statué autre chose, sinon que les religieuses le reconnaîtraient conformément aux décrets des conciles de Vienne et de Trente et des bulles des Papes. Au surplus, la discipline régulière, qui est, sous son autorité, plus que jamais en vigueur, y fleurira davantage, quand l'esprit d'indépendance, qui y règne depuis plusieurs siècles, y sera tout à fait éteint.

Elles se vantent d'avoir observé parfaitement leur règle

11. Extrait de la vie manuscrite de Bossuet, citée plus haut (p. 482). L'auteur a eu sous les yeux la lettre des religieuses.

12. Publié par M. Davin, en même temps que le mémoire latin, dans les *Analecta Iuris Pontificii*. Ce mémoire français doit être antérieur au 24 mars, où presque toutes les religieuses opposantes firent leur soumission à l'évêque de Meaux, et surtout au 1er avril, où tout le reste des religieuses fit une semblable déclaration.

13. Ce procès-verbal, du 12 mars 1690, avait aussi été envoyé au Nonce : on le trouve aux Archives du Vatican, *Nunziatura di Francia*, t. 182.

depuis plusieurs siècles. On a pu voir dans le Mémoire latin quelle était leur observance ; et M. l'Évêque de Meaux, qui a voulu ménager ce monastère autant qu'il a pu, y a su les horribles scandales causés au dedans et au dehors du monastère par les prêtres qui y logent ; jusque-là qu'on a décrété depuis huit jours prise de corps dans la justice séculière contre celui qui portait la qualité de vicaire général et d'official de l'Abbesse[14], dont aussi elle suit aveuglément les conseils. C'est ce même prêtre qui est cause d'une si étrange dissipation des biens de cette abbaye, que le prélat a cru ne pouvoir trop tôt y apporter le remède ; et la désolation y est si grande qu'on croit même que le Roi sera obligé d'y mettre la main.

Le comble de la témérité de ces religieuses aveuglées est d'avoir osé dire à Son Éminence que le Roi trouvera très juste qu'il empêche M. l'Évêque de Meaux d'agir, étant certain au contraire que ce prélat n'a fait ni ne fait encore aucun pas que Sa Majesté ne sache et n'approuve.

Sur le Procès-verbal. — Cette pièce est fabriquée par gens sans autorité et sans aveu, absolument dépendants de l'Abbesse de Jouarre, et qui écrivent tout ce qu'elle veut.

La vérité est que M. l'Évêque de Meaux, s'étant transporté dans ce monastère pour y faire sa visite, la Prieure lui promit, l'Abbesse étant absente, qu'à la réserve de sept ou huit emportées, toutes lui rendraient obéissance ; mais que, pour se disculper envers Mme son abbesse, il fallait qu'il obtînt un arrêt par imploration du bras séculier, où il y eût un commissaire nommé par le Parlement pour faire ouvrir les portes en cas de refus ; ajoutant encore que, comme elle ne désirait cela que pour la forme, on ouvrirait au premier coup de marteau. Le Parlement donna un arrêt, par lequel le premier juge royal fut commis pour prêter main-forte à l'Église ; et on eut toute la douceur et toute la patience possible dans l'exécution.

Il n'y a rien là que de très canonique, et tout le Droit est

14. Il s'agit de Louis de La Vallée, docteur en théologie (Cf. p. 77).

plein d'implorations du bras séculier. Il est vrai que la Prieure ne tint pas parole, et qu'on fatigua l'Évêque autant qu'on put, en verbalisant et en résistant. Quand la porte fut ouverte, l'Évêque fit sonner le Chapitre, et, dès le premier abord, vingt-cinq des religieuses, et celles qui avaient les premières charges, à la réserve de la Prieure, se vinrent jeter à ses pieds pour lui demander sa bénédiction et protection, le supplier de mettre fin aux désordres de la maison et d'en empêcher la ruine. Toutes vinrent de leur bon gré, sans qu'on leur touchât seulement le bout de la robe pour les amener ; et toutes ces prétendues violences n'ont pas la moindre apparence de vérité. Tout cela est constant par les procès-verbaux faits séparément, tant par M. l'évêque de Meaux que par le lieutenant-général de Meaux, commissaire de la Cour, qui en fit exécuter l'arrêt et fut présent à tout. Il n'entra personne qui ne fût nécessaire, et la plupart ecclésiastiques, dont la modestie a été exemplaire. M. l'évêque de Meaux parla aux religieuses avec toute la douceur possible. Comme on lui avait fait perdre beaucoup de temps à la porte, il fut contraint de demeurer un peu plus longtemps qu'il n'eût fait, pour entendre les religieuses en particulier et pourvoir aux besoins les plus pressants.

Il est vrai qu'il défendit aux officiers de l'abbaye d'entrer, parce qu'il vit bien qu'ils ne le souhaitaient que pour exciter les religieuses à la révolte. Il fut contraint de rentrer encore le lendemain avec la même imploration du bras séculier pour tâcher de parler aux religieuses rebelles qui se cachaient dans les endroits les plus cachés de la maison. Elles s'étaient aussi emparées des cours pour empêcher tout accès à l'Évêque, à qui on ferma jusqu'à la porte de l'église, l'empêchant d'y dire la messe ; à laquelle néanmoins il ne voulut pas qu'on fît aucune rupture ni violence, par respect du saint lieu. Et, pour n'être point toujours obligé à traîner un juge royal après lui, il se rendit maître de la clôture, pour être en état de remédier aux excès et [   ][15] que les divisions et la violence

---

15. Ici, un mot oublié par Bossuet.

des rebelles pouvaient causer à leurs Sœurs. Ce qui enfin les obligea à lui remettre de bonne foi toutes les clés, et il finit la visite sans autre bruit, après avoir pourvu aux besoins les plus pressants.

SUR LA RÉPONSE DE SON ÉMINENCE. —Elle fait voir la grande prudence de ce cardinal, puisque, sans aucune instruction de la part de M. l'évêque de Meaux, il a senti que les pièces envoyées par les religieuses ne concluaient rien, et que la souscription de neuf, dans une communauté de plus de quarante-cinq filles de chœur, n'était d'aucun poids. Si le Père a occasion et veut prendre la peine de faire voir le mémoire latin et celui-ci à Son Éminence, elle verra encore mieux que ce prélat n'a rien fait qui ne soit dans la règle, et qu'il doit espérer l'approbation plutôt que les répréhensions du Saint-Siège.

Au reste, sans qu'il soit besoin de parler du détail des abus de ce monastère, on peut juger ce qui pouvait arriver dans une communauté où, depuis plus de cent ans, il n'y a eu ni supériorité ni visite, ni enfin inspection de qui que ce soit, sous des abbesses qui, pour être de grandes princesses, n'en ont pas toujours été plus régulières.

Voilà une partie des raisons de la conduite de M. l'évêque de Meaux, qui aura beaucoup de joie d'apprendre par le R. P. qu'elle aura été approuvée de Son Éminence.

Quelques jours avant la soumission des religieuses, le 22 mars 1690, le Roi écrivait au duc de Chaulnes, son ambassadeur à Rome :

« Je vous envoie la copie de la supplique des religieuses de Jouarre avec les remarques que l'évêque de Meaux y a faites, qui vous feront voir qu'elle contient beaucoup de choses qui n'ont aucun fondement, et comme j'apprends qu'elle est adressée à la duchesse de Lenty, j'ai fait dire à la duchesse de Bracchianno, sa sœur [16], que je n'aurais pas agréable qu'elle se

16. De Louis de La Trémoille, duc de Noirmoutiers, mort à Châteauvillain le 12 octobre 1666, et de Renée Julie Aubery étaient nées, entre autres enfants, deux filles : Anne Marie de La Trémoille, qui épousa en secondes noces en 1675 le duc de Bracciano, chef de la

mêlât de cette affaire, et, comme elle est dans le cours ordinaire de la justice sans que je m'en veuille mêler, vous devez
aussi empêcher que le Pape n'en prenne connaissance » (Archives des Affaires étrangères, Rome, t. 330, fol. 241).

Le cardinal d'Aguirre avait déjà fait la réponse, dont nous avons
parlé plus haut, lorsque l'ambassadeur de France eut connaissance
de la lettre que certaines religieuses de Jouarre avaient adressée à
cette Éminence. Il en écrivit au Roi le 16 mai 1690.

« Quelques religieuses de Jouarre ont écrit à M. le Cardinal d'Aguirre et lui ont demandé sa protection auprès du
Pape pour les rétablir dans leurs droits. Elles lui ont envoyé
un Mémoire dans lequel elles parlent fort mal de M. de Meaux.
M. le Cardinal d'Aguirre, qui était de même Ordre, a communiqué cette lettre à un religieux qui m'en a donné avis, et,
comme la lettre n'est signée que de huit ou neuf religieuses,
il lui a conseillé de leur demander plus d'instruction et plus
de connaissance des sentiments de toute la maison, n'y ayant
que neuf religieuses d'une si grande communauté qui aient
signé. J'en envoie les noms à Votre Majesté » (Rome, t. 331,
fol. 158).

II. — Seconde phase du procès.

Si les religieuses firent leur soumission, il n'en fut pas de même de
l'Abbesse, qui épuisa tous les moyens pour échapper à la juridiction
épiscopale. Elle en appela du jugement du 26 janvier. « J'ai quelque
soupçon qu'on verra bientôt sa requête en cassation », écrit Bossuet à
Mme d'Albert, le 2 mai 1690.

*Mémoire pour Madame Henriette de Lorraine, abbesse de l'ab-
baye de Jouarre, sujette immédiatement au Saint-Siège, contre
M. l'évêque de Meaux,* s. l. n. d., in-4 de 24 pages (Bibl.
Nat., Fm 16274).

Bossuet fit par son avocat une réponse en deux Mémoires :

maison des Orsini, et se rendit fameuse par ses négociations et ses
intrigues, sous le nom de princesse des Ursins, et mourut en 1722 ; et
Louise Angélique de La Trémoille, mariée en novembre 1682 à Antoine de La Rovère, duc de Lenty, ou Lanti, et décédée le 25 novembre
1698.

Mémoire sur les moyens de Cassation de Madame l'abbesse de Jouarre [17]. 11 p. in-4, sans nom d'imprimeur et sans date. Bibl. Nat., 4° F^m 16276. Ce Mémoire est postérieur au 30 juin 1690, puisqu'on y produit des actes de cette époque, et antérieur au conseil tenu à Versailles le 26 juillet.

Réponse au huitième et dernier moyen de cassation employé par Mme l'abbesse de Jouarre contre l'arrêt contradictoire du Parlement prononcé à l'audience de la Grand'chambre le 26 janvier 1690. 16 p. in-4 (4° F^m 16277).

Après le rejet de son appel en cassation près du Conseil, le 26 juillet 1690, l'Abbesse se tourna d'un autre côté. Elle tenta de nouveau le recours à Rome ; mais n'ayant pas été écoutée favorablement la première fois par le cardinal d'Aguirre, elle s'adressa alors au Nonce. Le 29 décembre 1690, le Roi écrivait au duc de Chaulnes :

« Je suis averti que l'abbesse de Jouarre a été trouver le nonce du Pape et qu'elle lui a fait des plaintes de ce qu'au préjudice de sa prétendue dépendance immédiate du Saint-Siège, elle a été assujettie par sentence du Châtelet et arrêt du Parlement à la juridiction épiscopale de l'évêque de Meaux, et comme il n'a rien été fait dans toute cette affaire qui ne soit dans l'ordre et qui ne soit absolument nécessaire pour le bien de cette maison, il est bon d'empêcher que le Pape n'en reçoive des plaintes mal fondées de la dite abbesse. » (Archives des Affaires étrangères, Rome, t. 332, fol. 374).

III. — Extraits des procès-verbaux de visites pastorales à Jouarre.

Les procès-verbaux de la première visite pastorale ont été publiés par Bossuet lui-même et se trouvent dans ses Œuvres. Mais il n'a pas fait entrer dans son opuscule l'ordonnance suivante, concernant

17. Sur l'exemplaire de la Bibl. Nationale, F^m 16276, on lit cette note écrite à la main : « En cassation de l'arrêt rendu le 26 janvier 1690. — Au Conseil.

M. Courtin ayant fait rapport au conseil tenu à Versailles, le 26 juillet 1690, de la requeste en cassation de Mme l'abbesse de Jouarre, elle fut rejetée d'un commun consentement et de l'avis presque de tous les juges. » (La pièce F^m 16277 porte la même note).

deux chanoines de Jouarre dont il est plusieurs fois question dans les lettres de cette époque [18].

Jacques Bénigne, par la permission divine évêque de Meaux, aux Abbesse, Religieuses et Couvent, Clergé, Peuple et Paroisse de Jouarre, salut et bénédiction.

Comme Me Louis de La Vallée, maintenant absent dudit Jouarre, et Me Daniel de La Vallée dit Laburies, prêtres, chanoines et chapelains de l'église abbatiale, se sont ingérés de faire les fonctions de vicaire général, official, vice-gèrent et promoteur en vertu des prétendues lettres, commissions ou pouvoir à eux donnés par l'Abbesse de ce monastère; bien que ladite Abbesse ni eux n'en aient reçu aucun pouvoir ni du Saint-Siège, ni de nos prédécesseurs ou de nous, nous leur défendons et à tous autres de procéder, ordonner ou exécuter aux dites qualités et en vertu desdits pouvoirs, ni d'exercer aucune commission où la juridiction ecclésiastique soit requise, sans en avoir reçu de nous ou de nos Vicaire général et Official un pouvoir spécial par écrit, sur toutes les peines portées contre les usurpateurs de la juridiction ecclésiastique et intrus en icelle. Défendons sur les mêmes peines à ladite Abbesse et à celles qui lui succèderont et à tout autre officier de l'abbaye, le siège abbatial vacant ou non vacant, de donner de pareils pouvoirs ou commissions. Déclarons nul et de nul effet tout ce qui sera dorénavant attenté au préjudice de la présente ordonnance, sans néanmoins donner atteinte à ce qui aurait été ci-devant géré, ordonné et exécuté selon les canons, quoique en vertu desdits pouvoirs et commissions, tant que nos prédécesseurs et nous l'avons toléré, et sans que, pour raison de ce, il soit permis de troubler et inquiéter les consciences. Défendons en outre aux dites Abbesses et toute autre officière de l'abbaye, d'instituer à l'avenir, vacance arrivant, les curés de Jouarre, ou de les mettre en possession et exercice de cette charge, sans qu'ils reçoivent auparavant de nous et de nos successeurs la cure des âmes et tout ce qui

18. Nous en empruntons le texte à D. Toussaints Duplessis, t. II, p. 419.

y est annexé ; sans préjudice de ce qui a été fait et sera fait à l'avenir en ladite qualité par le curé de Jouarre, auquel même, et en tant que besoin serait, nous avons continué et continuons tous les pouvoirs. En conséquence de ce que dessus, avons déclaré et déclarons que nul autre que ledit curé n'a pouvoir dorénavant de prêcher la parole de Dieu et d'administrer les sacrements, notamment celui de pénitence dans toute l'étendue de la paroisse de Jouarre, à moins de l'avoir reçu par notre permission et approbation spéciale et par écrit dans le cours de la présente visite et ci-après en la même forme, par nous ou notre vicaire général ; déclarons que les confessions qui se feront dorénavant au préjudice de ce que dessus, seront nulles et de nulle valeur et qu'il les faudra réitérer à des prêtres approuvés comme dessus. Et afin que le peuple sache à qui il peut s'adresser, déclarons que ce sont tous ceux qui exerceront cette fonction dans l'église paroissiale, attendu que le curé aura vu leur pouvoir selon l'ordre qu'il en aura de nous ; mais d'autant que les confesseurs des religieuses doivent être revêtus de qualités dont nous nous sentons obligé de faire un examen particulier, pour cette considération et autres à nous connues, déclarons que les permissions et approbations par nous données, même par écrit, ne vaudront pour les religieuses, et notamment pour celles de Jouarre, à moins qu'elles y soient spécialement comprises et dénommées. Défendons très expressément à tous prêtres séculiers et réguliers d'entreprendre de confesser et absoudre lesdites religieuses au préjudice de la présente, à peine d'interdiction encourue *ipso facto* ; révoquant tout pouvoir à ce contraire, ainsi que nous l'avons déjà déclaré et dénoncé aux dites religieuses, à ce qu'elles ne s'exposent à faire des confessions nulles et sacrilèges.

Donné à Jouarre, dans la maison presbytérale, durant le cours de notre visite, ce jourd'hui cinquième jour de mars 1690.

J. Bénigne, é. de Meaux.

Par Monseigneur
Royer.

IV. — Visite pastorale du 5 au 7 novembre 1690[19].

(5 *nov.* 1690). — Une visite de l'abbaye de Jouarre au mois de novembre 1690, dans laquelle Mre Jean Corvisart, prêtre, curé de Mareuil-les-Meaux, promoteur de mon dit Seigneur, s'étant rendu au dit Jouarre, aurait remontré à mon d. Seigneur que, dans le cours de sa visite dans l'abbaye du dit Jouarre, et par ordonnance d'une autre visite en date du 6e mars 1690, il aurait ordonné à la Dame Abbesse du dit Jouarre et aux Sœurs de Baradat[20] et Gauderon[21], religieuses absentes du dit monastère, d'y retourner incessamment, à moins de lui rapporter une excuse et empêchement légitime, et prendre son congé sur ce nécessaire, sur toutes les peines de droit. A quoi la dite Abbesse n'ayant satisfait, ains[22] répondu entre autres choses qu'elle avait un congé et permission de Mgr l'Illustriss. et Réverendis. Archevêque de Paris, métropolitain de

19. Les *Procès-verbaux* de cette seconde visite étaient inédits, et ont été publiés dans la *Revue Bossuet* d'avril 1903, d'après une copie de Dom Coniac.

20. Catherine de Baradat, dite des Anges, était fille de François de Baradat, seigneur de Damery, premier écuyer et favori de Louis XIII, marié vers 1636 avec Gabrielle de Coligny, appelée aussi Mlle de Cressia. Elle était alors première dépositaire et accompagnait l'abbesse. En 1695, elle quitta Jouarre pour devenir prieure de Saint-Affrique de Vabres, mais, ayant abdiqué en 1710, elle revint à Jouarre, où elle mourut en 1719. Il y avait à Jouarre une autre religieuse, nommée Henriette de Baradat, et en religion de Sainte-Gertrude, née le 29 septembre 1673 à Laval, fille de Pierre de Baradat, qui, d'abord chanoine de Notre-Dame, et rentré dans le monde, fut pourvu d'une compagnie dans le régiment de François, son frère, et épousa en 1670 Françoise Rousseau du Mesnil. Henriette de Baradat était donc beaucoup plus jeune que sa cousine-germaine, qui, pour ce motif, était appelée l'aînée ou la tante. Henriette de Baradat vivait encore en 1728 (Deforis, t. XII, p. LIII; cf. plus haut, p. 449).

21. En 1655 et 1656, une rente viagère de trois cents livres fut constituée sur la terre de Combault (près de Marolles), au profit de l'abbaye de Jouarre par les sieur et dame de Godron (*sic* pour Gauderon), à l'occasion de la profession de leur fille (Archives Nation., Y, 596).

22. *Ains*, mais.

mon d. Seigneur, par acte du 29ᵉ mars de la dite année :
qu'il serait ensuite intervenu une sentence de l'official de mon
d. Seigneur, à la requête de son dit promoteur, par laquelle
sentence il aurait été enjoint à la dite Abbesse de faire apparoir à mon d. Sgr ou à son d. official, des dites permissions et
congés du d. Sgr son métropolitain, pour y avoir tel égard
que de raison, dans huitaine, sur toutes les peines de droit ;
la dite sentence en date du 8ᵉ avril de la même année, et signifiée aux dites Abbesse et religieuses le 12ᵉ du même
mois : laquelle Abbesse n'ayant tenu compte d'exhiber et représenter les dites permissions et congés du dit Sgr., serait
intervenue une autre sentence du dit official de mon d. Sgr.,
à la requête pareillement de son dit promoteur : par laquelle,
faute d'avoir satisfait à la sentence ci-dessus dans le terme
porté par icelle, il aurait été enjoint à la dite Abbesse et aux
Sœurs de Baradat et Gauderon de retourner incessamment
au dit Monastère sous peine d'excommunication et autres de
droit, et qu'il leur serait fait de huit en huit jours trois monitions canoniques, dont la signification de la dite sentence
ferait la première : la dite sentence en date du 5ᵉ juin de la
dite année 1690 : laquelle aurait été signifiée pour première
monition aux dites Abbesse et religieuses, le 13ᵉ du même
mois, et la seconde et troisième monitions pareillement signifiées le premier et douzième juillet de la même année :
nonobstant lesquelles sentences et monitions, elles seraient
demeurées dans la même désobéissance : pour ces causes, le
dit promoteur aurait requis mon d. seigneur, qu'attendu la
désobéissance des dites Abbesse et religieuses dans une matière
aussi grave, et avec un si notable préjudice du temporel et
spirituel de la dite Abbaye par la longue absence de la dite
Abbesse, ainsi qu'il pourrait apparoir à mon d. Sgr dans sa
visite, il lui plût pourvoir au gouvernement de la dite Abbaye,
pendant l'absence de la dite Abbesse, et en outre procéder
contre elle et contre les dites Sœurs de Baradat et Gauderon
suivant la rigueur des constitutions canoniques, décrets des
Souverains Pontifes et ordonnances de nos Rois.

CORVISART.

Sur quoi mon dit Seigneur a donné acte à son dit promoteur, de ses dires, remontrances et réquisitions, et a ordonné qu'il y serait fait droit dans la présente visite, ainsi que mon dit Seigneur aviserait bien être...

7 nov. 1690. *Ordonnance de visite.* — Nous, évêque de Meaux, après qu'il nous a consté, par notre visite et autrement, que le monastère de Jouarre est chargé de dettes et que le désordre du temporel s'y accroît tous les jours par l'absence de la Dame Abbesse ; que Sœur de Baradat, dépositaire, est pareillement absente, et qu'aucune religieuse n'est chargée de la recette des revenus de la maison en argent ; qu'on n'a arrêté depuis six ans aucuns comptes avec Louvain, boucher, auquel on est redevable de si grandes sommes, qu'il est venu depuis hier par deux fois déclarer à la Prieure qu'il ne pouvait plus fournir de viande, ni payer les gros intérêts qu'il est contraint de payer pour le retardement du payement de ce qu'on lui doit ; qu'on ne compte non plus avec les fermiers, marchands, ouvriers et autres qui doivent ou à qui il est dû pour la subsistance et entretènement de la maison ; que la Prieure ni aucune religieuse n'est chargée de rien à cet égard, ni ne peuvent nous en répondre, ni y donner aucun ordre ; tout ce que dessus constant par nos procès-verbaux et par les déclarations de la dite Prieure et autres religieuses ; ce qui est d'autant plus préjudiciable au bien de la dite maison que, depuis deux mois entiers et plus que nous pressons la dite Abbesse de nous donner un état du temporel de la maison, nous n'en avons pu tirer que celui qui est joint à notre dit procès-verbal, paraphé de nous, qui est infirme et imparfait, en sorte que nous ne sommes pas assuré de pouvoir connaître par icelui la moitié des dettes de l'abbaye ; que, quelques instances que nous ayons faites envers la dite Abbesse par voies amiables, afin qu'elle nous donnât connaissance de ce qu'elle pouvait devoir à Paris depuis un an qu'elle y est, tant aux marchands et en denrées pour sa subsistance ou autrement, qu'en sommes par elles empruntées, si aucunes y a, nous n'en avons pu avoir aucune, et ni même savoir les pouvoirs qu'elle a d'emprunter, les religieuses n'ayant pu nous en parler que confusément et avec incertitude ; nous apparaissant d'ailleurs que la dite Abbesse loin de venir elle-même pourvoir à des besoins si pressants, continue de s'absenter de son monastère avec la dite Sœur de Baradat et la Sœur Gauderon sans notre congé, nonobstant les ordres réitérés de s'y rendre incessamment, tant par nous en personne en visite, que par notre official à la réquisition de notre promoteur : Tout considéré, nous avons ordonné et ordonnons que nous ferons envers la dite Abbesse toutes les poursuites et diligences nécessaires, tant par voies amiables qu'autrement, pour l'obliger à retourner incessamment, et en attendant pourvoir au gouvernement de sa maison ; et néanmoins, attendu que ce que dessus demande célérité et a besoin d'un prompt remède, avons ordonné et ordonnons, statué et statuons par forme de provision ce qui s'ensuit [22].

Et le même jour, septième dudit mois audit an, les présentes ont été lues et publiées dans le chapitre tenu par mon dit Seigneur, la communauté dûment assemblée au son du timbre, selon la coutume, par moi prêtre, chanoine de l'église de Meaux, soussigné, pris pour secrétaire en cette partie, et dont aussi j'ai laissé copie entre les mains de la Mère Prieure, pour servir comme dessus.

LEDIEU.

Ce que fait, mon dit Seigneur s'est retiré en son logement, et, le même jour, continuant à pourvoir aux besoins du dit monastère, et à faire droit sur le réquisitoire de son promoteur, mon dit Seigneur a réglé comme s'ensuit ce qui regarde la dite abbaye durant son absence.

Autre ordonnance de visite. — Nous, évêque de Meaux, continuant à prendre connaissance de l'état de temporel du monastère de Jouarre, pour y pourvoir selon le dû de notre charge, principalement durant l'absence de la Dame Abbesse, après avoir réglé par notre ordonnance précédente ce qui

---

22. Suivent treize articles concernant l'administration du temporel de l'abbaye (*Note de Dom Coniac, qui n'a pas transcrit ces articles*).

concernait pour (*sic*) le monastère, avons étendu nos soins à la dite Abbesse, et, en attendant que nous puissions donner une forme aux affaires avec elle-même après son retour, si elle y veut concourir selon l'obligation très étroite de sa conscience, avons ordonné et ordonnons, statué et statuons par manière de provision, attendu les besoins pressants du dit monastère, qui requièrent célérité, ce qui s'ensuit :

I. Que, quinze jours après la signification de notre présente ordonnance à la dite Abbesse, il nous sera donné par elle un état des revenus, charges et dettes de la maison, autre que celui qui nous a été fourni, où plusieurs articles ont été omis ; et sera le dit état signé de la dite Abbesse, et contiendra une déclaration de chaque somme empruntée et de l'emploi d'icelle, spécialement de la somme de quinze cents livres, due à la Dame comtesse d'Isle, mentionnée au dit état à nous donné.

II. Nous ordonnons à la dite Abbesse de nous déclarer dans le même terme, si elle a fait quelques emprunts ou contracté quelques dettes, en quelque manière que ce soit, depuis un an qu'elle est à Paris de ce dernier voyage, et nous faire paraître l'emploi des sommes par elles empruntées, si aucunes il y a.

III. Lui défendons très expressément, tant qu'elle sera à Paris, de faire aucun emprunt pour quelque cause ou prétexte que ce soit, sans notre permission par écrit, quelque pouvoir ou consentement qu'elle en puisse ci-devant avoir obtenu de sa communauté, sous clauses générales ou spéciales ; desquels pouvoirs et consentements, si aucuns il y a, elle nous donnera une copie collationnée dans les dits termes, afin qu'il y soit pourvu.

IV. Défendons à la dite Abbesse d'empêcher directement ou indirectement la Prieure et les officières préposées à la conduite des affaires de la maison dans les pouvoirs, ordres, fonctions que nous leur avons donnés et prescrits, lui enjoignant au contraire de leur prêter secours et aide.

V. Sera fait par ladite Abbesse un état des sommes dues à la maison, tant pour pensions de religieuses, novices et autres, fermes, arrérages et autres choses généralement quelconques, pour être pris conseil sur la poursuite de celles qui sont exigibles, et les sommes en provenantes être employées à l'extinction des dettes de la dite maison ; desquelles poursuites et emplois nous sera donné connaissance par ladite Abbesse.

VI. Nous ordonnons que les arrérages desdites pensions, échus ou à écheoir, seront portés au dépôt, comme tous les autres revenus en argent, ou en tout cas, si besoin est, touchés à Paris sur les quittances de la Dépositaire, afin qu'elle puisse en rendre compte.

VII. Sera incessamment procédé par toutes voies convenables à l'extinction des dites dettes, et, à cet effet, toutes dépenses superflues et personnes inutiles seront retranchées, dont nous chargeons la conscience de la dite Abbesse, sans préjudice des règlements que nous y pourrons apporter.

VIII. Comme nous avons ordonné par notre ordonnance précédente, publiée en cette visite, que les comptes de Louvain, boucher servant actuellement la maison, et autres, mentionnés dans notre dite ordonnance, seront incessamment arrêtés par la Prieure, cellèrière et autres par nous désignées, nous ordonnons à la dite Abbesse de renvoyer dans huitaine au monastère tous les journaux, quittances, mémoires et autres pièces nécessaires à la reddition des dits comptes, qu'elle a par devers elle.

IX. Ordonnons pareillement à la dite Abbesse de renvoyer au dit monastère les derniers comptes, mémoires, papiers et pièces nécessaires pour faire arrêter incessamment les comptes de ses officiers du dehors, qu'elle aurait ci-devant commis à la recette des deniers et revenus de l'abbaye ; lui défendons très expressément de faire faire dorénavant la recette des dits deniers et revenus de l'abbaye par autre que par la Dépositaire, ou celle qui en fera la charge et qui en pourra rendre compte à la dite Abbesse, ou Prieure durant son absence, et à nous dans le cours de notre visite ; pourra seulement charger les dits officiers du dehors des poursuites et diligences pour faire payer les revenus.

X. Notre précédente ordonnance publiée en chapitre dans

cette visite sera signifiée avec celle-ci à la dite Abbesse, à ce qu'elle ait à s'y conformer de point en point.

XI. Seront ces présents règlements exactement observés par la dite Abbesse, attendu le besoin pressant du dit monastère, par manière de provision, nonobstant oppositions ou appellations quelconques et sans préjudice d'icelles, à peine de désobéissance et autres de droit, et à peine d'être procédé contre elle comme dissipatrice du bien de son église et monastère, attendu que leur observance est absolument nécessaire à les conserver durant la longue absence de la dite Abbesse; enjoignons à notre promoteur d'implorer le bras séculier pour l'exécution de nos dites ordonnances. Donné au dit monastère de Jouarre, en visite, le septième novembre mil six cent quatre-vingt-dix.

† J. Bénigne, évêque de Meaux,
Par le commandement de mon dit Seigneur.

Ledieu.

Et pour faire droit sur le réquisitoire de son dit promoteur à l'encontre de la dite Abbesse et des dites Sœurs de Baradat et Gauderon absentes, mon dit Seigneur a ordonné comme s'ensuit :

Troisième ordonnance de visite. — Jacques Bénigne, par la permission divine évêque de Meaux : notre promoteur nous ayant remontré dans le cours de notre visite dans l'abbaye de Jouarre, que, par ordonnance d'une autre visite, en date du sixième mars mil six cent quatre-vingt-dix, nous aurions ordonné à la Dame Abbesse de Jouarre et aux Sœurs de Baradat et Gauderon absentes du dit monastère, d'y retourner incessamment, à moins de nous rapporter une excuse et empêchement légitime, et prendre notre congé sur ce nécessaire, sur toutes les peines de droit; à quoi la dite Abbesse n'ayant satisfait, ains répondu, entre autres choses, qu'elle avait un congé et permission de Mgr l'Illustriss. et Révérendiss. archevêque de Paris, notre métropolitain, par acte du vingt-neuvième mars de la dite année ; qu'il serait ensuite intervenu à la requête de notre dit promoteur une sentence de notre offi-

cial, par laquelle il aurait été enjoint à la dite Abbesse de
nous faire apparoir, à nous et à notre dit official, des dites permissions et congés du dit seigneur métropolitain, pour y avoir
tel égard que de raison, dans huitaine, sur toutes les peines
de droit ; la dite sentence en date du huitième avril de la
même année et signifiée aux dites Abbesse et religieuses, le
douzième du même mois ; laquelle Abbesse n'ayant tenu
compte d'exhiber et représenter les dites permissions et congés
du dit Seigneur, serait intervenu une autre sentence de notre
dit official, à la requête pareillement de notre dit promoteur,
par laquelle, faute d'avoir satisfait à la sentence ci-dessus dans
le terme porté par icelle, il aurait été enjoint à la dite Abbesse
et aux dites Sœurs de Baradat et Gauderon, de retourner incessamment au dit monastère sous peine d'excommunication
et autres de droit et qu'il leur serait fait de huit en huit jours
trois monitions canoniques, dont la signification de la dite
sentence ferait la première ; la dite sentence en date du cinquième juin de la dite année mil six cent quatre-vingt-dix :
laquelle aurait été signifiée pour première monition aux dites
Abbesse et religieuses le treizième du même mois, et les seconde et troisième monitions pareillement signifiées les premier et douzième juillet de la même année, nonobstant lesquelles sentences et monitions elles seraient demeurées dans
la même désobéissance : Pour ces causes, le dit promoteur
nous aurait prié qu'attendu la désobéissance des dites Abbesse
et religieuses dans une matière aussi grave et avec un si notable préjudice du temporel et spirituel de la dite abbaye,
comme il nous pourrait apparaître dans notre visite, il nous
plût pourvoir au gouvernement de la dite abbaye pendant
l'absence de la dite Abbesse, et en outre procéder contre elle
et contre les dites Sœurs de Baradat et Gauderon, suivant la
rigueur des constitutions canoniques, décrets des souverains
pontifes et ordonnances de nos rois : Nous évêque susdit, ayant
égard au réquisitoire du dit promoteur, vue aussi notre dite
ordonnance et sentences de notre dit official, avec les monitions, le tout dûment signifié au domicile des dites Abbesse
et religieuses, et conformément aux saints décrets et constitu-

tions canoniques, le saint nom de Dieu préalablement invoqué, avons d'abondant, et pour la quatrième et dernière fois, admonesté les dites Abbesse et Sœurs de Baradat et Gauderon de nous faire paraître dans huitaine après la signification des présentes, d'excuse et empêchement légitime sur le sujet de la dite absence, et d'obtenir le cas échéant notre congé sur ce nécessaire ; sinon et à faute de ce, nous leur ordonnons de retourner dans le dit temps à leur monastère sous peine d'excommunication encourue *ipso facto*. Donné à Jouarre, en visite, le septième novembre mil six cent quatre-vingt-dix[23].

† J. Bénigne, E. de Meaux,

Par le commandement de mon dit Seigneur.

Ledieu.

« Dans la même visite, M. Bossuet entendit toutes les religieuses de l'abbaye, et ses questions roulent presque toutes sur l'administration du temporel : on y trouve celle-ci qui peut servir, avec la réponse, à éclaircir quelqu'une des lettres du Prélat à Mme de Luynes. Il interroge la Sœur Catherine de La Croix, prieure, en ces termes :

« Enquise comment on procédait à la réception des religieuses, nous a dit que c'était en plein chapitre, Madame demandant les opinions publiquement : ce qui faisait qu'on ne disait mot, et qu'on approuvait ce qu'elle proposait, par un simple signe de tête. »

V. — Procès-verbal de 1691.

Au mois de juin 1691, M. Bossuet fit une nouvelle visite à Jouarre, dans laquelle il rendit une ordonnance de visite portant défense à la Prieure et aux officières d'envoyer aucun argent ni denrées à la dame Abbesse du dit Jouarre qui était

23. M. E. Griselle signale, d'après un *Catalogue d'une précieuse collection* (vendue en 1882), une quatrième sommation faite à l'Abbesse, le 17 novembre 1690. Mais le rédacteur du catalogue a écrit par erreur 17 pour 7 novembre, et il s'agit de la pièce même que nous donnons ici.

encore à Paris, sans en avoir reçu la permission par écrit du dit Seigneur Évêque.

Au mois de septembre de la même année, autre visite à Jouarre, où M. Bossuet, après avoir officié pontificalement le 8 septembre 1691, jour de la Nativité de la Vierge, à la messe et aux vêpres, il prêcha sur la fête du jour à l'issue des vêpres. Et le 9, il rendit une ordonnance de visite qui porte en substance que, la Dame Abbesse n'ayant point satisfait à ses ordonnances homologuées en Parlement, par lesquelles il lui était ordonné de faire remettre incessamment au greffe et secrétariat de l'évêché un état entier et en forme du temporel de la dite abbaye, que la dite Dame Abbesse n'ayant point satisfait à ses ordonnances, « le Seigneur évêque qui a toujours préféré les voies douces et amiables à celles de rigueur aurait différé longtemps les poursuites et autres choses nécessaires pour faire exécuter tant les dites ordonnances de visite que les arrêts conformes à icelles, qu'enfin, pour la décharge de sa conscience, et de peur que le dépérissement des affaires du monastère, qu'il est impossible de régler dans cet état, ne lui fût imputé, il aurait ordonné à son promoteur et à son official de faire leurs charges ; d'où se serait ensuivie l'ordonnance du dit official à la requête du dit promoteur, portant entre autres choses que la dite Abbesse serait tenue de remettre incessamment le dit état au greffe et secrétariat de l'évêché, et la dite Abbesse admonestée trois fois, de trois jours en trois jours, de remettre le dit état, à peine d'interdiction de la fonction de sa charge, la dite ordonnance dûment signifiée à la dite Abbesse et les monitions faites dans les termes canoniques, sans que ladite Abbesse tînt compte d'obéir à une chose si nécessaire et tant de fois promise par elle ; et néanmoins mon dit Seigneur évêque aurait bien voulu suspendre pour quelques jours la prononciation de la dite interdiction pour donner encore ce temps à la dite Abbesse de venir à résipiscence. Mais d'autant que si durant ce temps on lui fournissait quelque chose de la dite abbaye, ce ne serait qu'entretenir davantage sa désobéissance, et que d'ailleurs on ne peut savoir ce qui reste entre ses mains des revenus qu'elle a touchés du dit monastère, à

moins que de voir le dit état et l'emploi qu'elle aurait fait
des grandes sommes par elle touchées, mon dit seigneur
évêque aurait mandé les dites officières, lesquelles, savoir
la dite Prieure, Sœur Marie-Henriette de Fiesque, seconde
prieure, Sœur Madeleine de Gousseaut, troisième prieure,
Sœur Henriette de Luzancy, dépositaire, Sœur de Sainte-
Geneviève Desmarets, cellérière, Sœur de Sainte-Pélagie
Drouaut, grènetière, et sœur Suzanne Leboults Saint-Maure,
seconde grènetière, étant présentes au dit parloir, leur aurait
déclaré ce que dessus, et leur aurait fait chacune endroit soi
très expresses inhibitions, à peine d'inobédience, de fournir à
la dite Abbesse aucun argent, denrées, ni autres choses généralement quelconques, à Paris ou autre part, et même dans
la dite abbaye, quand elle y serait présente, sans notre permission expresse, sauf à pourvoir aux besoins de la dite Abbesse
pour son voyage des eaux conformément à la permission qu'elle
en a obtenue du dit Seigneur, lorsque, par l'état du dit temporel, il paraîtra qu'elle manque de ce qui lui est nécessaire
pour le dit voyage ; et leur a pareillement déclaré mon dit
Seigneur qu'il procèdera contre les dites officières désobéissantes, par toutes voies dues et raisonnables. Leur a en outre
ordonné de faire incessamment visiter les dortoirs et autres
lieux de la dite abbaye, pour y faire les réparations nécessaires, attendu que la dite Abbesse n'en prend aucun soin. Et
après qu'on a fait voir à mon dit Seigneur une lettre du sieur
Corvisart à la dite Prieure, par laquelle il lui dénonçait que,
faute d'avoir donné la déclaration nécessaire pour leurs amor-
tissements, depuis un an qu'il leur en a fait la demande, il
serait enfin contraint de saisir tous les revenus de la dite
abbaye ; aurait le dit Seigneur ordonné à la dite Prieure d'en
écrire à la dite Dame Abbesse pour la dernière fois, afin qu'elle
signât la dite déclaration qu'on lui avait envoyée toute dres-
sée, et avenant que la dite Abbesse ne l'envoyât pas dans trois
jours, mon dit Seigneur a ordonné à la dite Prieure et à la
dite Dépositaire de la signer et envoyer dans les formes audit
traitant ; leur a enjoint en outre sur toutes les dites peines
de procéder à toutes les choses qui requerront célérité, lorsque

la dite Abbesse négligera d'y pourvoir conformément aux ordonnances précédentes de visite, le tout sans préjudice de ce qui pourra être ordonné par mon dit Seigneur en conséquence des dites monitions et de la désobéissance de la dite Abbesse. Laquelle ordonnance leur aurait été lue en la présence de mon dit Seigneur par moi soussigné, et laissé copie à ce qu'elles n'en ignorent. Fait à Jouarre, en visite, au dit parloir, les jour et an que dessus.

† J. Bénigne, *Év. de Meaux.*

Par mon dit Seigneur,

Ledieu.

19 *décembre.* — Autre visite de la même abbaye au mois de décembre 1691 et ordonnance de visite, dans laquelle faisant droit aux réquisitions du promoteur, le Prélat, vu l'insuffisance des comptes fournis par la Dame Abbesse, ordonne « qu'elle représentera tous les arrêtés, ou projets de compte, livres, papiers, mémoires justificatifs d'iceux tendant à les éclaircir, à peine d'interdiction des fonctions de sa charge ».

« Et attendu l'absence affectée de la dite Dame abbesse durant un si long temps, et le dommage extrême qu'elle cause tant au spirituel qu'au temporel du dit Monastère, nous lui avons ordonné et ordonnons très expressément, conformément aux saints canons et constitutions canoniques des Papes, de se rendre au dit Monastère sous peine d'excommunication, laquelle sera encourue *ipso facto,* après les trois monitions faites de trois jours en trois jours, à la diligence et réquisition de notre promoteur, et trois jours après la dernière, la signification de la présente ordonnance tenant lieu de la première. Et pour le surplus des réquisitions du dit promoteur, il y sera pourvu dans la première visite. Donné au dit Monastère de Jouarre, en visite, le dix-neuvième jour de décembre, mil six cent nonante et un.

† J. Bénigne, *Év. de Meaux.*

Par le commandement de mon dit Seigneur,

Ledieu.

VI

Lettre de l'abbé Anselme a Santeul.

La lettre suivante nous fournit quelques renseignements sur les rapports de Bossuet et de Santeul, en même temps qu'elle témoigne de ceux que l'évêque de Meaux entretint avec l'abbé Anselme[1].

12 nov. 1690.

Votre paquet daté de Chantilly me fut rendu hier au soir, Monsieur, à mon retour de la campagne, où j'ai été longtemps avec M. le Procureur général[2]. Vous voyez par là combien le messager que vous en aviez chargé a été infidèle. On m'assure pourtant que le paquet à été à Meaux et que c'est de là qu'on me le renvoie. Il me paraît même qu'il a été ouvert, et cela me fait croire que l'illustre prélat aura lu votre excellent ouvrage et la lettre que vous m'écrivez. Je ne doute pas qu'il ne vous ait admiré dans l'un et blâmé dans l'autre ;

---

1. Antoine Anselme, né à L'Ile-Jourdain, en Armagnac, le 13 janvier 1652, fut l'un des prédicateurs les plus goûtés de son temps et se distingua aussi par son amour des lettres et des beaux-arts. Il fit partie de l'Académie des Inscriptions, mais il échoua à l'Académie française le 14 février 1701, malgré l'appui de Bossuet. Il a publié ses *Panégyriques et Oraisons funèbres*, Paris, 1718, 3 vol. in-8, et ses *Sermons*, Paris 1731, 4 vol. in-8. Il mourut dans son abbaye de Saint-Sever, en Gascogne, le 8 août 1737, à quatre-vingt-cinq ans (Voir Mme de Sévigné, Grands écrivains, t. VIII, p. 514, 560 ; t. X, p. 312 ; l'abbé Hurel, *Les Orateurs sacrés à la cour de Louis XIV*, Paris, 1872, in-18, t. II, p. 120 et suiv.).

2. Le Procureur général en Parlement était M. de La Briffe.

car si les plaintes de sainte Hunégonde[3] vous font admirer, la querelle que vous me faites mérite bien que l'on vous blâme. Vous vous plaignez que je n'ai pas lu votre pièce à M. de Meaux en m'en retournant avec lui. Et la pouvais-je lire sans l'avoir ? Comment avez-vous pu si tôt oublier avec quel empressement je voulus vous la faire lire chez M. le Prince ? Ne vous priai-je pas plus d'une fois de m'en donner une copie, et ne me répondîtes-vous pas toujours que vous n'en aviez qu'une, que vous aviez destinée à M. de La Bruyère ? N'importe, me voilà perdu dans votre esprit, votre colère s'allume, les malédictions suivent de près. Vous vous figurez que je n'estime ni les poètes, ni la poésie ; non seulement vous vous le figurez, mais vous l'écrivez avec dureté, vous allez même jusqu'à renouveler vos plaintes sur une affaire où c'était à moi à me plaindre de vous. Maintenant que vous avez vu dans mon discours imprimé[4] que la vérité vous condamne et

3. Hunégonde ou Cunégonde, femme de l'empereur Henri II, à la mort de qui elle se retira dans un monastère, pour y prendre le voile. Elle mourut en 1040. Sa fête est fixée au 3 mars (Voir Surius et les Bollandistes, au 3ᵉ jour de mars). Santeul avait composé des hymnes en l'honneur de sainte Cunégonde, à la demande d'Anne François Robert Aubery, abbé d'Homblières, au diocèse de Noyon. Celui-ci négligeant de les faire exécuter, le poète en fit des plaintes qu'il mit dans la bouche de la sainte : *Divæ Hunegundis querimonia* (*Operum omnium*, Paris 1729, t. II, in-12, p. 92). On trouve à la suite, à propos de cette pièce de vers, une lettre de l'abbé de Fénelon, datée à tort du 18 octobre 1696, et qui doit être de 1690, c'est-à-dire du temps où le petit poème de Santeul venait d'être composé ; d'ailleurs, en 1696, Fénelon, élevé au siège de Cambrai, ne signait plus : L'Abbé de Fénelon, mais bien : L'Arch. duc de Cambrai.

4. *L'Oraison funèbre de...* Mʳᵉ *Charles de Sainte-Maure, duc de Montausier*, prononcée à Paris dans l'église Saint-Germain-l'Auxerrois, le 19 août 1690, Paris, 1690, in-4. A la page 14, il y est dit de l'ancien gouverneur du Dauphin : « Il apprit les langues savantes, il connut toutes les beautés de l'éloquence, il fut même touché des charmes de la poésie, qu'il ne trouva pas indigne d'un homme de son rang, puisqu'elle a été consacrée dans plusieurs livres de l'Écriture, et que le Saint-Esprit a voulu nous marquer le nombre des ouvrages poétiques que fit un grand roi. »

me justifie, vous prétendez que je n'ai pas prononcé ce qui
est écrit : ceux qui vous inspirent de tels sentiments, veulent
se réjouir de votre colère ou m'ôter votre amitié. Je connais
des gens qui se disent mes amis et qui ne cessent de faire des
critiques malignes de tout ce qui vient de moi ; mais ces sortes de critiques ne font blâmer pour l'ordinaire que ceux qui
les font et ceux qui les croient, et je m'étonne fort que vous,
Monsieur, qui avez l'esprit si pénétrant et si juste, vous vous
y laissiez tromper deux fois de suite. Je vois bien que vous
ne connaissez guère quelle est ma candeur et combien je suis
droit dans le commerce de la vie : je sais que mon approbation n'est de nul poids et qu'elle ne mérite guère d'être comp-
tée avec celle de tant de personnes illustres qui vous louent ;
mais il faut enfin vous dire pour une bonne fois que j'ai
toujours aimé la poésie, que j'honore et estime les bons poètes et que je n'en connais point de si bon que vous. J'ajoute
que j'aime votre personne et qu'il ne tiendra jamais à moi
que vous n'en soyez persuadé. Après cela, Monsieur, criez,
pestez, plaignez-vous de moi ; je déplorerai votre injustice et
mon malheur, et je prierai Dieu pour vous.

ANSELME [5].

5. *Santoliana*, de Dinouard, Paris, 1764, in-12, p. 258.

VII

Jugement porté sur Bossuet en 1690.

Il nous paraît utile de transcrire ici le jugement porté sur Bossuet en 1690 par un homme d'une autre religion, mais néanmoins d'esprit modéré, et, par sa situation, à même d'être bien renseigné. Nous voulons parler d'Ezéchiel Spanheim (1629-1710), qui représentait à la cour de Louis XIV, l'Électeur de Brandebourg[1].

Il y a encore un prélat en Cour distingué par son mérite, par son savoir et par ses emplois, connu au dehors par ses ouvrages. C'est l'évêque de Meaux, ci-devant évêque de Condom et précepteur du Dauphin et à présent premier aumônier de Mme la Dauphine. Ce fut aussi peu avant qu'il fût choisi pour instruire le Dauphin, qu'il composa le livre de l'*Exposition de la foi catholique,* qui a fait assez de bruit en France par quelques prétendues conversions, et entre autres celle de M. de Turenne, qu'on attribua à la lecture de ce petit ouvrage, et au dehors, parmi les protestants, par les diverses réfutations qu'on en a faites. Comme tout le but de ce livre ne tendait qu'à plâtrer la doctrine de l'Église romaine par tous les adoucissements qu'il crut d'y pouvoir apporter, ce même livre ne put aussi que servir de prétexte aux *conversions,* comme on parle en France, de ceux qui avaient déjà pris le dessein d'embrasser la religion romaine et ne cherchaient plus que des prétextes et des couleurs pour ce changement[2]. Cependant un succès apparent de cet ouvrage attira

1. Ezéchiel Spanheim, *Relation de la cour de France en 1690,* édit. Ch. Schefer, Paris, 1882, in-8; nouvelle édit. par É. Bourgeois, Paris, 1900, in-8.

2. Ce qu'on a lu plus haut (t. II, Appendice I; t. III, p. 231) de

les applaudissements de la Cour à son auteur. Il s'était
d'ailleurs rendu recommandable à la Cour (et ce qui avait
aussi fait la planche de sa promotion à son premier évêché
de Condom), par le don de la prédication, n'étant encore
que l'abbé Bossuet, comme il s'appelle de son nom, et que je
l'ai vu dans ce temps-là, dans mes envois passés en France,
1666 et 1668, comme aussi par la régularité de la vie et des
mœurs[2], et par l'ardeur même d'un zèle qu'il faisait paraître
à reprendre hardiment les vices de la Cour et des courtisans
sans distinction de personne. Son assiduité qu'il apporta
ensuite à instruire le Dauphin durant qu'il fut chargé de ce
soin n'aurait pu aussi être plus grande.

De sa conduite dans les affaires de la religion.

En sorte qu'ayant une réputation bien établie en Cour, et
auprès du Roi en particulier, par tous ces endroits, ce prélat
ne chercha encore qu'à l'augmenter davantage dans la grande
affaire de la conversion des gens de la Religion, d'affecter là-
dessus des conférences, comme avec le feu ministre Claude,
de faire et d'en publier ensuite des triomphes imaginaires
sur le changement suivi de la Dame qui avait servi de sujet ou
de prétexte à la conférence[3]. Il ne s'attacha pas avec un zèle
moins ardent à redoubler ses soins et son application pour
procurer et avancer les prétendues conversions à mesure que
l'autorité de la Cour s'y engageait plus avant, et sans conserver plus d'égard ou de mesure dans les moyens qu'elle y
employait. Aussi il ne se contenta pas de continuer à plaider
ou à pallier la doctrine de l'Église romaine par ses écrits, ce
qui pourrait être licite à un ecclésiastique romain, mais eut
même la complaisance ou la bassesse d'y nier ou de déguiser

---

l'*Exposition* permettra de faire justice de ces insinuations de Spanheim
(Cf. Rébelliau, *Bossuet, historien du protestantisme*, p. 296).

2. Noter ce témoignage rendu à Bossuet par un coreligionnaire de
Jurieu.

3. Mlle de Duras. Voir Floquet, *Bossuet précepteur*, p. 380-395.

hautement des faits d'ailleurs aussi notoires et palpables que
ceux des traitements cruels et des barbaries qu'on employa
pour opérer les susdites conversions[4]. C'est encore dans cette
même vue de rendre odieuse la doctrine de la religion protestante et des premiers réformateurs, *luthériens* ou *calvinistes*,
comme il les appelle, qu'il entreprit et publia un assez gros
ouvrage et dont il voulut me régaler, où il prétend étaler les
variations des protestants dans la doctrine, et auquel on vient
de publier une solide réponse en *Hollande*[5], outre ce qu'un
gentilhomme allemand, M. de Seckendorf[6], en a écrit pour
la défense de Luther et des luthériens.

Des vues de ce prélat pour son avancement.

Cependant, comme tout ce que je viens de dire de ce prélat
le fait regarder à la cour de France comme un des illustres
avocats de l'Église et de la religion catholique et lui attire
une considération particulière par tous les endroits que j'en
ai touchés, aussi est-il un des prélats qui a le plus en vue et
croit même l'avoir assez mérité, savoir : de prétendre au cha-
peau de cardinal. C'est aussi dans cet esprit qu'il a tâché
autant qu'il a pu sans offenser sa cour, de ménager le défunt
pape et la cour de Rome durant tout le cours des différends et
des démêlés passés. D'ailleurs, comme il a paru jusqu'à mon
départ de France assez indépendant des Jésuites, plus attaché
à l'archevêque de Reims qu'à celui de Paris, et dans la prévention même de n'être pas ennemi des Jansénistes, on ne
peut pas répondre si ces considérations ne pourront point
apporter quelque obstacle à sa promotion, ou, contribuer au
moins à le retarder. D'ailleurs, il avait eu déjà le bonheur

4. Cf. notre tome III, p. 233, 263, et M. Rébelliau, *op. cit.*, p. 303
et suiv.

5. Celle de Basnage : *Histoire de la religion des Églises réformées*,
Rotterdam, 1690, 2 vol. in-12. Cet ouvrage est apprécié par M. Rébelliau, *op. cit.*, p. 314 et suiv.

6. Il a été parlé de cet écrivain plus haut p. 379. Cf. M. Rébelliau, p. 159 et suiv.

de voir améliorer son poste et sa condition par la gratification que le Roi lui a faite durant mon dernier séjour en
France d'un évêché beaucoup plus riche et au voisinage de
Paris, savoir celui de Meaux, en place de celui de Condom
qui en était bien éloigné et de moindres revenus[7], et
qu'il avait auparavant. C'est par où aussi et par sa charge
de premier aumônier de Mme la Dauphine, qu'il se vit en
état de continuer ses attachements à la Cour après qu'il n'y
tenait plus par son poste susdit de précepteur du Dauphin.

Caractère de cet évêque et de ses œuvres.

Au reste, on lui doit accorder le mérite ou les qualités d'un
esprit vif, net et ardent, d'une imagination prompte et féconde, de beaucoup d'éloquence pour la chaire, d'une facilité,
d'une clarté et d'une justesse assez grande d'expression et de
tour dans ses ouvrages. Il parut même avoir de la modération, de l'honnêteté et du ménagement dans les premiers
qu'il mit au jour sur les matières de religion qui étaient con-
testées entre les deux partis. Il n'en usa pas de même dans
ceux qu'il publia ensuite, dans le temps des conversions forcées et depuis l'abolition de l'édit de Nantes, et surtout dans
celui susmentionné des variations qu'il attribuait aux protestants. En sorte qu'on ne peut qu'y apercevoir un grand air de
confiance dans la manière et dans le tour qu'il y donne, une
hardiesse et une présomption égale répandue dans tout le
corps de l'ouvrage, et tout l'emportement même d'un auteur
qui ne se croit plus en droit de garder aucunes mesures avec
le parti qu'il combat et qu'il juge aux abois par l'état où la
force venait de le réduire en France. Le savoir même de ce
prélat n'est pas d'une si grande étendue qu'il voudrait qu'on

7. Ceci n'est pas exact : le revenu de l'évêché de Condom était de
trente mille livres environ ; celui de Meaux n'arrivait qu'à vingt ou
vingt-deux mille. Il est vrai qu'à ces revenus s'ajoutaient ceux de
l'abbaye de Saint-Lucien, qui valait de vingt-deux à vingt-cinq mille
livres, mais qui était grevée de certaines charges (Voir t. I, p. 253).

crût à l'air qu'il se donne dans ses discours et dans ses livres, et est plus fondé sur la beauté et sur le tour de l'esprit et sur quelque application particulière aux matières de religion les plus débattues entre les deux partis, que sur une connaissance profonde de l'antiquité sacrée ou profane et des langues originelles qui en traitent. Après tout, on ne peut lui refuser l'éloge d'une vie plus réglée et plus ecclésiastique, et ainsi d'une réputation plus établie du côté des mœurs que celle de ces deux autres archevêques de cour ou de quelques-uns des cardinaux mêmes dont je viens de parler [8].

8. L'auteur vient de parler de l'archevêque de Paris Fr. de Harlay, de Le Tellier, archevêque de Reims, et des cardinaux de Bonzy, d'Estrées, Le Camus et de Forbin-Janson.

VIII

Avis a une communauté de filles.

Bossuet veillait avec zèle sur les communautés religieuses de son diocèse, comme en témoignent ses visites, ses ordonnances, les allocutions et les lettres qu'il leur a adressées, comme les écrits composés par lui pour leur édification. C'est un de ces écrits, peu connu, qui n'est point encore entré dans les éditions de ses Œuvres, que nous publions ici [1].

La partialité, dans un monastère, va à l'entière subversion d'une maison. Elle cause le scandale en trois manières : 1° en donnant des peines et des tentations aux novices et aux postulantes sur leur vocation, dans le doute qu'elle leur excite si Dieu peut être dans une maison où les divisions sont déclarées ; 2° en ce que, par la même raison, elle cause aux religieuses des dégoûts de leur vocation, avec tous les inconvénients qui peuvent naître d'une disposition si funeste ; 3° en ce qu'elle fait faire beaucoup de jugements téméraires sur les communions des particulières, qui approchent des saints et redoutables mystères sans s'être réconciliées avec leurs Sœurs, ou sans l'être sincèrement, comme les suites le font

1. Ces *Avis* sont tirés du ms. fr. 15181 de la Bibl. Nationale et ont été publiés par M. E. Griselle, *De Munere pastorali*, etc. Lille, 1901, in-8, p. 191. La communauté à laquelle ils sont destinés paraît bien être la Congrégation de Notre-Dame établie à Coulommiers. En exhortant à la charité, à l'humilité et à la patience les religieuses auxquelles il s'adresse, Bossuet leur rappelle le chapitre VII de la 2ᵉ partie de leurs Constitutions. Or ces recommandations se retrouvent précisément dans la partie et au chapitre indiqués des *Vraies constitutions des religieuses de la Congrégation de Notre-Dame*, 1649, in-12 (Cf. lettre n° 613, du 26 juin 1691, p. 241).

bien connaître ; de plus, elle détourne les vocations, et elle tourne au mépris de la vie religieuse et de toute la religion, les séculières qu'on reprend de leurs dissensions, en venant jusqu'à dire qu'on ne doit pas les pousser sur ce sujet, puis-qu'on voit des religieuses nourrir des dissensions autant irré-conciliables que les leurs, pour de petits sujets : en consé-quence, nous déclarons à nos chères Filles que celles qui sont coupables de cette dissension, ont encouru cette malédic-tion du Sauveur : *Malheur à celui par qui le scandale arrive*, et le reste [2].

Et afin que nos dites Filles puissent juger devant Dieu si elles sont coupables d'un si grand scandale, nous leur décla-rons, au nom et de l'autorité du Saint-Esprit, qui nous a éta-bli évêque pour gouverner l'Église de Dieu [3], que toutes celles-là en seront coupables, qui, après nos instructions si précises, ne feront pas sérieusement ce qu'elles pourront pour y mettre fin.

De là suit manifestement que plusieurs choses, qui pour-raient n'être que de conseil et de perfection en d'autres ren-contres, deviennent ici d'obligation spéciale et sous peine de péché mortel, parce qu'elles sont nécessaires pour déraciner un mal qui tend si évidemment à la subversion des âmes du monastère [4].

Et, pour nous expliquer davantage, nous disons et déclarons à nos dites Filles qu'elles ne se doivent pas contenter de ne donner à leurs Sœurs aucun sujet de mécontentement [5], mais qu'elles doivent prévenir en toutes manières celles qui au-raient des mécontentements, conformément à cette parole de Notre-Seigneur : *Vous aurez gagné votre frère* [6], et à celle de saint Paul : *Vous prévenant en honneur les uns les*

2. Matth., xviii, 7 ; Luc., xvii, 1-2.
3. Cf. Act., xx, 28.
4. Le monastère dont il est ici question n'est pas, à proprement parler, une abbaye, mais une maison de religieuses cloîtrées ayant à sa tête une supérieure.
5. Allusion à II Cor., vi, 3.
6. Matth., xviii, 15.

autres, ce que cet apôtre nous propose comme un annexe[7] de la charité fraternelle par le lieu d'où est tiré ce passage (Rom., xii, 9, 10).

On ne doit jamais ouïr sortir de leur bouche cette parole : « Elle a tort, ce n'est pas moi ; j'ai fait ce que j'ai pu », puisque tout cela, c'est chercher sa propre justification, qui n'est qu'orgueil et souillure devant Dieu. Mais elles doivent croire qu'elles ont tort, jusqu'à ce que, par toutes sortes de préventions charitables, elles aient gagné leurs Sœurs et épuisé pour cela toutes les douceurs de la charité et toutes les saintes adresses de la prudence chrétienne.

Et nous voulons ici qu'elles considèrent, ce que nous leur avons déjà dit, que ce qui serait peut-être seulement de perfection est ici d'obligation indispensable sous peine de péché mortel, tant à cause de leur état, qui est une tendance particulière à la perfection, qu'à cause du cas particulier qui rend cette pratique nécessaire.

Et comme, en les laissant sur ce point à elles-mêmes, elles se pourraient porter à quelque indiscrétion ou tomber dans quelque scrupule, nous leur expliquerons, sans préjudice des autres pratiques que leur confesseur ou leur supérieur leur pourra prescrire ou conseiller selon les cas particuliers, que toutes les fois qu'il leur sera arrivé d'avoir quelque démêlé avec leurs Sœurs, lequel aura éclaté par quelque parole ou action, sans examiner qui a tort ou qui a raison, elles doivent juger qu'elles ont tort, quand ce ne serait que d'avoir manqué de ces préventions et de la douceur et humilité nécessaire, et qu'elles se doivent demander pardon avec un cœur humble et sincère, parce que la charité que nous avons vue dans saint Paul doit être sans dissimulation (Rom., xii, 9).

Et nous entendons que ce pardon se doit demander, soit qu'on ait raison, soit qu'on ait tort, non seulement à la personne mécontente, mais encore à celles qui ont été pré-

---

7. *Annexe*. On rencontre très rarement ce mot au masculin. « Cette qualité est un annexe de la nature humaine. » (Chapelain, Lettre à Balzac, du 2 janvier 1640, édit. Tamizey de Larroque, t. I, p. 549).

sentes, et à toute la communauté, si la querelle ou dissension
a été publique.

Souvenez-vous, mes chères Filles, de cette parole de Notre-
Seigneur : *Si votre justice n'abonde au-dessus de celle des
docteurs de la Loi et des pharisiens, vous n'entrerez point
dans le royaume des cieux*[8]. Et, en cet endroit, nous vous
dirons avec le même Sauveur : *Si vous pardonnez à ceux
qui vous demandent pardon, que faites-vous de si rare ? les
païens et les publicains en feraient bien autant*[9]. Pour donc
agir en chrétiennes et en religieuses, demandez pardon
même à ceux que[10] vous vous croyez offensées, vous imputant
toujours à vous-mêmes une grande partie du tort que vous
aurez en effet aux yeux de Dieu, si vous ne faites pas ce que
vous pouvez pour jeter des charbons ardents sur la tête de
votre frère et pour réchauffer sa charité éteinte ou ralentie,
selon ce que dit saint Paul (Rom., XII, 20).

Souvenez-vous, mes Filles, de cette parole du Sauveur: *Si
vous offrez votre présent à l'autel, et que vous vous souveniez
que votre frère a quelque chose contre vous, et le reste*[11] ;
et ne dites jamais que vous n'ayez aucun tort, parce que vous
ne sauriez le dire avec une entière certitude, que vous ne
soyez assurées d'avoir épuisé tout ce que vous pouvez pour
calmer un esprit aigri, ainsi qu'il a été dit.

Songez, mes Filles, que ce n'est pas seulement l'injure particulière que vous pouvez faire à quelques-unes de vos Sœurs,
qui vous rend coupables envers elles, mais encore tout ce qui
répugne à l'humilité et à la douceur chrétienne, celle-là ne
pouvant pas dire qu'elle n'offense personne, qui offense tout
le monde par son orgueil, par sa fierté, par son aigreur naturelle, qu'elle ne corrige pas, ou par une feinte et superficielle[12]
douceur.

8. Matth., VI, 20.
9. *Ibid.*, 46.
10. *que*, pour *par qui.*
11. Matth., V, 23.
12. Le copiste avait d'abord mis *artificielle.*

Ne songez donc pas à mettre la raison de votre côté, à la manière des hommes, qui est la propre justification réprouvée de Dieu, mais croyez que celle-là, à ses yeux, a le vrai tort, qui manque le plus du fond de douceur et d'humilité, encore qu'en apparence elle n'offense personne ; ce qui vous doit être à toutes un juste sujet de vous condamner et confondre devant Dieu, et de faire toute sorte de satisfaction à la créature, à la manière qu'il a été dit.

Humiliez-vous, mes Filles, humiliez-vous, et gardez-vous bien de présumer que vous soyez innocentes de la partialité de votre maison, tant qu'elle subsistera, puisque moi, que le Saint-Esprit a établi votre juge, je vous en impute la faute à toutes indistinctement, jusqu'à ce que vous ayez pratiqué ce que je viens de vous prescrire en son nom et selon les règles de son Évangile.

Pour déraciner dans nos chères Filles le principe de la division, nous les admonestons de se fonder en charité, en humilité, en patience, ainsi qu'elles en sont averties au chapitre vii de la 2ᵉ partie des Constitutions, p. 14[13] : la charité n'offense personne, l'humilité ne se tient jamais offensée, la patience, quand elle le serait, le supporte, et en a même de la joie, sans qu'il lui en reste aucun ressentiment.

On parlera avec respect du confesseur et des prêtres, Dieu ne tiendra point pour innocentes celles qui médiront de ses oints[14] ou qui en feront la matière de leurs récréations et celle de leur raillerie. On ne contrôlera point leur conduite, ni les pénitences qu'ils auront données, chacune accomplissant la sienne en humilité et en silence, sans la divulguer ni s'en plaindre.

Comme le fondement de la paix consiste particulièrement à l'extérieur dans l'obéissance qu'on rendra à la Supérieure, après lui avoir enjoint d'être égale et commune mère à toute ses sœurs, que l'obéissance rend ses filles, et de leur faire à

---

13. Voir page 515, note 1.
14. I. Par., xvi, 22, et Ps. civ, 15.

toutes un traitement convenable selon le rang qu'elles tiennent, une supérieure ne doit point craindre de se faire justice à elle-même en punissant les fautes qu'on fait contre le respect qui lui est dû et contre les ordonnances qu'elle fait selon la Règle, parce que c'est, en ce cas, non pas son injure, mais celle de la Religion qu'elle punit, et que c'est aux supérieurs que saint Paul adresse cette parole : *Que personne ne vous méprise* [15], leur enseignant par là de faire craindre Dieu en eux, et de soutenir l'autorité dont ils ne sont que les dépositaires.

15. Tit., II, 15.

IX

Harangue adressée a Bossuet.

Dans un des voyages de Bossuet à Soissons, Nicolas Hébert,
trésorier de France, maire de cette ville, adressa au prélat l'allo-
cution suivante [1] :

Monseigneur, pour vous bien exprimer la joie que nous
avons de vous posséder, il nous suffira de vous dire qu'elle
est proportionnée aux sentiments d'estime et de vénération
que nous avons pour vous. La présence de Monsieur votre
frère, d'un frère que vous aimez et dont nous admirons les
talents, nous donne lieu de réfléchir souvent sur les grandes
qualités qui vous distinguent si avantageusement, et à la
Cour, et dans l'Église. Souvent nous faisons le parallèle de
vos vertus et des siennes, et quand nous nous entretenons du
bonheur que nous avons de vivre sous sa conduite, et des
avantages qui nous reviennent de son travail, nous tombons
insensiblement sur le bonheur de la France, qui vous a vu
partager avec succès les plus glorieux travaux de son Prince.
En effet, Monseigneur, qui plus que vous a concouru avec
lui à la destruction de l'hérésie? qui l'a secondé plus forte-

---

1. Antoine Bossuet étant intendant de la généralité de Soissons
(1685-1694), son frère, l'évêque de Meaux, vint plusieurs fois le visiter
et faire quelque séjour dans cette ville. Dans une de ces circonstances,
il présida une des séances de l'Académie de Soissons. C'est à l'occasion d'un de ces voyages, que Nicolas Hébert, maire de Soissons,
lui adressa cette harangue. Elle a été recueillie dans les *Discours et*
Harangues de M Hébert, trésorier de France, de l'Académie de Soissons,
Soissons, s. d. [1699], in-12, p. 102-106.

ment et plus heureusement dans une entreprise si haute et dont l'issue était si importante au bien de cet Empire ? Quand il formait ses desseins, vous prépariez les cœurs. Avant même la publication de ses édits, votre érudition et votre éloquence en avaient ôté tout ce qu'une injuste et malheureuse prévention y pouvait faire trouver de rude ; et par votre moyen, dans cette grande conjoncture, on a vu en beaucoup d'endroits l'obéissance des sujets prévenir les commandements du souverain.

Ce n'est pas là, Monseigneur, la seule occasion où vous ayez fait paraître jusqu'où peuvent aller votre capacité et votre zèle. Y eut-il jamais rien qui en demandât tant que l'éducation d'un prince destiné à gouverner un vaste et noble Empire, à commander à des peuples accoutumés à la sagesse et à la grandeur de Louis ? Vous avez été appelé à cet emploi, Monseigneur, vous l'avez rempli, et toute la France admire aujourd'hui dans ce jeune prince les précieux fruits de vos veilles et de vos soins. Mais ces matières sont trop relevées pour nous ; il les faut laisser aux écrivains fameux qui doivent apprendre à la postérité les merveilles de ce règne. Notre partage à l'égard des hommes comme vous, dont les travaux font partie de ces merveilles, est le silence, l'admiration et les vœux.

Nous sommes, etc.

X

27. — La *Règle de saint Benoist nouvellement traduite et expliquée selon son véritable esprit*, par l'Auteur des *Devoirs de la Vie monastique*, Paris, 1689, 2 vol. in-4.

La pratique éclaire les hommes dans l'intelligence de la loy de Dieu. *Si quelqu'un accomplit* la volonté de mon Pere, *il connoistra*, dit Jesus-Christ, *si ma doctrine est de moy.* Dieu ouvre les yeux à ceux qui le cherchent, et ils découvrent dans sa lumiere ce qu'il faut faire pour estre sauvé, qui est la grande science. Selon ces principes, la Règle de saint Benoist où les Moines doivent apprendre la volonté de Dieu sur leur état, ne pouvoit trouver un meilleur Interprète que l'Autheur de ce Commentaire, dans lequel il n'y a rien qui ne soit conforme à la Foy Catholique, Apostolique et Romaine, et qui ne ressente l'esprit de ces anciens Solitaires, dont le monde n'estoit pas digne. Donné à Reims, et à Meaux, les sixième et septième Avril mil six cens quatre-vingt-neuf.

CHARLES MAURICE, Arch. Duc de Reims.

J. BENIGNE, Evesque de Meaux.

1. Voir t. I, p. 499 ; t. II, p. 513 ; t. III, p. 564.

TABLE ALPHABÉTIQUE

DES LETTRES CONTENUES DANS LE TOME QUATRIÈME

RANGÉES D'APRÈS LES NOMS DES CORRESPONDANTS [1]

I° *LETTRES ÉCRITES PAR BOSSUET*

à

ALBERT (Henriette-Thérèse d'), dite Sœur Henriette-Angélique :

1690, 10 mars, lettre 519, page 63 ; — 15 mars, lettre 520, page 67 ; — 2 mai, lettre 525, page 76 ; — 8 juin, lettre 528, page 83 ; — 5 octobre, lettre 547, page 122 ; — 13 octobre, lettre 548, p. 123 ; — 2 novembre, lettre 559, page 141 ; — 9 novembre, lettre 562, page 146 ; — 24 novembre, lettre 566, page 153 ; — 30 novembre, lettre 567, page 155 ; — 18 décembre, lettre 568, page 158 ; — 21 décembre, lettre 570, page 161 ; — lettre 571, page 163.

---

1. L'édition des *Œuvres de Bossuet* par Lachat (Paris, Vivès, 1862-1866, 31 vol. in-8) étant jusqu'ici la plus complète et la plus répandue, nous marquons d'un astérisque le numéro des lettres qui n'y sont point contenues, aussi bien que les lettres absolument inédites. — Celles dont l'auteur ou le destinataire est incertain seront indiquées par un point d'interrogation.

Des 189 lettres de ce quatrième volume, 97 ont été publiées d'après les originaux, 27 sur des copies authentiques, et les autres, sauf indication spéciale, d'après le texte donné par Deforis. On remarquera que 38 de ces lettres ne figurent pas dans l'édition Lachat ; le texte d'une vingtaine d'autres, déjà données par lui, a été notablement complété d'après les originaux ; et on voudra bien regarder comme inédites celles qui n'ont été publiées dans la *Revue Bossuet* qu'en vue de la présente édition.

1691, 8 janvier, lettre 575, page 167; — 22 janvier, lettre 576, page 168; — 24 janvier, lettre 579, p. 171; — 29 janvier, lettre 581, page 175; — 4 février, lettre 582, page 177; — 7 février, lettre 583, page 179; — 8 mars, lettre 587, page 185; — 8 avril, lettre 593, page 209; — 10 avril, lettre 594, page 211; — 14 avril, lettre 596, page 213; — 18 avril, lettre 597, page 214; — 13 mai, lettre 600, page 220; — 3 juin, lettre 607, page 229; — 13 juin, lettre 608, page 232; — 18 juin, lettre 610, page 236; — 28 juin, lettre 614, page 246; — 30 juin, lettre 616, page 249; — 25 juillet, lettre 621, page 256; — 12 août, lettre 628, page 280; — 26 août, lettre 631, page 287; — 30 août, lettre 633, page 290; — 12 septembre, lettre 634, page 292, et lettre 635, page 294; — 30 septembre, lettre 638, page 304, et lettre 639, page 312; — 5 octobre, lettre 644, page 333; — 24 octobre, lettre 646, page 337; — 5 novembre, lettre 649, page 344, et lettre 651, page 347; — 9 novembre, lettre 652, page 349; — 14 novembre, lettre 656, page 358; — 15 novembre, lettre 657, page 361; 20 novembre, lettre 658, page 362; — 24 novembre, lettre 659, page 363; — 29 novembre, lettre 663, page 368; — 26 décembre, lettre 670, page 382; — 27 décembre, lettre 672, page 387; — décembre, lettre 674, page 389.

ANDRÉ (Sœur) :

1689, 3 novembre, lettre 512, page 49.

1690, 17 janvier, lettre 514, page 52; — 26 janvier, lettre 515, page 53; — 14 octobre, lettre 551, page 127; — 29 octobre, lettre 556, page 137; — 10 novembre, lettre 565, page 152; — lettre 572, page 164.

ARMAND (Pierre de Lorme, dit le Frère).

1691, 17 mars, lettre 590, page 191.

ASSOMPTION (Sœur de l'). Voyez Dumans.

BERINGHEN (Anne-Généreuse-Constance-Marie de) :

1689, 28 mars, lettre 493, page 15; — 8 juin, lettre 497, page 21; — 24 juin, lettre 499, page 24; — 17 octobre, lettre 508, page 40.

1690, 18 mai, lettre 526, page 79; — 18 décembre, lettre 569, page 160.

1691, 3 janvier, lettre 574, page 166; — 14 mars, lettre 589, page 190; — 9 décembre, lettre 666, page 375; — décembre (?), lettre 675*, page 391.

2° *LETTRES ÉCRITES A BOSSUET*

par

TABLE DES APPENDICES

CHARTRES. — IMPRIMERIE DURAND.

Lightning Source UK Ltd.
Milton Keynes UK
UKHW010607110219
337000UK00006B/334/P